鈴木天眼
反戦反骨の
大アジア主義
高橋信雄

東洋日の出新聞創刊の日の 1902 年 1 月 1 日、社員総出で創刊号を配達し終えた後、宣伝のため、市中を法被姿で練り歩いた時の写真（中列の左から西郷四郎、鈴木天眼、福島熊次郎、後列中央は丹羽翰山）
1924 年 8 月 11 日に 7000 号記念『我社創立當時の紀念撮影』として掲載された新聞写真の原板。鈴木天眼研究会が西郷四郎の子孫宅で発見した。同会の大槻直司さん提供

1912（大正元）年夏、長崎游泳協会の深堀遠泳記念写真
『長崎游泳協会 90 年の歩み』より

1913 年３月、孫文が病気療養中の鈴木天眼を自宅に見舞った際に撮影された記念写真の中央部分（右から西郷四郎、鈴木天眼、孫文、天眼の妻タミ、福島熊次郎、宮崎滔天）

辛亥革命現地取材で革命軍と記念撮影に納まった西郷四郎（中列左端）。前列中央の人物は西郷がインタビューした長沙革命軍幹部の譚延闓（1911 年 12 月６日、長沙で撮影）
『会津武家屋敷』（会津若松市）発行『山嵐　西郷四郎』より

…を左右するは
…の力のみ
…政上の援助も必要なし
…に見よ！……孫逸仙氏談

は昨日…た日支…船し、…見して…述べた

…眼になつて居りますが、根本は中國々民の力に依つて處理するのであります、外國の武力、外國の金力を借りると云ふ噂の如きはホンの噂で私は財政其他の援助を外國に受ける必要はないと思ひます、勿論私には決心があります、要するに民國今回の變動は全國々民の力を以て軍閥を打破し

＝外國の侵略＝

を禦らんとするもので、今後の時局は國民全體の力のみに依つて處理さるべきものである、或武人、或外國の力を以てドーニーすべきではない、否それはできぬのである、或は謂はゞ民國々民の力のみによつて、それらを實現し得るやと、私は然りと答へる、十數年前、國民の力を以て滿朝を顚し得…

…ましてこゝ…感謝致しま…に對しては…、自分の意…表して既に…議されてあ…き感想もあ…日間位滯在…す、今日の…

＝…局＝

…められる…

ることは誰も信じなかつたであらう、然し

＝事實が証據＝

たてたではありませんか、國民の力は既に呉佩孚軍閥を破つた、日本の朝野の人々、輿論の府である新聞記者諸氏も、中華民國は國民の力にのみよるもので、外國の力で左右さるべきでないといふことを信じて頂きたい、國民の力によらねば今後の平和は得られぬのである、その進行方法は勿論國民會議です、…はそれは全國民の望むところで亦至當なことです、最後に民國が…

＝親露的態度＝

…は民でると稱されるがそれは各…に革命の實行といふ點に於て相一致して居る…ことに理解し單に革命…なり制度…上の制度…あるのだか…ることは云…云々

右孫逸仙氏　左戴天仇氏

長崎港で船上記者会見を行う孫文（右）
1924 年 11 月 24 日、東洋日の出新聞

まえがき

福島出身で二六新報の初代主筆を務めた鈴木天眼は、言論弾圧が厳しさを増す東京を逃れて長崎に新天地を求め、1902(明治35)年、「長崎から世界を見通す」という意気込みで東洋日の出新聞を創刊した。その論調は理知的で正義感と反骨精神にあふれ、1905年の日露戦争終結時、日露講和条約(ポーツマス条約)をめぐって国民世論が「講和反対、戦争継続」の強硬論で沸騰する中、天眼は敢然と「講和支持、即時和平」の主張を掲げ、いかなる脅しにも屈せず貫いた。また1911年、辛亥革命が勃発すると、直ちに中国民衆の立場に立って革命支持を表明、熱烈な応援論説を書き続けた。革命達成後、中華民国政府を代表して日本を公式訪問した孫文は、病気療養中の天眼をわざわざ長崎の自宅を訪ねて見舞い、感謝の気持ちを伝えた。孫文が神戸で「大アジア主義演説」を行った1924年の最後の訪日の際も、孫文は長崎港の船上から、天眼の病状を気遣い激励する伝言を同紙記者に託した。天眼はこれに応え、日中が平等互恵の精神で結ばれるべきとする独自の大アジア主義を唱える紙面を精力的に展開した。「世界の中の日本」を常に冷静に見つめ、かつ熱く理想を語ってペンを揮うのが、ジャーナリスト鈴木天眼の真骨頂であった。

その天眼が天皇の神格化に懸念を抱き、その誤りと危険性を指摘して警鐘を鳴らす論説を書き始めたのは、明治が大正になった1912年の天皇機関説論争（第1次）を見てからである。美濃部達吉の天皇機関説を、天皇主権説を唱える上杉慎吉が激しく攻撃した第1次論争は、美濃部が上杉を完璧に論破し、上杉の目論見に反して天皇機関説が学説として定着することで収束したかに見えた。だが、天眼はその背後に、学問上の論争とは別の次元で、人権を圧殺しながら社会を呑みこむ政治の暗流が広がり始めたのを察知した。それを放置すれば、いずれ、錯誤に満ちた謬説が軍人や政治家を捉え、国民全体を押し流し、国家を破滅に導く。そう直観した天眼が「これは捨て置き難し」とペンを執ったのが、生涯続いた天皇神格化批判の論陣である。

天眼は、上杉に対する批判は天皇神格化の虚構を暴いて、天皇の政治利用を完全に封じる所にまで至らなければ不十分と考えた。その理由は、上杉を先頭に押し立てた閥族の狙いは、天皇神格化によって天皇を憲法に超越した存在に祭り上げた上で、天皇の絶対的権威を政治利用して憲法の空洞化を図ろうとするものであり、そうした策動は今後も繰り返されると見たからだ。一時の憲法論争で論破しただけでは彼らの策動は止まらない。彼らの天皇神格化の企てそのものを批判して挫くことが不可欠の課題と考えた。その上で、大日本帝国憲法の下では天皇もまた憲法に制約される存在であり、「天皇は神聖にして侵すべからず」とする憲法の中でも国民の人格と権利は保障されている、とする天眼独自の憲法論を編み出して行く。もちろん、その目的は憲政擁護である。

美濃部も、大正デモクラシーの旗手、吉野作造も、天皇神格を肯定した上での憲政擁護論であり、天眼のように天皇神格化にまで立ち入って疑問を呈してはいない。神格化を批判したジャーナリストも、筆者の知る限り、ほかにいない。そこにこそ大きな問題がなかったか、というのが筆者の問いである。なぜなら、第1次天皇機関説論争から23年後の天皇機関説事件で、美濃部達吉は民主主義の防波堤の役割を一身に背負わされ、孤立無援で闘い、敗れたからである。ここに至るまでの長い時間に、天眼のように天皇や憲法を自由に論じて美濃部に続く知識人やジャーナリストが多数いれば、歴史の展開はまた変わっていたかもしれない。歴史が暗転を始める渦中でジャーナリストが何を考え、何を発言すべきかについて、天眼の孤独なペンの闘いが後世に示唆と教訓を与えていると思う。

長崎県立長崎図書館に東洋日の出新聞創刊の年の1902（明治35）年3月から天眼死去2年前の1924（大正13）年12月まで（1903年5～10月を除く）、約23年分の新聞が保管されている。その埋もれていた論説を読んでみた。驚きの連続であった。天眼のジャーナリストとしての姿勢は一貫していた。彼は軍国主義に反対し、日本の満州進出の実態を暴いて非難し、韓国併合後の現地における日本人の傲慢に憤り、大正政変では憲政擁護を叫んで政治改革に期待し、第一次世界大戦への日本参戦に反対し、青島攻略の軽佻を叱り、対華二十一カ条要求を批判し、シベリア出兵に反対し、大正デモクラシーの高揚に期待を募らせた。さらに中国の五・四運動に共感を示し、孫文の大アジア主義演説に重なる独自の大アジア主義の思想を、孫文演説より前に社論として確立していた。それだけではない。彼は、いわゆるアジア主義者たちの行動を厳しく批判していた。玄洋社の頭山満、黒龍会の内田良平らを「軍閥の手先」「武閥の傀儡」と呼んで、名指しで非難した。これは極めて勇気のいる言論であったろう。

同紙は地元競合紙を抑えて長崎県内の新聞購読部数シェア1位の座を日露戦争以降、長年にわたって守り続けたと言う。それが事実ならば、常に政府を真っ向から批判して動じることなく、反骨精神あふれる新聞を、地域の人々が支持し続けたことを意味する。すなわち、明治時代後期から大正時代の長崎に、ジャーナリズムの意義をよく理解し、その精神を尊ぶ言論空間が確かに存在したということになる。それは歴史の彼方へ遠ざかりつつあるが、今も過去に向かって目を凝らせば往時の光芒を感じ取ることができる。光芒の由って来る所は理性の灯である。その灯を現代に受け継ぎ、未来にかざせば、我々にとってのまたとない希望の灯になると信じてやまないのである。

２０２１年10月

高橋信雄

●もくじ

第1部

時代と向き合う気骨の論説

初の著書『独尊子』の巻頭に掲載された20歳のときの肖像画

序章　東洋日の出新聞創刊まで

疾風怒濤の青年時代

鈴木天眼、福島・二本松に生まれる

鈴木天眼（本名は鈴木力《ちから》、後に天眼と号す）は1867（慶応3）年7月8日、福島二本松藩士、鈴木習《ならえ》の長男として生まれた。鈴木天眼研究会（福島県郡山市、大槻直司代表）が入手した家系図によると、父の習は力誕生前の同年1月に亡くなっており、幼い力は7歳年上の姉ウメと一緒に母ヤイの手で育てられた。非常に勉強好きな少年であったようで、漢籍などを熱心に学んでいたと地元で伝えられている。

天眼誕生の翌年に戊辰戦争が始まった。二本松藩は隣の会津藩とともに、押し寄せる新政府軍と戦い、多くの犠牲者を出した。このとき、天眼の祖父の二本松藩士、鈴木又左エ門も討ち死にしている。天眼は幼少の頃から、祖父又左エ門はじめ、二本松、会津両藩士の壮烈な最期について語り聞かせられうちに、権力に屈しない反骨精神を養ったようだ。

上京、東京大学予備門に入学するも退学

12歳で福島県石川郡役所の給仕となり、１８８０（明治13）年、13歳で上京した。東京では会津出身の浅草警察署長、赤羽友春宅に寄宿しながら、浅草署の給仕として働く。同年秋、会津出身の日下義雄がイギリスから帰国した。赤羽の紹介で天眼は日下の書生となる。これが生涯の恩人、日下との出会いである。日下の薫陶を受けて天眼は勉学に励んだ。

天眼は東京大学の準備教育機関である大学予備門に入学した。鈴木天眼研究会が入手した『東京大学予備門一覧』によると、「鈴木力（福島）」が明治16年9月11日、16歳で入学した記録がある。2年次の学籍簿を見ると、全科目で良い成績を収めており、優秀な学生であったことが分かる。ところが、天眼はその予備門を退学してしまう。理由は、規則に縛られた学校生活を嫌ったことや、教育内容に不満を覚えたことなどらしい。

予備門退学後、天眼は独自の「活学」を提唱、大学や予備門の保守的な校風、学風を批判し、青年に「活きた学問」を身に付けるよう呼びかける著作を意欲的に発表していく。

初の著書『独尊子』出版、20歳で結核発病

１８８８年1月、まだ20歳のとき、著書第1作『独尊子』を刊行する。この書を読んだ谷干城夫妻が内容に感心し、まだ見ぬ著者を「後生畏るべき青年なり」と激賞したという。これが尾崎行雄、犬養毅が主

宰する朝野新聞で報道されると社会の注目を集め、『独尊子』の販売部数は「数万部」と言うから、当時としては非常な売れ行きであった。一躍、若き天眼の文名が上がった。

人生最初の著書の執筆が完了し、いざ出版という段になって、結核を発病した。刊行間近に突然、喀血したため、友人4人で代わりに出版に漕ぎ着けたという。

公論新報主筆　～金玉均救出の檄文を書いて罰金刑

1887年12月、政府は突然、保安条例を制定し、星亨など民権派約570人を一挙に東京から追放した。このため1887年11月に創刊したばかりで星が主筆を務めていた自由党機関紙、『公論新報』の発行が危機に瀕した。このとき後を託されたのが天眼だ。民権派の機関紙を任されたのだから、この若き論客がいかに高く評価されていたかが分かるだろう。

公論新報主筆として活躍を始めた天眼が、初めての言論弾圧を受けた。日本亡命中で小笠原諸島に幽閉されていた朝鮮開化派の指導者、金玉均の救出を訴える檄文を書いて発行しようとして検挙され、一時拘束された上、罰金刑を受けたのだ。小笠原に渡って金玉均と接触した玄洋社の来島恒喜、的野半介が、その人柄、識見に感銘を受け、金玉均救出運動に乗り出した。このとき、来島、的野の依頼を受けて、金玉均を小笠原から救出してアメリカに亡命させるよう訴える檄文を書いたのが天眼だ。それが「無届け印刷」との理由で検挙された。鍛冶橋監獄に二晩、投じられた上に、罰金刑を受けた。

言論弾圧で投獄　～大隈外相批判の米紙記事転載で

この年、さらなる言論弾圧に見舞われる。米紙ニューヨーク・ヘラルドの外務大臣大隈重信批判の記事を公論新報に翻訳転載したというだけのことが政府の忌憚に触れたらしい。投獄先は再び、鍛冶橋監獄だったが、今度は８か月の長期に及んだ。すでに結核を発病している天眼は長期の獄中生活に耐えられる体ではない。８か月の拘禁から解放されたときには結核を重症化させ、衰弱し切っていた。天地療養が急務となった。そこで頼ったのが、当時、長崎県知事に就任していた郷里福島の恩人、日下義雄だ。長崎なら療養に適していると考えた。

初代長崎県知事、日下義雄を頼り、長崎へ

日下義雄は会津藩士として箱館戦争まで戦い続けた。弟の石田和助は白虎隊として飯盛山で自刃している。維新後、大阪造幣寮頭の井上馨の書生となって勉学に励み、大蔵省に勤務した後、１８８６年2月、長崎県令の辞令を受けた。36歳。全国最年少の県令であった。着任後の同7月、県令から初代長崎県知事になると、その翌月、清国水兵暴動事件が起きた。長崎に上陸した清国北洋艦隊の水兵がトラブルを起こし、警察官と衝突して長崎の街を2日間にわたって市街戦さながらの騒乱状態に陥れた事件。双方に多数の死傷者が出て、深刻な外交問題に発展したが、日下知事は粘り強く清国領事と交渉を続け、互いに見舞金を出し合う方法によって解決に導いた。

日下知事の業績で今も長崎市民がその恩恵に浴しているのが、近代的水道を建設し、市民に安全な水を

供給できる体制を整備したことだ。外国船が出入りする長崎は頻繁にコレラの流行に見舞われていた。感染拡大の原因は劣悪な水事情にあった。この状況を改善するため日下は近代的水道建設に踏み切る決心をしたが、巨額の建設費負担を懸念する市民が建設反対の声を上げ、賛成、反対で市民を二分する論争へ発展した。日下は粘り強く解決方法を探って合意形成に成功、1891年、長崎本河内高部ダムが完成した。近代的水道は横浜、函館に次いで3番目だが、ダム式の水道施設としては我が国初である。

東京から日下を頼って長崎に来た天眼は県知事公舎に寄宿していた。療養の合間に長崎の街を歩き、長崎の歴史や文化、経済、風俗、人情などを研究、観察した著書『新々長崎土産』を1889年10月に発行。翌90年2月に増補版まで出している。2年間の長崎療養生活の後、1890年1月に日下が知事を退任し、東京に帰った後を追うように天眼も帰京した。

帰京後は雑誌『活世界』発行、次々と著作も

東京に帰ると、1890年、駿河台で友人らと政論雑誌『活世界』を創刊した。政府批判が多かったためだろう、繰り返し発行停止処分を受け、16号で廃刊に追い込まれた。雑誌発行の道を断たれた天眼は、今度は個人で著作を発表して、自分の思想信条を世に問う道を探る。そこで書き上げたのが『活青年』(1891年)、『立身問答』(92年)、『丈夫《じょうぶ》の本領』(93年)の3作である。いずれも真に社会の役に立つ「活学」を身に着け、広く世界に目を開き、高い志を持って、正々堂々と生きようと呼びかけている。

二六新報の主筆となる　～藩閥政府を批判

天眼に、新しく興す新聞の主筆に迎えたいとの誘いが来る。１８９３年10月26日に秋山定輔が創刊した二六新報だ。天眼を主筆に据えた二六新報は藩閥政治を厳しく批判し、政府追及の急先鋒となったため、しばしば発行停止処分を受ける。

天佑俠

その二六新報主筆時代に天眼は朝鮮に乗り込んでの大胆な直接行動に身を投じる。「天佑俠」と呼ばれる事件である。朝鮮の農民が閔氏政権の圧政に反抗して決起した甲午農民戦争（１８９４年）に際し、日本人壮士の一団が軍事組織「天佑俠」を結成して、現地で農民軍を支援しながら動乱を拡大させて、日本と清国を開戦に導こうと考えた。その経過は黒龍会編『東亜先覚志士記伝』に詳しいが、真偽不明の部分が多いので、ここでは天眼の論説と講演録で確認できた事実だけを紹介する。それによると、天佑俠は確かに東学党指導者、全琫準に面会している。

最初に義勇軍結成を企てたのが釜山に集まる日本人壮士の一団で、釜山で法律事務所を開いていた大崎正吉が代表して日本に帰り、資金と人集めを急ぐことになった。大崎は6月15日、東京の二六新報社を訪ね、主筆の鈴木天眼に協力を求めた。天眼は快諾し、玄洋社の頭山満に支援を要請。頭山が協力を約束したため、一気に計画が実現可能となり、鈴木天眼、武田範之、内田良平、吉倉汪聖など14人が6月27日、釜山に集結した。

そのときすでに情勢は大きく変化していた。閔氏政権が清国に援軍派遣を要請したのだ。これを見た日本政府は対抗措置として直ちに日本軍を派遣した。日本軍進出に驚いた朝鮮政府は、日本の出兵の口実を無くすために農民軍の要求を全面的に受け入れて和約を結んだ。この結果、東学は農民軍を解散させ、動乱は終息に向かった。だが、この和約成立の事実を知らないまま天佑侠の壮士一行は行動を始めていた。

天佑侠の一行は東学指導者に会うため、山を越え、谷を越えて全州にたどり着き、7月8日、遂に全琫準ら、東学党指導部との会談が実現した。全は天佑侠を歓迎すると同時に、再び農民軍を率いて蜂起する予定であると話した。農民軍の武器は貧弱だったが、士気は旺盛で、軍律も厳しく、違反者は処刑された。天眼はその場を目撃した。東学党との面会では、幹部らの立派な態度、特に最高指導者、全琫準の偉容に感服した。その印象を天眼はこう記す。「長き脊の直立せる姿勢にて、寧《むし》ろ痩せたる神経質らしき顔面に炯《けい》たる眼光を閃かし急調絶語、声涙並び下るの處《ところ》、予輩をして肝胆震動せしむ。彼の当時の音容は予が一生涯、目にすがるものの一なり。予輩乃《すなわ》ち生死の友たるを盟《ちか》ふて聊《いささ》か後図を約せり」

全琫準は後に捕われ刑死する。そのときの毅然とした態度が現地日本人に感銘を与えた。天眼は彼らこそが朝鮮の明日を担うべき人材であったと悔やむ。だが、日本政府は東学党を弾圧する朝鮮政府の側に付いた。「(東学の徒は)善政施行の原動力として可なりしこと疑ひを容れず。而して惜しむべし、邦人知らず」「斯くて日清戦後、朝鮮は再び貪官汚吏の天下と為れり」。朝鮮新生の芽が摘まれたと言う。

さて、ようやく東学党との連携の見通しが立ったというとき、情勢はまたも大きく変わった。8月1日、日清戦争が勃発したのだ。農民暴動を日清開戦の導火線とするとした天佑侠の目的も、ここで自動的に消滅した。その後は、京城に入って陸軍上層部に接触し、新たな活動を模索。退却する清国軍部隊の後を追って偵察する任務を与えられた。天佑侠の一行は京城から春川、狼川まで行って偵察を続けたが、この頃には全員が疲労困憊しており、一人また一人と脱落して帰国の道を選び、天佑侠は遂に現地で消滅した。天眼と内田良平、大原義剛の3人は仁川から長崎行の船に乗り、1894年9月初旬、長崎港に着いた。勇んで出国してから2か月半余り後のことだった。

日本に戻ると、天佑侠の過激な行動を問題視されて官憲に追われるようになり、3人それぞれの逃避行が始まった。天眼は長崎の街に潜んだ後、福岡、熊本を経て東京に帰り、『二六新報』主筆に復帰した。

二六新報に復帰するも翌年休刊に　~新天地求め、長崎へ

天眼は1894年中には二六新報主筆に復帰して「筆戦」を再開したようだ。だが、復帰から1年も経たない1895年6月に同紙は経営難に陥り、休刊に追い込まれる。その短い期間、天眼は一貫して政府批判を続けた。日清戦争直後は三国干渉を許した伊藤内閣の「外交失敗」を糾弾し、「大いに遼東還付の屈辱を鳴らして二六新報の禁止停止迄、筆戦す」。筆が一段と熱を帯びた矢先の休刊だった。

新聞という発表の場を奪われた天眼は、再び著作を通じて主張を世に問う道を探り、『小日本歟《か》大日本歟』を発表する。だが、新聞も雑誌も弾圧ばかり受けて、自由な言論活動ができない東京での生活に限界を感じ始めていた。新天地を求め、自分の思うような新聞を発行してみよう。そこで思う存分に書こう。そう決心した天眼は伊勢大神宮に参拝し、「西海に臥薪《がしん》の地を索《もと》む」と誓った。目指すは西海。かつて療養で

滞在し、自分に力を与えてくれたあの長崎である。

西郷四郎の栄光　～講道館草創期の立役者

一方、天眼の右腕となって東洋日の出新聞を支えることになる柔道家、西郷四郎も、時代と格闘しながら、知らず知らず、長崎へ向かう道を歩んでいた。

西郷四郎は1866（慶応2）年2月4日、会津藩士、志田貞二郎の三男、志田四郎として生まれた。天眼より一つ年上である。西郷の姓は後年、旧会津藩家老、西郷頼母の養子となった後に名乗ったもの。維新後、志田家は越後国蒲原郡角嶋村（現在の新潟県津川町）に移住、津川が四郎の事実上の故郷となる。

1882年3月、16歳で上京した。8月には講道館に入門、講道館柔道の創始者、嘉納治五郎の下で、厳しい柔道修行に明け暮れる日々が始まった。四郎は急速に上達し、警視庁武術大会で、講道館の四郎が警視庁の大男を「山嵐」という大技で豪快に投げ飛ばし、一躍、有名になった。「小兵よく大豪を制す」光景を鮮やかに実演してみせる山嵐。小柄な四郎が山嵐の大技で次々と大男を投げ飛ばす痛快な姿が大評判となり、講道館人気も急上昇、入門者が増えた。西郷四郎は講道館四天王の一人に数えられ、講道館の顔として柔道普及に邁進した。

講道館入門から2年後、四郎は会津藩最後の家老、西郷頼母（維新後は保科頼母）に請われて養子となっている。頼母は藩主松平容保の京都守護職就任に反対して諫言を続け、容保の怒りを買って家老職を解かれた人物。戊辰戦争が始まると家老職復帰を命ぜられ、会津戦争では城外で戦いを指揮した。このとき、籠城していた妻子など西郷一族21人が自刃する悲劇に見舞われている。戦後、日光東照宮禰宜《ねぎ》などを務めた。養子縁組の話は頼母が日光東照宮禰宜のとき、頼母から志田家に申し出があったという。理由は定かでない。

謎の出奔　～嘉納治五郎の洋行中に

そんな四郎に転機が訪れる。８年間に及ぶ講道館生活に終止符を打って、突然、謎の出奔を遂げてしまうのだ。嘉納治五郎が宮内庁から1年間の欧州派遣辞令を受け、門弟１５００人の指導を四郎ら高弟に託して洋行中のこと。１８９０年6月、四郎は突然、講道館から姿を消した。周囲の者は誰もその理由を知らない。四郎24歳であった。四郎出奔から63年後の１９５３年、四郎の養子、西郷孝之（会津出身で初代長崎市長を務めた北原雅長の甥）が発表した『父西郷四郎を語る』によると、四郎は「支那渡航意見書」と嘉納への謝罪を綴った文書を講道館に残して去ったという。意見書は、今後は大陸問題で活動する決意を述べていた。講道館出奔は、西郷四郎が過去の栄光を捨て、新たな人生を踏み出そうと決断した瞬間だった。

天眼と四郎、同志として長崎を目指す

鈴木天眼と西郷四郎が力を合わせて東洋日の出新聞を創刊するとき（１９０2年1月1日）が迫ってきた。二人がどのように出会い、一緒に長崎に行って新聞を興そうと決意するに至ったのか、東洋日の出新聞に記述はない。ともに福島出身で大陸問題に関心が強いという共通点があったから、どこかで出会い、意気

投合したのだろう。ただ、天眼が天佑侠で朝鮮に渡るとき、西郷四郎の旅券を借用して渡航したという。「西郷が講道館の塾長を退き、露頭に遊びし旅行免状をば予借用して偵吏に応酬し、明治27年、朝鮮東学党の変に赴く便宜を獲たる因縁有り」。天眼が渡航したのは1894年6月だから、それ以前から天眼と西郷は親密で、旅券貸与という、発覚すれば処罰される危険な行為を西郷が天眼のために躊躇なく実行するほどの同志的な関係を築いていたことになる。

鈴木天眼と西郷四郎。若くして栄光と挫折を味わった二人が出会い、同志の絆で結ばれた。「長崎で理想の新聞を作る」という天眼の志に、四郎は大いに共鳴し、直ちに同調したはずである。再び前へ進むときが来た。その舞台は長崎だ。

新天地で念願の新聞発行

九州日之出新聞を創刊するも、乗っ取りに遭う

長崎に来た天眼は実業家と共同経営で1899（明治32）年12月4日、九州日之出新聞を創刊、社長兼主筆に就任した。ところが、2年後には追われるように退社する。新聞社の業績の向上に目を付けて経営の実権を奪おうとする人物が現れ、内紛の末、天眼が追い出された。だが、天眼は屈しなかった。九州日之出新聞が乗っ取られてしまったなら、新たに新聞を興すまでである。直ちに行動を起こし、1902（明治35）年1月1日、東洋日の出新聞を創刊した。

（九州日之出新聞では天眼追放から3年後の１９０４年に再び内紛が起き、今度も追放された人物が１９０５年、長崎新聞を興す。この結果、日露戦争中に、既存の鎮西日報、長崎新報を含めて長崎に5つの新聞が乱立する時代が訪れた）

日の出の光輝で活路を示す　～西海の果てから世界を看通す

思わぬ苦難を乗り越えて東洋日の出新聞創刊に漕ぎ着けた天眼は、創刊の辞で「日本は言ふを須《もち》ひず、東洋一円の人民が。世界の鉄火及び算数の競争場裏に立ちて。必ず仰いで而して従ふべきの道たることを明々に現示せむ」「日本及び東洋の運命に至る迄。着々之を実際に照らし来たり、之を眼前に表示せむ」と意気込みを述べた。「我日の出の光輝は百丈、千丈、渙発を加へて已《や》む莫《な》かるべきなり」。道を照らすのは東洋日の出の光輝というわけだ。気宇壮大である。特に論説に力を入れるとして、「西海の果てに座して東京は勿論、世界を看《み》通す底《てい》の精妙なる論評記事」を掲載していくと宣言した。西海、すなわち長崎から「世界を看通す」論説を書く。意気軒高である。

東洋日の出新聞創刊には西郷四郎のほかにも、福島熊次郎、丹羽翰山など、その後、天眼を支え続ける人物が参画した。福島熊次郎は１８７０年、埼玉県の生まれで、西郷四郎とは講道館でともに稽古に汗を流した仲である。台湾日日新聞で働いていたが、天眼が東洋日の出新聞を創刊すると聞くと、長崎に馳せ参じた。丹羽翰山は１８６０年、熊本・天草の生まれで、本名は丹羽末広。長崎に来て鎮西日報、長崎商報で働いた後、九州日之出新聞創刊に参画。天眼が九州日之出新聞を退社すると、翰山も行動をともにし、東洋日の出新聞創刊に加わった。学者肌で、同紙の文化記事は主に翰山が担当した。

1月1日、創刊号を配り終わると、社員そろって法被姿で市中を練り歩き、新しく生まれた東洋日の出新聞の宣伝をした。その時、記念撮影に収まったのが巻頭の写真である。

不偏不党を掲げたのも画期的な編集方針だった。当時の新聞は政党色を持っているのが一般的で、長崎の先行紙もそれぞれ政党色を鮮明にして競っていた。ここに不偏不党を掲げ、大所高所からの論評に徹する新聞が登場したのは読者にとっては新鮮だったが、固定した支持基盤を持たないことから経営は不安定になる。不偏不党の方針は、誰にも媚びへつらわないという宣言でもあるから、勢い、地方の既得権益層との軋轢も増える。そのリスクを天眼は恐れなかった。

長崎游泳協会設立 ～新聞社事業で地域貢献

天眼は地域の発展や青少年の健全育成に貢献するための新聞社事業にも力を入れた。その最たるものは長崎游泳協会を設立し、長崎港の鼠《ねずみ》島に水泳鍛錬の道場を開いたことだ。

游泳協会は東洋日の出新聞社創刊の1902年8月に設立。発足時の名称は「瓊浦《けいほ》游泳協会」だったが、1913年に「長崎游泳協会」に名称変更した。鼠島水泳道場は協会発足翌年に開設。大勢の子どもたちが対岸から船に乗って通い、島は夏中、賑やかな歓声で包まれた。西郷四郎が水泳指導の先頭に立った。子どもたちが立ち泳ぎをしながら大名行列を演じる人気行事も夏の風物詩として定着した。鼠島埋め立てで、道場は1973（昭和48）年、長崎市民プールに移されたが、その輝き、活力は百年の歳月を超えて、今も変わらず継承されている。

西郷四郎と福島次郎は柔道も教えた。講道館の達人から教わることができるというので、多くの青年、子どもたちが集まった。青年団の振興にも力を入れ、東洋日の出新聞社主催で弁論大会、音楽会、武道大会を開催した。

第1章　日露戦争

東洋日の出新聞創刊3年目の1904（明治37）年2月、日露戦争が勃発した。理性的に大局的見地から世界の動きを考察し、権力や世論におもねることなく堂々と自分の考えを主張するという鈴木天眼の異色のジャーナリスト精神は、この戦争の終盤、日露講和条約（ポーツマス条約）の是非を巡る議論に際して、いかんなく発揮される。まず、ステッセル将軍への単独会見記が警察に検閲削除されたことへの怒りのキャンペーン記事を紹介した後、1905年7、8月の講和交渉に関する天眼の論説を見ていく。

検閲と闘う　~消されたステッセル将軍会見記

1905年1月、ロシアの旅順要塞が陥落すると、旅順要塞司令官のステッセル将軍は宣誓捕虜として帰国する道を選び、途中、長崎に一時滞在することになった。将軍らを乗せた船は1月14日、長崎に入港。将軍はヴェーラ夫人や、夫人が引き取ったロシア軍将校の遺児5人を伴っており、長崎市稲佐の女性実業家、道永エイ（稲佐お栄）宅に一家で宿泊した。

道永エイは「長崎の女傑」と謳われる人物で、開戦前まで長崎に入港するロシア海軍将校向けのホテル、レストランなどを経営していた。ロシア語に堪能で、ウラジオストクに渡った経験もある。1891（明治24）年、ロシア皇太子ニコライが軍艦で長崎に寄港、上陸した際は接待役を務めた。

ステッセルが長崎に上陸したのは、旅順陥落の報で日本中が沸き返っている時である。日露両軍に膨大な犠牲者を出した旅順攻防戦の、その敗軍の将たるステッセルが捕虜となって日本に移送され、敵国の地に上陸した時、いかなる心境を語るか。それを世界中が注目している。もし将軍への会見取材に成功すれば世界的スクープになる。東洋日の出新聞はそれを狙って会見に成功したのである。だが、記事は大半が削除され、読者に届けられた紙面には黒塗りの削除痕だけが残されていた。現地警察本部幹部の独断によってである。東洋日の出新聞の無念はいかばかりか。この警察の横暴を許すことはできない。新聞の闘いが始まった。

ステッセル将軍との単独会見に成功

この取材に懸ける東洋日の出新聞の意気込みがどれほどであったかを、うかがわせる記述が後に出てくる（1月19日、2月5日）。「況《いわん》や事が敵軍第一の英雄ステッセルの心事に関する痛切、新珍以て世界を駭《おどろ》かすに足る大問題たるに於いてをや」「東洋日の出新聞社は、我の根拠地たる長崎に於いての此《この》空前の大事なり、ドーしてもステッセル等に会はでは…と奮発したのである」「世界唯一のタネたる解放露将等の談柄を紹介する苦心」。世界的スクープになると意気込んで取材に臨んだことが、よく分かる。

その取材を成功させるために非常手段を講じたらしい。ステッセル将軍一家が滞在する道永エイ宅の周囲は警察官で厳重に固められた。将軍の居室入り口は長崎県警察本部の榊原次席が自ら監視し、玄関にも警察官が張り付いた。将軍自身も、長崎県知事等の訪問を受けて懇談しただけで、他は一切の面会を謝絶しており、取材対応については「新聞記者たる人に物語る如きは帰国後に非ざれば決して之を為さず」と乗船前に誓ったという。

この「蟻の這入る隙も無い」厳重警備の中、しかも当人が「取材は受けない」と宣言している中で、どのようにして面会取材に成功したのか。この経過は不明である。ともかく、何らかの方法で監視の目をかすめた記者が将軍の居室に忍び込み、インタビューに成功した。突然のことにもかかわらず、将軍は落ち着いた態度で取材に応じた様子が、削除を免れてわずかに残った記事から読み取れる。

警察が将軍会見記を検閲削除

会見記は1月18日の新聞に掲載する予定で、18日午前零時までには活字を組み終わり、印刷開始の態勢を整えた上で、試刷りを、検閲を受けるため警察に持参、提出した。そこで予想外の削除処分を受けたため、抗議して押問答になった。

この経過を書いた翌19日論説によると、抗議は18日午前2時半まで続いた。「読者に謝す。前号の本紙本欄塗抹の不体裁を恕《じょ》せられよ。是《こ》れ本社と検閲官との意見の相違より来《きた》る現象にして、実に一昨夜の二時半迄争ふて我等が力及ばざりし結果、郵送及び配達の時間切迫の為、縄墨《じょうぼく》（注・規則のこと）の軍門に屈

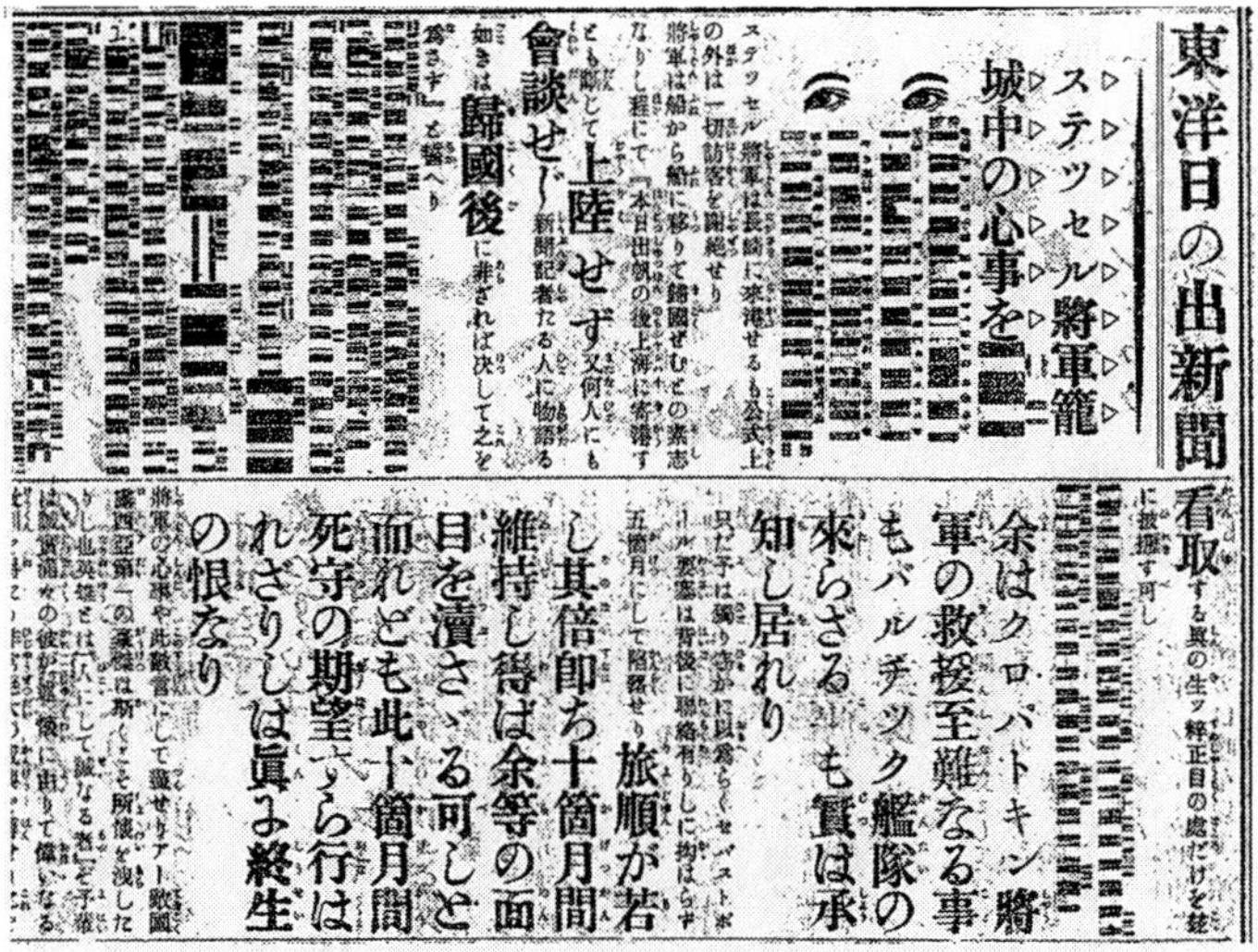

東洋日の出新聞

ステッセル將軍籠城中の心事を[redacted]

ステッセル將軍は長崎に來港せるも公式上の外は一切訪客を謝絶せり將軍は船から船に移りて歸國せむとの素志なりし程にて『本日出帆の後上海に寄港すとも斷じて上陸せず又何人にも會談せじ』新聞記者たる人に物語る如きは歸國後に非ざれば決して之を爲さず』と語へり

[redacted]

看取する眞の生ッ粹正目の處だけを茲に披攊す可し

[redacted]

余はクロパトキン將軍の救援至難なる事もバルチック艦隊の來らざる〻も實は承知し居れり

旅順が若し其倍即ち十箇月間維持し得ば余等の面目を潰さゞる可しと而れども此十箇月間死守の期望すら行はれざりしは眞に終生の恨なり

検閲で削除されたステッセル将軍会見記（1905年1月18日）

服したる実跡である」

記事は半分以上が消されている。残されたのは見出しの一部分と記事の3分の1である。見出しは『ステッセル将軍籠城中の心事を＝＝』となっているが、これは後に『ステッセル将軍籠城中の心事を談ず』であったことが明かされる（2月5日）。記事は、前書き含めて冒頭から3分の2が消されているので、読者には、これが将軍へのインタビュー記事であったことすら分からなかったであろう。後段に将軍の言葉らしきものが残されているが、それも前後の文脈を絶たれていない。乾坤一擲の単独会見記が土台から破壊されてしまっている。

それでも後世の目でこれを検証すれば、将軍が「心事」を語った重要な部分が残されていることが判別できる。次の部分だ。「余はクロパトキン将軍の救援至難なる事も、バルチック艦隊の来たらざる事も実は承知し居れり。只だ予は独り秘かに以為《おもえ》らく、セバストポール要塞は背後に連絡有りしに拘《かか》わらず、五箇月にして陥落せり。旅順が若《も》し其倍、則ち十箇月間維持し得ば、余等の面目を潰さざるべしと。而《しか》れども此一箇月間、死守の期望すら行はれざりしは真に終生の恨なり」。将軍の言うセバストポール（セバストポリ）要塞とは、クリミア戦争中の1854年9月から、ロシア黒海艦隊が立て籠もってイギリス、フランス、トルコ連合軍の攻撃に耐え続けたクリミア半島の要塞のこと。黒海に面した湾内にロシア艦船を自沈させて連合軍艦船の侵入を防ぎ、要塞背後には補給路も確保されていたため、長期の防衛戦が可能となり、実際には約1年間、持ちこたえた。将軍は記者に対して、陸からも海からも援軍が望めない状況の中で、かくなる上は籠城期間を少しでも引き延ばして、祖国における自分たちの名誉だけでも守ろうと奮戦したが、その望みすら絶たれて痛恨の極みであると話している。

将軍の言葉に添えて記者が書いている。「将軍の心事や此数言にして盡《つく》せり。アー敵国露西亜第一の豪傑は斯くこそ所懐を洩らしたりなり」「予輩は誠実満々の彼が述懐に由りて偉《おお》いなる教訓を得たり。非常絶大の感興を博せり。之を公表する所以、豈啻《あにただ》好奇心の為ならむや」。子細に検討すれば、将軍の「心事」を伝えるという記事の根幹部分は辛うじて残されていることが分かる。すると、検閲官が躍起になって削除した原因は、将軍の言葉ではなく、ほかの問題であったことがうかがえる。それは何か。

人民が官庁に対するは皇室に対する如くせよと注文するらし

天眼は、厳重な監視網を記者に突破されたことに警察が怒ったのが、記事削除を強行した本当の原因と

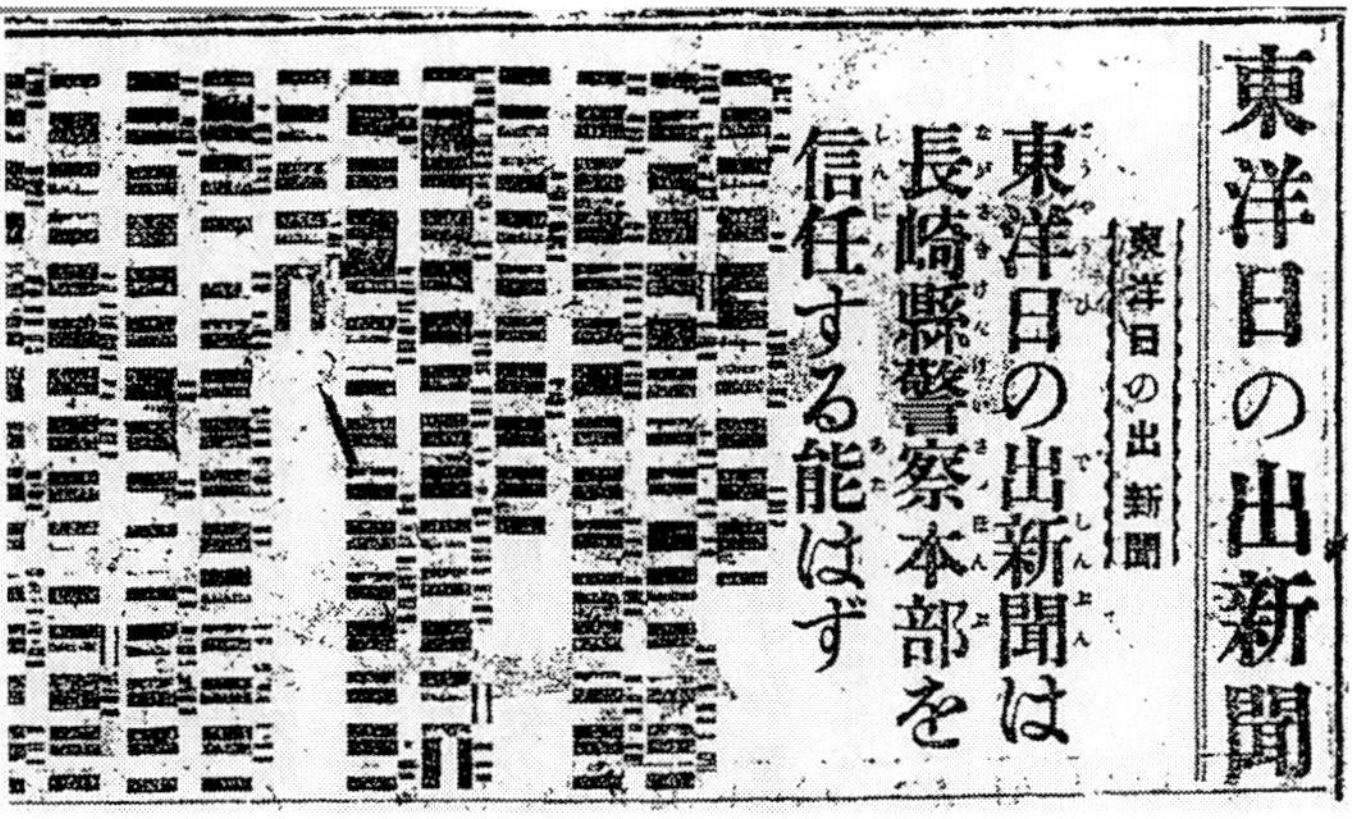

本文を全面削除された警察批判の論説（１９０５年１月21日）

見る。「会はせぬステッセルに会ふたのは我を侮辱すなりとの様に思惟する」警察幹部が、「殆ど復讐的、若しくは威厳取り繕ひに狼狽する如き態度を以て抹殺せり」。その威張り方が尋常ではない。「蓋《けだ》し警察本部以為《おもえ》らく、是れ我に対して不敬を加ふる者なりと、傲然怫然咄々乎として抹殺したるらし。恐らく彼は不敬と侮辱との差を解せず。人民が官庁に対するは皇室に対する如くせよと注文するらし」。天眼には、警察官僚の威張り方が、まるで自分達を皇室のように崇めるよう民衆に強要していると見えた。

抗議の論説も全面削除

怒る天眼は、記事が削除された3日後の21日、県警を正面切って批判する論説『東洋日の出新聞は長崎県警察本部を信任する能《あた》はず』を掲載しようとした。ところが、これがまた全面削除された。相次いで削除痕のみ残る紙面を見せられた読者の当惑が察せられる。そこで翌22日、読者に「何が起こったか」を知らせる論説『紙面上の注意』を掲載した。「昨日の本紙論説は全部抹殺されました。原稿の上に朱墨の棒がベッタリとして血の如く遣り付けられました」。怒りに満ちた書き出しだ。そして原稿は「軍機或は軍事外交の機宜」に関する内容ではないから検閲規則対象外であるにもかかわらず、恣意的に削除したのは検閲官の越権行為だと怒る。「検閲の任を委託さるる警察本部が急に乃木将軍の如く豪《えら》い者に出世した訳でも無ければ、亀山理平太（注・検閲をした長崎県警部長）等が新聞記者の上位に立つといふ官許を得た印でも無き故」、警察批判を勝手に検閲の対象にするなどという横暴を許すわけにはいかない。そして決然と宣言する。「何《いず》れ此《この》曲直は追って判明しましやう。判明させせます」

新聞社の位置 ～認めるまで「肉薄せざるべからず」

さらに翌23日、天眼は『新聞社の位置』と題する長文の論説を掲載した。長崎県警察本部の検閲削除を糾弾し、「予輩は自己の立場より本県警察本部を信任する能はず」と結論付けていることから、21日に削除処分されたものと同趣旨の論説を改めて執筆し、断固掲載の方針を貫いたようだ。

それはこう主張する。今回露呈したような、一地方官吏に過ぎない県警部長が新聞社の上に立つかのように振る舞い、世間もそれを当然と見る風潮は時代遅れである。「時勢は最早、権柄的役人の万能時代より進化して社会的共進の時代に入り、其と共に『新聞紙中心』の時期を成し、適正なる新聞記者の世と為り居るです。役人も商人も新聞紙と乖離しては立ち行き難き時節と為ったです」「新聞社の位置といふ事は、位階的或《あるい》は官庁的には裁定されざれども、社会的には一の先頭なる位置として認められて来たです。事実が認めさせるです」

天眼は、威張る警察官の具体例を次々と挙げて、そうした言動が人々をどれだけ苦しめ、社会の発展に悪影響を与えているかを指摘する。「人民に対して最も直接し、最も鋭敏なる威令を与ふる警察官といふ者が、立憲的文明的の素養、習風有ると無しとは如何に人民の福祉、社会の進歩に影響するや測るべからず」。警察官に「立憲的文明的の素養、習風」が求められる時代となっていることを自覚すべきなのだ。

警察幹部に意識の変革を促すことが急務だ。「（彼らに）人民に率先して新聞紙の存在を認めしめざるべからず。適正なる意味に於いて新聞記者の位置を認むる迄、肉薄せざるべからず」。そう宣言し、あらためて検閲削除を行った警察幹部を糾弾する。「東洋日の出新聞は自己の生存問題＝則ち精神上の栄辱の決の為に亀山警部長及び次席榊原氏の行政振りと両立する能はざる事情を日本政府に告げ、併せて天下に宣言し、政府が東洋日の出を重しとするか、該二官吏を重しとするかを験し、天下が予輩の衷情を是《ぜ》とするや否やを問はむとす」。新聞社の存立を懸けた闘いの宣言であった。

何故に己は軍参謀官とでも化したらむ如く振舞しや

最近は軍隊でさえ新聞記者に対する待遇を改善せよとの指示が出されているというのに、この警察の態度は異様だ。「新聞記者を優遇せよとの訓令が大本営より達せし以前の戦地軍人の如くに、急に自ら進化＝解放露将が来る故、長崎は弥々《いよいよ》臨戦地らしくなれりと奮躍し、狂気し、いで我は文官市公吏の俗態以上に出むと勇みつつ、稚驕なる功名心の為に、知らず識らず我身を将官の様に進化、或は同化する程に逆上《のぼ》せ」ていないか。天眼は亀山警部長と榊原次席を紙上で名指しで叱責する。「何故に己は軍参謀官とでも化したらむ如く振舞しや」

次席は、ステッセル宿泊予定の旅館に事前の挨拶に来た長崎市長を門前払いしている。「榊原の権幕、軍令部長の如し。彼は軍人の帽子を冠りたる小児の如く号令したるらし」

彼らがこのような振る舞いを続ければ、長崎でのステッセルの動向を伝えるという新聞の使命が果たせなくなる。「警察本部はステッセル夫妻を観《み》る権利は本部占有の物の如く挙動せり」。そして「世人よ」と問う。「(彼らの挙動を)人民、新聞社、若しくは警察以外の官憲に対する適正の挙動なりと之を認め得べきか。将《は》た忍ぶ能はずと感ずる我等が無理か。而も之レ僅かに事情の一端のみ」

亀山氏は3週間後の2月13日付で韓国公使館付警視として転任した。長崎在任期間は約1年半だった。更迭であろう

講和交渉にどう臨むか

1905年5月27、28日の日本海海戦でロシアのバルチック艦隊が全滅に近い敗北を喫したことを機に、日露双方に講和の機運が高まった。日本側は同3月の奉天会戦で勝利したものの、退却するロシア軍を追撃する余力はなく、陸上の戦線は膠着状態となっていた。政府は国力の限界を知っていたから、日本海海戦勝利を機に講和実現に向けて動くことに決め、6月1日、小村寿太郎外相がルーズベルト米大統領に講和あっせんを依頼した。ロシア側もバルチック艦隊全滅に衝撃を受け、さらに国内に革命を叫ぶ民衆の反

乱が広がっていたため、講和を急ぐ必要に迫られた。同9日、ルーズベルトが日露双方に講和を勧告すると、両国とも直ちに受け入れ、8月10日、アメリカ東部のポーツマスで、日本側全権委員小村寿太郎外相、ロシア側全権委員ウイッテ元蔵相の間で交渉が始まった。

談判は神聖なり。ウソっ講にあらず

日露の全権代表がポーツマスに向かっている時点で、天眼は、この交渉は必ず妥結させる責任があり、日本は勝利に驕って強硬な要求を突き付けるようなまねをせずに、戦後の日露関係を見据えて必要な譲歩は大胆に行うべきと主張。駆け引きに没頭し、交渉不調なら戦争再開などと内心で考えるのは「国際的詐欺の心術」にほかならないと戒めた。「談判は神聖なり。ウソっ講にあらず」（7月25日『休戦は早晩来るべし』）これから始まる交渉が、国家の威信をかけた本気の交渉であり、交渉の素振りだけを見せる類の国際的詐欺「ウソっ講」でないことを知れば、現実を無視した強硬論は有害無益である。にもかかわらず、日本の新聞は強気一辺倒の勇ましい主張を続け、国民を煽っている。天眼は、そんな新聞論調を「遣《や》れ遣《や》れ論者」が無責任に書き立てる「群論」であると呼んで戒め、東洋日の出新聞はそのような新聞界と一線を画すと、早くも7月下旬の時点で宣言している。「今回の講和談判は決してウソっ講たるを許さずと承知したならば。今日、世俗の群論中、無暗矢鱈《むやみやたら》に強き事を言ふ遣れ遣れ論者たる者、少しくは本心に復《かえ》るであらう」

敢て弱気論に立つ　～平和は是非とも収めざるべからず

東洋日の出新聞は、これら強気一辺倒の群論には与しない。だが、それは決して弱気を意味しているわけではない。「東洋日の出は世俗に比して弱きが為に弱気論を吐くのでは無けれど。平和は是非とも今回の談判を以て収めざるべからず、と信ずると同時に。平和は必ず成る、と見越す者にして。外交上の秘相と彼我の財力上、及び軍事上の実勢とより割り出して、日露双方が折り合ふ事、折り合はねばならぬ事を確認す」

単純な強気論者には、東洋日の出のこの態度が弱気と見えるかもしれない。「畢竟我等は世俗の論に比すれば外形上、頗る弱気の側なるべし」。だが、強気で押したからといって、思い通りに外交交渉が進むわけではない。「強気論者に従って此上、拾五万、弐拾万の忠良の将士卒を犠牲として其で完全なる条約と、世俗の思惟する欲張り条件＝彼等は貧乏人の根性と弱国の神経病とを脱せざるが故に、金高さへ太ければ嬉しがり、又、敵の領土を沢山割譲せしめねば不安心と思ひ、因《よ》って多額の償金と大々的土地割譲とさへ出来れば完全の条件と心得るなり、而して其は実際に於いては寧ろ昔噺《ばなし》の重い葛籠《つづら》を選ぶ欲張り条件＝が期し得らるると定まらば。我等は又考へ様もあるが」。「世俗の思惟する欲張り条件」など叶えられるわけはないのである。その現実を無視して、いたずらに欲張っても無意味である。いや、それは「此上、拾五万、弐拾万の忠良の将士卒を犠牲」とするから有害と言うべきである。

経済発展は内長的方向を目指せ　～償金割地は無意味

無思慮な強気論は、なぜ蔓延するのか。日本という国家が目指すべき方向を見定めていないから、いたずらに欲張り条件を振りかざすようなまねをするのだ。

「大体、我等は国民の精力の長養、則ち内長的方向を以て興国の大基本と為し、外付的勢力（曰く償金の多額、曰く土地の大割譲、是れ皆、精力を外方から付纏《ふてん》する遣口で、内長的の方向に非ず）を客位に観るが故に。主とする所が世俗と異なるだけ其だけ。餓え児の如く食物の分量のみを貪る莫きなり」

国家の発展は「内長的方向」を目指すべきであると天眼は考える。国内経済の自立的発展、内発的発展を最優先課題に取り組むべき、ということか。このような考え方に立てば、講和交渉で償金、割地に固執するのは無意味であり、これ以上の戦争継続は有害という結論になる。

これからは、若い力を経済建設に集中しよう。「我等は此上に十五万、二十万の尊き血が惜しさに堪えぬ。ロスキーに濺《そそ》ぐ血をば此辺《この》にて切揚げて。国家の精力のタネとして保存し、其を長養し、其を発揮し、其をして国内の教育、軍政、社交、生産の各方面に分注せしめて以て国力内長を期し。之と同時に朝鮮及び樺太の握有、満州の実地経営に供用せしめたく望むこと切なり」

この1か月後に大方の新聞論調に反して東洋日の出新聞が講和支持に踏み切る背景には、こうした国家発展の方向性に関する考え方の違いもあった。

血の値は無量無限なり　～血を尊ぶ我等の弱気は真の強気

これ以上の犠牲は無意味である。人命尊重が最優先の局面に入った。「血の値は無量無限なり。土地と金の値は限り有り。額と面積の少々の不足は憂ふるに足らずと雖も。血は容易に回復せじ」「血を尊ぶの心を以て講和条件を見る時は。世俗の眼に映ずる我等の弱気は却《かえ》って真の強気ならずや。沈勇は業々しからぬものぞ。大成の国民は一遍勝負に安んぜじ」

講和成立の見込みがあるときに、わざと交渉を決裂させ、犠牲を増やすことは許されない。「真実折合ふ見込みある最中に両交戦国が態々《わざわざ》惜しき忠勇の士卒を殺すと云ふは有るまじき事なり」。そして現に、講和は成立に向かっているのである。「講和の前途も亦安心なりと見込むを穏当とす。已に前途有望ならば。世の新聞紙又は無責任の強気論者に動かされて、妄りに戦争無限を夢見る勿れ」

こんな時こそ国民を警醒すべき新聞は全く役割を果たしていない。諸新聞の講和交渉米国現地取材と言えば「只談判経過の報告電報を我勝ちに獲ばやと焦るのみ」で、その紙面では「敵愾的激論を書きなぐり」、営業面では「戦捷的号外を売り飛ばす」ことに夢中になっているのが実態だ。天眼は怒る。「日露戦争を単純なる戦ごっこの如《ごと》思ふて、講和談判の與ふる教訓を仇にし、只管《ひたすら》形に顕はるる結果をのみ問ふ連中は罰の当たる業と知らずや」

無邪気なる群論よ　~新聞の使命とは何かを問う

講和交渉が大詰めに近づくにつれ、日本政府に対して交渉決裂も辞さずに強硬な要求を貫けと迫る新聞の論調が目立ってきた。その論は戦勝の果実を求める国民の感情を煽って強硬論へと駆り立て、煽られた国民感情に迎合して新聞はまた一層の強硬論へと突き進んだ。この状況に危機感を抱いた天眼は、交渉最終局面で、日本の新聞界の体質を根本的に批判する論説を展開した。それは『興戦の真意義と講和条件の得失（子ども気なる全国新聞紙の目ざまし）』と題し、8月28日〜30日の3日間に渡って連載された。

　粗略な議論が新聞紙上にあふれる原因は何か。それは新聞が国家の将来像を全体的に見渡しながら講和問題を論じていないからだ。すなわち「立言者の地歩」を確立しないままに議論に臨んでいるからだ、と天眼は見る。「扨《さ》て何とか立言者の地歩といふものを占めて論議する工夫なきものか。一国生存の地盤（島界偏安か大陸建国かの別）と、国民的精力傾注の方向（経済、教育、社会万般を一貫する国是）と、四囲の勢力の乗除（外交の実勢）とより割り出して我国の立脚地を定め。而して此立脚地より観察し。軈《やが》て講和を以て我の積極的生存、則ち精力長養に資すべき適当なる方法を案出し。斯くて獲たる方法を標準として。政府の擇《えら》べる、露国の争へる刻下の条件を是非せば。そは善かれ悪しかれ世界の舞台に顕して恥ずかしからぬ立言なるべきに」

　国家の立脚地を定め、その立脚地から国家発展の方策を考え、その方策に寄与するか否かを基準に講和の是非を判断するなら、世界に恥ずかしくない国民の選択ということになろう。だが、現実の新聞論調はそうなっていない。「汝は只、戦勝者の権利とやら自ら許す所の簡単なる要求的欲情一本鎗にて。明けても暮れても露国屈服せずんば我は尚、戦の一途なるのみとて。万病一薬山伏法印の禁厭《まじない》文句に似たる言語文章を繰り返しつつ在り。是十年前征清役前後の稚態のみ。戦争を知って外交を知らず、前面を見て四方を観《み》ざる呉下《ごか》の阿蒙《あもう》のみ。アゝ日本に立言者無きことや久しい」「国家の実質的並びに精神的の両面一体の生存基本より観来りて以て講和問題を是非する体の地歩を占めるに非ざれば、千百万言と雖も雲煙に過

ぎじ」（8月29日）

日本の新聞は誠に奉公的なり　～独立性を放棄すれば単なる聞書き集

「戦争を知って外交を知らず」「前面を見て四方を見ざる」記者が、新聞紙上に「禁厭文句に似たる言語文章」を「雲煙」のごとく書き連ねているようでは、国家・国民を正しく導く言論活動は実現しない。その根本原因は新聞が政治権力に従順であるからだ。「日本の新聞は誠に奉公的なり」。怒り交じりの嘆きである。

だが、このままでは新聞の使命は果たせない。「而れども単一味、御奉公的奉公の其外《その》に。我の当然の地歩を占め。我の特有の天聴に由り。此《この》千載興隆の大機に相応《ふさわ》しき、爾《そう》して大臣や国民の教導を為すほどの説を吐き、言を立つる志念、識見、節操を欠如せば」、どうなるか。新聞が備えるべき資格を「欠如せば」、「新聞紙は文明社会に於いて外交、政権、武力、金力等、巨大なる要素に対し、厳然たる独立の一城郭としての存在権を放棄するものにして。其《その》発行は聞書き集としての発行のみ」

新聞が権力からの独立を放棄すれば、それは単なる聞書き集に堕す。そのようにして新聞の使命を忘れてしまうと、「竟《つい》に新聞は引札代用の役目の外は。只、『社会の今日』を群俗の気随の儘に代表するに止まりて。尊厳と先見とを兼ねて『社会の明日』を人心の霊能に開示する能はず成り行くのである」

したがって、講和を論じる前に、新聞人の意識改革が急務である。「講和を議するに先立ちて緊急に新聞社会の頭脳を新たにせざるべからず。其本然の位置を作らざるべからず」

講和条約を支持する

８月10日からの日露講和条約交渉がようやく妥結し、９月５日、調印された。日本は賠償金や樺太全土獲得の要求こそ実現できなかったものの、①韓国の支配権、②旅順・大連の租借権や長春・旅順間の鉄道など南満州の利権譲渡、③南樺太の割譲、④沿海州とカムチャッカの漁業権――などをロシアに認めさせた。戦争継続が不可能な状況下としては、日本の得た成果は大きかったと言える。

だが、戦争中、「連戦連勝」の報道ばかりに接し、日本が国力の限界に達して、もはや戦争継続能力はないことを全く知らされていなかった国民は、「多額の賠償金獲得、樺太全土割譲」、いわゆる「償金割地」の要求が達成できなかった講和条件に不満を募らせ、講和反対・条約破棄の世論が沸騰した。

また東京の大新聞など全国ほとんどの新聞が講和反対を主張。「日本がロシアに一方的に譲歩した屈辱的条約」と決め付け、政府の弱腰を糾弾し、条約破棄を求める激しい調子の記事を８月末から連日、掲載し、国民の怒りを煽った。この結果、９月５日に東京日比谷公園で開かれた講和反対国民大会の後、熱狂した参加者が街頭に繰り出し、暴徒と化した。群衆は電車、交番などを襲い、内相官邸や政府支持の国民新聞社を焼き打ちする騒ぎに発展した。いわゆる「日比谷焼き打ち事件」である。政府は６日、戒厳令を発し、軍隊を出動させて鎮圧に乗り出したため、騒ぎは７日には鎮静化に向かった。

日露戦争は日本側の死者8万4千人、負傷者14万3千人、ロシア側の死者5万人、負傷者22万人という悲惨な結果を生んで、ようやく終結した。だが、この悲惨な戦争の教訓を噛みしめることもせず、日本の世論の関心は「償金割地」への不満ばかりに集中し、いたずらに感情を高ぶらせて迷走した。

平和克復自体が国家大開運の吉慶 ～熱狂する世論に抗して条約支持を表明

天眼は9月3日、戦争継続を叫んで熱狂する世論に正面から立ち向かうように、講和条約断固支持の論説を掲げた。それは『平和克復其自体が国家大開運の吉慶』と題し、ロシアを相手に戦って和平を達成したことそれ自体が大きな成果であり、たとえ償金が取れなかったとしても、多くの利権をロシアから得ていることに目を向けるべきと指摘。国民は、もう戦争を切り上げ、平和的発展という次の段階に進む時期を迎えていると説いた。その上で、「己が期《あ》テ事の外れし残念さに一時の激情を基礎として囂々《ごうごう》たる有らば。我等は是に興《くみ》せない」。単に賠償金が期待外れに終わったことを残念がって一時の激情に駆られているだけの世論なら、東洋日の出新聞は断じて迎合しないと宣言した。

日本外交上の勝利 ～此上、戦はば。其は戦争では無い

講和交渉で日本は実質的に勝利している。「大局より観《み》来れば。地隙に潜り込まば手の付け様なき蛇に似たる露国をニョロニョロ華盛頓《ワシントン》まで引き出しただけでも既に大手柄で。其に講和の意志を定めさせ、満韓を撤退させる迄に締付けたに至りて。日本外交上の勝利である」

確かに思い通りに交渉が進んだとは言い難い。政府の力量不足は明白だ。それでも、いかに不満があっても「講和の成立其れ自体に較ぶれば末節である」。さらに日露がこれ以上、戦わないと合意したことが何にも増して重要だ。「日本も露国も世界最強の国として此上、格闘する程の馬鹿の巣窟では有るまい」「此上、戦はば。其は戦争では無い。動物的格闘で有る。到底、人種的殺戮で有る」

日本が得たものの価値を知れ　～ロシアが失ったものの大きさを考えよ

感情的な議論を止めて、交渉で日本が得たものに、具体的にどれ程の経済的価値があるか、理性的に考察してみよう。「邦人は、朝鮮と云ふ国土と、樺太の半分と、北海漁業権とを金に算《つも》らば幾十億円なりと考ふるにや」。これらを、しっかりと活かせば無限の富を生むだろう。「戦局の収束、精力集中の主義に副《そ》ひさへすれば、金は無限に産み得るを信ずなり」

逆にロシアが失ったものを考えてみよう。そこから日本が得たものの大きさが分かるはずである。「露国が極東に押し冠《かむ》せたる満州閉鎖、支那丸呑と云ふ侵略の潮を、日本の独力を以て弾《はじ》き返して、開放と平和の生面を開きつる大業は。如何に素晴らしき偉功ぞ」「東清鉄道と旅順大連の放棄＝之が露西亜に取りて何程痛き、何程酷き譲与と云ふ真味をば、今の群論は解せりや。強露数百年の宿志、君臣一致の凝念、投資幾億のその産物たる不凍港をむざむざ日本に譲るのぞよ。支那朝鮮日本の平呑を一朝に頓挫せしめられつる事ぞよ」。ロシアの極東侵略の野望は日本によって挫かれ、鉄道、不凍港等、営々と築いてきた侵略の足掛かりを放棄させられた。ロシアにとって、それがいかに痛手であるか。裏を返せば、日本の得たものがいかに大きいか。一体、何が不満だ。「而して斯かる大業に成功せる日本人として、又有形無形に無盡《むじん》の富を獲得したる日本人として、近来の膨れ面は何事ぞ」

手にしたものの価値が分からず、償金がないと言って激高し騒ぐことの愚かしさよ。日本の前に開けた広大な世界が見えないか。「国家は方《まさ》に大開運の途に上《のぼ》れり。而して愚なる新聞と、貧乏性の俗人とは、未だ之を自覚せず」

平和克復は智者の計　~国民の力を国家、社会の革新に

戦争継続は犠牲が大きく賢明でない。和平を選んで、闘志を国家建設に生かせば、どれほど有益か。「而れども和して、而して戦いの志を持さば、我の精力は長養の途に適するが故に。過大の犠牲を今日に急とするは智ならずとするのみ」

日本の目標は高く、雄大であるべきだ。世界の人々に畏敬の念を抱かれるような日本になるのだ。だからこそ今は平和が必要だ。戦いから逃げるためではない。大きく前へ進むために、あえて和平を選ぶのだ。これこそ「智者の計」である。「国家が世界に対して我の志業を貫くの道は決して単純ならじ」「世界列国の金と智識とを我に集注せしめて而して世界の人より畏敬されざるべからず。是《これ》国民個々の務めなり」「我等は前後左右八面を見透《とお》して、此際の平和克復を智者の計と為す迄なり。平和を獲て姑息せむが為に非ず。平和の後には内国の大革新無かるべからず」

此上、数十万の人を殺し、婦人小児を泣かせ様とするのか

それでも講和反対を叫ぶ国民がいるのは、獲得したものの価値が分からないからだ。「現ナマの償金を知りて而して土地と利権との富源無量を解せず。又、無形の精神的大勝利を解せざる人に限りて悲観すれど」「平生、外交と軍事と満韓の実地とに何等の経世的着眼を為さずして、只だ講和を非議する人々は罰が当たる話なり」。本人たちに罰が当たるだけの話では済まない。そんなことを言い募って、さらに戦争が続くことになったら、犠牲になるのは一体、誰だ。分かっているのか。「何等の調査も為さず修養もなく。講和の何處がドーと云ふ事実も構はずに訳も無く非講和を謂ふて、此上、数十万の人を殺し、婦人小児を泣かせ様とする人々は。胸に手を当てて、篤《とく》と本心を尋ねざるべからず」

大日本といふ自負熱のみ増長させ、皇室に忠なる民心を政権私握に利用

天眼は、日露戦争の終局に露呈した国を覆う混乱は、すべて明治維新以来に形作られた日本の政治、社会の歪みに起因すると見て、その病弊を批判し、改革を促す言論活動に全力を挙げる。まずは、その歪んだ社会風潮に激しい怒りを示した論説を紹介する。

「旧幕の太平武士の驕奢と縟礼と格式とを其儘《そのまま》明治に伝へて内閣の役人等が殿様然とし、元老が大老然とし、能楽じゃ金留じゃ畜妾じゃに耽り。己に媚び我に賄賂する小才子や党派や商人のみを味方として、世道人心の汚隆といふ事に一点の用意を払わず、可憐なる軍人の血と骨とを以て獲たる戦捷をば自己の功名栄達の材料に供するに汲々とし、其癖、外国人から愚弄され乍《なが》ら恥を恥として自ら天下に謝するの誠意

を有せず、凡そ教育、経済、世風等国家の根底力に関する主義と施設とは極めて浅薄にして、亓日《その》暮らしに甘んじ、猶且つ国民に気休めを与へて大日本といふ自負熱のみを増長させ、而して皇室に忠なる所以の民心を己が政権私握に利用して官僚崇拝の陋習を積成し、傍ら政党及び新聞の自堕落、険猾無精神を馴致し、以て天下は私意私計の拵《こしら》へ事を以て永久に左右し得る如く心得し、彼等明治式の官僚及び之に半ば同化せる民間知名の士といふ者等は。（今回の暴動に）さぞや吃驚仰天して今更の如く茫然たりしならむ。誠に良き戒めなり」（9月10日）

元老、閣僚は、兵士の膨大な犠牲の上に得た日露戦争の勝利を、あろうことか己個人の栄誉、栄達に利用して恥じない。国家は迷走し、社会は軋む。その責任を問われることがないように、国民が持つ忠君愛国の素朴な心情を利用して忠君がすなわち政府への従順であるかのように教え込み、疑問を封じて権力の安泰を図る。さらには「大日本」を標榜して国民の「自負熱」を煽り、日常への不満のはけ口を用意する。そのような構図の中で醸成された国民の「自負熱」が噴出したのが、日比谷暴動であるというのが天眼の見立てである。

戦争を煽る政治家、新聞記者を糾弾　～「国民を此上にも多く殺す論」許さず

荒れる民衆の背後には、主戦論を唱えて煽る政治家や新聞記者がいた。彼らは、戦争継続の場合、莫大な戦費をどう調達するのか、軍事的展望はあるかなどの問題について何ら定見を持たずに熱を吹いていた。継戦でさらに膨大な犠牲を生むことになってもよいのか、という根本問題すら眼中にない無責任ぶりだっ

た。混乱の中で、天眼が厳しく弾劾したのが、このような人間たちだった。

「戦時の財政、軍事、外交をば殆ど全く不用意、無詮議に委して何等の意見も立たざりし政客や新聞屋が、何の顔《かんば》せ有って国民を此上にも多く殺す論を唱へ得るや。彼らが己を省みずして狺々として吠ゆるは不実、無誠意も亦極まれり。ここで更に新たに大戦を実行する時は戦費二十億、死傷三十万を出だすこと必然たるに。斯くて今度は外交は必勝し、償金割地共に充分なり得べしと云ふ見込みが有って、其見込みが筋の立ち居る見込みたる事を精《くわ》しく示しもせず、否、示す迄の識見を持たずして。何を恃《たの》みて国民の血を要求するや」「其で是から死ぬ人々に申訳相立つや」（９月10日）

自分を安全地帯に置いて戦争を煽るのは卑怯者のすることだ。

「死ぬ者は軍人計《ばか》りじゃ。政客と新聞屋は遠吠えじゃ」

文を以て武を補ふ役目の新聞が、軍人に阿附して戦を請ふとは何事ぞ

天眼は開戦前、こうした政治家や新聞と肩を並べて主戦論を唱えた。だが、今は「平和克復の方法を念じこそすれ」、継戦など主張する時ではないと考える。したがって今後は、これらの政治家、新聞と決別し、彼らを批判する側に回ると宣言する。「（開戦前）短評式、話柄式に主戦論を行《や》り居りし滔々たる政客や新聞と、此上の戦勝余熱的の道連れは好ましからず。我輩は斯う思ふ」

彼らが軍人の扇動を試みようとするのも許せない。「政客と新聞とは、軍人の忠死と偉功とに因りて意を強くし。戦争に因って人の気が立ちたる其《その》風潮に投ずる者である。苟《いやしく》も文を以て武を補ふ役目の人々が

徒《いたずら》に軍人に阿附して、只々戦を請ふとは何事ぞ」

国民を扇動する新聞を叱る

講和条約反対で国民を煽った東京の大新聞

国民世論の沸騰が暴動にまで発展したのは、東京の大新聞が国民を激しく煽り続けたからである。各新聞は講和条約調印に際して、どう書いたか。

8月29日の万朝報は『卑屈、卑屈、卑屈』の大見出しを付けて、「わが当局は露国の償金を峻拒すべしとの傲語せる恫喝的揚言に驚かされ、つとに償金の要求額を戦費の実費に限りたるのみならず、これを賠償の語をもってせず（中略）これ実にわが当局が露国の意に迎合してたやすく和約を結ばんと欲する卑屈の心事を表明するものにほかならざるなり」と書いた。同31日の記事に、またも『嗚呼、嗚呼、嗚呼、大屈辱、大屈辱』という煽情的見出しを付けた。9月1日になると、さらに感情に訴える表現が目立つようになる。万朝報は小村全権等の帰国を『弔旗をもって迎えよ』と書き、報知新聞は「国民と軍隊は桂内閣、小村全権に売られた」と言い、大阪朝日新聞は講和条件を黒枠で囲って伝え、『天皇陛下に和議の破棄を命じたまわんことを請い奉る』という長い請願文を載せた。大阪毎日新聞は「アア死体的講和、まさに弔旗を掲げ、喪服を着けてこれを迎ふべし」と書いた。東京朝日新聞は「昨年いらいコンナ大騒ぎをやって、二十億の金を遣い、十万の死傷を出した結果が、この通りだ。馬鹿々々しい。国民はわが当局者に向かって損害賠償を要求して可なりだ」と前置きして、講和条件に憤慨する投書をずらりと並べた。9月4日の大阪朝日新聞は「条約破棄せよの声は、一村より一郷へ、一町より一市に玉を転がすように伝わって、もはや全国中ただひとりとしてこれを叫ばぬものはないほどになっている」と断じた。

講和条約反対国民大会が開催される9月5日の新聞は一段と激しい言葉を並べた。東京朝日新聞は「我々の戦場は東京日比谷、いざ征かん」と大会参加を呼び掛け、万朝報も「来たれ、来たれ、来たれよ。講和問題全国同志大会、とくに本日をもって日比谷原頭に開かれようとしている／血ある者は来たれ、涙ある者は来たれ、骨ある者は来たれ、鉄心ある者は来たれ、義を知る者は来たれ、恥を知る者は来たれ」と激越な調子で呼び掛けた。5日は朝から東京に、いつ暴動が起きても不思議でない空気が新聞によって醸し出されていた。

醜しとも醜し、帝都の新聞記者　～扇動した揚げ句に、責任を当局に転嫁

講和条約を不満として、暴動にまで発展した民衆の感情爆発。その背景には東京の主要新聞の扇動があった。この事態を長崎から天眼はどう見ていたか。日比谷焼き打ち事件1週間後の9月12日掲載の論説『新聞記者の観たる帝都の新聞記者』で、日本の新聞社の実態を暴きながら厳しい批判を展開している。

天眼は、暴動のきっかけが当局の集会の自由抑圧に対する憤激にあったのは確かだが、民衆の不満を暴動にまで発展させた根本原因は新聞の扇動にあったと指摘する。「東京に於ける暴動は勿論《もちろん》最初は集会の自由を奪はんとしたる当局者の措置に憤慨し、且つ講和条件に不平の念、満々たるもの相合して、茲《ここ》に大

なる爆発を見たるは紛れなき事実なるも、元来感情にのみ逸《はや》りて理性に遠き軽薄なる都人士を、狂人の刃物を持ちたるに等しき、向ふ見ずの新聞記者が遮二無二扇動したるに基づくものとす」

扇動は新聞記者の予測を超えた事態に発展する。「斯くの如くにして車夫加はり、破落漢《ごろつき》加はり、無頼書生同じ、食詰《くいつめ》壮士同じ、職人和し、土方和し、而して警察の打毀《うちこわ》しとなり、電車の焼棄《やきすて》となり、更に耶蘇教会堂の焼打《やきくち》となる。事是《ここ》に至りては流石に向ふ見ずの新聞記者等も大に窮して、自家の責任を逃れんとし、その此に及べるは全く閣臣の屈辱的平和を成立したるに因《よ》れりとなして、其《その》責めを当局者に嫁せんとする様は、心有る者の眼より見れば醜しとも醜し。遠因或ひは当局に在らん、而も近因は新聞記者輩に在り」

新聞の扇動が予想外の大騒動を引き起こしたことの責任逃れをするために当局に責任転嫁を図り、ことさらに当局批判を強めたのだと天眼は見る。「牢固抜くべからざるの確信あらば、其自ら認めて以て正義と為すものを堂々と論ずるに於いては則ち可、然るに徒《いたずら》らに民心に迎合して猥《みだり》に扇動的の文字を弄し、不穏の言辞を並べて唯《ただ》さへ飛上りたき軽薄なる都人士を飛上らしむ、暴動の起るは必然のみ。而して罪を当局に嫁して曰く、速やかに決する處《ところ》あれと、得手勝手も亦甚しきに非ずや」

これだけ新聞が煽れば「暴動の起るは必然のみ」。そして暴動が起これば今度は当局の取り締まり能力が低いと糾弾する。御都合主義極まる責任転嫁だ。しかも国民を煽りに煽る大新聞は常に自らを安全地帯に置いている。それは卑怯だ。「当局者素《も》と其能力の大部分を欠きたるには相違無きも。良民を扇動して暴民と化さしめ、当局をして奔命に疲れしめ、以て公安維持の能力を欠かしめたるは抑々《そもそも》誰ぞ。先ず他を狼穽《ろうせい》に陥れ、而して争闘を迫り、他の為す無きに乗じて之を怯なりと笑ふ、孰《いず》れが其《その》怯なるやを知らず、夫《そ》れ斯くの如きのみ」「他を責むること厳なるものは自己を責むること寛なるを許さず。彼輩敢て当局に自裁を勧む、而して彼輩今尚《な》ほ恬然たり。厚顔驚くべきに非ずや」

天眼は同業者であるゆえに、「帝都有数と称する甲乙丙丁の諸新聞」が掲げる看板の裏表がよく見えたのかも知れない。

営業本位の群論　～万朝報、国民新聞批判

国民扇動の中心的役割を果たした新聞の一つが黒岩周六（涙香）の万朝報だ。扇動された民衆が、政府系の国民新聞焼き打ちにまで暴走した。その万朝報、国民新聞双方を天眼は批判した。「商売敵の国民新聞打壊しを紙上に慫慂《しょうよう》せし万朝報黒岩周六の如きは真っ先に身首処《しょ》を異《こと》にせしめざるべからず。新聞なるが故に自信なく責任なき暴論を吐くも可ならば、官吏は警察権を濫用して敵党を陥擠するも可なりと云ふ同論法を生ぜむ」（9月7日）

新聞が言論のルールを守らなければ、それはすぐに、権力のルール違反に道を開く結果を招く。「誠に己が命懸けの誠意有りて国家の為に大奸を誅せよと叫ぶなら、そは恕すべし。而れども万朝報の如きは昨年、商売敵の二六新報に仇《あだ》せむとて、（社長の）秋山定輔を露探（ロシアのスパイ）として筆端に中傷し、以て岩谷党の二六社打壊しを同情せる毒悪新聞なり。今や亦徳富（蘇峰）の国民新聞に同一手段を施す。斯かるフザケたる言論が帝都を動かす所以は、大臣等平素、世道人心の汚隆に思ひを致さず、臨時に万朝報

等を使へばなり。上下同罪なり」

商売敵の新聞の部数を中傷で減らそうなどという邪道に走る新聞がまかり通るのは、そんな新聞を利用する政治家がいるからだ。「上下同罪なり」である。

東洋日の出新聞とは次元を異にする国民新聞の「条約支持」

もちろん、攻撃された側だからといって、それが国民の方でなく政府の方ばかり向いている御用新聞であれば、被害を受けたことによって国民を無視してきた罪まで消えるわけではない。「変節、操守無き国民新聞社」は「其罪、万朝報の扇動と斉《ひと》し」（9月7日）。「偶々、営業本位の為に風潮に逆行する者有り、そは政府に文を売りて、政府の為に政府を弁ずる国民新聞之のみ」（9月23日）

国民新聞は日露講和条約に関して、条約反対の社会の風潮に逆らうように首都で唯一、条約を支持して異彩を放った。だが、これは単に政府の御用新聞だから政府を支持したに過ぎないという側面がある。すなわち、政府の意向を代弁することがこの新聞社の営業方針だから、その方針に従っただけとも言えるのだ。

読者に戦争の真実を伝え、戦争と平和の哲学を語り、戦後に日本が目指すべき道を指し示した上で、眼前の講和条約の是非を語るというのが、新聞が本来、果たすべき役割であった。だが、国民新聞の場合、決して、そのような意味での「条約支持」ではなかった。それは御用新聞としての役目を果たしただけで、その目は国民ではなく政府を見ていた。一方で東洋日の出新聞は、新聞本来の役割を十分に自覚し、それを果たそうとして、国内外のあらゆる問題に目を配りながら筋道を立てて「条約支持」の結論を導き、読者の前に明らかにした。同じ「条約支持」でも国民新聞と東洋日の出新聞とでは次元が違うのである。

大阪朝日新聞、大阪毎日新聞批判　～新聞の乱心、国民は禍なる哉

政府系であろうと反政府系であろうと、真実を報道する姿勢を堅持していれば、それでよい。評価は読者に委ねるだけだ。だが、そもそも新聞の主義・主張と思われているものが営業本位で決められていたとしたら、読者は何が正しいかを判断できなくなる。営業本位の論調決定は、政府系であろうと反政府系であろうと、新聞失格である。日露講和条約報道の中で露呈したのは日本の新聞の多くが抱えるこの危うさであった。

「新聞が自己の常節恒心をば営業主義の犠牲と為し了《おわ》らば世は危うい哉《かな》。良民は何をアテとして世間を知るべきか、去就に迷ふて自暴自棄するに至らう」「国の大事、死生の地、存亡の道たる和戦の議をば、新聞屋と政治屋から興行式に演ぜらるる国民は禍なる哉」（９月23日）。こう前置きして天眼は、講和条約報道をめぐる大阪朝日新聞、大阪毎日新聞の常軌を逸した競争の内幕を解説する。「地方にては新聞社の内幕に迂遠なる故、却々《なかなか》、東京大阪の発行と云へば買被《かいかぶ》る場合多し。因って非講和問題に関する大阪の新聞に就いて営業本位の真相を報道せむ」

日露開戦前、大阪毎日新聞が人気を集める事業を催して部数を増やし、大阪朝日新聞の読者を急激に奪いつつあった。だが、日露戦争が始まると、朝日は通信費を惜しみなく投じて戦争報道で優位に立った。

ところが、戦争が終局に近づくと再び、新奇な催しで読者の関心を引く毎日の販売攻勢に太刀打ちできなくなる。戦争取材に経費を掛けたにもかかわらず、再び部数が減り始め、朝日の経営は苦しくなった。さらに毎日は鉄道旅行競争と十哩《マイル》競泳と二つの興行式客寄せを行い、一層、部数が増えた。一方の「朝日の減りし実数六万とは驚くべし」

危機感を募らせた朝日は、毎日の販売攻勢への対抗策として、新聞論調の思い切った転換を図る。「朝日大いに考へざるを得ず。乃ち彼は平生の沈着主義を破り、興行式の良き種をと探り。而して時も時。日露条約大味噌、国民激昂といふ機会が来たりた。朝日は此《この》風潮に乗ぜり。此《ここ》に非講和熱煽動は始まりた」。毎日の「興行式」販売攻勢への対抗策として朝日の「煽動紙面作り」が始まった。「講和反対の国民扇動」は新聞社の営業政策の一環であったと天眼は言うのだ。朝日の戦略は図に当たり、一気に部数を巻き返す。「乱と共に朝日は売れ行けり。前に失ひたる六万の読者を回復した上に尚ほ六万だけ毎日を蚕食した」

こうなれば、もう止められない。「扇動紙面」で大当たりを取った朝日の紙面はますます過激化する。さらには紙面に止まらず、講和反対集会の現場にまで記者が出掛けて気焔を挙げるようになる。「大阪朝日の記者が各地に出張して非講和大会を煽動し、其に出席して演舌を為し、運動費を補助しつつ在りしは営業政略の為す所にして」。東洋日の出新聞と対立する長崎の4新聞社が開催した講和反対長崎市民集会にも、朝日の記者2人が駆けつけて来て「加勢せし」と言う。

朝日は政府批判で発行停止処分を受けるが、処分解除後は一層の「興行式紙面作り」に精を出す。「尚ほ一層激情的なる煽乱的なる筆法を揮はねば折角の営業本位を貫き得ざる故」、興味本位の怪しげな陰謀論や政治家の私生活の暴露記事などを書き殴るようになる。講和反対の朝日の強硬な主張が「営業本位」に過ぎなかったことを、その後の紙面の品位低下と迷走によって自ら裏付ける結果となった。「斯かるアルコール的の激文字を喜ぶべき当座の風潮に投ずる一方の遣り口で有った。則ち非講和の論も糸瓜《へちま》の革羽織、火事場人気の荒仕事で有った」

朝日の政府批判が激化するにつれ、それと比較して毎日を「御用新聞」と見做す声が広まった。今度は毎日が対応を迫られる。事態打開の特効薬として、こちらもまた「論調の過激化」を選ぶ。「毎日の如きは全く壊破されむかと危ぶみて急に筆調を一転し、盛んに非御用の弁明を為し。一方にては非講和運動に加勢し。抜かり無く各地の非講和会に祝電を送り、寄付金を呈し、此処《ここ》を先途と人気を繋いだ」。朝日と同じことを始めたのだ。

新聞がこのような形で紙面を歪めて競争すれば、際限のない紙面劣化を招く。それは新聞の自殺行為である。「一方が清酒を飲ませれば、一方が焼酎を供し。其では負けるとてウイスキー、ウオッカ抔、順々に猛烈なる火酒を饗して人気を取る段にては。到底、際限無き沙汰にて。乱心者と共に乱心する儀なり。二、三週間は営業上、奇利有らむも。社会は永久に酔狂し居る能はざると同時に。結局は朝日の販路滅裂を来すものと断定す」

新聞が「乱心」すれば、その影響は「販路滅裂」では済まない。社会が滅裂し、国民の人権と生活が損なわれる。その自覚が当時の大新聞にはなかった。

復刊した二六新報を批判　～「新聞を売るために新聞を作る」過ち

天眼は秋山定輔とともに1893（明治26）年、東京で二六新報（第1次）を創刊し、秋山が社長、天眼が主筆に就いたが、秋山が経営に失敗し、同紙は2年足らずで休刊（1895年6月）に追い込まれた。その秋山が休刊から約5年後の1900年2月、同紙を復刊する。この第2次二六新報は、財閥三井攻撃、娼妓自由廃業など社会性のあるキャンペーン記事と、世間の好奇心に訴えるだけの暴露主義的で煽情的な記事を混在させる紙面作りで注目を集めた。しかも料金を破格の安値に設定したため、急速に部数を伸ばし、一気に東京で部数トップクラスの新聞に躍り出た。天眼が主筆を務めた第1次二六新報が政論中心の高級紙志向の路線を歩んだのとは異なり、第2次二六新報は大衆の情緒に訴えて部数増を狙う大衆紙路線を歩んだ。正反対の新聞作りである。この路線転換によって、第1次で失敗した秋山の新聞経営は、第2次では一転、大成功を収め、今度は秋山の経営手腕が評価されることになった。

煽情的な紙面作りを日常的に行う新聞であるから、講和条約締結に際しても講和反対で国民を激しく煽った。1905年9月5日の講和反対国民大会では二六新報も主催者側で、同紙の福田和五郎が反対宣言朗読の役目を勇んで引き受けた。

このような古巣・二六新報の煽情を事とする手法を、天眼は長崎から苦々しい思いで見ていた。その煽情は偏に新聞をより多く売るためである。第1次から第2次への二六新報の変質は新聞の倫理欠如を伴っていた。その憤りを示す論説『吁《ああ》二六社』を1905年9月26、27日、東洋日の出新聞に掲載した。

天眼は自身を「二六創業の柱石《ちゅうせき》たりし小生」と称して書く。「予は夙《つと》に二六と絶縁したるに拘はらず。

況《いわん》や彼の遺口は徹頭徹尾、気に喰はぬに拘はらず。今も尚ほ二六諸子が予の真実に聴いて彼が持せし虚偽を捨てよと祈る心を禁じ難し。虚偽とは新聞を売る為め許りに新聞を作るを謂ふ」。第2次二六新報に「虚偽を捨てよ」と訴える。虚偽に塗れ、「新聞を売る為め許りに新聞を作る」までに堕落すると、もう新聞の使命は果たせない。では新聞人にとっての真実とは何か。「真実とは自己の精神を紙上に写す事を謂ふ」。それが二六新報創刊時の精神であったはずだ。「世の流儀に従ひ、軽佻の風潮を利用して功名を成す事は二六社精神の根本的反対なりしを、今や竟《つい》に斯くの如し」

復刊に向け高邁な「二六社精神」策定　~天眼が尽力したが葬られる

第1次二六新報が休刊となり、長崎で新聞発行に励むようになっても、天眼は二六新報復刊の取り組みに協力していた。新たな新聞の理念とする「二六社精神」を策定したのも準備作業の一つだ。そうした天眼の東京に出向いての活動に東洋日の出新聞社員も随行していた。「二六新報の再興に際し。社中は該新聞を天下の公機関と為すに一致せり。福田（和五郎）其他の（二六社）諸君と予とは先ず二六社精神を議定し、之を永世の宗旨と為すに決し。予は議長として左の如く決議し、之を記録せり」

〈二六社精神〉　天道を啓き、人間を度す

この「精神」を以て、どのような新聞を目指すと決めたのか。「売れずとも確かに一世の指導者たるに足る新聞を成就せむと意気込めり」「他日、一たび天下に信ぜらるるタイムスを成さむと楽しみし所以なり」。イギリスの高級紙に倣って、いつかは「日本のタイムス」と称されるような新聞に育て上げたい。

そんな高邁な理想を掲げて復刊に尽力したにもかかわらず、復刊成った第2次二六新報の実態は理想に反する方向へ突き進んでいる。「売れずとも」の精神は欠片も無く、ひたすら「売るために作る」新聞である。天眼は復刊後も同紙を気に掛け、上京の折には秋山を訪ねて諌めた。「長崎に居りても二六精神の護持に至りては毫も弛《ゆる》まず。上京の際は社中と追随して、二六が動《やや》もすれば虚形式の成功に慣れて本来の精神を失墜せむことを矯正すべく意を致し。秋山を責めしこと痛切。而して志を得ず」。秋山は聞く耳を持たなかった。

長崎で二六社精神を再興　～「筆の労働者」として大地の地べたに立つ決心

天眼は、思わぬ成功に酔って反省のない秋山定輔の新聞人としての資質そのものを疑っていた。「虚偽は成功の拙速方法たる場合多きに。俗眼は形と当座とより外に見ざるもの故。拙速主義はやんやと歓迎さる。この歓迎に乗ったら最期。其人は自らさへ期せざる意外の花を持ちて我と我境遇に酔ひ。遂に鹿を逐《お》ふの猟夫は山を見ずの譬《たと》への如く。自己の隻脚が大地に着かぬ事と為る」

「自己の隻脚が大地に着かぬ」と秋山を冷笑するのは、第1次二六新報の失敗から天眼が学んだ最重要の教訓が、新聞人は「大地の地べたに立つ」べきということであったからである。「(東洋日の出新聞では)輪郭を先にする経営は一切之を捨てて。同志の汗と血とに由り、一歩ずつ堅く踏み締めて、一町一市より経略し、一人ずつ感化すといふ迂遠《うえん》ながらも真実なる己身《こしん》本尊主義より外は世も身も倶《とも》に立たじと深く発明し、切に感銘し。遂に筆の政治家若しくは筆の名士たらむと期せし従来の遣り口を全廃し、全く筆の労働者として真の此大地の地べたに立つべく決心して。気魄を一個の半ペラ新聞に専注して又他を顧みざりしこそ東洋日の出の成立ちで有った」

「筆の労働者として大地の地べたに立つ」と決心したとき、天眼に長崎で歩むべき道が見えてきた。一方、秋山は自分では何も書かなかったから「筆の」という言葉を冠することすらできない。彼は新聞社の看板を利用して政治家、名士を気取り、どうにも地に足が着かぬ人物に過ぎない。もう秋山定輔に何を言っても始まらない。失われた二六社精神は自分がこの長崎で再興するしかない。「日本のタイムス」を長崎で発行するのだ。天眼はそう決意を固めたはずである。

孤立恐れず、講和支持貫く

長崎でも非講和市民大会　～東洋日の出新聞、敢然と反対を宣言

全国的に講和条約反対の声が吹き荒れる中、長崎市でも9月12日、東洋日の出新聞を除く地元の四つの新聞社が合同で「日露講和条約反対市民大会」を開催することになった。４社は鎮西日報、長崎新報、九州日之出新聞、長崎新聞で、講和条約支持の東洋日の出新聞を「御用新聞」などと罵って連日、激しく攻撃してきた。当日は参加者が東洋日の出新聞社を襲撃することも予想され、開催日が近づくにつれ、東洋日の出新聞社内は緊張に包まれた。

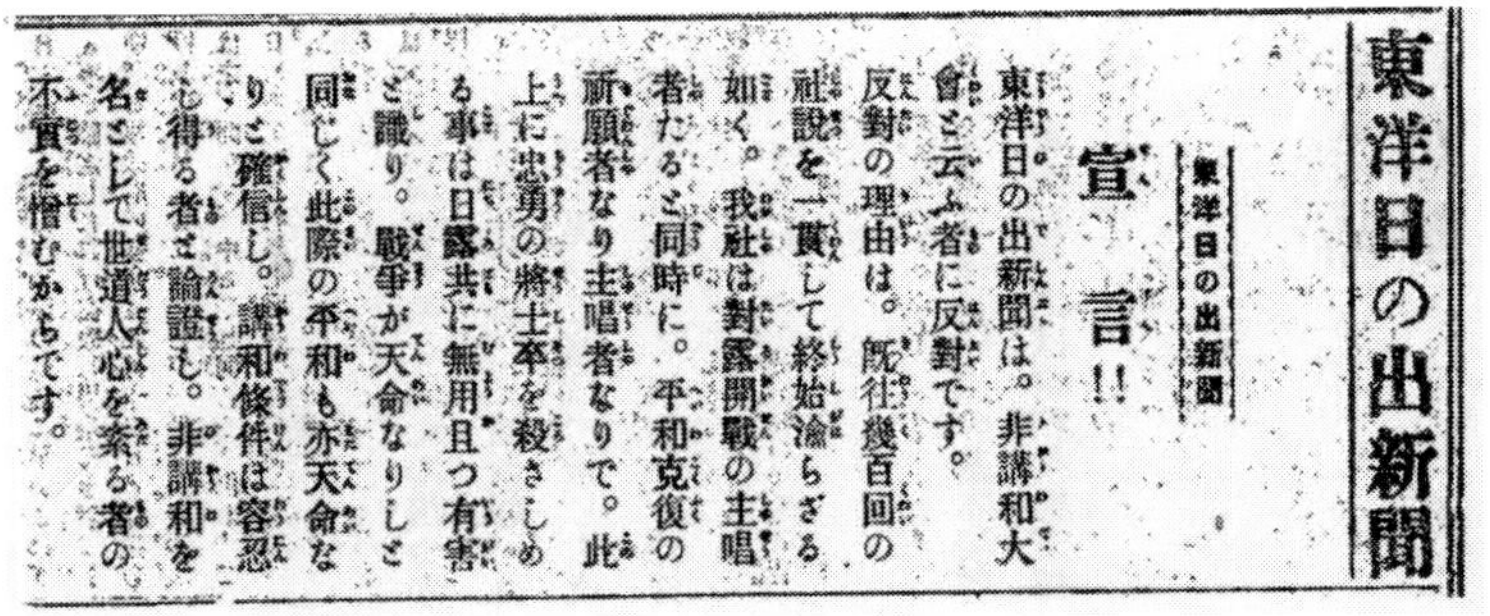
東洋日の出新聞

東洋日の出新聞

宣　言!!

東洋日の出新聞は。非講和大會と云ふ者に反對です。反對の理由は。既往幾百回の社説を一貫して終始渝らざる如く。我社は對露開戰の主唱者たると同時に。平和克復の祈願者なり主唱者なりで。此上に忠勇の將士卒を殺さしめる事は日露共に無用且つ有害と識り。戰爭が天命なりしと同じく此際の平和も亦天命なりと確信し。講和條件は容忍し得る者と論證し。非講和を名とし世道人心を紊る者の不實を憎むからです。

宣言　~我社は妄りに人を死なしめる事に反対です

大会前日の9月11日、東洋日の出新聞は『宣言』を掲載した。市民大会に対する東洋日の出の基本姿勢を読者に示したもので、たとえ地元の他の新聞社すべてと対立していようと、東洋日の出は講和条約支持の正しさを確信し、主張を曲げないとの決意を表明している。

『宣言』は「東洋日の出新聞は。非講和大会と云ふものに反対です。反対の理由は。既往幾百回の社説を一貫して終始渝《かわ》らざる如く。我社は対露開戦の主唱者たると同時に。平和克復の祈願者なり主唱者なりで。此上に忠勇の将士卒を殺さしめる事は日露共に無用且つ有害と識り。戦争が天命なりしと同じく、此際の平和も亦天命なりと確信し。講和条件は容忍し得るものと論証し。非講和を名として世道人心を紊《みだ》る者の不実を憎むからです」と主張。他の4新聞を批判した後、「我社は妄《みだ》りに人を死なしめる事に反対です」と結んだ。

平和克復万歳論の犠牲となる覚悟

そして翌日、他4新聞社主催で開かれた大会は「講和条約は宣戦の詔勅に悖《もと》り、戦捷《しょう》の効果を没却し、東洋の平和を危ふし、君国の大事を誤るものなり」として条約破棄を求める決議を採択。参加者は会場に５０００人、場外の市民も加えれば「一万にも達せん」（13日付鎮西日報）という盛況だった。

一方、同日、東洋日の出新聞の鈴木天眼はあらためて他４新聞の攻撃に屈しないとの決意を表明する論説を掲げ、毅然として述べた。「小生は人心警醒の為め平和克復万歳論の犠牲たる事を辞し得ない」「苟《いやしく》も本城たる此地に非講和を是認する如き不実の態度は義理にも取り得ない我輩と知り給へ」

西郷四郎が睨みを利かす　～社員一丸で新聞社を防衛

会場の舞鶴座（新大工町）には、条約反対、戦争継続を叫んで熱狂する市民が詰め掛けた。参加者には酒が振る舞われたため、早くも酔って興奮する男たちがいた。佐賀、熊本、福岡方面からも壮士風の男達が続々と乗り込み、東洋日の出新聞焼き打ちを高言する者もいて、会場は殺気立った。集会後、参加者は東洋日の出新聞社の前を通って第２会場へ向かう予定になっており、この時に襲撃が実行される恐れがあると見て、東洋日の出新聞社は社員一丸となり、厳戒態勢で待ち構えた。この日の様子が19年後の１９２４年8月12日、紙齢７０００号（同11日）を記念した元社員、宇都宮流水の回顧録の中で詳しく記されている。

回顧録によると、東洋日の出新聞社内では暴徒の襲撃に備えて臨戦態勢を取っており、宇都宮は社の楼上で見張りをしていた。「我社にては若しも群衆中に斯かる不埒者が出たが最後、只では許すまじとの決心凄まじく、工場では中村工場長が指揮の下に多数の工場員や配達諸君が、スワといはば応戦せん準備オサオサ怠りなく」」。印刷工場や新聞配達の従業員まで、まさに全社一丸で新聞社防衛に立ち上がっていたことが分かる。梅香崎警察署の部長が「数名の私服巡査を率ゐて社内の一隅に陣取り、夫れとなく万一の際の警戒に当たって呉れた」

このとき、自他両陣営の度肝を抜く行動に及んだのが西郷四郎だ。なんと、「東洋日の出新聞攻撃の機運が充満する」舞鶴座に、こちらから乗り込んだのだ。「西郷四郎氏は彼等の態度の余りの毒々しさに憤激し、二、三の編集員と共に、反対に舞鶴座の国民大会へ飛び込み、昂々然と場内を睥睨《へいげい》しつつ、決議や宣言に対する監視を試みたものである」。いきなり堂々と乗り込んで来て、数千人の大会参加者の前で仁王立ちになり、会場を睥睨する西郷の迫力はいかばかりであったろう。呆気に取られて誰も文句が言えなかったようである。「西郷氏等の会場闖入は少なからず会衆の度肝を抜き、気勢を殺《そ》いだ事夥《おびただ》しいものであった」

おかげで東洋日の出新聞社前を通る行進は平穏に過ぎた。宇都宮は「呆気なかった」とあきれながらも、「流石に無事に通過したと知ってはホッとさせられたものである」と安堵した様子を振り返る。そして「主義主張の上から闘ふ者は強い」と社員一丸の奮闘を称えた。

天眼の主張、対外硬との隔たり顕著に

そもそも七博士とは何人ぞ　～東大七博士の愚論を垂れ流す新聞に大喝

日露戦争開戦前には「即時開戦」を求める世論を、戦争最終局面では「講和反対、戦争継続」の世論を、それぞれ激烈に喚起する重要な役割を果たしたのが「東大七博士」と称される学者グループだ。その筆頭、東京帝国大学教授の戸水寛人《ひろんど》は「日本は侵略主義を採るべき」と公言し、果てしなき戦争継続を主張した。後から考えれば誰も相手にしないような愚論だが、当時は彼らが講演する所、行く先々で拍手喝采を浴び、「帝国大学博士」の肩書きを添えて語られるその愚論は急速に社会に浸透して行った。それを浸透させる役割を新聞が担ったからである。

「東大七博士」とは戸水等7人の法学博士グループで、ロシアが満州からの第2次撤兵期限を守らなかったことから日本国内で主戦論が台頭し始めた1903年6月、桂太郎首相ら政府閣僚を個別に訪ねて対露強硬策を求める意見書を提出した。これが「東大七博士意見書」として東京の新聞に掲載されると大きな反響を呼び、世論は一気に「開戦やむなし」に傾いた。意見書は「今日満州問題を解決せざれば朝鮮空《むな》しかるべく、朝鮮空しければ日本の防禦《ぎょ》は得て望むべからず」と危機感を煽った上で、「今日は実に是れ千載一時の機会にして、而も最後の機会たることを自覚せざるべからず」と即時開戦を唱えた。

これが読者の関心を集めると見た他の新聞も、相次いで意見書全文を掲載する。すると七博士に同調して「ロシア撃つべし」を叫ぶ声が高まる。このとき本来、新聞が果たすべき使命は、意見書の内容を多角的に検証して、読者に考える材料を提供することであった。だが、多くの新聞がこの使命を完全に忘れていた。

半藤一利『日露戦争史1』は当時の状況をこう解説する。「このころからもう多くの新聞が基本的に七教授の意見を支持し、この七人を代表的な愛国者であるかのように遇し、主戦論的・好戦論的な主張をばんばんと紙面に載せていくことになるのである」「国民感情は、否応もなく『ロシア撃つべし』で燃えあがらざるをえなくなっている」。こうして醸成された好戦的な空気が国民を支配し、押し流していく。

戸水は1901年の雑誌寄稿文で、こんなことを言い放っていた。「私は元来侵略主義を唱へている者であります」「日本も大いに侵略主義を採らなければ遂に亡びるであらうと思ふ」「尋常一般の道徳家に質すと云ふと、他国を占領するなどと云ふことは余程不道徳の様に考へて居りますけれど、私から言ひますと、他国を侵略しないのが非常な不道徳―不道徳の骨頂だと思ふのであります」。「他国を侵略しないのが非常な不道徳」などと言い放つ人物の愚論を大新聞がもてはやし続けたのである。

これを見て、長崎で怒りをたぎらせていたのが天眼だ。同じ主戦論者ではあったが、七博士のような世界観も倫理観も欠如した粗野な主戦論とは一線を画してきた。戦争終結時、博士を持ち上げた新聞の無責任をあらためて批判する。「所謂《いわゆる》七博士といふ者の愚論を全国の新聞が祖述して、以て能事畢《おわ》れりと為す状態に至りては。大喝叱責を加へずに已《や》まない」（1905年8月30日）。新聞は、博士の愚論を垂れ流した後は、もう自分たちの仕事は終わったとばかりに澄ましている。愚論を愚論として解明してみせるのが、新聞記者の本当の仕事ではなかったか。天眼は本務を忘れた新聞に大喝を加えた。「抑々《そもそも》七博士とは何人《なにびと》ぞ。其れ明治式套局以外の人か、將《は》た嶋界標準の人物中、若干錚々の音を留《とど》むるだけの人か。行儀宜き盲従的新聞社会は、七博士なる者は博士にして政治論を為す程の豪傑なりと許すにや」。普通の人が言えば愚論にしか聞こえないものを、博士なる者が言えば、新聞記者には有難い名論と聞こえるのか。博士の肩書きがありさえすれば、専門外に踏み込んで夜郎自大な放言に及んでも卓説と聞こえるのか。そういう問いだ。「博士といふ以上は立言の本家とて、公認すべきものとの様に解するにや。意見の何處に感服して受け売りに汲々たるものか、一向、我等には合点行かぬなり」

「単純といふ事の化身とも称すべき所謂日本式の七博士」。天眼は七博士のことをそう呼んだ。その「単純といふ事の化身」が権威を身にまとっているがゆえに、いかに愚論を吐こうとも、権威に盲従する「所謂日本式」の新聞によって称揚され、愚論は無批判に社会に垂れ流され、時の世論になって行ったのである。

頭山満と終戦時には対極に立つ

東大七博士と連携しながら開戦を煽り、戦争終盤では講和反対、戦争継続を強硬に主張するなど、一貫して対露強硬策を求める国民運動を展開したのが、玄洋社の頭山満を中心とする対外硬の政治勢力だ。開戦前は対露同志会として活動し、戦争終盤になると講和問題同志連合会を組織して講和反対の国民運動を展開した。同連合会が主催した1905年9月5日、東京日比谷公園での講和反対国民大会では、街頭に繰り出した参加者が暴徒化し、日比谷焼き打ち事件に発展した。日露戦争の全過程で、国民世論が常に強硬論一色に染まり続けた背景には、頭山を始めとする対外硬政治勢力の活発な活動があった。

天眼は日清戦争開始直前、天佑侠を結成するに際して頭山満の支援を受けた。天眼と頭山の連携がなければ天佑侠は実現しなかった。二人は対外硬の同志であった。その二人が日露戦争終局の時点ではすでに正反対の主張を掲げていた。

頭山らの同志連合会が9月5日に開催した講和反対国民大会は「十万の英霊と二十億の国費とを犠牲にしたる戦勝の結果は、千載ぬぐうべからざる屈辱と列強の嘲笑のみである。誰の責任なるか」と激烈に政府を非難した。一方、天眼は「償金割地は取れなくても、将来に生かせる莫大な富を日本は手にした」と講和を評価していたから、頭山らの「屈辱あるのみ」という主張とは正反対であった。確かに天眼は日露開戦を主張した。その点では対外硬の主戦論と同じに見えた。だが、戦争の入り口では同じに見えても、出口では違った。その違いは両者のものの考え方の根本的相違に根差していたことが、明らかになっていく。

第2章　日露戦争後の政治

軍国主義に反対する

日本は大国ロシアに勝った。だが、それはロシア軍の失策、日本軍の幸運がいくつも重なった上での辛勝である。薄氷を踏む思いで手にした勝利に過ぎず、それが日本国民に大いなる安堵をもたらしたのは事実だが、だからといって、その勝利に驕ったり、明日を忘れた怠慢が許されたりする環境など、どこにも生じてはいなかった。にもかかわらず、メディアが戦争の真実を伝えなかった結果として、国民は「日本が強いから大国ロシアを打ち負かした」と錯覚し、高揚感に浸った。国民が真実を知らないのをよいことに、軍人・政府首脳らは「日露戦争勝利の功労者」の栄誉を遠慮なく纏《まと》って自らを権威付けし、唯我独尊の振る舞いを始めた。国民は望外の勝利に幻惑されて、その振る舞いを容認した。そして、日本社会は危うい方向へ変質し始めた。天眼はその変質と危険性をいち早く見抜き、盛んに警鐘を鳴らした。

軍人の無責任と驕り

日露戦争中、陸軍指導部は重大な作戦の失敗を繰り返し、日本を亡国の危機にさらしてきたにもかかわらず、戦後、そのような事実は国民に知らせず、自分たちが救国の英雄であるかのように振る舞い、栄耀栄華に浴し続けた。その無責任、無反省が軍人を唯我独尊に陥れ、政治を歪ませ、軍国主義を拡大させた。天眼は日露開戦を熱烈に支持した。それだけに、膨大な戦争の犠牲者の上にあぐらをかいたような軍人の姿に失望し、怒りを募らせた。そこから、生涯を通じた軍国主義反対の論陣がスタートする。

1906（明治39）年4月30日、陸軍の日露戦争凱旋観兵式が明治天皇観閲の下、東京・青山練兵場で盛大に行われた。これに先立って、天眼は戦後の人心の乱れ、軍人、政治家の堕落を懸念して書いた。「今回凱旋観兵式の盛大なることは」よいが、いくら盛大にしても、それが国民の本当の力、天眼言うところの「（国家の）精力の充実」を表しているとは限らない。むしろ、国ぐるみの慢心を示していないか、不安である。その責任は盛大な式を企画した官僚だけでなく、それを喜ぶ軍人と新聞人にもある。「帝国上下が今度大国難の辛うじて、しばらく脱せる此の節に於いて。日清戦時同じく戦後の不心得＝即ち武力一辺倒の栄耀に我と我ながら眩迷して、精力の本体より遠ざかりつる大過失＝を再びし。即ち官僚と曲学と金モールとを全能視する様の意志思想習癖を挟持して反省する莫《な》くんば、罪責は独り役人には在らず。其れに和する軍人及び新聞斉《ひと》しく責めを頒《わ》かたざるべからず。小生は差し出がましき嫌いあれど、天之を許さずと冥感《みょうかん》す」（1906年4月22日）

よう勝ち得たものさ　～旅順戦は大失態

日露戦争は本当に、軍人が軍功を誇れるような実態であったのか。「日露戦争は両国共に謀《はかりごと》を誤り算を誤れること少なからぬ中に。日本が西比利亜鉄道輸送力を基礎として敵国送兵の極限を過小に見積もりたる事は。殆《ほとん》ど自ら致命傷を招くに足る程の過失たりしに」（1906年1月1日）。その責任を負うべきは満州軍の大山巌総司令官、児玉源太郎総参謀長である。「大山、児玉の諸将、百年の後、地下に豊太閤ナポレオンに見《まみ》ゆるあらば。『小僧等、危うくも日本を亡ぼす所じゃった』と叱られそうな話で。危険千万なる誤算は想い起すだに物凄し」

その原因は事前の調査不足、研究不足にある。「然るに此は平素、眼界の狭小なるの致す所で、苟《いやしく》も精《くわ》しく満州を知り、蒙古を知りしならば」、あのように拙劣な作戦指導はなかったはず。「其の然らざりしは平生の着眼が満州蒙古の物質的大規模に副《そ》はざりし結果とす」

「よう勝ち得たものさ!!」

兵器の質もロシア軍が格段に上回っていた。「迅速猛烈なる機関砲が露軍には毎連隊六門を備へしに、我軍は当初一挺も有せざりしとか。土台、武器の規模に於いて我と彼は段違ひなり」

だが、このような率直な批判を述べれば、軍部から「乃木将軍の名誉を汚すのか。けしからん」との攻撃を受ける。天眼はそれを見越して反論を用意した。「忌憚なき此の語を以て乃公《だいこう》の威名を損すと為す軍人あらば、そは天魔魅入りし者ぞ」

日露戦争における軍の拙劣な作戦指導に対する批判は、その後も続く。「そもそも旅順戦は日本軍の大失態である」（1906年1月23日）。「帝国軍当初の作戦は根本に於いて誤ったもので土台、理と勢力と知識の校計に於いてすら露人は日本軍に勝り居り。難攻不落が当たり前であって。落ちるのが寧ろ無理であったのである。今日こそ明言致すが。日本の参謀本部平生の不用意と乃木大将の立算の錯誤とは争ふべからざる事跡を示したものである」

再び言う。「よう勝ち得たものさ!!」

記憶せよ！　犠牲になったのは社会下層の若者たち

戦場の現実を無視するから自惚れる。「そもそも日本が独力にて露西亜に克ちしかの如く自ら許すのが不了見の基である。邦人は戦事及び外交の本末終始を精察する識量に乏しき為に。戦時に於いて戦捷号外に熱狂して余念なく。日本国の後援には英米人の精力が控え居りて。非世界戦の中軸と為り。乃ち戦局を限制し。戦期を節約し。不撓の露をして已《や》むを得ず講和の途に出でしめたるに。這間《このかん》の実相をば一向に実感せず。即ち自惚れと客気とが発して非講和の口上と為りける次第にて。戦争の与へし精神的教訓をば仇にせり」（1906年5月12日）

にもかかわらず、陸軍指導部の優れた指導のおかげで戦勝を得たという事実に反する謬説が流布され、国民が信じた。軍人らは謬説流布を幸いとして、何食わぬ顔で、威厳ありげに振る舞った。兵士として戦場に駆り出され、死に追いやられた名もなき無数の男たちのことは無視された。「記憶せよ、今次の戦闘に於いて最も多く実質を提供せしは農夫、漁夫、労働者若しくは汎々たる行楽者流が平素に視て以て下等

と為す所の人々なりしよ」（１９０６年1月1日）

戦争の現実を記録して公開せよ　～戦時の教訓を忘れて堕落

ところが、日本の軍幹部は作戦指導の拙劣さも、兵士に無用の犠牲を強いた罪深さも反省する素振りさえみせない。その不誠実と対照的な姿を見せたのが、敗軍の将クロパトキンだ。彼は日露戦争の詳細な戦史を著し、ロシア国内では発禁となったものの、原稿がフィンランド経由でイギリスに渡り、ロンドンで刊行され、評判となった。そこにはロシア軍内の将校間の軋轢、命令違反、重大な作戦ミスなどが赤裸々に綴られている。外電で概要を知った天眼は「実地を材料として無量の教訓を與へ以て今後の奮励に資《たす》けしめる彼が飾り無き本懐」を察し、「敗将の身を以て正々堂々、自家実見の戦役を評論記述せし度量及び気概の男らしきこと誠に欽慕すべし」と称賛した（１９０７年2月20、21日『軍事の批評は武人の専有物に非ず』）。

一方、日本で軍人がそのような著述を成した例はない。失敗は認めず、事実を偽った上での自慢話ばかりしている。クロパトキンの姿勢とは、あまりに違う。「此の著は偏狭なる国自慢、若しくは功名天狗の軍人気質に鉄槌を加へたる効果や大なるべく」「彼の苦言は我が日本軍にも耳の痛い事が随分あらう」「戦後は最早一切の戦時の教訓を打ち忘れて互いに過大の虚栄に誇るなる我が官民の堕落を深憤痛嘆せざるを得ず」

山県有朋ら、軍最高責任者の無責任を許さず

そのような軍人たちの堕落の責任は軍最高指導者にある。天眼の筆鋒は陸軍参謀総長・山県有朋、満州軍総司令官・大山巌に向かう。山県、大山は「大局の作戦に於ける最高責任者で有りた」。それは「『国家的大戦略』の発動を司どり、『陸軍全部の統一』を握るべき至重大の責任を共有した者である」。その責任にはクロパトキンのように事実を後世に伝える責任も含まれるはずだ。「而して我が陸軍は即ち戦時の公報が実際と大相違なりし場合多く。戦後に至りてすら尚事実を事実とする戦史の出るを喜ばざる色有るは何ぞや。是《これ》、山県大山両大将の大軍人ならざることを間接に自白するものではあるまいか」

それどころか、両人は〝軍功〟を称えられて華々しい叙勲の栄誉に浴している。「日露戦終末の時の責任をば人の議せざるを僥倖し。恬然として完全無欠の大功を奏せし者の如く挙動し。即ち菊花頸飾を御辞退申し上げざるは。決して瑕瑜《かゆ》両つながら露はす英雄の行為とも見へず。また国民をして過大の虚誉を反省して以て実価にまで戦時の実力を確認し、従って大いに警醒し大いに発奮するに至らしむる道に非ず。我輩は両大将が我が祖先の所謂『武士の道』を知るや否やを疑ふなり」

軍事の批評は武人の専有物に非ず

だが、天眼のように率直な疑問を口にすることは、社会全体としては憚られるようになりつつあった。日清、日露の戦勝を背景に、陸軍元帥・山県有朋の威光と軍閥、官僚の権力は強まる一方で、いかなる軍部批判も憚られる空気が醸し出されていた。軍国主義が拡大しつつあったのである。しかし、天眼は敢え

て軍事問題を率直に議論して、臆せず軍部批判を行う決意を表明する。軍事問題を国民が自由に議論できる社会こそが、健全で活力ある社会と信じるからだ。それを唱える長文の論説を『軍事の批評は武人の専有物に非ず』と題したのは、そのような趣旨からだ。

「アー敗れたる露のクロパトキンをば寧《むし》ろ大軍人なりと褒めねばならぬ道理の辛さ。我輩とても老い先短い山県、大山両元帥などを是非したき心とては無けれど。如何にせむ、邦人は陸軍を中心点とする官僚天下の甃毒に染むこと極に達し。山県系の手柄と国家の光栄とを混同する迄に彼等の手細工せる虚偽の太平に耽り。議会も新聞紙も虚栄の謳歌者と化しつれば。苟《いやしく》も軍事に関するものの批評など訳もなく恐ろしがりて敢えて試み得ず。従って国民の盲従と驕泰とを馴致し。而して盲従と驕泰とが腐敗堕落を助長して。敗余の露国の元気勃々に引き換へ、日本人は孰《いず》れも三太夫式たらむとする危機に瀕せり」

その根本原因と克服の方法は何か。「即ち禍源は、一部軍人の不当なる権威が官民の知力を威圧して発言を制抑するに在るを以て。人心革新の第一着としては。武人をして其の過を過として、国民を警醒に資《たす》けしめるを要す。而して此は軍事の批評は武人の専有物に非ざる所以を官民共に確認して。軍人をして批判上の治外法権を撤却せしむるを先務とす」

国を亡ぼすは軍人気質たらむ

天眼が軍国主義の風潮に警鐘を鳴らすのは、日露戦争後、軍人の驕慢な振る舞いが至る所で目に付き始めていたからだ。その行く末を懸念した。「満州に於ける戦後軍政官の木石性などは。彼等戦時には大乗ながら平時には直ぐに撚《よ》りの戻る小乗的孤尊の気習が広き知恵を拒否し。自ら社会を隔てるからで有る。自分が勝ったと心得る魔情が本因なり。此のままでは。国を亡ぼすは恐らく軍人気質たらむ」（1906年1月23日）

「剣銃以外の事を知らざるとて、其れを誇るような単純なる武人に一任して能事と為さむ暁には。複雑微妙を極むる生存機関を如何にせむ。若し夫れ単純を誇りて一般世道人心に属する玄玄の精力を閑却せば。即ち邦は単純に依りて興り、また忽《たちま》ち単純に因りて衰ふべし」（1906年4月26日）

国家か個人か　～国家は人生の全部に非ず

軍国主義は同時に国家主義であり、全体主義である。そうでなければ、国家が国民を戦争に駆り立て、国家のために命を捨てる覚悟を強いることはできない。そのために国家は国民に対して不断に強力な宣伝活動と思想教育を行う。このとき国民に選択が迫られる。それは単に戦争と平和のどちらが好ましいかという問題に止まらない。そもそも、国家と個人のどちらに重きを置いて生きるかという内面的かつ究極の選択が迫られる。その答えを用意しなければ、押し寄せる軍国主義の荒波に向き合うことはできない。

天眼はこの問題に早くから着目し、明快な回答を示した。まず、日露戦争凱旋観兵式の意味について考察する。「凱旋観兵の大典及び大勅祭の盛儀たるや。誠に建国以来、未曽有の国家的栄光を顕彰するに足れり。また因《よ》って以て国魂国光の実物教育を民衆に施し。凡俗をして、皇室の尊と日本の大と臣民忠愛の義とを感悟せしめる効果も之有り」（1906年5月10日）。これは国家による忠君愛国の民衆教育にほかならない。戦後の儀式として、やむを得ない側面はあるが、これに官民がどのような立場で臨んでいるかが、国の将来に重大な影響を及ぼす。

「我が官民の立脚だに対国家と同時に対社会の上に堅実正大なりせば。吾等もまた何の懸念する所なく群新聞と共に。ゴテゴテ国光を輝かして已むべしと雖も…。

国家は人生の全部に非ず、忠君愛国は精力の一部のみと云ふ大切の事が官民の頭脳に諒解され了《おわ》らず。只管《ひたすら》、国家全能の思想に偏し、現形の栄名を尊びて之に熱中し。乃ち世道人心の方面を打ち忘るるに至らば。即ち吾等與《く》みせず」

天眼は、さらに人生の価値を国家が作った世俗的尺度で計る風潮をも戒める。

「そもそも『人生の報償は現形的を以て了し得べからず』と観念しながらに、人道の犠牲たるを甘んずる高尚なる信念節操こそ真忠、真勇、真文、真義の士の要素たるべきに。苟も国家の與《あた》ふる報償の現形的なるを常と心得て、其の心情が知らず知らず現状満足、官僚万歳の傾向を助長するに至らば。此は生粋の武士道の危機のみならむや。また実に一般世道人心の為め憂慮せざるを得ず」

だから、今回の大典にも批判の目を向ける。「故に吾等は昭代の盛事を見るにつけ忽《たちま》ち官僚の内容的立脚を問ふものにして、『国家を知りて社会を知らざる様の精神は折角の吉事を没する凶なり』と謂ふ」

恐ろしいのは、国家が愛国忠義という単一の価値基準を国民に押し付けた場合、「公認の愛国忠義の方式」さえ守っておけば十分と考えるようになり、さらには国家が決めた方式に反しなければ、他では何をやってもよいとまで考えるようになることだ。国家が個人の内面を支配しようとすると、実は、対国家、対皇室以外の場面で広範なモラル崩壊を招く恐れがあるのだ。天眼は日露戦争後の世相の乱れの遠因に、こうした国家の価値基準の統制があるとする。「夫《そ》れ邦人の守る唯一道義たる所の愛国忠義は対国家及び皇室限りのものとして解さるる世風なれば。汎《ひろ》き社会の共存共栄に要する人道は別物として放擲《ほうてき》せらるること必然の勢いなり」

働き手を奪う軍国主義　～国民の生活を破壊し、国力を殺ぐ

軍国主義の欠陥の一つは国民の生活を破壊することだ。徴兵によって生産の担い手である壮丁、すなわち働き盛りの男たちが無数に戦争に動員される結果、大黒柱を失った家庭は直ちに困窮し、主要な生産力を奪われた産業、地域も直ちに行き詰まる。国威発揚を叫ぶ軍国主義によって、皮肉にも国力が奪われ、国家が弱体化する。特に地方、農村の疲弊は深刻だ。つまり、軍国主義は、他でもない自国の国民を苦しめるのだ。ほとんど議論されることのないこの点を、天眼は一貫して問い続けた。

「慣れし職人、一人召集されても生活難を来すさへ有る世情をば、政治屋と新聞屋、知らぬが仏で壮語すれど。さて顧みれば。日本は百万以上の壮丁を外に奪はるると内地が保ち難し。軍需品供給の手が不足するのみならず、内外立ち往生の懸念来たる」（1906年1月1日）

日露戦争後も政府は軍拡予算を組み続け、軍国化が歯止めなく進んでいく。軍国主義は足元の生活を破壊し、国力を奪う。その視点を重視する天眼は翌年の年初にも『軍備拡張と壮丁』と題した論説（1907年1月28日）を載せた。陸軍は日露戦争前の13個師団から実質的に22個師団に増やす大規模な軍拡計画を

打ち出した。併せて歩兵の兵役服務期間を2倍に延長した。これで「国民が兵役に服する頭数は約二倍に上る勘定とす」。徴兵される延べ人数が2倍になれば、生産現場に与える影響は深刻である。「例えば従来、一村より徴兵に取らるる壮丁が十人なりせば、今後は二十人に激増するので有るが。壮丁を家の宝とし、資本とし、飯の本とする人民等は斯くて困難を感ぜざるべきや否や」「将又《はた》、一村一市の生産力は主として其の地に居住する壮丁の労働若しくは能力に由るものを。斯く政府が急激に多数の壮丁を営所に引き揚げむ時に於いて。市町村の生産力は頓挫を来し。従って貧困の老弱を増し」「其の影響はさし向き、地方自治費の負担力に及び。滞納また不納の数を増して村長も町長も市長も収税係も結局、始末に窮する時を生ぜざるべきか」

このような具体的影響が容易に予測できるにもかかわらず、国民の生活という視点からの議論はほとんどない。それは政治家や東京の新聞記者たちが地方の国民の生活に目を向けていないからだと言う。「世には財政上より軍備費の過大を危ぶむ論者少なからず。而れども人民の情態に直接して壮丁の徴発さるる痛苦が如何の程度まで人民にこたえるか。税金問題よりはこの方が甚大非常なる所以に同情し。件《くだん》の同情を基礎として立論する者に至っては比較的、多からず。是れ甚だ怪しむべし。蓋《けだ》し政治家、及び新聞記者が都門に居りて地方人民の痛痒を深察する機会を欠くに由るであらう」

軍の主張を鵜呑みにするな

陸軍の軍備拡張計画にも、それなりの背景はある。しかし、だからと言って軍の主張を鵜呑みにして認めるわけにはいかない。それが本当に必要なのか、合理的な計画なのか、国民の目から点検すべきというのが天眼の訴えだ。「陸軍当局者の拡張意見は幾分の理由無きものではない」「吾人、国民は此の辺、承知の上にて軍備拡張を是非するを要する。シカシながら。陸軍当局者の注文の儘《まま》に聴従する事は、人民として要慎すべき事で」（1907年1月28日）。「兎角、『兵士を無限に供せよ、経費も支出せよ、而して忠君愛国なれ。然る時、吾等は責任を負ふて戦争に克ちて見せる』と云ふのは。参謀本部の名将謀臣を恃《たの》む迄も無く。我等素人でも随分請け負ひ申し得る儀で。足らぬ中より精力を蓄積するこそ、彼等報国の活手段である」

そして天眼はこう言い切る。「人民が軍人の注文に易々応ずるのは、（軍人を）驕泰に進ましむる恐れ有り」。だから、国民の監視が必要だ。「人民が各自其《そ》の選出せる議員を督励して。無謀の徴兵過大を議場に鳴らし、人民の生活を基礎として政府を論詰し。以て政府をして非を改めしむるの他、之あらじ」「此の事や、人民の飯問題なり」

軍備口実の欺瞞、国会の無責任　～無謀財政で日本衰亡

日露戦争で国防への国民の関心が高まったのを利用して、政府は陸軍主導の国防方針に押され、過大な軍拡予算を組み、財政の軍事偏重が顕著になる。その軍拡政策及び財政政策の不合理を見逃すから、一層、軍国主義が強まっていく。本来、議会で一つ一つ議論し、厳しく点検しなければならない問題が、時勢に流され、不問のまま決定されていくことの重大性を天眼は指摘し続けた。「『大戦後に付き、已むを得ず』

という口実を有するのみで、更に国民を得心せしめる言葉を持たぬ政治家」ばかりが国会を占めているから、「財政方針に於ける無識とソーして欺瞞」が罷り通る、と天眼は言う（1908年7月2日）。

「所謂《いわゆる》戦後経営の為に已むを得ずと称して、相合して本年もまた無謀財政に向かって盲従主義を再演するとせば。それは憲政の危機など通り越して日本衰亡の門に入るもので。其の時は社会存立の保証力たる所の道義及び信用を政府が滅潰して民の恒心を奪ふのであるから。世は人心の乱世＝武器を揮はざるだけの乱世＝に陥りて」

「戦後経営の為に已むを得ず」という決まり文句も欺瞞に満ちている。「（その文句は）武権派、官僚派の口吻である。戦後の辛抱といふ政府にとりての万能効能書きを使用するのみならず。およそ軍備拡張にも『兵数至上主義』と『戦闘力至上主義』との差別有るをすら算外に置きて。ひたすら軍備を増大する所の陸軍派の注文に聴き。其の教へし通りの口上を唯々諾々として取り次ぐだけのもので。弾丸と軍用金とを第二に置いて兵数ばかり欲する素人だましの文句中には。無識とソーして欺瞞とが判然明白の形跡を留めて居る」

国民の忠義心の濫用

欺瞞に満ちた軍国主義が、政治や社会をどのように歪めていくか。「本来、日本の近数年の政治は文臣の本事、全く欠けて、武権本位に呑まるるから。軍隊思想を以て百事を規し。乃ち主従関係を政府対議会にまで及ぼして盲従明従を強《し》ゐ。憲法精神の死滅を馴致し。人格皆無の時勢を製造し。乃ち社会にては貴族、役人、豪族が主人で、人民は奴隷たるやう推《おし》移り。人民一切の利益は前者に奪はるるに至れり」（１９０７年12月28日）。軍国主義は格差社会を招くのである。

戦時国債を買った金持ちは、戦後の償還で大儲けした。「（金持ちは）戦争のお陰で高利的に儲かれど。中等以下は命も金も全くの犠牲たるに」

戦後財政再建のために種々の増税が実施された。その負担は庶民にのしかかる。「お陰で多数人民は膏血《こうけつ》を絞られ」「（増税で増える税収は）中以下の人民が主として負担する血税が大部分に居るのである」にもかかわらず、政府や特権階級は「日露戦争勝利の栄光」「国家の栄光」を謳歌し、酔い痴れ、さらには戦後の利得で私的に富を増やしている。「戦争に多くの人を殺したる結果をば戦勝国の栄華として彼等の私門に擅しつつ在り」「実に此れは。国民の忠義心を濫用するの甚だしきものにして。『政道観念』の消滅と謂ふべし。戦死者亡霊に対しても捨て置く能はず」

軍国主義者は臆病者

軍国主義、軍拡偏重財政を是正するには政治を変革するしかない。日露戦争終結から3年目、かつて日露開戦を強硬に叫んだ天眼が、今度は反軍国主義の急先鋒として言論活動を展開し始めた。「今の軍人閥の輩は」「金は何程でも人民が差し出すべく議会が盲従する、兵員糧仗は陸海軍注文の通り備へる、さうして自分達は専門に軍事を考へ国権拡張を策する、ト云ふ暢気な境界に在るから」「経済を知り、富国の道を知りて兼ねて武略に通ずる体の大軍人ならでは以て興《とも》に一代の経綸を議すべからず」（１９０８年4月

９日）

「単純なる軍国主義の経営は文武両輪の一輪を欠きたるもの」「彼等の立算を鵜呑みして国の政道、民の活力を彼等が威権の犠牲に供する事は極めて禁物である」

しかも、軍国主義を鼓吹しながら彼らは軍事知識に乏しく、その軍事思想は合理性を欠き拙劣である。にもかかわらず、軍事を独占し続け、外部の批判を許さない。「世道人心を正しふする能はざる政府が如何に軍備を拡張したりとて。其れは器械的軍備の膨張たるに過ぎず。士気及び組織力こそ戦闘力の第一要素たるに、組織力をば単《ひと》へに器械方面に委《い》し、士気を命令全能主義に葬るに於いては。真の戦闘力は軍備拡張に反比例を成す道理にて。外以て列国を承伏せしむるには足るまい」

それでも軍人らは「己一人、国家の秘密を知った顔して」「安閑として命令万能主義を自惚れて暮らし」ながら、近い将来、清の西太后が死去すれば中国は動乱になる、その中国をめぐって日本はドイツやアメリカと衝突する可能性があるなどの理由を挙げながら、大規模な軍備拡張を要求し続けている。天眼は言う。「其の様なる単純なる危惧を理由として軍国主義の跋扈を是認する事は予輩の為さざる所である」

もし、次に戦争が起こるとすれば欧州全体を巻き込む列国世界戦になり、それに日本が参加することになる。多大な犠牲を蒙るのは必至だ。「ソノ覚悟と用意とを成さざる限りは、決して戦争に参加すべからず」「従って日本の率先して平和主義を確守し、西太后（死後）百年の後と雖も支那を戦乱の衢《ちまた》たらしめざるを期せむと欲するのである。海軍が亜米利加相手、陸軍が独逸相手など云ふ端《は》した戦争の妄説にビクビクして矢鱈《やたら》に軍備を気に掛ける臆病者を退治したいのである」

軍国主義の跋扈は容認しない、軍国主義を勇ましく唱える臆病者を退治したい、世界の中で日本が先頭に立って平和主義を守り通したい。天眼の叫びは今も胸に響く。

台湾、朝鮮での日本軍人、官僚の目に余る浪費、乱脈

力ずくで奪い取った予算は国民の監視を逃れて浪費される。その最たるものが植民地での軍人、官僚の乱脈政治、放縦生活だ。

台湾総督府は「阿里山経営の為と称し、治蕃費と称し、国庫の数百万円を全速力的行軍式政治の費用に奪ひける」にもかかわらず、さらに台湾住民の抵抗を軍事力で鎮圧するための費用として新たに「三百万円を本年度に追加支出せしめるでないか」。すでに台湾経営に巨費が投じられているのに、その上に「三百万円の非常支出を迄も平気で行ふ」のである（1910年11月21日）。「コノ様な政治を目して将軍政治と云はば、将軍政治の方が泣くかも知れぬ。昔時《むかし》の将軍政治と雖も、未だ斯く迄の気儘勝手を認められたる事を聞かない」

朝鮮、台湾での日本の軍人、官僚の乱脈ぶりは目に余る。莫大な国家予算が夜な夜な彼らの享楽に浪費されていく。

「『不景気の風は武門を避けて吹き』じゃ。凡《およ》そ武門の気息《いき》の掛かった場所は紅燈千人の血、緑酒万民の膏《あぶら》で。大連でも京城でも台湾でも、手の切れる様な新しい紙幣《さつ》が秋の木の葉の様に飛びて、海外発展ちう事は日本畳を他国に持ち込んで芸者を座らせるものなりと釈義顔じゃ」（1910年11月21日）。軍国予算執

行の現場から、軍国主義の実態が明かされていく。

国民をサーベルの上に　～軍隊式政治の一掃を

軍国主義の建前とは裏腹に、軍国主義に名を借りて私腹を肥やし、威張り、放埒を極める者たちの群がる予算浪費の現場は腐敗し切っている。こうした行軍式（軍隊式）政治の一掃こそが、日本の最重要課題であると天眼は言い切る。「今日の絶頂問題は政治の主義方向の本を正《ただし》ふするに在り。取りも直さず、山県寺内桂後藤等の新式武門政権をば返上せしめて行軍式を掃蕩し、政道と云ふ事と国民の衆智、衆力とをサーベルの権威の上に置くに在り」（１９１０年11月21日）

国民をサーベルの上に置く。その逆は許さない。これが天眼の生涯通じた主張となる。

真日本魂復活論

天眼は権力の横暴と卑怯を憎み、不正義を許さず、権力者が弱者を差別、抑圧し、従属を強いる歪んだ社会を厳しく糾弾した。その姿勢は生涯、一貫しており、妥協はなかった。その反骨と正義感は一体、どこから来るのか。それは日本魂《にほんだましい》を根底に据える思想である。日本魂に照らして事の善悪を判断する天眼独自の思考法が、腐敗した権力を嫌悪させ、正義感を高揚させるのだ。日本古来の伝統を重んじる思想ではあるが、いわゆる日本主義や国粋主義、復古主義とは全く異なる。それは国民を中心に据え、世界に目を開いて、現実改革の方向性を指し示す政治哲学としての日本魂の思想である。

（「日本魂」と書いて、「やまとだましい」と読むことが多いが、天眼は「にほんだましい」と振り仮名を打っている。また、「日本魂復活」などのような形で使う場合は「にほんこん復活」と、「魂」を音読みにしている）

公の観念と廉恥心は日本魂の二大要素 ～政府と議会が滅ぼす

日露戦争後に掲載された『真日本魂復活論』（1908年1月1日）にその思想が詳しく示されている。天眼には「強きに媚び、弱きを虐《しいた》ぐるは。日本本来の国民性格ではない」とする日本精神の理解がある。その観点から見れば、日露戦後の政治家の倫理喪失の現状は、日本人として実に嘆かわしいものがある。「戦後の各政党は、政府が人民より強いからと云ふて。テレリと盲従明従を公言して怪しまなくなった」

そもそも「人の治者たる人は、金銭以上に我が品格を置くべき」であるのに、「今の大臣を見よ。金の話なら眼を細くして聞くのである」。政治家が私利私欲に走りながら、その一方で「細民虐《いじ》めの増税」を行う。「治者の常徳恒信といふものをテンでお構いなしなのである」。そのような政治家たちが政府を動かせば、議会も有名無実になる。「元老、準元老及び大臣の狎《な》れあい相談が廟《びょう》議と称せられて施政方針を左右する」。その結果、議会の協賛が形式に過ぎないものとなり、「妥協が公の討議といふものを滅絶する」。これは国会無視であり、立憲政治に反する。

このようなことが繰り返されるうちに「非立憲的不公明の怪象が馴致され、つまり、公といふことの意義が人心に消滅するに至りたのである。従って卑怯未練を心に愧《は》じる廉恥心を滅ぼしたのである」。「公といふ観念と廉恥心とは、真の日本魂《にほんだましい》の二大要素であるのに。政府及び議会が先導して是が破砕に尽力する以上は。日本国民は魂を蒸発させて段々、夷荻化する筈《はず》である」。日本魂の喪失が政治の堕落を招き、政治の堕落が日本国民全体の日本魂を破壊している。したがって、「真の日本魂を賊する政府及び議会は共に日本国家に対する精神上の反逆人たりと断言する」

東洋聖賢の教え　～先ずは治者の道義を問う

こう叫ぶ天眼だが、彼の唱える日本魂の思想は決して、国粋主義や復古主義、あるいは儒教的な体制順応主義には向かわず、被治者としての民衆を治者である権力者の上に置く、民衆中心の政治理念の称揚に向かう。

「真の日本魂は。忠孝の二字を以て尽くし得ない。忠孝は被治者としての道徳を示せども。治者としての礼道責務までは教え及ばない。此れは日本の教育及び政治の淵源に関する重大な着眼であるが。政府に仕《つか》ふることを知りて官僚を正すの義務を知らざる滔々たる学士や教員が夢中に送る所である」

そもそも、孔子など先賢の教えは、為政者に徳を求めることから始まっており、被支配者に一方的に忠孝を求めることはしていない。「東洋聖賢の教えは、被治者の服従を強要するよりも、むしろ先ず、治者の道義乃至心術を責めたものである」「即ち真の日本魂は決して当世の如く被治者に絶対的服従を課して却《かえ》って治者の礼道責務を不問に付する片手落ちを許さない。是れ歴史上の明君、賢相、鴻儒、良母の等しく垂範する所である」

「然るにも拘わらず、政府及び議会は何ら道義上の制裁を受くべく世道人心より訓練されず。偏に大権の発動の下に隠れ、法律の威力を盾とし、租税を求めて政費を弁ずれば即ち能事畢《おわ》れりと為すに任ずるは。是れ立憲の名を以て非道の専制を敢てせしめるものに非ずして何ぞ」

真の日本魂の発揮　～国民精神が為政者を制裁する

「故に日本人をして真の日本人たらしむるの道は。国民精神が治者に対して政道の制裁を強要するを以て最先手段と為す」。誤った政治を国民が正すことができて初めて日本魂を発揮したことになる。

天皇を政治利用する閥族は、国防を盾に軍国化を正当化する。これに対しても天眼は「武力は国民的精力の全部に非ず。国民的気魄は政道無視の政治と興《とも》に並び立たじ」と批判する。国内政治の歪みを国民が正す力を持っていること、そのことが対外的にも国力として表れる。「憲法を無意義に葬りて」しまう「武人階級の独断政治」が続く現状は黙過できず、「予は現時の軍備万能主義を許さない」

このように日本魂を立脚点に据えたとき、次のような政治に対する態度が導かれる。真日本魂は「政府対議会の主従関係を許さず。国政の不公明無機軸を許さず。社会政策の放棄、一般政務の官僚式冗費を許さず。徴発的献金の濫出、投票場裏の腐敗を許さず。金力階級の理不尽なる勢力を許さず。整約を破る事を常事とする大臣及び政客を許さず」

そして変革には「（被治者である国民が）大威厳を以て治者の常徳恒信を命令」する必要があるという。

これは国民主権の思想と言ってよい。天眼は大正デモクラシーを先取りする議論を明治後年から日本魂を立脚点に展開していた。

民衆勢力の確認

日露戦争後、藩閥、軍閥、官僚閥への批判を強めていく天眼にとって、批判の根拠となる厳しい倫理観、正義感が、彼独自の日本魂の思想に由来することは前節で述べた。そして彼は閥族への反感を表明するだけに終わらず、眼前の歪んだ政治に代わるべき政治体制の理念を示すことができた。日本魂に立脚するその理念は明確で、それを有していることが、どんな状況でも決然として揺るぎない首尾一貫した権力批判の言論活動を可能にした。

その理念とは、常に民衆、すなわち国民の立場から声を上げながら、国民を守るための政治体制を築いていくという、「民衆勢力」主体の政治理念である。為政者は国民の利益実現のために存在を許されているのだから、私利私欲に走ったり、国民の利益に反する政策を進めたりする政権は徹底的に批判されなければならない。その批判を行うために新聞が存在し、その言論活動の自由は保障されなければならない。これが天眼の政治理念だ。後年、デモクラシーと呼ばれて普及する政治理念だが、天眼は明治後年から、その理念を体系的に提唱していた。

政道は「正」の一字　～政治の堕落は民衆勢力無視が原因

1908（明治41）年9月30日から4回にわたって連載された『民衆勢力の確認と治術政道』に基本的な主張がまとめられている。

天眼は「政道は簡易なり。唯、正の一字。治術は時宜のものなり」、あるいは「治術や無量なり。而して其の基づく所は政道に在り」と言う。正しい目的のために政治を行うこと、それが政道だ。治術、すなわち、統治の方法あるいは政治権力維持のための技術などはさまざまにあり、その時々で適宜、選択すればよい。政治の目的を忘れさえしなければ、それで、まっとうな政治が行われるだろう。だが、治術のみに目を奪われ、政治の本来の目的を忘れたなら政治は堕落する。現下の政治が、まさに政道を忘れた状態にあるという。「日本の現時たるや、政道観念の倫滅すこぶる久しきが故に。政治は形式及び一時的便宜により て按排《あんばい》され。議会または政党を瞞着《まんちゃく》し、或いは威圧し得さえすれば其れで治術を獲たるものと解釈され。所謂《いわゆる》治術は官僚、政客及び政権を利用する少数の高級実業者即ち以て治者列の勢力と目すべき所の傭人同士の利害交換術と化し去りて。国勢及び人心明日の変に備ふる先見と用意を条件外に付し」

そのとき忘れられているものは何か。「治術というものの本意義は零に帰したると同時に民衆勢力というものの権威＝否、其の実在すらも＝閑却されむとする明治式別天地の天下泰平とは相成りけりである」。

ここで、天眼が説く政道とは、民衆のために行う政治であることが分かる。そして、政治家の腐敗、堕落は、彼らの眼中に民衆がないから起きるのだと言う。「眼前の堕落的現象は…民衆勢力の無視といふ事を説明して居るのである。議会の政党を買収して盲従せしめ、元老といふ高官の機嫌を繋ぎさへすれば政治は政道に背くとも治術には合へりと為す所の中央政府当局者の心事は、世間の耳目と云ふ事＝民衆勢力の権威＝といふ事を胴忘れして居るからこそ出来るもので」「彼等にして若し政府の権力及び金銭の勢威より以外に、民衆勢力の敬すべく畏《おそ》るべきもの有る事を認知せば、マサカ斯《か》く迄に傍若無人、天下に耳目無しとする腐敗堕落を公演しまじきを」

「本来彼等は治者列の勝手自儘なる威福を羨む私意劣情を全幅の精神と為して。また政道治術に関する莫大の責任と無限の心労とが一に民衆勢力の為にする所以を意識せざるを以て。斯くは平気の平左で私的凝塊に化し了《おわ》るのである」

民衆の反発力が不可欠　～消滅すれば国家は衰亡

そして天眼は、民衆無視の政治を改革するには民衆の反発力が不可欠で、民衆に反発する力がなくなれば、国が亡びると言う。「政道の淪落に対する民衆の反動力、弾発力が永久に消滅せば。其の国家は遠からず衰亡するものと覚悟せねばならぬ」。続けて、こう言い切る。「衆を治むる道は正の一字より外に無し。而して政道皆無に帰する時は、衆自ら衆を治むるを便として却って治者列の存在の必要を拒否するに至るべく。然る時は是、乱世なればである」

民衆無視を続ければ暴動、革命が起こって乱世になると言う。民衆無視の堕落した政治を続けることは「無視され虐圧されたる民衆勢力の偶発的爆発を招致するに異ならじ」、「虚心に瞑想せよ。民衆は平素、無言せる代わりに厄介至極なるものぞ。生活難より生ずる反動は、社会主義者の煽動を用ひずして到来するものなるぞ。世界の普通的大患なるぞ」

その上で、民衆の力を認めることが立憲政治成立の不可欠の要件とする。「民衆勢力の確認を基礎とするに非ずんば。人民参政の機関たる国会も不用であるから。立憲政治は従って不成立なりし筈。また仮令《たとい》、成立しても議会は精神的に死滅するを免れず」

世界の大勢　~無視すれば国民総立ちになって改革

民衆勢力を重視する政治は世界の大勢でもある。「列国の帝王も大統領も。最早、一二政党を駕御《かぎょ》し、或いは金力、権力を濫用するを以て治術の主眼と為しける旧時を夢と観ぜざる能はず、必ずや政府＝議会＝の此の二人称より進みて、民衆勢力といふ第三者を最重要視せざるべからず。是れ実に社会的大進化の階段なり」。世界の進歩に逆らえば、しっぺ返しを受けるだろう。「世界は日に日に進歩しつつあるものにして。如何に日本近時の政界の腐敗堕落を以てすとも、却々、この世界的大傾向より脱列落伍すべくも非ず。官僚党や政友会徒輩の如き人民無視の旧頭脳が今にドエライ痛い目に遭ふ事は因果応報の必然に属して居る」。政府の選挙干渉は民衆無視の最たるものである。「此は彼等の官僚主義＝民衆無視の心術＝を遺憾なく発露したる大匪事にして。其の罪過たるや永久払拭し得べからず」

このまま議会が民衆無視を続ければ、どうなるか。「マゴマゴすれば国民は総立ちになりて帝国議会を攻撃し。帝国議会はアテにならぬから人民は勝手に国民議会を私設するといふ椿事が（起こる）。今でこそ大井老馬城の茶番計画（注・1885年、自由党左派の大井憲太郎が朝鮮内政改革、さらには日本の政治改革を促すための武力蜂起を企て、未然に検挙された大阪事件のこと。馬城は大井の筆名）に止まりこそすれ。一転すれば、本気の人間が其の様な気組みに化して。帝国議会の人々が院外勢力に圧倒さるるの日無しとは云はれない」。前段は、革命の可能性にまで言及した厳しい警告である。後段は、後年の大正政変の光景を予言したような指摘である。

減税は実行せず、庶民の暮らしを困窮させながら、船舶などの大会社には膨大な補助金を支給している。このような類の「転倒沙汰は」「民衆勢力の大爆破を好んで挑発するに同じいのである」。天眼は民衆の怒りの代弁者である。

政道に対する最後の審判官　～善政と悪政を見極める

腐敗した政治の現状を変革するには、民衆が自らの力を自覚すること、すなわち「民衆勢力の確認」が不可欠となる。「故に民衆勢力の確認と云ふは、其の現状＝眠れる、潜在せる、而して無意識に政党より売らるる＝現状より民衆を脱せしめ、民衆自ら其の権利と併せて責任を遂行する状態に迄、彼等を開発し利導する政道上の目的の為に先ず其の存在を確認するの謂ひなり」「（民衆無視の）非立憲的旧思想に反対して政道観念の根本に於いて民衆勢力を尊重し、其れが黙するとて其れを無視するをば罪過と心得よと要求するソレが即ち予の所謂確認の本用なり」

これを理解できるか否かが政治の分かれ目となる。「政道に対する最後の審判官たる所の民衆勢力というものの古来、厳然として存在することを解し得ざる者は」、すなわち国家発展の道も分からず、善政と悪政の見分けも付かない者となる。

「民衆勢力の開発利導は実に国家生存の実質を固め、民族進歩の根底力を強むる所以の要道にして。善政と悪政の差は畢竟、この要道に合ふ合はぬに因って岐《わか》るるのである」

民衆勢力を「政道に対する最後の審判官」と位置づけ、民衆が政治を監視する役割を担い、民衆が政治を主導して初めて社会の進歩、国家の発展が実現できるとした。さらに、民衆勢力の確認ができない政府や既成政党に政治を担う資格はないとして、そのような政府と言論で戦い続ける決意を示した。

「主義に於いて精神に於いて民衆勢力の確認を了せざる者は以て政道治術を議するに足らざるなり。予が現在の官僚式政府と在来の大政党を併せ敵として辞せざる所以は全く此処《ここ》に在り」

明治末期、まだ民主主義という概念は普及していなかった時代だが、これは、まぎれもなく民主主義の高らかな称揚であり、民主主義を守る使命を持つ新聞人としての決意表明であったと言えるだろう。

選挙権拡張の必要　～政治参加が最良の実地教育

天眼は普通選挙権も、民衆の権利として与えられるべきと主張した。（1908年10月8日『選挙権拡張の事』）。

「民衆勢力の確認は選挙権の拡張を必要ならしむること多言不用なるべし」

その理由は「親分主義の政党と国家万能気質の官僚党、及び町人列実業家勢力の存在との外に、政治上別段の主導的勢力の存在を確認せざる憲法政治は有名無実の憲法政治なり」と考えるからだ。

しかし、選挙権拡張反対論者は「国民には政治に参加できる知識も能力も備わっていない」と言う。これに対し、天眼は「民衆は要求者にして足れり。要求の口を開きさへすれば可なり」と反駁する。そもそも、国民を「利導、開発」するのは政府や民間識者の責任ではないか。その責任を果たさずに、「教へざるの民を捉えて選挙権参加の能力無しと云ふは誤れり」

国民の素養ばかりを問うのは責任逃れだ。何よりも選挙権行使の体験が有効な政治教育になる。「参加せしむるは実物教育の一手段なり、其の知識能力の適否に藉口《しゃこう》して先ず参加を拒否するは其の存在を否認するに近し」「先ず民衆自身をして自己を国民の一員として自覚するやうに利導し開発するの政道は。必ず選挙権拡張の主義と相俟《ま》つ」

ただ、即時導入は時期尚早で、国民の「立憲的教育」を推進しながら、普通選挙実施に向けて段階的に選挙権を拡張していく方がよいとした。

衆議院議員になる

充実した議員活動　（1908年5月～1912年5月）

鈴木天眼（力）は長崎市区から衆議院議員選挙に3度立候補して、2度目の選挙で1回だけ当選した。1908（明治41）年5月から任期4年の議員生活だったが、積極的に質問に立ち、舌鋒鋭く政府を追及して、議員の職責を最大限に果たそうと全力を尽くした。藩閥政治を批判する立場から、日露戦争後の政治の堕落を厳しく批判した。財政に関する豊富な知識を生かして、政府の軍事偏重、国民負担増大の財政政策の誤りを指摘した。日本が満州進出と韓国支配を本格化させる中、天眼はその政策の裏に潜む日本人の驕り、財閥と軍部、官僚が結び付いた腐敗の構造を国会で大胆に暴き、政府の満州、韓国政策の修正を迫った。政治を改革するには、立憲政友会の数の力に負けない議席を有する純民党の存在が不可欠であるとして、立憲国民党の結党（1910年3月）に向けて奔走した。同3月から政府の世界周遊視察団に議員として参加、見聞を広めた。任期末期には病状が悪化して体力が続かなくなったが、それでも頑張って議会に出席した。1期4年間だけであったが実り多い議員生活だった。

最初は又新会に加入　～一人では議員活動に限界

天眼の議員活動は反立憲政友会で一貫していた。最初に、当選の年の1908年12月に45人の衆議院議員で結成された院内会派、又新会《ゆうしん》に加入した。ただ、少数会派では、数の力で圧倒する政友会には対抗できないと痛感。純民党の幅広い結集を目指す活動に奔走し、1910年3月14日、犬養毅らとともに立憲国民党の結成に漕ぎ着けた。天眼は新党実現に自分が大きな役割を果たしたと誇る。「立憲国民党　―これには予の友人多し、否、国民党は予等之を組織し、予は実に之を組織する原動力の一人たり」（1910年10月30日）

元祖ヤジ将軍　～「学問があって、頓智があって、弥次が立派な文章になってたよ」

天眼が議会で異彩を放ったのが、議場でのヤジだ。天眼が放つ寸鉄人を刺すようなヤジは議場を瞠目させたという。天眼のヤジについての証言が1923年3月10日の東京朝日新聞に掲載された。退職する衆議院守衛長の回顧談。彼はこう語った。「弥次といふものは十年此方からだね。弥次の元祖は明治四十一年二十五回議会の時に鈴木天眼が始まりだね。この人の弥次は学問があって、頓智があって、弥次が立派な文章になってたよ」。

彼の証言によれば、天眼は「元祖ヤジ将軍」ということになる。「学問があって、頓智があって、立派な文章になってた」、そんなヤジを聞いてみたかったものである。

加波山事件殉難志士表彰で大演説　～義烈壮烈の犠牲は憲政の礎

1910（明治43）年、帝国議会は自由民権運動激化事件の一つ、加波山事件で政府の弾圧により犠牲になった殉難志士の名誉回復を図る「加波山事件殉難志士表彰建議案」を全会一致で採択した。天眼は、建議案を審議する衆議院の委員会で賛成演説を行った。その中で、志士の殉難はその後の憲法政治の礎となったのだという理解が不十分なままで建議案を採択しては、せっかくの表彰の意義が薄れると指摘。この際、あらためて志士殉難の重みを噛みしめ、その犠牲の上に築かれた憲法政治の重要性を再認識すべきと訴えて熱弁を揮った。

加波山事件は1884年（明治17）9月、栃木県令三島通庸らの暗殺を企てた自由民権運動家の富松正安ら16人が、官憲に追われて茨城県の加波山山頂に立てこもった事件。富松らは「圧政政府転覆」「自由の魁」などの旗を掲げ、自由立憲政体樹立を唱えたが、全員逮捕され7人が死刑になった。事件から26年目に提出された「加波山事件殉難志士表彰建議案」の審議過程の議論の中身の乏しさに噛みついたのが天眼だ。その熱弁を収めた議事速記録「鈴木代議士の殉難志士表彰演説」が1910年3月12、13日、東洋日の出新聞に掲載された。

天眼はこう主張した。憲法施行前の、まだ議会を通じて国民の声を政治に反映させる方法を持たない時、自由民権運動の志士たちは自由を求めて命懸けで闘い、犠牲となった。今は憲法によって国民が意思表示をする権利が与えられているが、この権利は自由民権運動の志士たちの犠牲の上に勝ち取られたものであることを忘れてはならない。加波山事件の犠牲者を顕彰することは、彼らが憲政の礎となったことを記憶し、その功績を顕彰する機会でなければならないのだ。「斯る義烈壮烈なる事績は憲法史を飾るために表彰したい」。「則ち憲法を作りたる道に於ける斯る義士諸君の事蹟を表彰して、汝等が得たる憲法は決して偶然に得たのではない、汝等の祖先が血を以て得た憲法である」と教えるべきと言う。

そして憲政下においても国民は、志士たちの義烈壮烈の精神を受け継いでおかなければならないと言う。それは「憲法に対する謀反人」が現れた場合だ。せっかくの憲法を空洞化、破壊しようとする動きが出た時は、国民はかつての自由民権運動の志士たちと同じ気概で立ち上がらなければならない。「将来若し憲法に対する謀反人があって、議会あれども無きが如く人民の意志を蹂躙し、時の執政者と結託して立憲の大主義を誤る場合に於ては、国民は立つし、則ち憲法に許されたる自由権能に基づいて、飽く迄も国民の活力を振るひ、国民の智力を振るひて、議会も廓清すべし、憲法の精神も貫徹すべし」。約2年後の大正政変を予見したような主張である。そして、この主張通り、憲法が危機にさらされた大正政変で、天眼は「国民は立つべし」と呼び掛けることになる。

世界周遊の旅　～政府使節団の一員として見聞広める

立憲国民党の結党を見届けた翌日、天眼は軍艦生駒に乗って世界周遊の旅に出る。天眼の視野を広げ、その後の議員活動にも、新聞記者としての活動にも糧となる有意義な体験となった。

アルゼンチン独立百周年記念式典に参列する日本政府使節団の一員に衆議院議員として参加した。使節団は伏見宮貞愛親王、徳川家達貴族院議長を中心に貴族院、衆議院の議員等で構成され、軍艦生駒で1910（明治43）年3月15日、横須賀を出港した。インド洋を経て喜望峰を回り、大西洋を西に横断して5月中にアルゼンチンの首都ブエノスアイレスに到着した。

記念式典参列後は再び生駒に乗り、ブラジルのリオデジャネイロに寄港した後、大西洋を東に横断してイギリスのロンドンへ。イギリス議会見学、イギリス政府招待宴出席などで見聞を広めた。ロンドン入り直前に生駒に乗って訪れた軍港ファーマスでは、地元市長主催のレセプションで天眼が英語でスピーチをした。長崎で留守を預かる記者のコラムによると、なかなか見事なスピーチだったらしい。現地の新聞はスピーチの内容を詳しく伝えた。

ロンドンでは7月中旬から1か月、独自行動を取り、イギリス社会の観察、研究に努めた。その成果を帰国後、長期連載で報告した。次にベルギーのブリュッセルで開かれた万国議員会議に出席。さらにドイツのベルリン、ロシアのペテルブルク、モスクワを訪問。シベリア鉄道で満州に向かい、10月に帰国した。往復7か月の大旅行になった。

天眼は旅の途中の見聞や思索を原稿に書き留め、行く先々から長崎へ国際郵便や軍艦郵便で送り続けた。この結果、東洋日の出新聞の紙面は、主筆が長期海外出張中であるにもかかわらず、その主筆の原稿がいつも1面トップに掲載されているという奇観を呈した。20世紀初頭の話である。天眼ならではの離れ業と言ってよいだろう。

満州進出を批判

日露講和条約（ポーツマス条約）で、日本はロシアが持っていた南満州の利権を獲得した。旅順・大連の租借権、長春─旅順間の鉄道とそれに付属する利権などだ。日本はこれらの利権を足掛かりに満州権益を拡大させるため、1906（明治39）年11月、半官半民の国策会社である南満州鉄道株式会社を設立、満州進出が加速していく。一方、列強の満州市場への関心も強く、日本の国際的立場も満州をめぐって大きく変化し続けることになる。

極東の平和隆昌　～日米露清の協調で満州開発を

天眼は日露戦後すぐに、満州との向き合い方について明確な提言を行った。その骨子は、①満州は国際共同開発すべき、②開発の恩恵は満州の人々とともに分け合うべき、の2点。国際協調で満州を開発し、満州の大地に潜在する無限の富源を、満州の人々を中心に世界全体で享受しようという巨視的な平和的繁栄の構想である。それが列強間の争いを防止し、列強による中国分割という不幸を防ぐ現実的方法にもなると考えた。天眼はその構想を「対清平和策」と名付け、繰り返し提言した。「予の昨秋来、切論せる対清平和策＝清国の治安と鉄道速成とを列強共同の責任と為すべく日本主唱して列国会議を特催し且つ我が国の陸上的軍国的圧迫的方針を改めて広義の満州開放を実行し、以て日米露清の親和を策し、以て外資を入れて清国を富ましめ、以て銀価を回復せしめよ。然らずんば極東の平和隆昌は期すべからず」（1908年7月16日）

日本が南満州鉄道を設立し、満州市場の独占的支配を狙って動き始めたとき、天眼は「広義の満州開放」「対清平和策」を掲げ、清国を含めた国際共同開発を推進することの重要性を繰り返し訴え続けた。「国家の急務は、平和主義、産業本来の方向に内外政策を革正するに在り。廟堂の頭脳を武権偏向より転換せしむるに在り」。平和隆昌のためには、日本政府の「武権偏向」姿勢の転換が不可欠である。

非軍国主義に賛同して　~日本が協調維持の大使命を果たせ

天眼言うところの「極東の平和隆昌」を実現させるには、列強の武力対立を抑える態勢づくりが必要になる。列強が争い、それが中国分割を引き起こしてしまえば「平和隆昌」の夢も吹き飛ぶからだ。そのために重要な役割を果たすべきは何よりも日本である。「我所謂《いわゆる》世界的の所見に精《くわ》しく通ぜむには。日本の位置たるや、実に至重至大にして。欧米の禍乱を未発に救ふ者は必ず日本の大使命たらざるべからず。而して日本の禄は其の中に在り」（1908年4月1日）。仮に国際協調を乱す国が現れたら、どうするか。その解決に率先して乗り出すべきも日本だ。「日本は他の列国を誘ふて。東洋治安の国際的大会議を北京に開催し、列国の決議に由りて該一国を制裁し、公明なる行路に帰らしむるを要する」

日本が平和協調の旗を振るためには、日本自身が平和主義に徹していなければならない。気がかりなのはその点だ。軍国主義の風潮に乗って日本自ら協調を乱し、平和隆昌の土台を破壊してしまうなら日本の活路はない。「戦闘力本位の経済的軍備を目的として軍費を節制し、対清対露対米の親和政策に尽くし、満州利権開放を一層適実明白ならしめて、以て清満の開発及び商工上の平和隆昌を促発する所の『非軍国主義』に賛同して、陸軍の権力過大を制し、依って以て英国式の対外経営に出るの他に活路あるべからず」（7月14日）

極東の平和的繁栄への道を阻みそうな懸念材料は日本の軍国主義であると天眼は指摘し続けた。「陸軍式頭脳は往々武力全能の意見に偏向し易く、その弊や、武力以外の精力長養を度外視する虞《おそれ》あり」「武備拡張を絶対唯一の能事と為し。世界的商工業の見地より出る経綸はお留守に成りがちたるべし」（1906年4月1日）。その懸念があるから、「非軍国主義に賛同して」「陸軍の権力過大」を戒め、「我が国の陸上的軍国的圧迫的方針を改めて」と釘を刺したのである。

中国分割の回避が重要　～米露も協調の輪に

帝国主義列強が鎬を削る東アジアで回避すべきは、中国分割の事態だ。その課題を達成するには列国が等しく協調の輪に加わる必要があると天眼は考えた。特に重要なのはロシアとアメリカである。日本では両国排除の機運が高まっていたが、天眼はその誤りを説いた。

日露戦争後であるからロシアへの警戒感が強いのは仕方ないが、だからといって、日露戦争勝利に驕ってロシア排除に熱中するのは大局を見ない愚行である。「世界的商工業に属する極東経営に関して露国の立場有らしめる事は肝要なり。即ち露人の精力発露の地盤をば或る程度まで認容すべく日露協商を成就するを必要とす」。そうすれば「露西亜も実利を先として武力侵略を後に」するから、日本も同じ姿勢を取れば、「極東の平和は向後二十年を保険し得べく」。それゆえに日本の軍事偏重姿勢への注意が必要だ。「日本は露西亜の将来に対して軍事的に拮抗する方面のみ考へて。陸軍式頭脳に総ての施設を呑まるる事は甚だ戒むべし」

むしろ、日露協調にこそ益がある。「当面の急務として日露協商を成就し。露米の資本と活力とに因って生ずる極東地盤の繁昌に日本人が加はる事は大切なり。国自慢のみ言ふて何もかも露人に許さぬと云ふても。資本無くて満州に草を生えさせるなどは。精力を解する大腹中の士の与《くみ》せざる所である」（1906年4月19日）。アメリカにも配慮すべきと強調した。

日露戦争後、中国東北部の都市ハルビンが実質的にロシア東清鉄道の施政下に置かれ、アメリカ資本が排除されているとして、アメリカが抗議、改善を求めたことがあった。これに対し、日本ではアメリカに冷淡な論調が広がっていた。だが天眼は『米国を好意を以て迎へよ』と主張した（1908年4月11日）。「米国の主張をばできるだけ好意を以て迎へて、彼をして満州内の諸種製造業に着手せしめて、満州及び西比利亜の繁栄を助成せしめ、余は各国商業家の腕競べに任せて、利権の喧嘩が致したくば、お互ひに儲けてから後日ゆるゆる喧嘩するのが宜しい。米国を継子扱ひするのは。我支那開発政策に取りて最大愚計である」

アメリカ排除は「最大愚計」、したがって「日本の長計」はアメリカとの協調だ。「予輩は平和主義の為に、清国繁昌手段の為に、日本の長計の為に、成るべくなるべく米国に立場を与へ、他の発言権を尊重せむ事を主張するものである」。それゆえ、1909年、アメリカの満州鉄道中立化案を日本が拒否したことに危惧の念を抱いた。まさに「最大愚計」である。「北米が斯くの如き提議を為すには、決して尋常一様の決心を以て之を申し出たるには非ざる事を深く考え置かざるべからず」（1910年10月30日）。アメリカの満州市場への関心は強い。日米対立の火種はくすぶり続けるとの警告である。その警告は当たっていた。

傲慢な軍政は各地で失敗

満州開発で列強との協調が必要と天眼が考えたのは、日露戦争中や戦争後のわずか数年の間に、軍国日本が満州の都市で威圧的に振る舞おうとして失敗した例が数多くあるからだ。日本の独善的な手法は早晩、行き詰まって国際的に孤立するとの懸念を強めていた。

その一例として、満州の水陸交通の要所、営口での失敗を挙げる。「又更に自省せよ。営口の如きは戦時及び戦後にサーベルの威光を恃みて一気呵成に商権まで占領を試み、傲慢にして迂拙なる軍政の首脳者は莫大の金銭を此の地に散じて勢力扶植を行ひ、軍人に媚附《びふ》せざる者に対しては新聞紙の発行すら禁圧せし振る舞ひながら。僅々三年足らずして今日のザマは何ぞ。営口商業会議所改選に於いて我國人の代表者たる三井、正金共に落選すると云ふ惨状ではないか」

いくら日本が強圧的に振る舞っても、清国、ロシアなど外国人が交じる地元経済界の選挙では、日本を代表する大企業と雖も支持は得られなかったのだ。「軍国主義の徒が清国人に対して権柄を弄び、他の面従を一時に僥倖して而して実利上、実勢上には尻の抜けたること。一例や先ず斯くの如し」。失態の原因は明らかだ。「日本が軍国流の筆法を守株《しゅしゅ》して平和的円収の活策を忘るるに惟れ因《こ》るのである」

歪んだ国策会社　～満鉄の乱脈経営を国会で追及

１９０６（明治39）年、政府は半官半民の南満州鉄道株式会社（満鉄）を設立し、本格的な満州経営に乗り出した。満鉄は鉄道事業に加えて炭鉱や製鉄所も経営し、鉄道付属地の行政権まで獲得。日本の満州開発を一手に握る一大国策会社として君臨し始めた。初代総裁は台湾総督府民政長官から転じた後藤新平。財閥三井はじめ日本の多くの企業が商機を求めて満鉄経営の現場に進出してきた。

だが、この満鉄の経営実態には問題が多かった。それは日本の国民が思い描く経営とは懸け離れており、著しく歪んでいた。その歪みの中に、日本の満州進出政策の歪みが象徴されていた。

１９１１（明治44）年3月の国会で、天眼は満鉄の経営について質問主意書を提出、経営の問題点を列挙しながら政府を批判し、回答を求めた。質問は詳細を極めているが、その主目的は三井物産による満鉄私物化の告発である。経営状況を示す数字を挙げながら、巨額の税金や民間資金が投入された満鉄が三井や満鉄社員など一部特権層の食い物にされている実態を暴いた。

質問主意書は同3月25日から30日まで6回に分けて、政府答弁書は同4月18日から22日まで4回に分けて、東洋日の出新聞に掲載された。質問は3つの大項目に分けられ、それぞれ「南満州鉄道株式会社の資本と外債との関係及び財産目録の件」「南満州鉄道経営の方針奇怪、並びに費途妄濫の件」「南満州鉄道及び三井物産会社の満州利権壟断の恐るべき危険の件」と題され、単刀直入に乱脈経営の実態に切り込んでいる。

天眼は、社債募集が躓いた問題を挙げ、政府が募債促進に今頃になって躍起となっているのは「満州経営失敗の極印」と断じる。財産目録も簡略に過ぎ、「会計の厳正」を求める「世界の実業理法に於いて之を許すことなし」と指摘。「財産目録だも調製せざる粗漫の会社をいかで中外の具眼者が信用すべきや」と批判する。その上で、満鉄の「利益激増」の発表は「装飾」されているとして、これを基に「配当金二百五十万円の巨額を配当せしめ、天下に揚言して満鉄好況なり好望なり発展無限なり財本潤沢なりと云ふ、本員之を見て政府の行動を怪訝《けげん》して已む能はず」と疑問を投げかける。

「若し夫の逓相《か》（後藤新平＝満鉄総裁）が、満鉄の虚談主義に対して一矢を報ゆる勇者天下に空《むな》しと見縊《くび》り、或いは外形の辻褄《つじつま》を合はせさえすれば以て中外を瞞過すべしと為すかの如く、国家自力の財本を度外視し、他が外債の借り増し借り太りに腐心し、乃ち幾億と云ふ財本を一夜にして取り出し得る如く態度して」「眼中また民間の識者、経世家の無言なる具眼者ある無きの挙動犯を敢てするに至りては、本員は竟《つい》に無言に忍ぶ能はず、乃ち茲《ここ》に本項の質問を提出す」

国民が黙っているのをよいことに堂々と不正を続けることなど許されない。

「請ふ、此期利益激増の実際上の原由を細説して本員をして得心せしめよ」

三井に食い物にされる満鉄

乱脈の最たるものは、三井物産が満鉄を利用して巨額の不当利益を得ていることだ。例えば、鉄道以外の交通機関を利用する満鉄資材の運搬は、三井物産が独占的に受注し、満鉄から三井への年間支払い額は300万円にも上る。問題は、その受託企業が、運輸の実績もない三井物産1社に限定されていることだ。「此の運輸を一手に請け負ふ者の巨利以て想ふべきなり。然るに該請負者が三井なるこそ奇異なれ。三井は自身何等の運輸業を営まざるなり」。不公正な発注方法に、本来の運輸業者の不満が募っている。「船持ち主、其の他運輸専業者は、満鉄の何故に殊更、三井を仲介して運賃を高め、且つ運輸業者の利益を殺ぐ事を怪しみ、不平の声を絶たず。敢て問ふ。運輸業を為さざる三井に運輸請負費を専占せしむる理由は如何」

満鉄が大量に使用する煉瓦の購入でも不正がある。満鉄は、満州にある6か所の煉瓦製造所からの購入に際して、すべて三井を仲介させている。「満鉄は是れ等の製造所より一切、直接の買ひ上げを為さず、殊更に三井に売り込み全権を与へ、一枚の煉瓦をすら自ら焼かざる三井をして居ながら巨万の利を貪らしむるなり。其の結果は製造業者の不利を来し、工業の発達を阻害すること明白なり」

異様な不正取引はほかにもある。満鉄は撫順炭鉱の石炭を自社で販売する体制を備えているのに、その販売に社外の三井を介在させ、不当利益を得させている。

「撫順炭の全部委託販売を三井に契約し、満鉄自身の売炭部が売捌く石炭に於いてすら相当の歩合を三井に与ふる契約を為せり。是れ不条理の甚だしきものにして、国家の利益を一私人に私して、三井をして官力兼資本力の連合『トラスト』とも称すべき暴横を逞しふせしむる言語道断の処置たり」

国家の利益を三井が私する言語道断の「暴横」を、政府は黙認するのか。「政府は無量の国財と忠君愛国の人民の血と肉との犠牲のその代償たる満州の利権実益を挙げて之を一個の三井に蹂躙せしむるを本意と為すや如何」

日露戦争の膨大な犠牲の上に日本国が獲得した満州の富が、一私企業である三井の食い物にされている。そして、この恐るべき腐敗に国会も国民も無関心である。死んだ兵士は何のために死んだのか。

満州は満鉄の満州にして、国民発展の満州に非ず

国民の知らない所で、満州利権の私物化が進む。天眼は叫ぶ。「満州は満鉄の満州にして、国民発展の満州に非ず。転じて、満鉄は三井の満鉄にして、満鉄の満鉄に非ず」

三井は満鉄に200万円しか出資していないのに、資本金2億円の満鉄を意のままに操り、法外な利益を貪っている。しかも満鉄は国家に庇護され、国民の税金が投入されている国策企業だ。「二百万円足らずの出資を以て二億円の会社事業の利益全面を壟断す、而して会社は全くのこと国家の出資と出費と保証との影象たる。古今東西、豈復《あにま》た、斯くの如き暴利暴権の自在なる組織あらむや」「日本帝国の国家それ

自体が一私立商事会社の食ひ物と化せんとする点は、政道の常法として断じて之を恕《じょ》すべからず」。この責任は当然、政府が負わねばならない。「三井が国家の権力及び利益に直接の交渉を有して、官力、資力の連合トラスト的暴威を揮《ふる》ふの点は、固《もと》より之を一私人格の三井に責めずして、之を政府に責めざる能はず」。そして政府に警告した。「政府たる者、之を抑制するに尽悴せずして、却《かえ》って之を庇護し、烈火に油を注ぎて已むなくんば即ち、不義の富に対する国民生活難の鬱積は、独り富豪及び元老に向かはず、更に政府に向かって勃発するの日無きを保せざらむ」

しかし、歴史は天眼の怒りの叫びを無視したまま進み、三井の満州での「暴利暴権」追求が一つの大きな原動力となって、日本は戦争への道をひた走ることになる。

中国人観を改める

日露戦争前後までは、天眼の文章には時折、朝鮮、中国の人々への蔑視が交った。だが、その蔑視は次第に消えていき、後年は朝鮮、中国の人々への敬意を必ず示すようになる。中国人観を大きく変える最初のきっかけとなったのが、１９１０年に衆議院議員として参加した南米・欧州視察旅行の帰途、立ち寄った満州で見聞を広めたことだ。その詳細を帰国後の旅行報告記に書いている。

満州人には拮抗できず　～日本人の進出は無理

天眼は、満州の大地で厳しい自然に耐えながら働く人々の逞しさ、勤勉さに感銘を受けた。「同地は冬季に入ると共に寒気凛冽、気象激変、地凍り、河水氷るが故に、此の時を以て大豆粕及び大豆油其の他の貨物を一斉に運び出して各地に輸送す。而してこの期間に於ける満州人の勤勉力は、実に日本人の及ぶ所に非ず。彼等は鉄道とさへ競争する気力を持せり」（1910年10月24日）。その上、賃金は安くて済むから日本人労働者は太刀打ちできない。「しかも満州人の生活費は一日拾銭位にて足るなり。右の如く、取引上の習慣に於いて、其の労力の点に於いて、又生活状態に於いて、到底、彼等に拮抗する能はず」

だから、日本人の満州進出は困難と言い切る。「故に日本人が満州の天地に発展せんとするは実に無理の事と云ふべし。今や満州は至る所、開けざる土地なしと云ふて宜し。世人は満州の利権を取る事を志念すること駄目なり」

小鳥を飼う苦力

満州の水陸交通の要所、営口では無数のジャンクが遼河を行き来する光景に圧倒された。岸壁には多彩な店舗がひしめく。その活気たるや素晴らしい。「光景、渾《すべ》て是れ支那人の活力の展覧場」

そこで天眼は、苦力《くーりー》（中国で荷役作業などに従事していた最下層の労働者）の生活の意外な光景に驚き、感動した。家もなく、極貧の生活を送る苦力たちが、小さな鳥籠を大事そうに抱え、労務の合間に、その鳴き声を楽しんでいるのだ。「最も異彩を放ちしは例の苦力手飼ひの禽《とり》の籠である。陸の一膳飯屋に於いてのみならず、岸に佇立する労役夫の手にも、支那船の中の大工が手にも、処処に其れが見受けられたのでありた」（1910年11月1日）

無学で貧しく家もなく、文化とは無縁の生活を送っていると思い込んでいた人々が、どん底の生活の中でも、小鳥を飼って鳴き声を楽しむという風雅な趣味を持ち、精神世界を豊かに広げて生きていた。予想もしなかった光景に天眼は感動した。日本には全く伝えられることのない中国人の素顔だった。「この様な意外なる珍奇の風俗をば従来の旅行者は何故、吾等に紹介せざりしにや。将《は》た満州に関する記録の閲尚浅きが為に予未だ之に遭遇せざりしにや。兎に角、宿無しの苦力が小禽を飼うて恍惚として聞き楽しむ情景は世界の珍図である」

横暴な日本人

満州現地で中国の人々を見直す一方で、怒りが募るのは、日本人の中国人に対する恥ずべき横暴な態度だ。それは満州移民政策の根本的見直しの必要性を痛感させられるほどに深刻だった。「満州に行きて見て、予は実に驚かされた。該方面の邦人は、商人にてありながら、お客に接して新兵に対する下士の如くに挙動する者の多いこと」（1912年12月23日）。朝鮮におけると同様に満州においても、日本人は官民ともに威張り散らしていたのである。

「そうして満鉄や都督府の余沢を奪ひ合ふて、共食ひと…彩票買ひと…日本畳持ち込みの家屋に芸者を買ふ能力…とより外に何等の意図を有せぬのである。満韓集中が聞いて呆れるでないか」。満鉄や都督府の利権のおこぼれを漁り、日本人の立場を利用しながら労せずして儲け、現地の人々を蔑みつつ、自分たちは贅沢と享楽に耽っている。醜い姿である。政府は「満韓移民集中」を唱えているが、これが「満韓集中」の実態なのか。呆れて物も言えない。

こんな歪んだ心を改めない限り、日本人は嫌われるだけだから、海外に出ていくのは慎むべきだと天眼は言う。「権柄主義＝遣《や》らず、ぶったくり主義＝の国民は海外発展には最も不向きの種族である。其れは戦時のものたるべし、平和の用たるべからず。自負的日本主義は即ち長閥サアベルの型に嵌まりしもので。世界の人が日本人を毛嫌ひ為し、目して、招かざるの客来たると為すは当然である」

嫌われる日本人のままでよいのか、恥ずかしくないのか、と天眼は問う。

「取る」を知りて「與ふる」を知らず

さらに問題なのは、日本人が自分たちが儲けることだけを考えて、中国人にも儲けさせるような配慮を一切しないことである。一方的に収奪し搾取する関係が長続きする訳がない。「日本の行き方は『万事が片為替』の行き方じゃ。政治にも外交にも事業にも、彼は取るを知りて與《あた》ふるを知らず。圧倒の即効を貴びて他力の妙用を解せず。『行き荷』を知りて『戻り荷』を知らず。商売と云ふものは『利他四分にして自利六分なるを妙諦とする』所以に達悟する莫《な》し」（1910年11月8日）。「商売の妙諦」の代わりに日本人が頼るのは「陸軍絶対主義の行き方」だ。「朝鮮や満州を形式権柄一本鎗以て扱ふ」のである。「土地の支那人に儲けさせずに支那人をして満鉄に対する同情を有せしめ様とは無理じゃ。対手に旨味を持たせずに自分ばかり対手をしゃぶり、対手の痛痒を察せずに力任せに揉み立つる一方では、対手が逃げ、且つ恨むのが当然じゃ」

満州や朝鮮における日本人の傲慢な振る舞いの付けは、結局は日本という国の蒙る災厄として跳ね返ってくるのだが、当時はまだ、天眼の警告に耳を傾ける国民は極めて少なかったであろう。

満州の地で大陸浪人に反駁

１９１０年の世界周遊の旅の終わり、ハルビンから長春に着いた所で、天眼は現地で出会った日本人グループと思わぬ言い争いをしてしまう。詳しくは書かれていないが、グループは、かつての対外硬の仲間で、今は満州で活動する大陸浪人たちと推測できる。彼らの中国人に対する差別的な言葉を、天眼が笑って聞き流すことができなかったようである。

対外硬の活動で旧知の間柄であるから、異郷の地での再会を喜び合ったことだろう。彼らから見れば、天眼は天佑侠で名を馳せた豪傑であり、玄洋社の頭山満や黒龍会の内田良平と親しく交わる大先輩だ。畏敬の眼差しで天眼を仰ぎつつ、気心の知れた同志として率直に現地での思いを語ったはずである。そんな会話が中国人の日本人に対する敵意の激しさに及んだ時、急に気まずくなった。「其の辺に根拠する愛すべき我旧友等の孰《いず》れも、清国官民の近状が殆ど日本に対して喧嘩仕掛けなるに憤慨し、憤慨に伴ふ必然の結果たる所の意見をも吐露するに接して、予は清国人の浅ましきを憐れむと同時に、我旧友等のややもすれば輒《すなわ》ち陸軍絶対主義の空気に囚はれむとする傾向をば、同情を参する反対意見以て挫かずには已む能

はじゃった」（1910年11月1日）

「憤慨に伴ふ必然の結果たる所の意見」というから、清国人に対する罵詈雑言、聞くに堪えない蔑視発言、侵略的野心を吐露する暴言などが飛び出したのだろう。対外硬の仲間内、大陸浪人の仲間内なら、それが、いつもの会話であったに違いない。それで互いに笑い合い、日本人としての優越感を分かち合ってきたに違いない。だが天眼はそれを聞き流すことができなかった。しかも、彼らの会話の中に軍国主義の弊風に無自覚に毒された気配を感じ取った。だから、なおさら聞き流すことができず、語気を強めて反駁した。「同情を参する反対意見以て控かずには已む能はじゃった」。対外硬の熱に無邪気に身を任せたかつての天眼は、もう存在しなかったのだ。

韓国併合を批判

日本政府は朝鮮半島支配強化のために、日露戦争中から韓国政府に矢継ぎ早に条約締結要求を突きつけ応諾を強いた。1904（明治37）年8月の第1次日韓協約では、日本人顧問を派遣して韓国の財政、外交に介入する体制をつくり上げた。1905年11月の第2次日韓協約では外交権を奪い、1907年7月の第3次日韓協約では内政権を奪った上に、韓国の軍隊まで解散させた。さらに日本政府は1909年春、韓国併合計画を策定、準備を進める。その最中、同10月に伊藤博文が満州のハルビンで韓国の民族運動家、安重根に暗殺される事件が起きた。衝撃を受けた日本政府は併合計画を加速させ、翌1910年8月、韓国併合を断行した。国の名称を韓国から朝鮮に変えさせ、朝鮮総督府を置いて日本が直接統治する体制を確立、朝鮮は完全に日本の植民地となった。

其れが何等の功名ぞ　～併合前から疑問を示す

日露戦争直後までは天眼は日本の韓国保護国化を肯定していた。だが、日露戦後の政治を考察する中で、そうした態度が大きく変わっていく。

併合のかなり前から、すでに天眼は併合の非合理性や動機の不純を指摘し続けていた。第３次日韓協約締結直後の論説（１９０７年7月23日）で「日清、日露の二大戦役を代償とする朝鮮の保護権が一層拡充されて（朝鮮）八道の山河が日本の自由に帰し了るにせよ。其れが何等の功名ぞ」と国家の膨張の無意味、その膨張を手柄とする政府の無思慮を指弾する。「はたまた取りて後の経営及び防備の費用は如何にするぞ」と問い、「実質上の見込みは打ち捨てて、ただ国威とか範囲とか借金の好都合とか云ふ点に肝煎りて。さて前途の国家経済は如何にする心算成りや」と重過ぎる財政負担に懸念を示した。

政府が、このような不合理な国策を遂行する理由は何か。天眼は「稚心の発動」と呼ぶしかない程の、元老、閣僚らの恥ずべき功名心にあると言う。「朝鮮の統治権を収めて藩閥元老が天子様に手柄を申し上ぐるさえ。吾輩はその小功に誇り、且つ老後の名を急ぐ了見の憫然至極、且つ国民に不忠実なる所以を嫌ふ」

韓国併合に経済合理性がない、併合を急ぐ動機が不純である、の2点は併合前も併合後も、天眼の一貫した主張となる。

併合断行　～驕慢を戒める

天眼は併合前から懐疑的な論説を掲げていたが、全国の他の新聞は全く違った態度を見せた。1910年の韓国併合断行を熱烈に支持したのだ。

鈴木健二著『戦争と新聞』はこう記す。《日本の新聞はこの韓国併合を当然視した。大阪朝日は社説で「韓人の日本人になることは韓人の為に幸福なるべし」（1910年8月26日）と論じ、東京朝日は「自然の要求に出ずるもの」（同）と述べ、大阪毎日は「彼らは真に幸福」（同23日）であると弁じた。「日本民族の同化力と日本文明の包容力」（同8月21日）が試されていると書いた東京日日が少し毛色の変わっている程度で、それとて「韓国併合は世界文明史上の一代栄誉」と自賛、吸収される韓国民の痛みに思いを馳せようとはしなかった》

他国を併合することへの逡巡、自省の欠片もなく、新聞が挙って賛美していたのだ。これに比べ、東洋日の出新聞は冷静な報道に徹した上、併合のはらむ問題点を厳しく追及する報道に力を入れていく。

警告　～大人らしい国民か、子供じみた国民か

まず、海外の厳しい視線を示し、浮かれる国民に自戒を促した。「日本が驕慢心を増長し、侵略主義の成功と自惚るることを戒め、通商貿易を阻害せざるべきと望めるは外電所報の如し」「狂喜乱舞以て帝国発展の勢力盛んなるを祝賀せんとする者あり。ただ、徒《いたずら》に表面の事実を以て狂喜乱舞・傲然として被征服者に対する態度を学ぶは不謹慎なり」。国際関係への配慮と、植民地にされた側の韓国の人々の心情へ

の配慮を、ともに忘れないようにという警鐘である。

さらに、無邪気に祝賀気分に酔う政府と国民に警告する。「将来の重荷が如何に国民の心血を絞らしむるかは想像に余り有り。しかれども国民は先ず合邦祝賀のお祭り騒ぎに酔ふのであらうが、今後の国民の態度によっては、日本が頼もしい大人らしい国民か、はた躁勇なる子供じみた国民かといふ判断の材料となって、いよいよ信用の厚薄の分かれ目を生ずることを、予は茲《ここ》に警告し置く」（１９１０年9月18日）「大人らしい国民か、子供じみた国民か」。今後の日本人の振る舞い方次第で、日本という国の信頼が左右される。天眼は国民に厳しい自戒を促した。だが、その警告はお祭り騒ぎにかき消された。

併合急いだ理由は何か　～政府の功名心を国会で糾弾

韓国併合に対する天眼の評価が一層厳しくなるのは、併合後に政府の内情を知り、さらに現地での武断統治の実態を知るようになってからだ。政府の決定に懐疑的な態度を示すだけに止まらず、一歩進んで、政府の軽挙、傲慢を糾弾する姿勢へと大転換を遂げる。

日本の朝鮮統治は力による支配だった。併合したにもかかわらず、朝鮮は実質的には大日本帝国憲法が適用されない地域とされ、朝鮮総督府は植民地だけに適用する特別の法律で統治した。日本の憲兵の長が警察を指揮監督する「憲兵警察」が警察権を行使し、至る所で憲兵と軍隊が目を光らせる「武断統治」が行われた。警察官や軍人だけでなく、日本人の官吏や教員までもが金筋の制服にサーベルを着用して、朝鮮の人々を威圧した。民間の日本人たちも朝鮮の人々に対して威張り散らす醜い光景が日常茶飯事となった。天眼が危惧したように、日本人は「子供じみた国民」の振る舞いを見せたのである。その武断統治の最高責任者が、陸軍大将で武官のまま初代朝鮮総督に就任した寺内正毅だった。

天眼は翌1911年1月21日、衆議院本会議で質問に立ち、政府が併合を急いだ理由を問うた（25日掲載）。「何故に政府は功を急にし、合併のことに焦って、国民にも諮らず財政上の緩急をも問はずして、断行した理由如何ということを問ひたい」「韓国合併、名は美なりと雖も、その実は吾々国民に対して重大なる負担を余儀なくせしめ、直ちに財政に影響する」。それは合併早々、5600万円の事業公債を起こす案を政府が議会に提出したことなどから明らかだ。

だが、財政整理を掲げる政府が、膨大な財政負担を日本国民に強いてまで合併を急いだ合理的な説明は聞かれない。天眼は、その動機は閣僚らの功名心にあると彼らの面前で断じる。「武臣専権、新式武門政治が、幸の神の顔をして災いの『ビリッケン』を行ひ、己が功を急にし、名を貪らんがため、或いは寵を君前に争ふの私心あって、己の功名手柄の為に、彼自らが標榜するところの財政整理といふ根底を動かしても、尚且つ之を断行するに急なりしには非ざりしやと疑ふ」。「ビリッケン」は「非立憲《ひりっけん》」をもじった言葉で、当時、政府を非立憲内閣と揶揄する言葉として流行した。そして、その内閣が行った併合断行も、すこぶる非立憲的であるというのが天眼の主張だ。

朝鮮総督の権力過大なり　～まるで新国王

1911年3月2日に衆議院で朝鮮事業公債法案など2法案に反対して行った演説では、朝鮮統治の矛盾を厳しく批判。演説速記録を同6日から東洋日の出新聞で連載した。

このとき、衆議院での天眼の所属政党は法案賛成に回ったが、天眼は独り反対なので、「少数党の中の最も少数党」として、あえて反対演説に立ったという。反対の最大の理由は、朝鮮総督府に巨額の予算を与えれば、その権力がますます肥大化し、武断統治の弊害が歯止めなく広がる、というものだ。天眼は事業公債による資金調達を含めた朝鮮への財政支出が巨額に上ることを数字を挙げて示し、これでは本国財政が圧迫されると指摘。多くの特別会計を利用して、さらに野放図に総督府関連予算を増額していけば、議会の監視が及ばなくなり、総督府の権力を制御できなくなるとの懸念を示す。「朝鮮総督の権力過大なり。ほとんど第二の朝鮮国王、新国王の如き権力を有して居る」

「この上の権力及び財力を握らして自由行使に委した時に於ては」「寺内総督なる人は立憲国の君主よりも、なほ無検束なるところの絶対至高の権力者」となる。同時に、議会の監督権が及ばなくなる。それは「法理上の憲法違反」に止まらず、「実際上の憲法侵害乃至（国会の）協賛権迫害」を招く。このまま法案を通せば、「朝鮮総督府の権力の過大を是認し、議会自らが監督権を縮小することを拒まない結果になる」。議会の自己否定だ。

さらに、寺内総督が目指しているのは「形式と権柄との一本鎗を以て之を治めんとする朝鮮総督万能政治」と断じる。現に、朝鮮王宮（景福宮）より立派な総督府の建物を建てるなど、濫費、驕奢に傾いている。このよう形で権力を見せつける政治を、天眼は「亜細亜式行列政治」と呼び、「亜細亜式行列政治を以て本領として自ら鮮民に臨んで快とするやうなる稚気、その子供気を除かざる限りは」正しい政治はできない、と言う。「稚気、幼稚なる虚栄心等を以て経営して居る」から巨額の予算が必要になるのだ。

天眼によると、日本の政治は、唯武無文の「陸軍絶対主義の天下」となっている。朝鮮で同じような政治を目指しているのが寺内だ。寺内は「唯武無文なるところの政治を朝鮮に布《し》かんと欲しているのであります」

天眼から見れば、韓国併合は桂内閣の武断政治を国外に移植して政治家、官僚が特権を謳歌しようと企てたものでしかない。紙面でも「強行進軍的朝鮮合邦」「入費構わず議会無用、武権絶対の意図を決行しける朝鮮合邦」（１９１０年11月23日）「盛威天日を欺く寺内桂諸卿の行軍式政治＝唯武無文の方針＝朝鮮併合非立憲の行為」（１９１１年10月14日）などと痛烈な批判を加え続けた。

実態は呑韓策

手続き上も問題のある併合だが、そもそも日本政府の韓国に向き合う姿勢にも重大な問題がある。併合しようとする隣国に対して敬意を払わず、強引に服従を強いて、呑み込もうとする態度を見せるようでは、いかに美辞麗句で飾り立てようが、国際世論はその併合に善意など認めまい。日本政府と日本国民にその点の反省はあるのか。それは手前勝手な愚行であるとともに、無意味で膨大な出費を背負い込んで日本自身を弱体化させる危険性も伴う。天眼はそう警告する。「つまり、今日までの朝鮮策は呑韓策でありて済韓策ではなかった。武拙に偏して文功には背いた。兵算に酔ふて商算を逸した」（１９１２年5月30日）。結果は明白だ。「故に因果の道理歴然として争ふべからず。合邦は果然、世界稀有の不廉物（高買ひ物）に付いて了《しも》ふた」「合邦後の総督府財政の無謀なる膨張、及び必然来たるべき金渇の大患などは散財的合邦が宿した因果の胤《たね》たるに過ぎない」

そして心の問題だ。天眼の比喩が日本政府の態度を言い当てている。「朝鮮を併合するに此の児は泣くから泣き止むまで縛り置くと云ふ風の行き方を怪しまず、権柄と形式とを樹立しさへすれば人心がドーでも更に関する所に非ずと云ふ見脈なのは即ち陸軍絶対主義の著明に発揮されたものだ」「日本挙国の力を以て朝鮮に臨みつつも、其の感化の力は、僅々数百の外国宣教師に及ばず。毎度、彼等（朝鮮の人々）から悩まされるのは、此方《こちら》の遣り口に無理が有るからでは無いか」（１９１０年10月30日）

「此方の遣り口」に無理がないか、反省してみよう。天眼の重要な提言に、当時の日本政府や大方の日本人が耳を傾けることはなかった。

覚悟の韓国併合批判演説

軍国主義を痛烈に批判し続ける天眼。だが、すでに軍の権威を絶対視する風潮が社会を覆い始めている時世にあって、臆せず批判を続けるには相当の勇気が必要だった。そのことを天眼自身が国会で述べたことがある。１９１１年3月2日の衆議院での韓国併合批判演説の最中だ（東洋日の出新聞14日記事掲載）。

併合の問題点を細かく指摘してきた天眼が「更に軍事上、外交上より大体を観察しまするに」と、大局的観点からの話に繋げようとしたところ、議場の一部から笑い声が起こり、「ヤレヤレ」とからかうヤジが飛んだ。天眼は議場に向かい、毅然として言う。「ヤレヤレなんと云ふ話ではない、諸君、そんなことでは往かぬ。吾輩が茲《ここ》に立って立論するに当たっては、諸君は御存知ないかも知りませぬが、今日の総督府の権威を冒して出て居る。総督府の権威、将又《はたまた》総督府の権威に限らず、陸軍主義の天下と先刻、申したる通り、如何に此の権力威勢の烈しき力を顧みたならば、茲に立つ吾輩は普通の覚悟決心では立てぬと云ふこと位は御承知でなければならぬ。それを漫然と御聞きになるのは、甚だ不親切であらう」

その意を理解できない国会議員も多かったろう。だが、天眼はこのとき、広く国民に向かって訴えている。「天下茫々たりと雖も、まだまだ立国の大本を忘るるに至りますまいから、天下の識者乃至新聞、あらゆる人民の誠の心あって国を憂ふる人に訴えるのです」。軽佻、傲慢の世情に流されず、他国の併合という軽挙を憂慮しているであろう、心ある国民に訴えたのだ。

第3章　辛亥革命

1911（明治44）年10月10日、中国長江中流に位置する湖北省の武昌で清朝政府に反対する革命派兵士が武装蜂起、湖北省の独立を宣言した。この動きは一気に中国各地に波及し、11月までに中国本土18省のうち14省が独立を宣言する事態となった。辛亥革命の勃発である。日本の世論は革命派に同情を寄せて沸き立った。だが、日本政府は、清朝支援のために武力干渉すべきとする主張と、不干渉主義を貫くべきとする主張に挟まれて揺れ動いた。イギリスなど列強各国は中国情勢の激動の中で主導権を握ろうと、さまざまな思惑を持って革命の背後で暗躍した。

革命を支持する

革命檄文に感銘受ける　～革命の原力原機は「魂」

革命が勃発すると、東洋日の出新聞の紙面は連日、中国各地で革命軍蜂起のニュースであふれた。天眼の最初の論説は『革命檄文を讀む』（1911年10月22日）。革命檄文だけに格調高く意気軒高で、腐敗した旧体制への怒りに満ちている。天眼は檄文に漲る熱い志に敬意を表する。「遉《さす》がに漢文本国の烈士が作だけに、到底吾等普通の日本人の企及し得ざる妙處多ければ。吾は敬意を以て謹誦した」

檄文は革命の目標をこう記す。《大道の行はるる、天下公を為す、国に至尊有り、是を人権と曰ふ》。この一節を読んで天眼は「人権を以て至尊と立つる辺りは語りて未だ審らかならざるものなれど、到底の帰旨は共和主義なるに似たり。此は革命党理想の表現なり」と断じた。檄文は革命の目標が共和主義の実現にあることを示していた。

革命派が発する宣言、声明文などを読めば、それを書いた指導者たちの識見、力量が分かる。優秀な人物が多い。「革命党なかなか本格に揮っているでないか。宣言でも通牒でも堂々と地歩を占め、名分を正しふし、横文字も縦文字も一点の隙が無い行き方は誠に見上げたものだ」（11月16日）

中国の若い革命家たちが、それほどまでに優れていることなど思いもよらずに、対岸の日本から、相変わらず中国人を見下して高みの見物を決め込む人間のいかに多いことか。「笑はせるぞい。日本の人は支那を解決するなんて大言壮語するが、旗挙げの勇気から仕事の迅速、そうして衆民統治と対外処置の周到をば、あんなに遣り得る若手の人物が果たして幾人有るだ」「国際法から外人の情偽から腹に消化して、そうして書く所の耶《か》の横文字、縦文字を滞り無く、どの博士殿が書き得るか、承りたい位のものだ」「幕人式の官僚政治と太平楽の実業気風とに悪感化されて、支那の長江が何物だかすら平生に注意せず、大治がドコか、京漢鉄道が何かすら学ぶ気も無うて、商業だ株式だと通がる東京人は特に、『革命党の世界眼』

湖北革命亂情報

▲砲の占領

▲機を早む　廣東及び長沙

には今度こそ畏れ入りましたと言ふが宜しい」

中国の革命家の姿を見て、日本人はまず己を省みるべきなのだ。「もはや今日では旗挙げ当初の軍隊謀反ではない。本当の革命原動力が大いに此に集注して居る」。原動力は誇り高い不屈の精神だ。そのことに日本人は気付くべきである。「革命軍の真の原力原機を知らざるは日本人自ら知らざるの罪に坐する。原力原機とは『魂』の謂《いい》だ」

革命は物質問題である　～普遍的不平が噴出

檄文は革命に立ち上がった動機に清朝政府による鉄道国有化問題を挙げていた。「此は最も注目すべき点」と天眼は強調する。「四川武漢の富豪等が北京朝廷に愛想を尽かして暴徒に内援するに至りし最近の而して最大の動機は、彼等が私有鉄道として投資し経営せる川漢鉄道の政府買収に在る」

中国の地方資本家は欧米列強から鉄道利権を取り

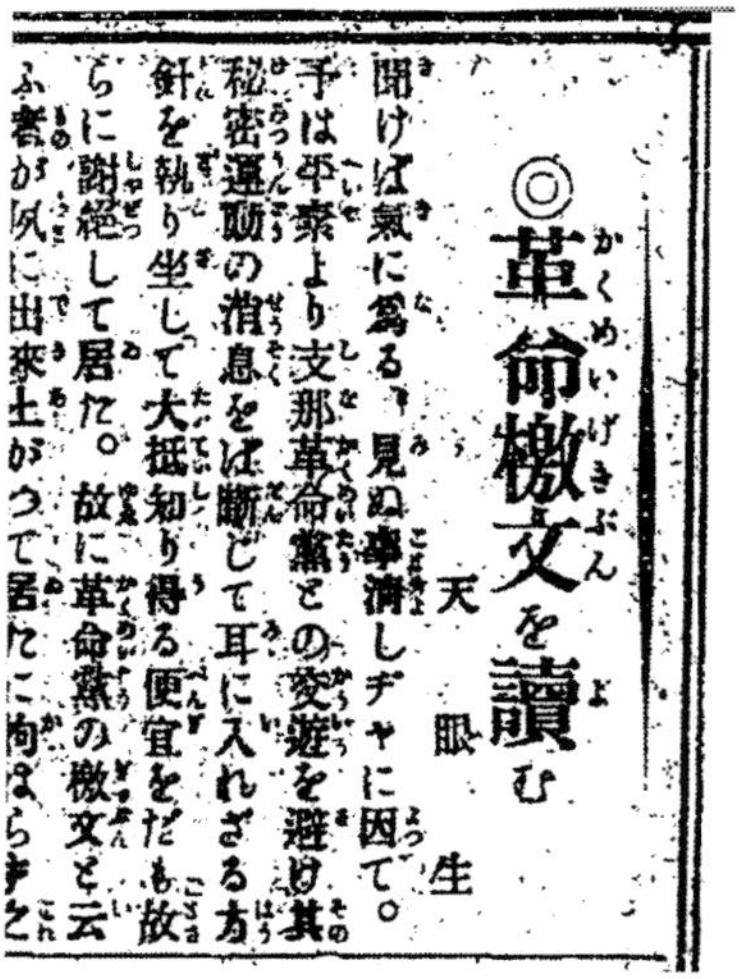
◎革命《かくめい》檄文《げきぶん》を讀《よ》む　天眼生

聞《き》けば氣《き》に爲《な》る、見《み》ぬ事濟しヂャに因《よつ》て。予は平素《へいそ》より支那《しな》革命黨《かくめいたう》との交遊《かういう》を避《さ》け其《その》秘密運動《ひみつうんどう》の消息《せうそく》をば斷《だん》じて耳《みゝ》に入《い》れざる方《はう》針《しん》を執《と》り坐《ざ》して大抵《たいてい》知り得《う》る便宜《べんぎ》をだも故《ことさ》らに謝絶《しやぜつ》して居《ゐ》た。故《ゆゑ》に革命黨《かくめいたう》の檄文《げきぶん》と云《い》ふ者《もの》が夙に出來《でき》上《あが》つて居《ゐ》たに拘《かゝ》はらず之《これ》

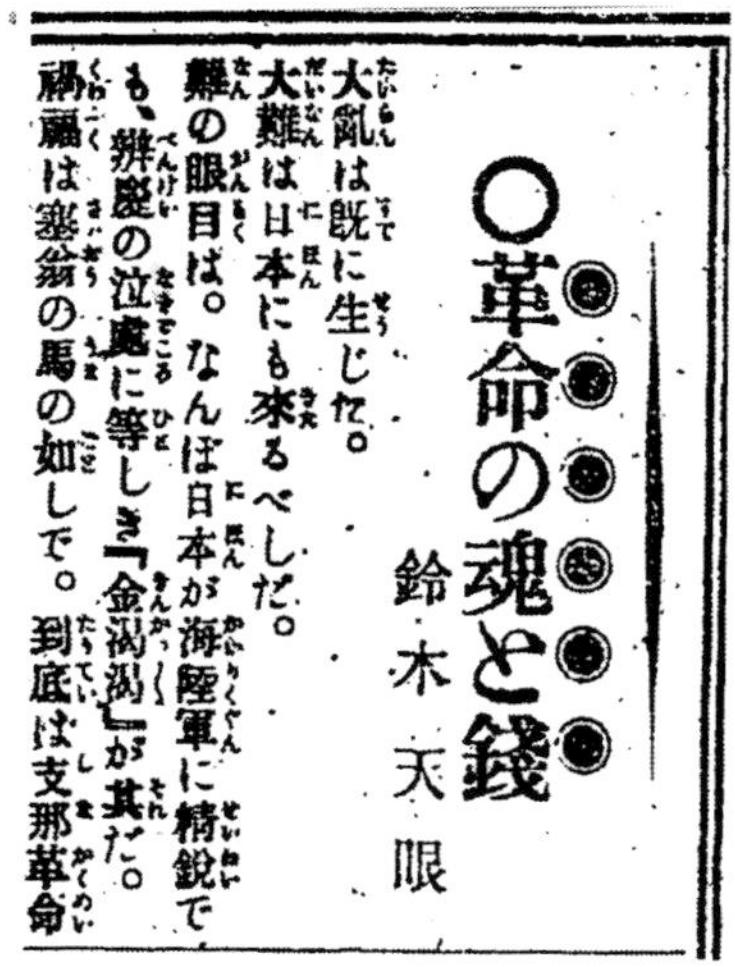
○革命の魂と錢　鈴木天眼

大亂《たいらん》は既《すで》に生《せう》じた。大難《だいなん》は日本《にほん》にも來《きた》るべしだ。難《なん》の眼目《がんもく》は。なんぼ日本《にほん》が海陸軍《かいりくぐん》に精鋭《せいえい》でも、辨慶《べんけい》の泣處《なきどころ》に等《ひと》しき「金渇渇《きんかつ〱》」が其《それ》だ。禍福《くわふく》は塞翁《さいおう》の馬《うま》の如《ごと》しで。到底《たうてい》は支那《しな》革命《かくめい》

戻す「利権回収運動」に全力を挙げてきた。ところが清朝政府は、彼らがせっかく取り戻した利権を「鉄道国有化」の名目で再び取り上げ、これを担保に列強借款団から借款を受けようとしていた。清朝は借款で財を蓄え、官軍の軍事力を強化する。列強は莫大な富を生む鉄道利権を獲得する。国民から財を奪い、清朝と列強で山分けにする計画だ。これに地方資本家が反発するのは当然である。「鉄道事業に伴ふ利権の無量なる事をば利に鋭き支那富豪は夙に自覚を遂げたるを以て、北京廷を傀儡に使うて鉄道事業を奪取する四国借款団は即ち清国の自主権を事実上に喪失せしむる敵讐ぞと憤慨するに至りたソレが利害観念、国民的生活意識から本能的に湧いた普遍的不平であるから堪らない。叛乱の原力は深く根ざして了《しも》ふたのである」。鉄道国有化問題への怒りが引き金となり、「普遍的不平」が一気に噴出した。

中国全土でさまざまな革命党が決起し、中国の大地を揺るがしている。この途方もない大激動も、天眼の視点

から見れば、共通の構造が見えてくる。すべてが「物質問題」で争われているという構造だ。「人民の中の知識階級が世界的生活意識を養ふに従って、中央政府の壟断主義と官府の独富主義とを蕩平《とうへい》して以て己等の利益領分を確保するの必要を感知し、乃ち此自覚が革命の根本原因を成すに至りしこと当然必至の理数である、形実である」「即ち革命は物質問題である」（11月29日）

その根本的解決まで革命は止まらない。「斯かる宮廷壟断の政治は、人民中の有力なる実業階級、知識階級と絶対に相容れざる」ものであり、「天下の権よりも天下の富を独占する政治だから、根本から打壊せねばならぬ時宜と相成たのだ」。実業階級、知識階級の台頭という社会の変化が革命を必要としているのだ。

袁世凱登場は外国の脚本　〜陰で操る高利貸

革命軍の勢いに危機感を募らせた清朝は、約3年前に罷免し、下野させていた北洋軍閥の総帥・袁世凱を呼び戻し、総理大臣に就任させた。袁の政治手腕と軍事力で危機を乗り切ろうという考えだ。この袁世凱再登場に天眼は厳しい眼差しを向けた。「袁世凱なる者の登場は外国作者の脚色たるに過ぎない。狐疑と私心との結晶体たる彼れ袁世凱が、柄にもなく、今回は決断を示し、敢へて此艱巨なる局面に奮進するのは、彼果たして何を恃《たの》みて然るかと穿《うが》ちて察し見よ。何の事は無い。袁を使ふ為に外国が金を貸すからだ」（11月7日）

外国が袁に金を貸すから、清朝も袁を頼る。こうなると清朝の命運を握るのは「外国高利貸」だ。「狐疑と私心の結晶体たる」袁世凱であっても、資金を供給する外国資本家が背後にいるから油断はできない。ただ、袁がどのような行動に出るか、それは十分に予測できると、天眼は言う。「袁の方策たるや、高の知れたもので。一方には国民議会の形式を衒《てら》ふて保皇的憲法を決議せしめ、以て真の革命主義＝即ち朝廷廃止、共和政体設立の主義＝を圧伏するの名分を作り、一方には自己の党与を各省に派遣して、甘言以て革命熱を冷却せしめむと欲するだけの芸だ」（11月21日）

こうして足場を固めた後で、袁は一転、革命軍討伐に乗り出すだろう。「斯くして各省の鋒先を鈍らせる間に、兵力の統一と借款の成立とを取り急ぎ、武力金力を一手に収め、己れ万全の地に立ちて反対党を滅ぼし、武漢乃至上海革命軍を討伐しやうと謂ふのだ。虫の良い注文じゃ」

だから足場固めの最中の袁を見て平和的解決を模索していると誤解する新聞の論評は誤りだ。袁は次の段階へ工作を進めているはずである。「袁世凱が調和主義の猫を被りて離間、買収若しくは暗殺の凄い手段を講ずる段取りなのだ」

天眼は、袁世凱の動きに油断しないよう警告を発し続けた。そして残念ながら、中国民衆の期待を担った革命動乱は袁世凱の「虫の良い注文」通りに展開してしまうのである。

革命に共感　～天地の道徳に随い、同情・支援を惜しまない

天眼は中国の革命家たちに向かって、妥協を排して闘い続けるよう訴える。その文章は、革命への限りない共感と高揚感にあふれている。

「革命とは、身心の血精を以て一代の人心及び政治的形質を根本より新たにするの謂である。此期に及んで手製の憲法を大廟に奉告するのせぬのと云ふ談義が何の芸になるのだ。土台、朝廷も大官も北京一切の空気がウソで固められて居るからこそ、絶体絶命の場合に死士奮起して演じた流血事業でないか、已むを得ざる武力使用の革命でないか」（11月27日）

「絶体絶命の場合」に流血覚悟で奮起した革命であるから、突き進むだけである。これが列強の中国分割を防ぎ、中国を救う唯一の道である。その大義を日本人も理解し応援している。「資政院有りて武漢革命軍無くんば、支那帝国は分割の外は無い。献身報国の至誠天を動かすに足る志士が国命を制せむと欲すればこそ、吾等は天地の道徳に随《したが》うし、彼等に同情し随分実援をも辞せぬのである」

日本の介入に反対　～西園寺内閣の不干渉方針を評価

懸念されたのが、日本政府が清朝政府を守るために革命に介入して、官軍に軍事支援を行うのではないかという点だ。実際にも、日本政府は、中国に共和制国家が誕生すれば日本の立憲君主制を揺るがす恐れがあると心配し始め、イギリスに革命への共同干渉を申し出た。だが、華中、華南に権益を持つイギリスは、日本の申し出を拒否したため、日本介入の事態はひとまず回避された。それでも、革命を嫌う山県有朋はじめ日本の政治指導部や陸軍上層部では介入の機会をうかがう動きが絶えなかった。

日本政府の介入阻止が緊急の課題となったとき、天眼も政府に「厳正中立」を求める論陣を張った。「厳正中立とは。平たく謂へば、兵隊は勿論の事、兵器弾薬を貸したりなンどするなト云ふ事なり。他人の

家の事に干渉を妄《みだ》りにして、水の出花の革命党を無理に叩き伏せる様な非道の振る舞いを禁ずる事なり」（10月26日）

結局、西園寺公望内閣は不干渉方針を貫いた。天眼はこれを評価する。「日本政府は当初、一歩にして福州出兵などの武人発狂を演じ兼ねざりしが。幸いにして国民の輿《よ》情が霞が関を制肘《せいちゅう》し、又英国の自由党政府は飽くまで無事主義なる為、且つ其主義に於いて帝政援護を名とする武力干渉を冷笑に葬りたので。負んぶ外交の日本は革命党打潰しの長州系老人連、国民新聞流の注文を容るる能はず、好意中立に迄余儀なくされたのでありた」

ただ、「機会は却却に危ふいものでありた」と言う。「陸軍絶対主義の桂内閣でありつらむには武人の発狂を演じたであらうけれど、僥倖にも政府は西園寺内閣でありて、伊藤博文系の平和主義であるから。今度ばかりは西園寺和尚、なかなか、でかした」

イギリスの「酋長駕御」政策は通用しない

革命党と清朝政府の内戦が膠着状態となり、その帰趨が全く見えない中で、次第に影響力を強め、事態収拾の主導権を握るようになってきたのがイギリスだ。清朝政府の総理大臣となった袁世凱を支援し、革命党との間で南北講和を実現させようと働きかけた。天眼はこの動きを警戒し、南北講和の危険性を指摘し続けた。彼にはイギリスの植民地支配の手法に対する強い不信感、嫌悪感があった。

イギリスのインドなどにおける植民地統治政策は、現地の部族同士を対立させて団結を妨げ、その力の均衡の上にイギリスが君臨するという手法を採ってきた。天眼はこれを、現地の政治指導者を「酋長」扱いして操縦を試みる侮蔑的な手法であると糾弾する。「彼等は依然として伝説的治術を墨守し、酋長駕御《がきょ》若しくは威圧の旧套を以て対亜細亜人の秘訣と心得て其他に思ひ及ばない」(12月12日)。その伝統的統治術を中国の革命動乱にも適用しようとしている。「故に彼等は、黎元洪や袁世凱や慶親王や摂政王や内田(康哉)外相やを亜細亜人酋長と見做し、是等を巧く籠絡し、威嚇し、禽縦《きんじゅう》しさへ為せば支那動乱は終局すべしと思惟し、方針を其に置いて居る」

天眼は袁世凱を「大戦争の呼び出し人足」と見なし、彼の登場は「外国作者の脚色」とした。作者のイギリスが背後から袁を操っているのであれば平和は期待できない。革命は潰される。にもかかわらず、日本の学者、政治家らは袁世凱に幻想を抱き、平和到来を期待した。その期待が裏切られることはイギリスの世界政策の歴史を見れば分かる。イギリスの狙いは「支那人の自主的革命とは正反対の注文である」。衣の袖からは鎧が見える。「湖北軍若し和せずんば忽《たちま》ち打たるると云ふ寸法なのである。黄日旗を撤せよ、而して支那は依然として黄龍旗の支那たれと命令するのである」。黄日旗は革命軍の旗、黄龍旗は清朝の旗である。

日本国民は革命党に同情を極めて居る

日本の世論は政府の考えとは大きく異なる。「日本国民の意向は革命党に同情を極めて居る。若し、日本政府が革命党打潰シの袁世凱本位に深入りしたならば、日本国民は忽ち総立ちに起ちて、時の内閣を攻むべく待構へて居る」「日本政府の政策がドーであらうとも其は目前の蜃気楼で、今度は日本国民の国民的外交が初めて発動すべく機勢が熟して居る」

イギリスの酋長駕御政策は「子供瞞《だま》し」の手法である。「子供瞞しを以て南北酋長に講和せしめ様と試みるソノ外に何等の方略も彼等は持たない」。そんな政策はもう全く通用しない。日本の政府は容認しても、日本の国民は納得しない。中国の革命党も納得しない。「酋長内田等は其で扱はれやうけれど、日本国民は不承知である」(11月9日)。「桂党や官僚や政友会やに依て代表さるる日本は従来の亜細亜人待遇の筆法を以てされても是非無けれど。吾等の喚起しつつ在る新時代の国民外交は其手を食はない。同時に吾等の敬愛する支那革命党も亦、其では得心しない。負けても敗れても魂が聴かない」

黄日旗を悲観する勿れ　～大乱はこれから

南北和議に応じなければ、どうなるか。これは革命派も、革命を見守る日本国民もともに抱いた不安である。この不安を天眼は毅然と打ち消す。「何ぼ英人が肝煎ても、列国が弥縫しても、黄日旗を無意義に葬る事は不可能である」。なぜなら、革命軍には犠牲を厭わぬ強い戦意があるからだ。「湖北革命乱を見殺しに付して平和を速成せむと欲する者は、長髪賊以来の外交方針に慣れて、清人近時の大自覚を適当に測量し得ざる徒輩の楽天気分である。漢口の争奪戦に於いて、あれほど惨激に流血した清国人を安買いし過る者である」(11月25日)

日本からも留学生が続々と帰国し、戦いに加わっている。「黄日旗を悲観する勿れ。支那留学生の数十人は、もはや故国は大乱なりと決定し、一昨日辺りは六十人も一緒に帰国せり。中に就いて女学生の決死奮任せるも有り。世間が袁世凱を買ふて平和を夢見る間に、支那人は大乱は是からと犇《ひし》めくのである」（11月７日）

西郷四郎、革命現地に飛ぶ

中国で革命が勃発したことが分かると、西郷四郎は直ちに東洋日の出新聞特派記者として現地取材を志願し、武昌蜂起から９日後の10月19日には早くも長崎から上海行の汽船に乗り込んだ。上海から海岸沿いに北上して揚子江に入り、内陸へと遡って激戦地、武漢（武昌、漢口、漢陽）へ到着。取材を開始した。現地から送った記事『武漢観戦通信』は10月30日付の第１信から12月19日付まで計16回に亘って掲載され、革命軍と官軍の市街戦の模様や、戦乱に巻き込まれた現地住民の表情などを生々しく伝えた。さらに革命軍の司令官など多くの関係者と面会して現地情勢を探っており、西郷が持病のリューマチを押して精力的な取材を重ねたことがうかがえる。辛亥革命渦中の日本人記者による詳細な戦場ルポは非常に貴重で歴史に残る。

漢口より

漢口に上陸したところから、戦場取材報告がスタートする。まず、日本の新聞の現地通信員、小山田剣南の案内で、激戦のあった停車場付近を視察。鉄路に累々と横たわる死体を見て絶句する。「その悲愴惨憺たる光景は小生の拙筆には到底能く尽くす所に非ず」。死体は皆、革命軍兵士だった。

その後、清朝政府軍（北軍、官軍）の部隊を視察すると、ドイツの軍人3人が赤十字の徽章を付けて、大別山と新市街に向けた砲撃を指揮していた。官軍に対するドイツの軍事支援の現場を見たのだ。「砲煙濛々、砲声轟々、百雷の一時に墜落するが如く」。官軍部隊を観戦中、革命軍の砲撃で飛来した砲弾が西郷の至近距離に落ちた。「後方十四五間の建築物に命中し、非常の響と共に建物の一角を破壊せり」。命懸けの取材となることを予感させる出来事だった。

負傷兵も多い。官軍の負傷兵はすべてドイツの病院に収容され、革命軍は日本の病院に収容されていた。租界の外国人にも危険が迫る。「列国の婦女子は本日を以て悉く立退を命ぜられたり」

敢死隊　～昂然たる表情の革命軍兵士

砲撃戦が続き、市街戦の銃声も絶え間なく聞こえる。官軍が制圧した市街に入る。そこで官軍兵士が「敵兵捜索」に名を借りて民家に押し入り、略奪をほしいままにする光景を見た。流れ弾に当たって道路に倒れたままの市民もいる。悲惨な光景が広がっていた。

続いて革命軍の支配地域に入る。そこでは雰囲気が一変する。道路の要所に、黒い洋服に紅白のたすきを　十字に掛け、胸に「敢死隊」と書いた標章を付けた「少壮血気の勇士」が立っている。学生の志願兵らしい。その前を西郷が『辛苦《シンクー》、辛苦』（ごくろうさん）と労いの言葉を掛けながら通ると、彼らも満足そうな表情で挙手の礼を返す。皆、「昂然たる意気眉宇《びう》の間に表はれ、斃れし後已むの決心あるを認めたり」。若き革命軍兵士たちの昂然たる表情が目に浮かぶようである。

革命軍司令部が置かれている四官殿の門前に到着。負傷兵の運搬、伝令騎兵の疾走、弾丸硝薬の運搬、捕虜の訊問などが一斉に行われており、大変な混雑。将校に面会を求めると、若い２人の士官が出て来て要件を尋ねるので、西郷は革命軍の勇戦奮闘の慰労に来たと告げた。すると彼らは大変喜び、「厚情感激に堪へず、百万の援兵を得るに勝る」と礼を述べた。筆談ではあったが、彼らの応接の言葉や態度も素晴らしい。「彼等の言語応対の態度すこぶるその意を得たり」。革命軍指揮官たちの、若いながらも識見と勇気を兼ね備え、かつ礼節を弁えた、その立派な態度に感心した。

戦火の中で　～市民の困苦

凄惨な光景を見た。官軍が民家に放火する「焼討策」を取って、市街地を火の海にした上で、一斉攻撃を掛けてきたのだ。「焼討策」で被害を受けるのは一般市民だ。風に煽られ、火勢は増すばかり。「午後八時頃には四十万以上の人民が棲息せる支那市街の大半は全く祝融氏の舐め尽くす所となり、今尚ほ炎焔天を焦がし、非常の猛勢を以て延焼しつつあり」。「祝融」は中国神話に出てくる火の神のことである。40万人以上の市民が焼け出され、なお延焼が続く。「自今多少の時日の間は鎮火せざるべしと予測さるなり」。犠牲になるのは市民だ。

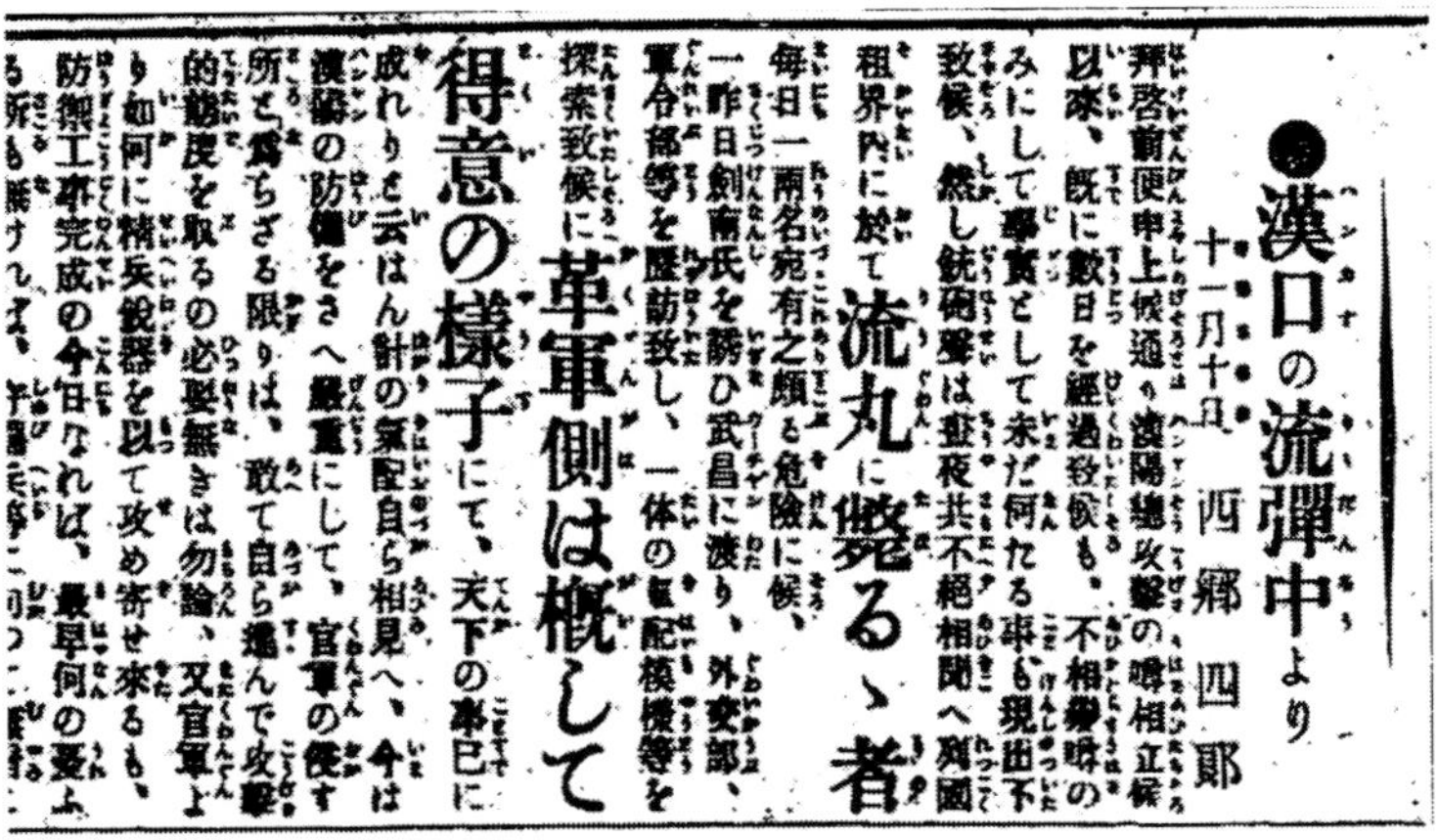

●漢口《ハンカオ》の流彈中より
十一月十日　西郷四郎
拜啓前便申上候通り漢陽總攻擊の噂相立候以來、既に數日を經過致候も、不相變噂のみにして事實として未だ何たる事も現出不致候、然し銃砲聲は晝夜共不絶相聞へ列國租界内に於て流丸に斃るゝ者毎日一兩名宛有之頗る危險に候、一昨日劍南氏を誘ひ武昌に渡り、外交部、軍令部等を歴訪致し、一体の氣配模様等を探索致候に革軍側は概して得意の樣子にて、天下の事已に成れりと云はん計の氣配自ら相見へ、今は漢陽の防備をさへ嚴重にして、官軍の侵す所と爲らざる限りは、敢て自ら進んで攻擊的態度を取るの必要無きは勿論、又官軍より如何に精兵鋭器を以て攻め寄せ來るも、防禦工事完成の今日なれば、最早何の要ふる所も無けれ

漢口の流弾中より

第9信の原稿は、西郷が日本政府に革命軍支援と和平実現のための外交決断に踏み切るよう求める提言だった。これを読んだ天眼は、原稿に「漢口の流弾中より」との題を付け、東洋日の出新聞1面トップに据えた。

西郷は、革命は時代の流れであるから、戦いを続けて犠牲を増やすのは無意味であり、列強が仲介して早く和平を実現すべきだと説く。「列国は交親の情誼として、宜しく一日も早く平和克復の労を取るべきは、人道上より論ずるも、利害上より論ずるも、当然の処置と愚考致し候」

和平交渉を始めるにはまず、清朝からの独立を宣言した省を国際社会が交戦国として認める必要がある。そうすれば調停が可能になる。この西郷の見解に対し、「自然の大勢に通暁し、且つ人道を重んずる者は、恐らく均しく首肯する所ならんと存じ候」。だが日本は清朝政府に配慮して革命派を忌避していると言う。「然るに聞く處に拠れば、我国の当局者は何を苦しんでか未だ決する所なく、大いに其方針に迷惑し居ると。果たして事実なりとせば、是れ由々しき大事にて、我国百年の大計も這回の一事を以て水泡に帰せしむるの恐れなしとせず。うたた杞憂に堪へざる次第に存じ候」。日本政府に革命派支援の決断を迫る内容だ。西郷四郎が中国革命の現場から故国日本に向けて放った魂の叫びであった。

大会戦　～一敗地に塗る

11月25日。大会戦が始まった。「砲撃殷々、銃声涕々、殆ど聾せん許りの有様にて」、市民は二昼夜、眠ることができないと、恨み言を漏らしている。

27日、革命軍が総崩れになっているとの情報を得て、戦場が見渡せる蛇山に登って確かめた。「両軍より打出す弾丸は恰も粒太き雹《ひょう》の降下する如くに長江の水面に落下して、頗る悽愴の光景を呈し居り候」。山を下りると、右往左往する兵士や市民で大混雑していた。

都督府の前で偶然、黄興付きの給仕の少年が負傷して車で運ばれてきたところに遭遇。話を聞くと、戦局は非常に不利で、総指揮官の黄興もすでに退却中と言う。とはいえ、一方では、大別山の陣地は今も学生の決死隊３００人が死守しており、漢陽城も精兵２０００人が固守しているという。西郷は、簡単にあきらめて退却を始めた黄興の判断を疑う。「甚だ了解に苦しむものは、総指揮官たる黄興始め所謂革命党員なる志士の面々が僅か一局部の小戦に敗を取りしとて、他に見る目も気の毒気なる落人の格にて倉皇上海へ向け下江せる一条に候」。それでも「黄興とても真実憂世の慨時の志士には相違なければ此儘に済ますまじく（中略）大いに刮目して待つべき次第」と黄興の今後に期待を繋ぐ。

この土壇場で、なお聞こえてくるのが日本の浪人たちの悪評だ。「昨今、当地に於いて志士なる者に対し、甚だ面白からざる評判も之有り候へども、是れ玉石混合より生ずる余り、志士間の消息に精通せざる俗人輩の愚評に過ぎざれば、敢て歯牙にかくべき程の事にも之無く候へども、或意味に於ては大に注意反省すべき事に之有り候」。日本から押し掛けた志士を名乗る男たちも玉石混交であるから、一部の不心得者の悪評を気に留めることはないものの、やはり注意と反省が必要と言う。志士を自任する誇り高い西郷の、時に同一視されてしまう、志士もどきの悪辣な輩に対する怒りがにじむ。

無念の帰国

西郷は持病のリューマチが悪化して体が思うように動かなくなった。それでも力を振り絞って都督府を訪ね、新都督、譚延闓（前諮議局議長）に面会取材を申し込むと快諾を得た。革命軍士官の通訳を交え、話を聞く。漢陽の敗北にもかかわらず、不屈の闘志が感じられた。「確乎抜くべからざる決心と覚悟を以て事に当たり居るものの如き気配、自ずから語勢と眉宇の間に現はれ、寧ろ頼母敷《たのもしき》感に打たれたり」。そこで単刀直入に尋ねた。「袁世凱をどう思うか」と。そう問う言葉に、袁世凱を信用して大丈夫か、との懸念がにじむ。譚延闓新都督の答えは冷静なものだった。「彼は所謂権謀術数に長けたる才気縦横の人にして、決して身を殺して仁を為す底《てい》の至誠の人に非ざるや明かなり。然れども今日、北京朝廷より彼を引去らば、満廷一人《いちにん》の能く今日の難局に当たる者無し。故に今日、彼の申込条件の我革軍に取り余り不利ならざる限りは、彼を我党に引入るるは、事変の終局を告ぐる上に於ても、又同胞四億万の為にも一挙両得の策なれば、彼にして若し大統領の位地を得んと欲せば、吾人等は邦家の為、又主義の為、敢て拒む處に非ず」

これだけ聞けば、もう他国の人間が口を挟む余地はない。西郷は新都督に激励の言葉を述べて別れた。「天時、地利、人和を得たる這回《このたび》、卿等の義挙、旻天《みんてん》、争《いか》で之を失敗に終らしめんや」「請ふ、人道の為、邦家の為、粉骨砕身以て益々奮励努力せよと慰撫激励す」。新都督も「真実、満足の体にて、遠来の労と励語の厚情とを感謝」する言葉を返してくれた。ここで西郷は新都督等革命軍の幹部達と一緒に記念撮影をしている。それが本書巻頭写真集に収めた貴重な一枚である。それから暫く、新兵の教練を見学した。「一、二、三」の号令に日本語を使用していたのが驚きだった。

帰国の日が来た。「余をして健康と事情の許すあらしめば、国の為、同志の為、醜類今後の行動監視を兼ね、事変最終の局を告ぐる迄、鄂城に足を停め度く思意すとも、事志と違ふは人生の常とやら。健康も事情も共に許さざるものあり。心掛りの漢口を去らざるべからざる運命に擒《とら》はれたるこそ是非なけれ」。もっと中国に留まって革命の行方を見守りたい。不届きな日本人志士の監視もしたい。だが、健康が許さない。無念であるが仕方ない。今はただ、この燃える思いだけを中国の大地に置いて日本へ帰ろう。去るに際して国詩一首を詠んだ。

異国《とつくに》に年を経《ふ》るとも忘るなよ　我日の本の御民武士《たみもののふ》

一首を「漢口日報の余白を汚すべく、同志小山田剣南氏に託して」、揚子江を下る船に乗り込み、漢口を後にした。

革命と長崎

中華街を練り歩く革命祝賀行列　～提灯掲げ、爆竹鳴らし、老いも若きも熱狂

祖国に燃え広がった革命の炎を見て、長崎在留の華僑の人々は喜びに沸き立った。１９１１年12月10日に催された、南京陥落を祝い、革命の前途を祝福する大提灯行列は子どもからお年寄りまで、こぞって繰り出し、中華街一帯は熱狂的な祝賀気分に包まれた。

東洋日の出新聞によると、行事の主催者たちは東洋日の出新聞に掲載された革命歌を覚えるために、３日前から毎夜、集まって練習を重ねた。10日の行列の先頭は、革命軍を模した少年少女の行進だ。男子は革命軍兵士、女子は赤十字看護婦に扮した。大人たちが大きな支那船に紅灯を飾って引き回したから、もう長崎くんちのような祭り気分だ。新地の商店街は革命旗を立て、革命行燈を飾った。爆竹が鳴る。「新地大浦の革命活気は凄まじい勢いなり」と記事にある。長崎在留の中国人たちで義援金を募り、計１万円を10日、上海に向けて出港する山口丸に託した。

天眼も革命軍に義援金

上京中の天眼も長崎の中国人団体に革命軍への義援金を託し、電報で祝意を示した。電報は９日、西濱町の精洋亭で開かれた長崎中華商務総会の例会席上で公表された。電文の概略が10日の東洋日の出新聞に掲載された。「壱百円、電報為替を送れり。上海送り義金の内へ御収め頼む。日本にて一番、貴国と縁故

の舊ひ、深いのは我が長崎であります。依りて長崎市民の一人として人情の印まで」

涙、涙の壮行会　～長崎医専留学生、赤十字隊で帰国

革命の動乱に巻き込まれた祖国を案じて、日本在住の留学生が続々と帰国を始めた。長崎では長崎医学専門学校（長崎医専）の中国人留学生らが医療の知識を生かして赤十字隊で活動するために急遽、帰国することになり、学校で壮行会が開かれた。赤十字とはいえ、銃弾、砲弾が飛び交う中での危険な活動だ。留学生等は悲愴な面持ちで日本人学生等に別れを告げ、送る方も、送られる方も、涙、涙の壮行会となった。東洋日の出新聞によると、壮行会は11月16日、長崎医専校庭のイチョウの大木の下で行われ、この日、上海行きの船で帰国する留学生23人（さらに4人が次便に乗船予定で、総数27人になる）と、送る日本人学生たちが向き合うように芝生の上に座った。最初に田代正校長が壮行の辞を述べる。校長は「諸君が故国に事あるの今日奮って赤十字隊に加盟せるの至情掬するに余りあり」「須《すべか》らく自重して以て一視同仁、人道の為に尽くすを得ば、諸君の満足のみならず、本校の名誉なり」と留学生の勇気と崇高な使命感を称え、激励しながらも、「諸君、能《よ》く身を保て。余は諸先生等と共に再び此校庭に諸君と相見《まみ》ふるの日、近からん事を望む」と自重を求める言葉も添え、教え子の安全を祈る教育者としての思いをにじませた。

日本人学生が激励、留学生が決意　～無事再会を誓い合う

続いて日本人学生代表が「多年机を並べたる留学生諸君を赤十字隊として送るは我らの歓ぶところなり。

希《ねが》くば本校に学びし處を以て人道の為に勇ましく尽されん事を望む」と涙ながらにあいさつ。東洋日の出新聞記者はこの模様を「その音、時々、慄へたり。所謂、泣いて壮士を送るものなり」と描写している。次に留学生代表の張楷君が落ち着いた流暢な日本語で答える。「一同、部署定まらば力の限り尽くすべし。希《ねが》くば意を安んぜられよ。若し夫《そ》れ革命戦終はるの日は直ちに来たって再び此校庭に楽しく諸君と談笑せん」。その表情を記者は「慎ましやかに述ぶる時、その目に涙は湛へられ、感謝と決心の色、交々、面に現れたり」と記した。

今、革命動乱の渦中に身を投じれば、その若い命の多くは中国の大地に吸い込まれ、生きて帰って再会することは、おそらく不可能であろう。それが分かっているから、送る方も、送られる方も、泣くのである。

留学生は全校生徒に囲まれるようにして長崎港の船着き場、大波止まで歩く。そこに清国領事館の楊領事や在留清国商人が駆け付け、口々に激励。一行を乗せた団平船が、港内に停泊する日本郵船の筑後丸に向かうため岸壁を離れると、双方から万歳の声が上がった。「送る者、送らるる者、一斉に唱へし万歳の声、破るるが如く、漕一漕、漸く相離れつつ、互いに高く帽を振る」

記者も団平船に同乗して筑後丸に着くと、船内はすでに東京、神戸から乗り込んでいた留学生97人、長崎で乗り込んだ日本人客約40人を加えて満員の状態。「三等室内一寸の隙間なく、俄かに畳敷かれし荷物室内に一行、嬉々として懐中電燈照らしつつ行李の整理に忙《せ》はし」。まるで修学旅行に出かける生徒たちのような賑やかさであったのだろう。彼らは一途に未来を信じていた。

「東洋日の出新聞社万歳」～留学生、帰国の船上から

出港の時間が迫った。記者が下船するため甲板に出ると、留学生が整列し、別れのあいさつをしてくれる。さらにタラップを降りて乗り移った艀が本船を離れ始めたとき、船上から大きな声がした。あの張楷君だ。「舷上、声あり。仰ぎ見れば好男子、張楷君なり。音頭を取りて叫んで曰く、『東洋日の出新聞社万歳』と。一行亦之に和して之を三唱する時、手に手にハンカチ、帽子、翩翻《へんぽん》たり。嗚呼、熱血躍る健男児等！　我が同人が諸君の行を歓ぶの情や甚だ切なり」

船が遠ざかる。留学生達はいつまでも手を振っている。記者の目に映る若者たちの姿は涙に滲んでいたことだろう。

孫文、長崎へ　～療養中の天眼を自宅に見舞う

辛亥革命の成功で中華民国が誕生して１年３か月後の１９１３（大正２）年３月、革命の立役者、孫文が日本を訪れた。中華民国臨時大総統の地位は１年前に袁世凱に譲っていたが、なお鉄道大臣の要職にあり、政府閣僚としての公式訪問だ。これまで何度も日本に来て長期滞在しているが、それは、清国政府の追及を逃れて日本に身を潜める、お尋ね者の亡命革命家としてであった。今度は違う。新生中国を代表する大臣として堂々、胸を張っての訪日である。政府は国賓級の待遇で迎え、日本の国民も熱烈に歓迎した。

長崎市民の大歓迎を受ける

孫文は長崎発上海行きの船で帰国する予定で、東京から列車で3月21日に長崎入りし、23日の出港まで2泊3日の日程で長崎に滞在した。東京からは宮崎滔天も同行しており、李家隆介長崎県知事はわざわざ長崎駅の手前、諫早駅から乗り込んで随伴した。長崎駅到着の模様を伝える東洋日の出新聞記事によると、花火が上がり、爆竹が鳴る中、貴賓車から孫文が降り立つと、歓呼の声がプラットフォームを揺るがす。孫文はシルクハットを差し上げて応える。駅前の大群衆は熱狂的に万歳を連呼した。この後、中国領事館での晩餐会に臨んだ。

感激の対面　～孫文が天眼を自宅に見舞う

翌22日午後、孫文は講演や歓迎宴で飛び回る中、病気療養中の天眼を長崎市古川町の自宅に見舞った。23日付の東洋日の出新聞に「孫氏と鈴木本社長」という見出しで簡潔に報じられている。「孫文氏は昨日福建会館の午餐会終わりてより直ちに午後三時過、鈴木本社長を其宅に、戴天仇、宮崎滔天、島田経一及び菊池良一氏と共に訪問して懐旧談をなし、記念の撮影を為して、一応福島屋に引き取り、夫れより鳳鳴館の歓迎会に臨みたり」。簡潔である。誇らしい気持ちで一杯だったはずだが、私的な感慨は一切、書かれていない。その代わりに孫文の講演録を詳しく載せている。その抑制された紙面からさえも十分に、新聞社員達の感激が伝わってくる（このとき記念撮影した写真を本書巻頭に収めた）。

孫文の来訪を受けた天眼は翌23日に孫文歓迎の記事をこう書いた。

長崎の歓迎集会で講演する孫文の姿をイラストで伝える東洋日の出新聞

「日本訪問の行程終了して将《まさ》に其希望の無尽なる新興の天地に帰らむとしつつ、偶然に我長崎の賓人として送るなる中華民国の大平民、孫中山君は天寵厚きの人なる哉。天人倶《とも》に與《くみ》する斯の偉人を此三日間に於て迎ふる我長崎は幸多き郷よ！」「島界は太平洋と共に波静かなりけらし時なれば、我は春風を以て孫君に餞《はなむけ》せむなり」。歓迎の意は最大級の賛辞を添えて表された。

長崎港で盛大な見送り
～音楽隊乗せたランチ数隻は港外まで

長崎３日目の23日は午前中、三菱長崎造船所を見学し、午後、人力車を連ねて中華街を通り、波止場へ向かう。沿道の見送りは賑やかだった。アーチ、紙旗、提灯、花火、爆竹。波止場での盛大な見送り行事の後、艀で港内に浮かぶ上海行きの船に乗り込んだ。錨を揚げると、音楽隊を乗せた小船が港外まで何隻も後を追上海で同志宋教仁が暗殺されたとの知らせが入っていたから、気持ちはもう上海に飛んでいたことだろう。

第4章　大正政変

１９１１（明治44）年10月、中国で辛亥革命が勃発、翌12年1月、中華民国が誕生すると、革命政権に警戒を強めた陸軍は朝鮮に常駐させるための2個師団増設を第2次西園寺公望内閣に要求した。だが、日露戦争で膨大な借金を抱え、財政整理を最優先課題とする内閣はこれを拒否。すると、上原勇作陸軍大臣は同年12月、天皇に帷幄上奏して単独で辞表を提出、陸軍が後任大臣を推薦しなかったため、西園寺内閣は総辞職に追い込まれた。当時、軍部大臣は現役武官制が採用されており、陸軍が大臣を推薦しなければ内閣は閣員を欠き、総辞職するしかない。陸軍はこの制度を利用して倒閣を果たした。西園寺に代わって、内大臣として政治の第一線から引退していたはずの桂太郎が首相に就任、第3次桂内閣を組閣すると、多くの国民は軍閥、藩閥、官僚閥が支配する政治の復活と見て反発。桂が繰り返し、詔勅を出して議会反対派を抑えようとしたことも、政治目的で天皇の権威を利用したとして一層の反発を招いた。

桂内閣に対する国民的批判の高まりの中で、立憲政友会の尾崎行雄、立憲国民党の犬養毅ら政党政治家や実業家、新聞記者らを中心に「閥族打破、憲政擁護」を掲げて桂内閣打倒を目指す憲政擁護運動（第１

次護憲運動）が始まった。翌1913年2月に入って桂内閣がなおも国会停会を続けると国民の怒りは頂点に達し、護憲派議員を支援する群衆が国会議事堂を取り囲む事態となった。このとき護憲派議員は胸に白薔薇を着けて議場に臨んだ。10日には国会敷地から締め出された群衆が市街に繰り出して警察署や政府系新聞社を焼き打ちにする暴動も起きた。この結果、第3次桂内閣は11日、組閣から2か月足らずで退陣に追い込まれた。この西園寺内閣総辞職から桂内閣瓦解までの政治の激動を大正政変と呼ぶ。民衆が政治を動かしたという点で大正デモクラシーの出発点となる出来事であった。

政変の意義や背景を多角的に論じる

陸軍長州閥や官僚閥支配の政治を批判してきた天眼は当初から、桂太郎に象徴される旧来型政治の復活を容認しないとする厳しい論陣を張った。その視点は3つある。第1の視点は当然ながら「閥族打破、憲政擁護」を唱えて政治の変革を促そうとするものである。第2の視点は、眼前で展開する政変の背景に大きな思想問題が潜み、国民が国の行方を左右する「思想上の難題」を突き付けられ、重大な選択を迫られているという認識に立っての提言である。山県有朋を頂点とする陸軍長閥が「神権私用」、天皇を神格化して政治利用しようとする試みを続けており、その大きな流れの中で大正政変をとらえるべきという認識である。さらに第3の視点は、陸軍長閥を2個師団増設、神権私用に駆り立てる動機は、彼らが抱く満蒙侵略の意志、「逆上せる大日本主義」と呼ぶべき対外膨張主義にほかならないとする分析である。天眼は大正政変を多角的に捉えていた。3つの視点からの論説を順を追って紹介する。

閥族打破、憲政擁護

憲法に対して善意を有せず　～桂太郎首相は政治家失格

まず、第1の視点からの論説を見ていく。西園寺公望内閣が総辞職に追い込まれ、桂太郎新内閣が発足した1912年12月、天眼はこれを時代を画する政変と捉え、長州閥が牛耳ってきた旧来政治を憲法違反として糾弾し、新しい政治の到来を期待する論陣を張った。

陸軍が2個師団増設要求を出した時点で、天眼は「長州領たる朝鮮に師団増加の遣り繰りの種に窮する勘定なり。二個師団の横紙やぶりは自然延期ほかあるまじ」と書いていた（1912年9月29日）。さらに年末になって政変が始まったとき、天眼は政変の意義をこう説いた。「長州サアベル党の極端なる私門主義が憲法を紊《みだ》り、君国を弄ぶ実迹の、今回の陰謀顛末に縁りて国民の眼頭に展示された事は。政治上の実物教育として非常に有効である」（1912年12月21日）。国家を歪めて操ろうとする長州閥の陰謀が政変で明るみに出たのは、国民にとってよいことだと言う。「保守者流の愚痴頑迷に放任する限りは国難を抜本的に救うの道無し。彼等の驚愕を憚りて躊躇する時節は余りに永かりし」

1月、桂内閣が新政綱を発表したが、もう政策の是非は「末節と化した」「事は人の問題でありて政策得失の詮議を超越してきている。憲法に対して善意を有せずといふ事実が、（桂）公の政治上の資格消滅を証憑し了りた」。桂内閣打倒に躊躇は無用というわけだ。

政治史の新紀元！　今こそ立憲政治を

大日本帝国憲法は１８８９（明治22）年2月11日に発布、翌90年11月29日に施行され、施行の日に第１回帝国議会が開会した。だが、それ以来、一貫して立憲政治は有名無実であった。その憲法が初めて、現実のものとして国民の前に立ち現れたのが、今回の政変であると天眼は言う。「憲法政治は明治二十三年から四十五年まで殆ど有名無実なりしが故に。日本国憲法は過去二十三年間を実地練習に供し、大正元年から改めて本格の物と成るト、斯ふ曰ふのが現実観の行き方である」（１９１２年12月25日）

そして立憲政友会や立憲国民党等の政党を叱咤する。「国会開設の当初から意義に於いて何等の進境無く。年年歳歳、旧タイプなる汎論的文句と非実務的の言ひ草で持ち切り。病態も同遍なら処方箋も同吻でありた。ソレが本年からは。敵から逆襲を受けて妥協の活路殆ど乏しいので。初めて仮死状態の政友、国民に活の入らふかと云ふ政治史の新紀元！　大死大活の幕！」。「転迷開悟の時なり。政党は第三十議会に臨む覚悟の臍《ほぞ》を固むるに際して過去の憲法無精神の現実観を了するを要す。過ちを過ちとせよ。是れ知るなり」。「政治史の新紀元！」と謳う程に天眼は大正政変の幕開けを感動の面持ちで眺めていた。

桂内閣の「予算不用額を予想しながらの予算計上」は憲法侵犯

激動の中で明けた新年。天眼は、そもそも立憲政治とは何か、について基本的な考え方を示す論説を掲載した（１９１３年1月18日）。

1912年12月に発足した第3次桂太郎内閣は急場を凌ぐため、前年度と同じ予算を新年度予算として成立させ、年度中の遣り繰りで経費5千万円を節減し、結果的に当初から減額予算を編成したのと同じ効果を生み出す方針を表明した。減額という目標はよいけれども、これでは国会で成立させた予算と、実際に政府が執行する予算が異なることになる。国の予算は国会で審議して成立させるという憲法が定める手続きを無視した方針である。これに天眼は噛みついた。「憲法政治は治者・君相の任意に依る善政を認めない。悪政を認めざる同時に善政若しくは仁政を認めない」。政治を司る人間が善政を行おうが、悪政を行おうが、それは憲法上の価値判断の対象にはならない。憲法が判断するのは政治の手続きの正当性の有無である。それに例外はない。人治ではなく法治でなければならないのだ。いくら「最終的に減額させる」と約束しても、憲法上の手続きを無視することは許されない。「治者の政策の時に応じて便益を人民に与ふるかドーかと云ふ善政？　悪政？　を問はず。主として其の施政の合法的なりや否やを惟《これ》問ふ。而して合法的といふ意義は、憲法の『国家・人民・元首を統制しての有機的存在』に合致するを本旨とす」

憲法は政治の最上位に位置する。だから、「元首或いは元首の因襲的、伝説的威力を藉《か》る者より以下に憲法を置くが如きは断じて之を許さない」「憲法は。憲法自らの主要機能として、元首・内閣・議会の立憲的人格対立を認めつつ、国家を唯一有機体たらしむべく成文的に統御す。即ち憲法は『国家』其れ自体の意思及び行儀の節度・威力でありて」「之をば『法治』の基本とは為すなり。国家ソレ自体の成法的節度より他には法治といふものの根拠有る莫《な》し」

「国家ソレ自体の成法的節度」は必ず守らねばならない。「故に憲法は。国家の経常費予算を議会の成法せるをば行政の当事者が任意に不使用或いは変質に付して、一家の私経済の如く入出を自裁する場合を予想せず。若し此種の予想にして善意の経費節減なる場合には有り得べしとせば。即ち其は憲法の本来の『自個節度』なる所以の原義を誣《し》ふるものたり。憲法は而く厳格なり、又窮屈を自ら厭《いと》はざるべく自制的なり」。これが前述の桂内閣の予算の取り扱いが憲法違反であることの説明だ。「五千万円の節減は或いは利益を人民に与へむ。而れども斯くの如き方法を以てする節減は議会協賛権の消極的破壊なり。法律としての予算を任意屈伸の私事と混ずるものなり。憲法自らの生命とする自制的法治の威力を憲法一部の機関たる内閣が蹂躙するものたり。憲法破壊の行動なり。手を地に就けて鯱鉾《しゃちほこ》立ちしつつ、コレで歩むのが勝手だから歩いて見せるト誇るの類なり。フザケる極点なり」

したがって、「予算不用額を予想しながらの予算計上は。予算を成法する（立法府の協賛を得る）所以の厳格なる規律節制の行為と背戻《はいれい》す」。それは「議会協賛権の無視」、すなわち「憲法侵犯の行為である」。憲法侵犯を見逃すことはできない。「理義や明白。事態や現行犯」。「苟《いやしく》も帝国の憲法及び法律の立法原義を解するの士は、夫《そ》れ必ずや、法といふものの威厳及び生命に懸けて我輩と見解を同じふし、焦眉の急に赴かむなり」。憲政擁護が「焦眉の急」となった。

我は憲法国の人民なりき　～憲法破壊の現行犯に国民総立ちの争い

2月10日午後、構内から退出する傍聴人を含む群衆と警官隊が揉み合いになり、群衆は一旦、裏門方面へ追い払われたが、衆議院議長の臨機の指示で正門から退出が可能になった。通用門から出た群衆も戻って、皆が正門から堂々と退出した。「此の瞬間に閥は破られた！」「群衆は初めて我は憲法国の人民なりき、無法に羊群の如く逐《お》ひ立てられる理由は無いと我知らず意識した」

2月末、天眼は約2か月にわたる民衆の激しい抗議行動を振り返って、「憲法破壊の現行犯」に対する国民ぐるみの決死の覚悟の闘いは、国の将来のために絶対に必要であったと、その意義を強調する。「長閥及び桂太郎が皇威を曲用すべく邪謀せる憲法破壊の現行犯のアノ場合は、君国の安危に関する非常絶特の険境であるから、国民総立ち、死に至る迄争ふ事は絶対必要でありた」（1913年2月27日）

「我が政界は実に閥雄の魔動に憤激して、僅々一箇月にして全面の惰気を一掃し、従来、欺かれ、誣《し》いられたる人心は険中に動いて実物教育を耳目し、『立憲民治の自覚第一機』に肉触し畢《おわ》りた。我等も亦、日露戦の時の『外難』に処せりし如く、今回の『内難』に向かって非常時の覚悟を以て一分を盡《つく》した」。「外難」の日露戦争に対するのと同じ覚悟で、「内難」の大正政変の報道に臨んだという。天眼にとって、立憲政治を守ることはすなわち国を守ることであった。

令嬢諸子よ、白薔薇を　～平和人権の春風吹く

政変を通じて国民は憲法の大切さを再認識し、立憲政治を守る決意を新たにした。その意義は非常に大きい。それを若い世代に知ってほしい。天眼は青年男女に呼び掛ける一文を草した（1913年2月13日）。

「令嬢諸子よ。皆さんは同じ挿すなら白薔薇の簪《かんざし》を御挿し下さい。白薔薇は今や憲法に忠なる国民の徽

章となりました。妹有る少年は妹に、姉有る男子は姉に、白薔薇の花簪を奨めよ。大正二年二月十一日、立憲二十五年紀念日より以降の国民にして憲法の何たるを解せざる者は匪日本人であります。此の日を以て憲法に魂が入りました」「立憲二十五年紀念は斯くの如く正気の発動と道理の勝利との紀念日であります」

　さらに日露戦争勝利と憲政擁護運動の勝利は国民にとって同等の意義があるとした上で、こう続ける。

「当年の（日露戦争時の）国民的元気を忘れざる国民ならばドーして今回の憲法勝利の意義の如何に重大なるかを感じずに居られましょうや。正が邪に克ったのです。道理の力が非道の暴政を挫《くじ》ひたのです」

「日本国民は十年前の対露開戦と今日の討閥興民と此う二つの大事件を肝に銘じ胸に刻まねばなりません。愛国忠勇と自由独立とは同じ大木の裏枝表枝であります。軍隊は天皇陛下を大元帥と仰ぐが故に水火と雖も陛下の命に依りて投ずべきですが。憲法政治は憲法の條章に由るが故に、詔勅と雖も憲法に背《そむ》かるる事は決して無いのです。其の為に先帝陛下は憲法発布に際し、天照大神をはじめ皇祖の霊に誓はれたのであります。況や区々たる公爵輩が憲法破壊を敢てして怪しまぬなどは言語道断です。かかるが故に。今上陛下に於かせられては践祚の詔に『祖宗ノ宏謨ニ遵《したが》ヒ憲法ノ條章ニ由リ　之ガ行使ヲ愆《あやま》ルコト莫《な》ク　以テ先帝ノ遺業ヲ失墜セザランヲ期ス』と特に宣誥させられたのであります」

　長崎で憲法擁護の市民大会が開かれているその会場で、桂内閣正式辞職の電報が披露された。そのめぐり合わせを「何と云ふ吉祥でしょう。天意民心の融合です」と喜ぶ。「時恰も大雪。山河大地は一白皓皓、俗権の汚れを冷笑《あざわら》ふてゐた。ソノ真っ白は憲法党徽章の白薔薇の白です」

そして、憲法擁護のために女性にも政治参加を求める。「女子なりとて日露戦争の場合に知らぬ顔で居られず盛んに恤兵袋《じゅっぺい》や感謝状以て兵士の心を引き立てし如く、将来は選挙投票に於いて女子相当の後援が要るのです。その元気が無くて桂党の如き理不尽者に跋扈させては、皆が奴隷に為るのです。少数の権力者が国家を私する時は、その国は他の強国から亡ぼされるのです。兵隊は強くても国が負けるのです」。「少年子よ。娘御達よ」。若者への呼び掛けは格調高く結ばれる。「大正の新国民たる者は憲法の生命を擁護せねばならぬです」「この心持で花簪も白薔薇をと望むのです。大雪を名残に暴虐の冬は謝し、平和人権の春風吹くとすれば、真っ白な薔薇の簪は洵《まこと》に諸子に似合ふでしょう」

憲法振威

大正政変で天眼は憲法政治の重要性を改めて痛感した。これからは憲法の役割が広く国民に認識されるよう「憲法振威」を目指して筆を執る決意を固める。

閥族は明治維新の結果、一時的に政権を預かっただけなのに、これを国家・国民に返さない、という認識が天眼にはある。「閥は維新功業の余勢として政権を借りたのを良い幸いとして、己が握りたまま之を君国に返さないのだ。借るを知りて返す義務を故意に怠るのが閥だ」「閥は名を国体擁護に借り、君主は国家なりといふ桀紂《けつちゅう》主義の遁辞《とんじ》を構へ、枢府・貴族院・陸軍・司法官・分限令特権の官吏を以て封建時代の士階級乃至大名階級たらしめ以て彼の万機公論に決すといふ御誓文や憲法面の証文を勝手に捲いて了《しま》ふのだ」

政権を貸しているのは国民である。「閥が借りた物を返さずに却って逆襲的に債権者（国民）を脅迫した暴行顛末こそは所謂『大正の政変』是なりだ。之に対して国民挙りて憲法擁護を熱心したのは即ち応急自衛の平凡事に過ぎない」。国民の怒りの行動は当然のことだったのだ。

そして憲法は防衛するだけでは不十分だと説く。「擁護といふ語が土台、受け太刀じゃ。大正国民は更に躍進して憲法振威に迄漕ぎつける約束じゃ」

大正政変は思想問題

復古的勤王思想と立憲思想との衝突

第2の視点に移る。天眼は政変の始まりの時点から、この政変は単なる軍拡や財政問題をめぐる政治的な対立の顕現ではない、その背景には思想問題が潜んでいると強調した。「刻下の政争は。陸軍の私領拡張を主願とする長閥と、一般の財政整理を急務とする国論との対抗であるが。ソレは政治面の事象に過ぎない。コノ事象を発生せしむる時代的本因に遡る時は直ちに思想界の大問題たる事が認識される」（1912年12月29日）。それは「皇威形式無上主義とも称すべき復古的勤王の思想と、国家為本の皇室神聖主義とも称すべき立憲思想との衝突である」

国民に広まる立憲思想を、復古的勤王思想で押しつぶし、覆いつくして、閥族の政治的権力を不動のものにしようと試みたものの、すでに力強く根を張った立憲思想の抵抗に遭って予想外の対立に発展したというのが、政変の真の構図であると言う。

天皇機関説論争　～上杉の美濃部攻撃には政治的意図

その対立を先取りする形で展開されたのが、辛亥革命後に引き起こされた天皇機関説論争（第1次）だ。美濃部達吉の天皇機関説と、美濃部を批判する上杉慎吉の天皇主権説との論争である。この対立が学術論争で終わらずに政治問題化したのは、上杉などの「復古勤王者流」が「美濃部博士との間に形式範囲の憲法論を闘はせるより飛躍して」、政治的意図を持って美濃部攻撃を続けたからだ。その意図はこうだろう。「若し（天皇機関説の）論旨をば政権法威を以て圧伏し根絶するに非ざる限りは是れ将来、乱臣賊子を馴致する民主的傾向なり…ト復古勤王者流は曲解し詭弁し抗議す」（1912年12月29日）

この結果、美濃部は「神権風潮から迫害され、武頑の弄び易き不敬罪処分の深淵に臨み、警察政治の待ち構ふる危険思想列待遇の運命に瀕する奇観を呈し」ている。そして、この執拗な美濃部攻撃が、国民に言論圧迫の恐怖感を与えるのに十分な効果を発揮している。「凡そ皇室に多少の交渉を有《あり》もつ問題とし云へば、触るれば即ち危うしといふ怖畏を国民に抱かしめ、君臣一体といふ大日本国魂の妙所などは殆ど抜け殻に帰せむとする」

これは国の将来を危うくする。「主権は天皇に在りていふ論が憲法の形式上の解釈に止まらば。それは国民の政治生活に当面の大憂患を直投する訳でも」ないので、「曲学阿閥の病人共に熱を吹かせ置くも可なれど。其れが然らずして、彼等は朋党比周して、彼等の目して異端と為し乱臣賊子と為す教授をば大学より放逐し、遂には其の向きの取締りを社会に励行しやうとて既に爪牙《そうが》をテラテラさせ、肉薄羅織を仄めかして居る（国民新聞の今夏の論調を総合して知るべし）に至りては。モー日本も危邦なり、君子居らずの境界に隣せずや」

天皇主権説の狙い　～国民に服従主義を強要、永久奴隷とする

天皇の権威を政治利用して閥族が国民への支配を強化しようとする試みは、明治維新以来、延々と続けられてきた。その目的は国民に服従主義を植え付けるためであったと天眼は早くから指摘している（1912年9月23、25日）。

例えば、道徳の中心に儒教を据え、陽明学を排斥したのも、そのためだ。「儒教、主として朱子学の特色たる服従主義の方面を尊び、陽明の知行一致説は之を排斥した」。なぜなら、「陽明の学には『自由』が有る、『良心の独立』が有る」。「知行一致の人格」は「上長官命令絶対主義」と衝突する。だから、藩閥は「命令者の位置を永久占拠するが故に国民の永久奴隷たるやう命令至上主義を便とし而して知行一致の人格を邪魔物とする」

もちろん、「藩閥自らが国民を奴隷にする権利有りとは彼等も言はねけれど」、一部の学者や新聞がその意を汲んで代弁する。それが天皇主権説の合唱だ。「穂積八束や上杉慎吉に旨を含めて主権は天皇に在り、国家には在らずと説き、神権説を帝国大学の講堂に敷衍せしめ、民間では徳富猪一（蘇峰、国民新聞）に曲筆せしめて、ルイ14世の朕は即ち国家なりと曰ひける暴君主義を公公然、流布させている」。このような

ことは「明治天皇憲法発布大詔の御旨に背反すること云ふ迄もないが、彼等の権勢では平気である。陽明学を忌む筈である」。その延長上に、第1次天皇機関説論争があり、大正政変がある。

新聞の不敬糾弾を諫める　～屑籠に入りたる物は屑である、反故である

天眼は、忠君愛国の風潮が行き過ぎて、過度の忠義ぶり、過度の不敬糾弾が世にあふれる現状を嘆く。多くの新聞がその風潮を煽っている。「吾等は世の新聞がややもすれば不敬呼ばわりを為したがる苦々しき傾向を見たる」（1912年12月29日）。その一つが、天皇の写真が掲載された新聞が屑籠《くずかご》に捨てられた光景を見た人が、新聞への投書で不敬と告発し、新聞がそれに同調して騒ぎ立てた例だ。天眼は怒る。「屑籠に入りたる物は屑である。御写真と云ふ意義は消滅したる反故《ほご》である。反故と御尊影とを混視するやうの渾沌式脳髄は其のまま復古党の私産である」。だが、この風潮は役人の上から下まで、社会の隅々まで浸透しており、「皇威形式の無窮大を装致するに汲々とし、民情をも経済をも人民の人格をも一切無視せざらむかの嫌ひ有る実情」である。

憲法の侮辱、奪魂　～天皇ありて国家なく、国家ありて国民なく

「皇威形式の無窮大」装致を競う風潮は、天皇の政治利用を目論む政府、軍部にとっては都合のよいものだ。その風潮を促進すれば自然と、人々が天皇主権説を疑いもなく受け入れていく素地ができる。「皇威形式の無窮大装致を本願とする神権濫用者流は。主権は天皇に在りといふ主張の下に、君権をば国家に

超越せしめて、天皇の御人格を其のまま主権の主体と為すものたるが故に。其れはやがて憲法をば天皇の任意改廃し得るものとのやう…、〈憲法に依りて承認さるる主権ならで、主権に依りて承認されたる憲法〉ト、かやうに解釈を下すに至るべし。事是《ここ》に至りては日本は天皇有りて国家なく、国家有りて国民なき同然の意味合いに陥り、憲法は奪魂されるものにして」。天皇主権説では天皇有りて国家も国民もない状態となり、憲法も意味を失う。「この種の解釈を基本意思に置きつつ政治法律の運用を敢えてせらるるに於いては、人格・民権・自由の一切は『燃え残りの炭団《たどん》灰』に過ぎぬ」

「憲法治下に於ける斯かる頑迷行為は、之を武人の発狂行為と称すべきなれど。テンで憲法の成立を解せざる人々と、ことさらに曲解する学者とに罹《かか》りては、憲法は実際、斯くの如く侮弄されつつ在るなり」

大正天皇は「憲法に由り」と宣言 ～天皇主権論者の謬説成り立たず

しかし、1912年7月の大正天皇践祚《せんそ》の詔では、天皇自身が「憲法に由り、先帝から継承した統治の大権を行使する」と述べており、天皇の大権を憲法の上に置こうと考える天皇主権論者の説と矛盾する。天眼はこの矛盾を突き、論争の行方に希望を見る。「されば。畏《かしこ》くも新天皇陛下践祚の詔勅を以て祖宗の宏謨に遵《したが》ひ、憲法の条章に由りといふ昭昭たる宣言の渙発せられし事は。彼等曲解的神権者流に取りては『天皇は憲法以上なり』といふ論告点の上級裁判所に移されて当該検事自らの告訴放棄に接したるも同然で。実に彼輩の精神的致命傷たるに致す」（1912年12月29日）

天皇主権論者の甚だしい憲法無視、天皇の言葉にさえ背く手前勝手な論理構成を厳しく指摘した天眼は、歳末の論説をこう結ぶ。「思想問題の解決こそは四十八時間の後に来たるべき大正二年の絶頂大事なり。何となく胸さわぐ今日此の頃にこそあんなれ」。希望と不安が交錯する中で、政変の嵐が激しさを増す1913年の正月を迎える。

偽りの忠義　～精神の自由を殺しての形式主義、国民は「放心」状態に

藩閥、軍閥、官僚閥で固めた明治以来の支配層が鼓吹する「忠君愛国」は、単に彼ら自身の権力を守り、国民の自由を奪って支配を容易にするための道具として利用されているだけではないか。それは本物の忠義心から発したものではなく、天皇を政治利用するために国民に押し付ける「偽りの忠義」ではないか。天眼は早くから、この疑問を提示し続けてきた。

大正政変が始まる2か月前、明治が大正に代わった直後、天眼は「明治末期は霊が零でありた」と断じ、人間の精神の自由が奪われていたと指摘した（1912年9月29日）。そして自由こそが大正という新しい時代の根幹に据えられなければならないと訴えた。「『自由』及び『自由精神の確認』！　コレが大正新時代の魂でなければならぬ。形式権柄絶対主義より出る死物的忠義、或いは忠孝は是れと両立し得ない。けれども至情と霊知とを本とする真正の忠義・忠孝は、自由及び自己精神とは相悖《もと》らず。将軍政治の要求する忠義は人間の精神を殺しての形式主義だ。犬だ」。精神の自由を圧殺して忠孝を強要しても、国は発展しない。「精神の有る人間たる以上は藩閥の注文する所を無理と考へる」「魂抜きの忠孝、それが何の役に

立つ?」「自由の思想を根絶して忠孝の仮声《こわいろ》を吹き込むに於いて、いずくに進歩を期するや、ドーして国が立ち行くや」(1912年9月25日)

英米メディアでも天眼と同じ視点から日本政治の歪みを憂慮する鋭い批評が展開されていた。米紙ニューヨークタイムスは「(大正時代を迎えての日本政治の)問題は、元老政治家の筆法を以て解決するを許さざるものにして、新理想に教育せられたる新人を要するなり」と書いた。記事を紹介しながら天眼は言う。「元老政治の筆法とは何ぞや。曰く科学上の智識、人間本有の霊知・自由精神・世界共通の人道と調和を保ち得ざるやう日本の近時特別に独断する神国主義=鎖国孤立時代の伝説及び縟儀《じょくぎ》を絶対不可改と立てて維新五條の御誓文と背馳する神代復古的なる風尚=コレぞ元老将軍等が衆議院を犬と為し、国民を奴隷と為す所以の『お上に対して無言の服従』といふ筆法である。諫言《かんげん》と雖も不敬を以て目せらるるといふ古今東西の史上絶無の珍現象を生ずる筆法である」

「無言の服従」を強いられ続けた結果、国民の精神は「明治末期より愈々《いよいよ》其の甚だしきを加へつつある一般的『放心』」の状態にあると言う。精神の自由を奪われた国民は「霊が零」となって「放心」状態に陥る。その結果、国民に服従を強いることが一層、容易になる。支配者の筋書き通りである。

予が人格主義 ~無理由の「畏れ多い」を否認し、理不尽を排斥す

陸軍長閥が国民に押し付けてきた忠君愛国の思想は、支配強化のために都合よく改変されており、本来の思想内容とは懸け離れている。五箇条の誓文の趣旨に反し、大正天皇践祚の詔の明文をも裏切っている。

天眼は、この押し付けられた思想の誤りを体系的に批判し、国民教育の改革を促そうと論考を重ねていく。そのとき、批判の立脚点に定めたのが天眼流の「人格主義」だ。

天眼は「予が人格主義」は「現代的といふ条件付帯の人格主義」とする（1912年12月22日）。「現代的」という条件を付ける理由は「欧米本源の尊重＝科学権威の体認を含蓄せしめ」「東西文明の融和を予想」するからである。国民思想を世界に通用する普遍的次元で形成すべきとの考えが窺える。したがって、「大勲位公爵とか何博士とか云ふ類の官許式人物の渇仰を忌避」することは言うまでもない。理由もなく、自分に都合よく、「畏れ多い」なる言葉を振りかざしながら、相手を不忠呼ばわりして排撃するまねを許さない。「予が人格主義は。山県寺内輩の注文の如き『無理由の畏れ多い』を否認し、衆議院が『皇室財産状態』を国家経済上より思考するだも罪悪視する類の傾向を慨嘆し、宮内官吏などが人民と触接する場合に濫《みだ》りにミカド宗の聖景を形式し、内外記者を牛馬遇せし類の理不尽を排斥す」

人神混淆の非礼を正す　～天道神威は皇室と万民がともに仰ぐもの

天眼がこう力強く言い切ることができるのは、天眼の主張する人格主義が決して日本の伝統思想から乖離したものではなく、むしろ、元々の思想に沿ったものであり、明治支配者が押し付ける思想の方が伝統に反し、矛盾に満ちたものだと考えているからである。「是れ予は祖宗の為し給へる如く、天道神威は皇室の万民と共に仰宗すべきものにして、至尊と雖も、或いは禊《みそぎ》し、或いは奉幣し給ふ古今不変の事実が人神混淆の非礼たる所以を現実に教ふと知ればである」

古来、天皇は民のために神に祈ってきた。天皇は神に祈る存在であるから、天皇は常に民の側に居て、神の側に居たことなどない。天皇を神として崇めることは日本古来の伝統、歴史に反している。「天皇の御稜威《みいず》」という言葉がよく使われた。稜威《いず》の尊称で、「天皇の威光」を意味する。これを天皇の人格から離れた神がかり的な意味合いで使うのは間違いと天眼は言う（天眼は稜威と書いて「みいづ」と振り仮名を添えているので、ここでも原文通り、「稜威」という表記で紹介する）。「天皇の稜威《みいず》といふものは一半は祖宗の霊威にして、他の一半は即ち現世に存在し給ふ御人格上の威徳に外ならざるが故に、従って稜威の本体は『君徳』なりと解すべければである」「『君徳』は。『君道』の体行に外ならず。君道は天道に卒由すと為すは和漢の古道なり。故に長州権家の勝手に解釈を新造して、君徳、君道を思念するだに尚ほ『畏れ多い』の一言を盾として不忠の如く誣《し》ふるは古道に非ず」

軍閥が策す命令絶対主義　～予が人格主義は此の風潮と並び立たじ

君徳、君道が現世の天皇の人格と結びついているのなら、誤りなきよう周囲が天皇に諫言（諫議）することも忠節の一つと考えるのが自然である。「君徳君道は皇謨の要件なり。故に忠臣賢人は忠節の遂行上に諫議といふ事を臨機の必要行為と為す」「聖明の資補には君徳君道を対象として骨硬の忠言を要することと古今東西の同じき所とす」

にもかかわらず、すべてを不忠と切り捨てる傾向は一層、強まっている。「然り而して長閥権家は軍隊進止の場合の命令絶対主義をば日常の生活事項に迄応用して上意神権を濫説し、乃木大将の義死さへもお上の仰せに因らざる勝手我儘の行為に付き不忠なりと論断する有様なり。此れは東西古今の史上に見ざる近時日本自我流の変態にして。諫道《かんどう》を不敬罪の部に構入するは長州サアベル無上主義の現証なり」（１９１２年12月22日）

これでは武士道は滅ぶ。「斯かる理不尽なる変態を怪訝せず、君徳君道の観念より隔離して独り君威君権を仰々しからしめむと欲する近時の武門に、いかで真の武士道といふもの存立し得べうやはある。武士道は坊間流行性の嗜好物件に過ぎざらむ」。武士道を弁えぬ武人が国民を戦争に駆り立てる横暴を天眼は許せず、陸軍歩兵操典の改正を「国民をば尚武好戦の国民同然たらしむべく企望するは近時陸軍血気党の風潮なり」と切り捨てる。

そして宣言する。「予が人格主義は絶対に此の風潮と並び立たじ。予はコノやうな手合いが万の砲門を一斉に射撃する正面に立ちても髪一本傷付かざる程の霊威を人格の本然に認識する者である」。「日露戦の偶功に慢心して、乃ち突貫万能を夢想して人間をば無限に殺して勝ち得るものと思ふ心は仁義の賊なり。王道の敵なり」

唯武無文　～消えた文武両道

日本古来の伝統文化や武士道を尊び、西洋近代文化も幅広く摂取した上で、「人格主義」と名付ける独自の道徳規範の体系を構想する天眼。そんな天眼にとって、政治を専断する武人たちの知性の欠如と傲慢は絶対に容認できないものであったようである。「文武両道と古来、定まれるものを。日本の近時に限り、『唯武無文』を政治、教育、軍事の全面に色彩し、甚だしきは財政八方塞がりの算盤をも武人の腕力以て弾き直し、数学上の理法をすらも剣先以て枉《ま》げむと期するに至る」（1912年12月22日）

しかし、どのような批判も、彼らには「痛くも痒くもなしと見へたり」。いかなる批判も無視して平気でいられるほどに思い上がった彼らの精神構造は一体、どうなっているのか。天眼はそれを分析して見せる。「彼等おもへらく…。『我々は天皇に直属す、国民中の優秀階級なり、天皇は陸軍大元帥服を召し給ふ、大日本は尚武立国なり、武的発展は大日本の最高善事なり、文官輩の差し出口は不遜千万、況や輿論と称する新聞屋輩の文句をや、代議士などは犬の如し、握り飯を投与すれば吠え止むべし、日本には天佑有り、財政悲観の如きは顧みるに足らず、支那四百余州を取ってしまへば財産は山の如し、大陸建国なる哉、師団増設なる哉、大日本主義なる哉』…と」

そして、武人のそんな驕慢が今回の増師問題紛糾を引き起こしたのだと言う。陸軍の2個師団増設要求が内閣で拒否されると、「彼等は国政筆頭の陸軍大臣が肩幅の縮められ、他の一般陪臣的大臣から凌駕されし如、憤懣するのである。彼等は文武を転倒して武文ならまだしもなれ、唯武没文を本領とし、該本領の安堵をば天皇の大権といふものに委託すべく、朝憲を誤用して怪しまぬのである」。武人は何かと言うと朝憲紊乱を振り回して他者を攻撃するが、天眼に言わせれば、武人の振る舞いこそ朝憲に反している。

「軍の為の納税義務」を小学生に教えるとは　～軍国主義が歪める教育

大正政変を通じて、軍閥が「忠君愛国」を振りかざして軍国主義拡大を図り、そのために身勝手に政治を歪めている実態が表面化した。国民は驚いた。だが、国の根幹に関わる別の分野でも、すでに深刻な歪みが生じている。教育だ。教科書が軍国主義で歪められ、教育本来の姿とは相容れない内容になっている。国の将来に及ぼす影響は重大だ。天眼はこれを重視し、警鐘を鳴らした。

天眼は政治家や新聞記者に対して、「先ず現時小学用の国語読本を読んで掛からねば仕事がウソである」（1912年12月22日）と言う。「読本は何を天真爛漫なる少国民に吹き込みつつ在りと思ふや。『日本国民の義務と云ふ事』を読本は教へて曰く、国民には納税の義務が有ると。其の理由に曰く、『租税を納むるは亦国民たるものの大切なる務めなり、国家は陸海軍を備へ各種の官署学校を設くる等、多くの費用を要す、此の費用は国家の存亡にしばらくも欠くべからざるものなれば、国民たるものはいずれも之が負担を分かちて租税を納めざるべからず』（尋常小学修身・巻六、第二十三課中の一節）。初発に先決問題的に絶頂高義として、『陸海軍の為の納税義務』を全国七百万の児童は順繰り順繰り、吹き込まれるのである」。税金で賄わねばならない国費はほかにも多くある。だが、そんなことなど「意に経ざるかの如く、陸海軍費を筆頭に特標するのである」

「憲法の効用は人民各個の自由の確認に在りといふ事などは寧ろ禁物視されるのである。而して彼等の本位は斯くして納税、兵役の二義務をだに奉公すれば完全至極の良民と帰旨するのである」。納税と兵役の義務さえ果たせばよしとする軍国主義。教育が、軍国に都合のよい人間の養成課程に変質させられている。「精神上と共に実質上に於ける『強き而して大いなる国民』は、斯くの如き俗陋なる鎖国式の教育空気よりして如何にして化育されべきぞ。嗚呼、教育の革変といふ事が教育界の沙汰に止まらず、直ちに現時の政治上の絶頂問題たる大権観念の矯正＝武権過大、憲政無生命の争点＝と接触せずして已まむや」

新教育勅語の奏請を　～現代的人格主義の教育が必要

閥族政治が教育を歪め、国家社会を危険な方向に導いている。このように危機感を強める天眼は、大正政変の始まりに際し、国民に突き付けられている課題として、政治改革と並んで教育改革があることを強調した。「次に予は政治上の此大目標と併せて教育上の主義更革を結論の主要素と為してゐる。そは大要、鎖国臭味なる服従主義の教育をば現代的人格主義の教育に革正するに在り。個性を無視する現在の日本教育とは勢ひ衝突を免れず。何《いず》れの道、教育新勅語を奏請せねばならぬ沙汰で」（1912年12月21日）。服従主義の教育を現代的人格主義の教育に改めさせるために、教育勅語から内容を改めて再発布してもらわねばならないと言う。大胆な主張である。

同時に、天眼の切迫した思いとは逆の方向に社会が動いていくことへの絶望的な気持ちも吐露する。「此は予、日露戦役後早々、数々《しばしば》紙上に論述したる所にして、予に取《とり》ては永年の宿論なれども。社会は予の意見と正反対に復古主義＝変通を加味せざる家族主義＝武士道過信の小日本思想（予は武士道鼓吹の率先者の一人なり、而れども今日の如き絶対崇拝の物と為すは過ぎたり）＝等に逆戻りして、殆ど予をして立言の端を失はしむる程に保守的空気を濃厚ならしめたれば、予は為に煩悶自塞、憂慨味念に禁《た》へざらむとするに至りた」。絶望的になる程に、やはり教育改革が必要との思いが募る。

国家絶対主義＝皇威無制限主義＝個人無視主義

大正政変始まりの時点で、天眼は政変の本質を山県有朋中心に引き起こされた思想問題と断じ、山県らの国家絶対主義は個人無視主義であり容認できないとして、紙面で対決していくことを宣言する（１９１２年12月25日）。天眼によれば、山県らの思想は、いわゆる勤王思想の体裁を取っているが、それは幕末の吉田松陰や西郷隆盛らの「王道加味の元気有り道念有る勤王」と全く異なるもので、「徹頭徹尾、山県有朋の脳髄状態の通りの型に嵌めたる明治末期特製の勤王主義」に過ぎないと言う。その思想を定式化すれば、「国家絶対主義＝皇威無制限主義＝個人無視主義＝勅語教育の形式無上主義＝新思想禁弾主義」になる。

山県らは国家絶対主義を国民に押し付けるために、皇室の権威を最大限に利用し、教育勅語を利用して子どもたちにその思想を信じ込ませ、異論を徹底的に排除するために思想弾圧を行っている。これは個人無視主義に外ならず、国民一人ひとりの人格を否定するもの、というのが天眼の認識だ。そこで次のように言う。「危機は普通の政治問題などを疾《と》うの昔に通り越してゐる」

違勅とは何だ　～天皇の名を政敵攻撃に使う愚行

政変の過程で、桂内閣による大正天皇勅語の利用が、結果的に立憲政友会の西園寺公望総裁を辞任に追い込む事態を引き起こした。１９１３年2月5日、野党側の不信任案提出で窮地に立った桂首相の依頼を受けて、大正天皇が西園寺総裁に対して不信任案撤回を求める勅語を出した。しかし西園寺は撤回に積極的に動かず、政友会は不信任案提出方針を貫いた。万事休した桂内閣は11日、総辞職する。

この後、桂側から、天皇の勅語を受けながら撤回に動かなかった西園寺の態度は「違勅である」とする新たな攻撃が始まった。西園寺は事態鎮静化のため、自ら違勅を理由に政友会総裁を辞職した。桂による天皇の政治利用それ自体が問題である上に、仮に直接の目的が達せられなくても、天皇の名前を利用しさえすれば、いくらでも政敵攻撃が可能になる現実を国民に見せつけ、政治の将来に深刻な不安を抱かせた。天眼は1913年3月9日、「違勅とは何だ」と題する論説を掲載した。批判は、政変の渦中で違勅追及に熱中した立憲国民党に向かう。「国民党がソロソロ己が無識の自家広告を開始してきた。其の院外団有志と云ふ者が『西園寺侯の曩《さき》に不信任案鎮撫の勅諚を承りながら政友会を盲従せしめ得ず、却って政友会の総裁を引退せざるは、勅諚を蔑《ないがし》ろにする不臣の行為なり』といふ理由を以て侯を攻撃すべく肩を瞋《いか》らし出した」。宮内省に出向いて西園寺の進退を聞いた国民党有志の行動は、政友会攻撃の機会到来に目がくらみ、己の行動の重大な意味に気付かぬ愚行であった。「そもそも違勅とは何の謂いぞ」「此は名節本位に熱して政友会膺懲に焦り、乃ち鹿を追ふの猟夫、山を見ざる激情行為である」

日頃、憲政擁護を口にしながら、ひとたび政敵攻撃の為に天皇を政治利用できると見れば、たちまち、なりふり構わず軽挙妄動する政治家たちは、己の行為の愚かさ、危険性を考えてみるべきだ。天皇の名を「宮内省に出頭して政友会攻撃の方法に用ふる」などということは「憲政擁護の本事と相距《さ》る」のである。

天降り的国是　~大陸建国論は閥族の独断

第3の視点に移る。陸軍の2個師団増設要求には満蒙侵略の意志、及び「逆上せる大日本主義」が隠されているという視点だ。それを詳しく記す前に、陸軍長閥による西園寺内閣倒閣の動機に、大陸建国論の阻害要因除去の側面があったとする天眼の指摘を見ておきたい。

1911年8月の第2次西園寺内閣誕生の背景には、西園寺総裁の政友会が山県の思想に従う姿勢を見せ続けた褒賞として、山県から西園寺に内閣が与えられたという思想問題の側面があると天眼は見る。「山県の本意は、政友会といふ政党が挙って君権謳歌より余念なく、個性の存在を没却し、国民の人格を奉還して、古参上等兵に対する新兵の神妙態度の如き態度、即ち『保守元帥理想の良民的態度』をば遺憾なく代表して、人民自由の確保…政治自任…を生命とする憲法及び国会をば骨抜きにし了るに免じて、仮に之をして陪臣的に当路者たるべく認容せし迄の事で。本つく所は思想問題の外に出ないらしい」（1912年12月28日）。政友会が立憲政治を骨抜きにしてまでも山県にへつらい、その忠君愛国思想強制に同調したのに免じて、山県から政権移譲の報償を得たとの見立てだ。

それだけに西園寺内閣の「進歩主義」は山県の逆鱗に触れたらしい。「大陸建国、陸軍為本は先帝の宏謨なりと云ふ国民には尚ほ没交渉ながらに天降り的百年の国是を描きつる長閥陸軍党の代表者としては。西園寺内閣が薩派海軍に致されて海主陸従の進歩主義なンどに移るをば不倶戴天、絶対の政敵（恐らく国賊と…）と憤慨せし事」（1912年12月28日）は間違いない。従順であるべき西園寺が、少しでも独自性を発揮しようとすれば、それは山県にとっては許し難い裏切りと映る。しかも、それが薩派海軍への接近であったり、陸軍宿志の「天降り的国是」たる大陸建国論を霞ませる動きであったりすれば、怒りは倍増する。山県のその怒りが大正政変の底流にあると天眼は見る。

後世の鈴木天眼に関する記述では、天眼の日露戦争当時の発言を捉えて、天眼は大陸建国論者であったと説明して終わるものが多く、そのような人物として一般に知られてきた。しかし、大陸建国論は陸軍長閥が明治天皇の名を借りて勝手に創作した「天降り的国是」に過ぎないと、天眼は早くも大正元年の時点で批判に転じていることに注目したい。天眼の思想は急激に転換を遂げていたのだ。

師団増設は満蒙侵略の換へ言葉

陸軍の増師要求には満蒙侵略の意志が潜んでいるとの考察は、大正政変から約半年後、1913年9月18日の論説『満蒙処分の別語』で詳しく述べている。「二個師団増設をば単に増師問題と解するは政友会中にも往々之有り。財政の順序さへ就《つ》かば増師必ずしも不可ならずと議す。さては気の毒にも稚直なる哉「師団増設は国防の意義を厳正に使用しての尋常平和的軍備ならば吾人も賛否に於いて斟酌の余地あれども。実際は決して我領土の危殆を予防する精神に出るものに非ず。武閥の本志は只、満蒙処分に在り、其の決行に際するロシアの故障を予想し、実力的に圧迫する当面の必要として増師を極力、主張するのである。有り体《てい》に云へば、満蒙侵略の換へ言葉である」

桂内閣批判に回った政党にも、こうした認識は乏しいから、「国防強化自体には異論はない」との前提の上に、増師要求を財政面から批判するに止まった。「ここの呼吸に通ぜずして只、良民的に拝聴し、軍備は必要でござると日露戦役前の調子で以て武閥の注文を首肯する政友会一部の士の愚直さ加減、少なくとも十年は天下の活勢に遅れ居る」

日露協約進展で対外状況が好転したと勝手に解釈した日本政府、陸軍は満蒙処分を一気に実行しようと走り出した、と天眼は見る。「昨夏、桂、後藤の二氏外遊の頃より、軍界は頓《とみ》に気色ばみ、満蒙急速処分が長閥の深刻なる志望ぞと看取されべく推し移りた。明治天皇の崩御が彼等の大バクチを頓挫せしめつれども。彼等の意図は続いて二個師団といふ標語の下に西園寺内閣を迫害し、武断を公行し、憲法中止を臭はせる大正政変に於いて終始一貫して来た」。そして、この策動を「閥族の大曲事」と切り捨てる。桂内閣が倒れて山本権兵衛内閣に代わっても、満蒙処分問題は消えていない。「是れ実に日本政界は第二征韓論の渦中に投ずるものにして。山本内閣成立は僅かに陸軍主義と産業主義との来たるべき衝突に対し緩衝時期を画せるに過ぎず」

陸軍増師要求を「満蒙侵略の換へ言葉」ととらえる天眼は、これは平和を脅かすものとして明確に反対を主張した。「満蒙に関する国策は緩急有るべし。場合によっては現状打開も必要なるべし。されども、ロシアと再戦を賭して迄、之を急速決行する意図に至りては、吾人、国民は明治天皇の遺し給へる平和擁護の大御旨に掛けて極力、反対せざる能はず」

逆上せる大日本主義　～増税も躊躇せず

陸軍長閥が大陸建国論を独断で国是と言い做し、財政難無視の増師を強行してまで満蒙侵略を進めようとするのはなぜか。天眼はこの背景に、山県有朋から桂太郎まで軍閥、官僚閥に一貫して流れる思想「大日本主義」があると見る。対外膨張を自己目的化する「逆上せる大日本主義」である。

政変の渦中の論説で、増師は増税と不可分の要求であることを忘れてはならないと注意を喚起する。表面上は増税を言わなくても、増師の裏には必ず増税の意志が隠されている。増税しなければ増師ができないからだ。「桂公の政綱には五千万円節減を謳ふと雖も、その金を減税の目的に供すとは寸言も及んでゐない。西園寺氏の内閣が武閥の逆鱗に触れたる個所の一つには減税的整理が其れでありた。同じ整理でも減税は大御所政治の禁句なのだ」（1913年1月19日）。だから、西園寺内閣総辞職の後に登場した桂内閣が増税を目指さないはずはない。いくら桂が山県からの政治的自立を試み、「サアベル党、切歯扼腕の八つ当たりが山県系と桂系の私闘をいよいよ醜ならしむる」事態になったとしても、対外政策の基盤となる思想は彼らに共通しているからだ。「山県系の武閥と桂公の調和する因縁はここだ。同気、相求めて曰く。大日本主義！」

国民生活を無視してまでも大陸に進出しようとする原因は、この思想にある。「逆上せる大日本主義を以てしては。整理から、いみり出す金などは焼け石に水だ。行き掛かりを実現して後は勢い増税だ。『事ここに至りては已むを得ず』と曰ふて桂式増税案だ」

第5章　天皇神格化に反対する

神格化の目的は憲法死滅

大正維新は道半ば

大正政変は始まりであって終わりではない。「大正維新は道半ば」であり、本当の変革はこれからだと天眼は考える。なぜなら、当然予想されるのが、憲政擁護運動に対する反動だ。その反動は、「天皇の神格化」という尋常ならざる天皇の政治利用を手段として吹き荒れるであろうことも、これまた当然予想できる。大正政変を思想問題としてとらえていた天眼にとってはなおさらのこと、天皇神格化論者の欺瞞と正面から対決することが最重要課題となってきた。

上杉慎吉の桐花学会を批判

反動は直ちに起きた。東京帝国大学教授の上杉慎吉らが１９１３(大正2)年5月、国体護持を掲げた学会、桐花学会を設立、憲政擁護などデモクラシーを重んじる政治家や学者に対して激しい攻撃を加え始めたのだ。

上杉はすでに1912年、東京帝大教授・美濃部達吉の天皇機関説を、上杉独自の天皇主権説の見地から批判、第1次天皇機関説論争を繰り広げていた。上杉が大正政変に関して主な攻撃対象としたのは、違勅問題で政友会総裁を辞任した西園寺公望と、国会で「詔勅を以て弾丸に代え」の文句で桂内閣弾劾演説を行った政友会の尾崎行雄の二人。いずれも政変渦中の言動を「国体を損なう危険なもの」として批判を始めた。違勅問題は前述のように、大正天皇が西園寺に対し、政友会内部を宥《なだ》めて桂太郎内閣不信任案提出の動きを止めるよう求めたとされる勅諭を、西園寺が実行できなかったのは違勅で許せないとする批判。西園寺は批判を受けて政友会総裁を辞任している。それをなおも攻撃の標的として持ち出した。尾崎の演説は、桂太郎が繰り返し天皇の詔勅を利用しながら、政局を自分に都合よく動かそうとしたことを、憲政を踏みにじる行為として批判したもの。この演説中に「(桂は)常に玉座を以て胸壁と為し、詔勅を以て弾丸に代へ」て政敵を倒そうとしている、との言葉があったことから、上杉はこれを不敬として攻撃材料にした。尾崎の演説は憲政擁護運動の白眉として記憶され、これにより尾崎は犬養毅と並び、「憲政の神様」として歴史に名を残すことになる。ところが、上杉の目には「不敬、不忠」の排撃対象としか映じなかった。その上杉が憲政擁護運動に批判的な学者らを糾合して発足させたのが桐花学会。発起人には上杉のほか江木千之(後の文部大臣)、筧克彦(東京帝大教授)、大島健一(参謀次長、後の陸軍大臣)らが名を連ねている。上杉は陸軍長閥を支配する元老・山県有朋と密接に交流していたから、桐花学会設立は、忠君愛国思想の巻き返しを図る山県らと連携した動きとみられている。

「昨休日着社の東電は早速、左の低気圧発現を報じて来た」（1913年5月17日）。天眼は桐花学会設立を伝える通信社記事を「低気圧発現」と言いながら紹介した。桐花会の会則第2条は「本会の目的は我国体を昭《あきら》かにし、益々忠君愛国の精神を堅実にするにあり」とある。これを天眼は「文字上の趣旨に於いては天下、誰か異議あらむ」と述べつつも、発起人らの行動様式と背景の問題点を次のように指摘する。「（上杉）慎吉、（江木）千之の徒は（中略）明治末期の奸佞《かんねい》標本でアレが商売じゃ。『非奴隷たる意思を処刑す』といふ事が彼等の国法概念でありて、司法の桀紂主義の問屋じゃ。皇威形式の無辺大の装致を以て国体の精華発揚の唯一事業なるが如く妄説し、乃ち国民の至情に基礎する形式以上の純忠正義を厄介物視するのが彼等の学説じゃ。血肉の原精たる大和魂をば任官辞令の十三行罫紙から製造しやうと試み、おまけに其れを閥族の手で専売しやうと執念する手合ひじゃ。低気圧たる所以は其の点である。彼等の素行及び『人脈』が而く結論せしめる」。いくら「国体護持」などの美辞麗句を並べようと、それを言う人物の実像、その人脈、政治的背景から見える思惑などを考慮しなければ、議論は始まらないという指摘である。桐花学会には、その指摘が当たっていた。

天皇の絶対神格は成り立たず

上杉らが「違勅だ」、「不敬だ」と言い募って他者を攻撃する場合、「天皇は絶対に神格」が前提になる。だが天眼に言わせれば、これは皇道の歴史を振り返っても、大日本帝国憲法における天皇の法的性格を見ても、ともに成り立たない。上杉らが「天皇絶対神格」を言い募るほどに、天皇の存在意義を否定することになる。その矛盾に上杉は気付かないのか。そう天眼は問う。

まず、仮に万世一系の皇統の存在を前提として考察した場合でも、もともと天皇の性格には神格と人格の二様あることが分かる。「縦に万世一系の皇統を見て首尾一体を概念する時は。其処に天皇神格の実在が認められるし。横に国家成分を観じて君民関係を審別する時は。現実当面に上御一人を御一人として認められる。乃ち天皇の御位《みくらい》を対象として二様の意義が成り立つ」（1913年5月22日）。その分かりやすい実例を挙げる。日露戦争の戦勝報告が、どのように軍から天皇へ、天皇から祖宗威霊に報告されたかを考えれば、それが明白になる。「対露戦の捷《しょう》報に。元帥将軍等は自ら功に居らず、一に天皇陛下威稜《みいず》の致す所と奏した。是れ臣礼である。陛下は即ち亦自ら威稜の主人公を以て居らず、之を祖宗威霊の発動に帰すと為して大廟に奉告し給はった。亦陛下の礼である」

このとき、仮に天皇が自身を神格の位置に置いてしまえば、自身のさらに遥か上に位置する祖宗威霊を仰いで祈るという立場を失ってしまう。皇室のさまざまな祈りの儀式も全て成り立たなくなるのだ。だから、祖宗威霊を仰ぐのは人格としての天皇であるよりほかはない。「威稜の一半は縦に全貫する神格の意義に於いて言ふものなれども。一半は横に個性する御人格としての徳（ヴァチュウ）に属する。故に御人格としての皇徳に超越する所の祖宗威霊に向かって陛下は天佑を感謝し奉るのである」

この天皇の二様の性格は、大日本帝国憲法の中でも明文で示されている。「皇道や昭昭たり。憲法は素より皇道の此の個所に淵源して天皇神格の実在を成文して曰く。『天皇ハ神聖ニシテ侵スヘカラス』。神聖とは神格の謂である。而して憲法は更に天皇の御人格を識認して曰く。『天皇ハ国ノ元首ニシテ統治権ヲ総攬シ此ノ憲法ノ条規ニ依リ之ヲ行フ』。既に憲法の条規に依りて自ら行儀すべく制限せらる。いかで人格ならざらむや」。「憲法に制限される天皇」が人格でなくて何であるか、と天眼は問う。

「若し夫れ曲学阿閥の徒の妖説に従ひ、単に天皇絶対神格…即ち神権主義…を以て国法及び臣道の一切を規せむか。そは人格上の天皇を否定し、在天の祖宗威霊に対する非礼を発生すべし。天皇自ら祭祀を行ふの時、斎戒沐浴し給ふ意義と玉串を献げ給ふ宗教上の理由も共に喪失して神武天皇以来の皇道は潰滅さるべし」。ここで言う「曲学阿閥の徒」とは「山県有朋率いる陸軍長閥に阿る上杉慎吉等の学者グループ」の意味で、「妖説」とは「皇道壊滅につながりかねない上杉等の天皇絶対神格説」を指す。「閥族擁護の別動隊として西園寺違勅とやらの責めを政友会に転嫁し、尾崎を不敬罪に問はむと欲するには。勢い天皇絶対神格を曲弁する必要あらむ。而して此れは直ちに国憲破壊の狂人思想である」「三千年来の歴史を抹消して現代を神代視する観念の下に国民道徳及び法律を解釈するのが彼等狂人である」

そして、この学者としては常軌を逸した上杉らの振る舞いは、彼らの本心、すなわち「阿閥」を叶えるための計算された意識的行動である、と天眼は見る。だからこそ、そのようなことに学問を利用するのは許せない。「佯《いつ》はり狂して学説の刃物を振り回す学賊こそ危険なれ」「刑政私用の口実を伏線し、或いは頑党使嗾の用に供する学会は単に法人的に見て以て寛恕されべきや否や頗る疑はしい。十目十指は誰某が学会の手動者たるかを突き止めて其の当人の責任を膝詰談判に問ひ、或いは国法の威力に訴へずして已まうか」。学賊を背後で操る者は誰か。山県有朋ではないのか。ならば山県の責任を公然と追及しなければなるまい。

「国憲破壊の偽忠者」を糾弾

天皇絶対神格説を振り回して西園寺公望や尾崎行雄を攻撃し、憲政擁護運動への反動機運を盛り上げようとする上杉慎吉ら、桐花学会グループへの天眼の怒りは収まらない。さらに上杉弾劾の論説を書く（1913年5月24日）。

上杉はどのような主張をしているか。上杉著『帝国憲法綱領』にこうある。「凡そ統治は憲法の条規に依りて行はるると雖も、此の憲法を改正するは又人権に属せり」「若し夫れ憲法改正の手続きに依らずして憲法を中止し、其の他、憲法に異なるの処置を為すは、固より主権本来の性質にして、天皇の本質として之を保有するもの実に我君主国体の純正なる所以也」。そもそも天皇に主権があるのだから、天皇が憲法を中止しようが、憲法に違反しようが、問題にならない。これが上杉の主張だ。

これに天眼は怒る。「閥学者の狂論も此処に至りて極まれりだ」「凡そ危険思想と云ふて上杉慎吉ほどのが又とドコにあらうぞ」「彼は大学教授の位置に在りて官許的に国憲破壊を扇動して居る」「兎に角、其の現に振り回す刃物を奪ふのが応急用件だ。片時も早く懲戒免官するのが刃物取り上げの第一着である」

ここで天眼は改めて上杉の主張の矛盾を指摘する。天皇の権威を振りかざしながら、一方では現実の天皇の言動の意義を無視、否定して憚らない矛盾である。「彼が所説は。皇道を無視してゐる。憲法発布の詔勅に対しても、大正天皇践祚の宣勅に対しても、明らかに背反、若しくは侮蔑の態を文字してゐる。陛下は『憲法ノ條章ニ由リ之ガ行使ヲ愆《あやま》ルコト莫《な》ク』云々と宣《のたま》はせたるをば、彼、百も承知して居ながら『憲法改正の手続きに由らずして憲法を中止するのも又は憲法を守らざる処置を為すとも主権の本来』じゃと云ふのは。閥党筆法から謂えば確かに不敬罪であらう」。「国民として奉受せる践祚の詔勅に向かって、不応為の言論を敢えてする者だ。乱臣賊子とは彼慎吉が現行犯者ではないか」

天眼は嘆息する。「いかに閥学者なりとて、ここ迄の無法、無道なる言論を敢てして天人を憚らざるべしとは、吾等想像し得ざった。苟も文明史の一節でも読みし何人と雖も常識常想を以て忖《はか》り得ぬであらう」「彼等、偽忠者は明治天皇崩御といふ大事変の後ですら一向に謹慎しないのだ。日蓮の云ひける諸天善神、斯国を去るの時とは、此の場合の如きを指すものなるらむ」

新作皇道に沈黙する学界

非論理的で独善的な桐花学会の天皇主権説。学界では少数派の学説である。それでも上杉慎吉らは山県有朋らの政治権力と結びきながら同説を強力に広めて、影響力を増していく。にもかかわらず、一般の学者の間からは批判や異論が出てこない。学問は自由であるはずなのに、学者はなぜ沈黙しているのか。天眼の批判の矛先は、沈黙を決め込む学者らにも向かう。

まずは大学に影響力を持つ文部省に問題がある。「閥の顔色を窺う文部省の為す所は、根底よりして日本国の原意原神を贅《ぜい》視して。明治末期に盛張し縟《じょく》陳したる有朋系並びに肥後人系の人為形式の中に総有の政法上の理識を平呑し去ろうとするのである」。そうした政治力学の中で勢力を拡大しているのが桐花学会だ。「更に甚だしきは、這般の意態が特に集団形式を成して学界に新模様の脅威を施きつつ在るのが即ち帝大の幇間博士井上某や肥後系代表の学賊慎吉や其の他二十幾名の月給取りが御用の淵に淀みたる桐花会といふものが其れだ」。彼らは天皇の歴史を正確に理解していないにもかかわらず、さかんに「天皇」「皇道」という言葉を持ち出して自説を正当化し、異論を封じていく。「閥学は日本語の示す皇道の正当の解釈を除きて、己《おのれ》等が勝手のコトバを作り、自国歴史に根拠せずに明治末期の新作皇道を揮《ふ》りまわすのである」

この状況に、他の学者はなぜ沈黙するのか。「法学博士なる者は百二十五人有るさうだが。閥道式の文部省に対して国魂の名に於いて反抗すべき所以の理解及び確信を有する真の学人は其の内幾人ありや」

天眼は「皇道を真に理解すれば、天皇神格化は間違いと分かる」と考えている。「真の皇道」という見地からの批判が、閥族及び「阿閥の学者」の天皇王権説を論破するのに最も有効と考え、東洋日の出新聞紙上ではそれを実行しているのだが、学界ではそのような論争を挑む者がいない。それが歯がゆいようだ。「（学者らが）ヤマトコトノハを度外に措いて皇道を議するからには。（閥族等が）帝国憲法第一章天皇の條から始め何と曲解を施すとも。之を咎《とが》むる論拠が亡じるではないか」「而して閥は乃ち其処に付け入りて、議会を諮問機関と解釈し、政党を犯上行為の徒党と称し以て憲法を死滅せしめる所以のその予備行為を画し…『日本天皇は天皇なり、故に現身の神なり。統治権は天皇主体なり、故に国家は天皇の私有なり、天皇は国家なり』…と斯ふ弁じる時に。非閥の側に立つ諸博士有るにせよ。其れに矢返しする弓手を有《も》たぬではないか」

鈴木天眼の天皇論

では、天皇と神格、天皇と憲法の関係は本来、どう考えるべきなのか。それは上杉流の「天皇絶対神格説」と、どのように異なるのか。激烈な上杉批判に続けて、天眼は自身の天皇論を体系的に展開する。次に、それを紹介する。

天皇と国家、国民の関係

「憲法は一切の法律制度の基本国憲である。国体の精華は悉く憲法に包含され具象するのである。憲法にして破壊して可なりとせば皇道が先ず破壊されるのである。国体自らが潰裂するのである。一切の法律制度は有れども効無きものと化するのである」。これが天眼の考え方だ。これに上杉の説を引き比べながら論を進める。「思ひきや二十世紀の世界に、明治も過ぎつる大正の御代に、(上杉説のような)『天皇は人格に非ず、絶対神格なり、憲法を中止するも改廃するも、憲法に出由せざるも全く自由なり、司法権も立法権も議会と称する憲法上の官府も、一切が無効たるに至るとも、主権当然の本質これを然らしむ』と云ふ凶語・険語・虐語・無道語を翰林華冑の列より聞かむとは。古へ桀紂は無道なりき。されども斯く迄の組織的なる虐語は吐かざりきよ」

それを虐語と呼ぶのは、国民が眼中にないからだ。「学賊の虐語に従へば。君主は国家なりといふルイ十四世の迷信よりも尚ほ甚だしく『元首有りて国家無き社会』を…否。社会の存在すら覚束無き元首単独存在…を現出する順序である。『無国家の政府』といふものを彼、理想するならむなれど。国家無くして国民有り得べからず。胴体無くして首独り活存する能はざるの理なり」。上杉の説では「元首有れども国家無し」の状態があり得ることになる。だが、「国家が無ければ国民も無い」はずだ。国民も国家も存在しない所で、どうして元首だけ存在できようか、というのが天眼の上杉に対する反論である。

天皇の神格とは

大日本帝国憲法は「天皇ハ神聖ニシテ侵スヘカラス」とする。この神聖をどのように解釈すべきか。天眼は「日本帝国の皇道は神代の神道に淵源す」としながらも、神代と人の世では神聖の意味が全く違うとする。神代の神道とは「神ながら（神習）の道」であり、「神々が心の儘に為す其のまま道に合しけるもの」を言う。神であるから神聖である。だが、現代に繫がる人の世は違う。「任意の儘に神聖たるは神代の事である。神武以来は乃ち然らず。天皇は神代の神々の垂迹に鑑みて皇徳を研修し、皇祖の神格に合致するやう天皇の人格を皇道以て律するのである」（1913年5月26日）。皇祖の神格を仰ぐ天皇は人格である。「さればこそ、朝廷或いは国家の大事有る場合には、天皇自ら祖廟に詣でて宣託、神勅を請ひ奉りたのである」

ここで天眼は一歩進み、そもそも神格、神聖はどこに存在するのか、についての考察を示す。「天皇の神格といふ事は御位の神聖を申すものにて。御位が天皇神格の主体でありて、上御一人たる天皇が神格主体ではないのである」。天皇の神格は天皇の地位に伴うものだ。「その証拠には」と天眼は言う。天皇は即位して統治を始めても「同時に孝道に於いては父子の関係を保持し給ふのである。孝道は人格に属するものでなくて何ぞや」「天皇は皇位と併せて観念の対象とするに於いて神格なるなり。而して皇位は皇道と融一相即するなり」

天皇の人格を神格に合致させるものが皇道だ。皇道が天皇を律するのである。「正に知るべし。臣民より仰げば天皇は神格なり。天皇自ら仰げば神格は祖宗及び御位に帰するなり。扠《さて》こそ天皇の人格…即ち皇徳…を皇祖の神格に合致せしむる為に、皇道を以て天皇を律するその處《ところ》にぞ、帝国憲法は根拠したのである」

こう考えれば、憲法と皇道は矛盾しない。「即ち帝国憲法は国体の精華…皇道の結晶…を成文したるものである」「故に憲法は劈頭第一に上御一人たる天皇が、天皇本来の性用に融一相即する所以の行儀を律する次第で。つまり不抜の皇道に外ならぬのである」

自制的行儀＝天皇統治の要件

大日本帝国憲法の第1章第1条は「大日本帝国ハ万世一系ノ天皇之ヲ統治ス」、第3条は「天皇ハ神聖ニシテ侵スヘカラス」となっている。上杉慎吉はここから「天皇主権説」「天皇の絶対神格説」を導き、天皇は憲法を超越した存在ととらえ、憲法や議会の存在意義を否定する。だが、この憲法をそのように解釈できるのか。大日本帝国憲法の論理体系はもっと精密であり、憲法と天皇の関係についても厳密な解釈を求める記述となっている。そのような視点で読めば、天皇統治の由来や要件が明瞭になり、憲法と皇道との論理的整合性も理解できる。もはや、上杉のような非論理的解釈は許されなくなる。それが天眼の憲法解説だ。

天眼は大日本帝国憲法第1章「天皇」の条文を紙上に示しながら、解説を進めていく（1913年5月26日）。

大日本帝国憲法

第一章　天皇

第一條　大日本帝国ハ万世一系ノ天皇之ヲ統治ス
第二條　皇位ハ皇室典範ノ定ムル所ニ依リ皇男子孫之ヲ継承ス
第三條　天皇ハ神聖ニシテ侵スヘカラス
第四條　天皇ハ国ノ元首ニシテ統治権ヲ総攬シ此ノ憲法ノ条規ニ依リ之ヲ行フ
第五條　天皇ハ帝国議会ノ協賛ヲ以テ立法権ヲ行フ
第六條　天皇ハ法律ヲ裁可シ其ノ公布及執行ヲ命ス
第七條　天皇ハ帝国議会ヲ招集シ其ノ開会閉会停会及衆議院ノ解散ヲ命ス
（以下第十七條に至り天皇の章終わる）

天眼は第1章「天皇」全部が「統治の権源＝祖宗より一貫する主権＝を明徴すると共に、統治者の性用＝統治者たるの要件＝統治権それ自身の正認さるる所以の根本要件たる自制的行儀＝を顕彰したるもの」

とする。統治者として認められるためには要件を満たす必要があり、その要件とは「自制的行儀」である。まず、統治権の由来は何か。「統治権は『万世一系ノ天皇』と云ふて祖宗より以下無窮の御代を全括したる『全一個の統治主体』に帰し、万世皇統不可分の一体が統治者と立てられるのである」「ここに於いて皇位も亦万世不可分の唯一体でありて。一秒時間の中断と雖も容《ゆる》さない。皇位継承の歴代天皇は各自に『時間上、部分的に皇位を表明』するのである。御歴代の各天皇が其のまま皇位の主体ではない。何となれば皇位は無窮に彌《わた》る全部を意義すればである」。統治権は一人ひとりの天皇にそれぞれ本来的に備わっているものではなく、皇位の系統そのものの中に存在し、各天皇は即位によって統治権を時間を区切って分担していくに過ぎない。「畢竟するに『万世一系ノ天皇』と申す不可分一体の意義の天皇が神格でありて。これ亦万世不可分の唯一体たる皇位と融一相即する處に憲法第三條の神聖不可侵は実成するものにして」統治権と同じく神格も皇位の系統の中に存する。「第四條より以下は前三條の要件已に具備さるると雖も。尚、進んで、統治権それ自身の自制的行儀を以て統治権の正認さるる根本要件に供したるものである。此の根本要件に合致せずんば第一條より三條迄の『全括的天皇』の本質に合致せざるに該当するのである」

憲法は天皇に「自制的行儀」を求めており、それを叶えて初めて統治権が承認されるという構造になっている、というのが天眼の解釈だ。その上で、次のように結論付ける。「畏れ多けれども、万世無窮の天皇…皇位…の意義をば、全括的といふ形容詞以て各天皇より識別して申す。乃ち各天皇は単に第三條の要件に合して即位し給ふたればとて…其のまま統治権の主体と化し得るに非ず。統治権は皇位を主体として万代不易なると共に、各天皇は国体・皇道を自由に改廃し給ふ能はざる自制的行儀をば憲法に依りて帯させられているのである」

すなわち、天皇には憲法を自由に改廃できないような自制的行動原理を、ほかならぬ憲法によって求められていることになる。これなら上杉説は成り立たない。「ここぞ、頑党の神権主義に向かっての大鉄槌なのである」

憲法と国民　～憲法が国民の民格を確認

次に、大日本帝国憲法に国民はどのように位置付けられているか。「『君民正認』！　是れが帝国憲法の聡明なる『自覚行為』である」と天眼は言う（1913年5月29日）。「自覚行為」という言葉を使うのは、憲法を「実在人格」と見做してのことだ。天眼は「憲法それ自体が君国保合の生命本質を実在人格的に代表している」「活存の憲法は即ち君国生命の依って以て昭示し表明せらるる実在人格である」との前提を置く。その上で「人格には自覚が有る」と言い、憲法「第二章　臣民権利義務」は「人格を有する憲法が自覚行為を発揮して」述べたものと見做す。そこでの「臣民」は「国民」のことであり、第2章の15条すべてが「憲法による『民格確認』の自覚行為ならざる莫し」となる。

「君国の『国』と云ふものには必然当然自明的に『国民在り』と憲法が認取して。扠《さて》こそ茲《ここ》に成文したのである」「即ち憲法は君国生命といふものの代表人格であるが故に、彼自らが『国家といふものの主成分は国民なり』と自覚したるそれが其のまま第二章臣民権利義務である」

天皇絶対無限は第1章第3条まで　～それ以降は国民中心

では、第1章「天皇」と第2章「臣民権利義務」の関係はどうなっているか。

「前章第四條以下は『元首格』の自照自制にして、此の章全部は『民格』の内省自認である。そして前者と後者は「相対立するのである。天皇の絶対無限は第一章第三條迄の事である」。「天皇神聖不可侵」で全編が貫かれていると思われがちな大日本帝国憲法だが、天眼は「それは第一章第三條迄の事」と言い切る。そのように区分けしているのは「実在的人格」としての憲法自身であり、第2章以下は「帝国憲法の聡明なる『自覚行為』としての『民格正認』である」と言う。

この天眼説には当然、批判が予測できる。帝国憲法は「臣民」という言葉を使っており、「国民」とは呼んでいないからだ。そうであるのに、国民の存在を前提した憲法解釈が可能なのか。その批判を予測しつつ、天眼は答える。「憲法は『臣民』と言ふて国民とは言はないから、天皇に隷属する臣民は認められても、近代思想の所謂『国民』は認められないと反論すべく、先刻から閥が喉笛をもがつかせ居る。そんな事を言いたがるのは。憲法概念が正確でないからの心理錯誤である」と前置きして言う。「憲法が其の冒頭に於いて、『大日本帝国（国）ハ万世一系ノ天皇（君）之ヲ統治ス』と曰《い》ふて。君・国の保合生存を自昭してゐる以上は。臣民即ち国民ならずして何ぞや」

美濃部、上杉両説、ともに不備あり

このように帝国憲法を「君国保合」の観点から体系付けると、確かに「天皇神聖不可侵」と「民格正認」

を同居させても論理的整合性が取れる。ただ、当時、注目を集めていた天皇機関説論争（第1次）を見比べると、天眼の説は上杉慎吉の「天皇主権説」と異なるだけでなく、美濃部達吉の「天皇機関説」（天眼はこれを主権国家説と呼んでいる）とも異なっている。この点を天眼はどう考えていたのか。次のように述べている。

「改めて憲法概念を確立せよ。帝国憲法は君国本質及び生存原道の制明である。此《こ》ふ概念を定めると。主権天皇説（穂積八束のを慎吉が膨張させてゐるソレ）、主権国家説（美濃部博士のがソレだらう）の双方共に帝国憲法といふものの根本概念に於いて精明ならざるの致す所、幅に於いて轉せし寸が輪に於いて丈の相違を来しものと推断され得る。即ち二者は憲法を人格的に…生物的に…活存的に認諒する徹底的識量を欠くに於いて、兄たり難く弟たり難く。乃ち、どこ迄行きても孰《いず》れが上か下かを決し得ざる鼬《いたち》ごっこを自称学説の対説に演ずるものである」

筧克彦の「自我没却」論を批判

上杉慎吉とともに桐花学会設立に加わったのが、東京帝国大学教授の筧克彦だ。天眼は筧の説にも批判を加えつつ、憲法の現代的意義を説いている。通信社から配信された筧の東京での講演録が1913年5月29日の1面下に掲載された。天眼は同じ1面の自分の論説の中で、この講演の内容を批判した。

筧の講演で目を引くのは「天皇ありて臣民」という項目だ。筧は「我が国の大和魂なるものは自我を没却せる大愛を言ふ。天皇及び臣民は自我を没却して相愛する所以にして乃木将軍の如きは此の大和魂の心根を発揚せるものなり。日本臣民は即ち没我の臣民にして天皇の御力に拠りて創造せられたるもの」「是に於いて日本国体及び臣民は天皇を離れて存在する理由なし」と言う。また「天皇は現人神なり」の項目では「天皇は神なり現人神なり」と言う。筧によれば、日本国は「現人神としての天皇」と「没我の臣民」だけで構成されることになる。

これに対し天眼は、没我の人間ばかりの国が国際社会で生きていけるのか、と現実的な問いを投げ掛ける。「世界の一国としての日本帝国で、国際的生存の一個人格と相成ったる日本にして、没我精神というやうなものを振り回してドーする？　没我は神代の事だ」「国際的一個人格は、必ず法律的動物として存在せねばならぬ。曰く国際条約……曰く国際公法……一字違ふても国の存亡に係る場合が頻々だ」。さらに食料確保、陸海軍備、金貨・兌換券・国債券・利子・輸出入貿易など…。「このやうな非没我極まる生存要件が無限に我を圧迫し制裁し、一言一行を法律的若しくは力学的に強制執行する、その中に立ちて。日本独り神国の一筆画ばかり書き居って飯が食い得るか、食い得ぬか。但し、食はずに拝むのが没我精神と申すか」

筧の説が現実離れしたものであることをまず指摘した後、天眼自身の憲法論を展開しながら筧の間違いを示していく。「『私法観念と離れて国際法の原則は成立せず』…此は現実極まる現代的国民生活の検証に依る。故に国家活存の現実意識は勢い、『民格正認』を喚起す」「民格有りて初めて『人格』生ず。而して人格は権利義務の分割を定むるに当たりて権利義務其のものの各主体でありて。人格無くんば私法は成立しない。私法を正認せざる国家は古昔、亜細亜式の君主絶対権の天下だ」。こう述べた上で天眼は、「私法・

公法の根基たる民格・人格・権利・義務の一切を抹消して」憲法を論じようとする筧の姿に「兎に角、只もう其の放膽《たん》的芸術の規模に感心して了《しも》ふた」と、呆れた様子で筆を止め、最後に「後世真に畏るべし」と付け加えた。

上杉慎吉、筧克彦など、桐花学会に集う学者らの非論理的で歴史からも現実からも遊離した、呆れるばかりに独善的な「学説」は、恐ろしいことに後世、日本国民すべてを強権的に支配するイデオロギーへと発展し、日本を戦争へ駆り立てることになる。

教育勅語は宗教経典に非ず　～御神体扱いは形式病

明治政府による天皇の神格化を通じた国家主義的な教育は、1890（明治23）年に発布された教育勅語の使用によって本格化した。これは儒教的な家族主義の道徳と近代国家主義に基づく愛国の理念を土台に、「忠君愛国」「忠孝一致」を子どもたちに教え込むことを目的にしている。これにより、天皇は単なる政治的主権者ではなく、国民の道徳的、思想的中心ともされた。また、教育勅語は学校で奉読されることで、内容が効果的に浸透して行った。1903（明治36）年には小学校での国定教科書制度が始まり、教育勅語と修身教科書などを利用した国家主義教育推進の強力な体制ができ上がった。

天眼は早くから教育勅語を使った教育を問題視し、多角的な批判を加え続けた。さらに明治から大正に時代が変わる中で、政府や陸軍長閥に天皇を神格化して政治利用しようとする姿勢が顕著になるのを見て、一段と強い批判を始めた。大正政変の熱気が冷めやらぬ中で書いた1913年6月16日の論説は、特に詳しく教育勅語「悪用」批判の論理を展開している。

　教育勅語

朕惟フニ、我カ皇祖皇宗、國ヲ肇ムルコト宏遠ニ、徳ヲ樹ツルコト深厚ナリ。我カ臣民、克ク忠ニ克ク孝ニ、億兆心ヲ一ニシテ、世世厥ノ美ヲ濟セルハ、此レ我カ國体ノ精華ニシテ、教育ノ淵源亦実ニ此ニ存ス。爾臣民、父母ニ孝ニ、兄弟ニ友ニ、夫婦相和シ、朋友相信シ、恭倹己レヲ持シ、博愛衆ニ及ホシ、學ヲ修メ業ヲ習ヒ、以テ智能ヲ啓発シ徳器ヲ成就シ、進テ公益ヲ広メ世務ヲ開キ、常ニ國憲ヲ重シ國法ニ遵ヒ、一旦緩急アレハ義勇公ニ奉シ、以テ天壌無窮ノ皇運ヲ扶翼スヘシ。是ノ如キハ、獨リ朕カ忠良ノ臣民タルノミナラス、又以テ爾祖先ノ遺風ヲ顯彰スルニ足ラン。斯ノ道ハ、實ニ我カ皇祖皇宗ノ遺訓ニシテ、子孫臣民ノ倶ニ遵守スヘキ所、之ヲ古今ニ通シテ謬ラス、之ヲ中外ニ施シテ悖ラス。朕爾臣民ト倶ニ拳々服膺シテ、咸其徳ヲ一ニセンコトヲ庶幾フ

　明治二十三年十月三十日

御名御璽

天眼は、教育勅語は道徳を教えたもので、宗教経典とは異なると強調する。したがって、あくまで拳拳服膺すべき対象である。それを宗教経典のように崇め奉ったり、軍隊式命令によって覚え込ませたりするのは間違っており、勅語の趣旨に反する、と政府の姿勢を批判する。「教育勅語は。天皇が国民と與に倶に拳拳服膺して其の徳を一にする所以の道の教えなり。教えは理會を主とし服膺を効果とす。軍隊式命令とは起点を別にす」「故に教育勅語をば一向宗の偶像の如く礼拝せしめ、之を御神体扱ひするは形式病の一端なり。之を学校に賜りし『連隊旗』の類と解するは無識別の過ちに坐す」

教育勅語はあくまで道徳を教えるもの　～信教の自由没却は非理不法

では、教育勅語とは何なのか。「昔時《むかし》の人が五経を尚《とうと》びし如き敬虔なる道徳心を以て対すべき『道徳教』である。道徳教なるが故に天皇は国民と倶《とも》に守らせ給ふ『斯《こ》ノ道』とは宣《のたま》はせられたのである」。それは経典ではない。「既に道徳教なり。即ち此れが解釈は現代的意識を透して以て君国生民の実用と帰依とに応ずる活ける教訓たらしめざるべからず」。宗教上の経典というものは「道徳の範囲を超越せる心霊支配の神威を主なる要素とす」。しかし、「我が教育勅語は其れに反して、国民性格を範囲する道徳でありて、神と交渉を有《も》つ宗教的経典に非ず」

そもそも大日本帝国憲法は信教の自由を保障しているから、宗教経典に類する扱いを公教育の場で行ってはならないはずだ。だが現実には、ことさらに宗教的装いを凝らして教育勅語が学校に持ち込まれている。それは一体、何のためなのか。「帝国憲法は信教の自由を昭制せり。故に教育勅語を尊重するの余りに、或ひは閥の本願たる皇威形式の無限装置に媚びむが為に、強いて教育勅語の旨を神代式なる神道たるかの如く付会する有らば。そは道徳教を誣《し》ゐて信教自由の権義を没却するものにして非理不法である」

忠孝は人格を基礎として　～奴隷式忠孝は憲法に反する

教育勅語などを使って、権力者が国民に忠君愛国など自分たちに都合のよい「道徳」を一方的に押し付けるのは間違っており、それは内面の服従を強いるに過ぎず、もはや道徳ではない、と天眼は考える。では、どのような道徳が求められているのか。「大正維新は。何よりも先に、活ける道徳を要求する。活ける道徳は民格・人格の自覚、自存に基礎する道徳でなければならぬ。奴隷式の忠孝は憲法生命と抵触を免れない」（１９１３年6月16日）

そもそも忠孝は奴隷のように強制されるものではない。「忠孝は人格を基礎とするのが古道神髄でありて同時に皇道の生命根である」。その理由は明瞭だ。「何となれば斯道は生の道たればである」。加えて、「『生』とは個人格の独立自由なる生存を本体と為し、該本体より他には国家構成の単位有らざればである」

教育勅語の「活ける解釈」を　～人格主義の教育が必須

教育勅語にも新しい解釈が求められる。「教育勅語に対する盲従の域を脱して、活ける解釈を施す大事業の根底的確信を打成する時である」。国民も意識を変えなければならない。「閥威・閥学・閥道から、ひがませられ、こじらせられ、愚にされ、脅やかされし極点なる明治末期式心理状態は新たに活を入れられる時である」

どのような時に教育勅語の活ける解釈が実現したと言えるのか。「天皇と国民とを人為形式以て天淵相隔たるを為さず、元首と民衆とが一貫して国家元気の生命線に立ち、元首格と民格と国家格とが合致して相悖《もと》らざるやう、忠義と権利とが皇道に両立する時である」「現代的なる『君国本質及び生存原道（憲法）』が道義上よりして解釈され、明治二十二年二月十一日以来の不安なる宿題を一刀両断し得る時である」「教育の『人格主義』が初めて文句より生命に入る時である」。「明治二十二年二月十一日」は大日本帝国憲法発布の日だ。そのときから天眼は、憲法が空洞化させられないようにするにはどうすればよいかという「不安なる宿題」を抱いていたと言うのである。

明治天皇神格化の目的は何か　～憲法死滅、奴隷忠義の風尚製造

明治天皇が死去し、時代が大正に替わったとき、明治天皇を神格化する風潮が高まった。これに合わせて国家主義教育も一段と加速した。この転換に危険を覚えた天眼は、改めて天皇神格化の誤りを指摘、盛んに警鐘を鳴らした。「明治天皇の御威徳や無量なり。されど御威徳に帰依する余りに皇道を忘るるは非礼なり」（1913年6月16日）。「天皇は天皇なり。日本国魂が本然的に信解する天皇たる外に格別の意義を付会する天皇観は非皇道なり」

明治天皇を特別に神格化しようと試みたのは閥族が握る権力であり、国民が日露戦争の勝利に酔って正常な判断力を失っている時代状況に乗じて、歴史を歪め、明治天皇を都合よく神格化して国家主義を一気

に強化したと天眼は見る。「日本は。天道を離れて人道を造る程に不聡明な国では本来無い。其の之有るは惟《ひと》り閥威が天日を傾けつる明治末期の事である」

「即ち対露戦捷を過大に自価して国民判断力のふらつきし際に閥が乗じて、三千年来素養の国魂国力といふ原因をば撥無して、単に日本が一朝俄然として成金的に勃興したるかの如く曲解を施し、乃ち一切を在位の天皇の直接的なる威徳にのみ帰すと称し、結果を誣ゐて原因と為し、『天皇は神なり、現人神（あらひと神）なり、故に斯くの如し』とばかりで他を言はず。皇祖皇宗の威稜を憚らず、佞媚《ねいび》、諂諛《てんゆ》、羞《は》ずるを知らず。天皇の御人格をば一切否定して、折角の御威徳をも超人道に押し片付けむと試み、延ゐて奴隷忠義の風尚製造に利用し、帝国憲法を事実上に死滅せしめむと為したのである」。明治天皇を神格化してしまえば、明治天皇個人が備えていた識見、努力が全て無かったことになってしまう。明治天皇を称える者たちが、そうまでして天皇神格化を図る裏には、憲法を死滅させる目的が潜んでいる。これが天眼の解説だ。

軍人への悪影響を懸念した天眼　～憲法と皇道両立の理論構築に努める

天眼が「真の皇道」を掲げながら天皇の神格化に反対してきたのには、もう一つ理由があった。非論理的かつ独善的で単純な愛国的感情のみを煽り立てながら憲法を否定するという思想を放置すれば、いずれ軍人たちに浸透し、社会を危険な方向に導くのではないか、という懸念を抱いたからである。そうした軍人への影響を防ぐために、軍人が受け入れやすい理論の構築を目指した。そこで真の皇道を守るという立場から偽りの皇道を批判し、真の皇道は憲法と両立することを訴えるという手法を取ったのだ。軍人が偽りの忠君愛国思想に染まって憲法否定の行動に出ることのないようにとの願いを込めた工夫だった。

その趣旨を記した論説がある（1913年12月26日）。危機感は桐花学会の出現で一気に募った。「桐花会といふものの出現あり、結構おおさ凡ならず。憲法破壊の意図が頗る組織的なるの観有りければ。此は捨て置き難しと」。そこで、桐花学会に対抗できる理論構築に取り組んだ。「憲法の生命は君国の体及び性に合一する所以を説証すべく着手に及び。遂に『皇道は生之道なり、閥道は死道なり』の原義を闡明《せんめい》にする」考究にたどり着いた。そうしてでき上がったのが、憲法と皇道の両立を目指す、天眼ならではの独創的憲法論だった。

その真意が軍人たちの心に届くことを願った。「予の天地の大道に基づいて文の権威を掲げ、誤れる武をば正面より挫きつつ在る所以の微旨が、剛毅なる武人諸君の赤誠に徹する時も有らうず」（1912年12月25日）

「憲法厄介視」の風潮を懸念　～旧思想と新時代の調節点たる憲法論を

それでも不安が募る。「蓋《けだ》し予が憲法論は船来臭を根拠とする従来学者の諸説と出発点を異にせるものにして大約は旨を盡《つく》したりと雖も」（1913年12月26日）、これで軍人への憲法否定思想の浸透を本当に防止できるかという不安だ。「自分旧知にして陸海軍の要路に在る血性漢の中にも、其の心術の美且つ堅なる誠に敬畏すべくして、而して其の境遇の虜《とりこ》となりて現代気分に遠ざかり、予《あらかじ》め意を構へて憲法を厄介者視するやの嫌ひなき能はず（軍人なるが故に憲法を知らずと公言する類）。学問の造詣未だ完《まった》からざる為に皇道国魂を狭義に為し将《も》ち去る過失に坐する者、三、四に止まらずや」

軍人生活という環境の影響を受けて、いつの間にか、軍人だから憲法を敬遠、疎外するのが当然という考え方に陥り、しかも皇道国魂を狭い視野でしか理解していない。そんな軍人が現実に増えている。「是等の立派なる人々の知らず知らず現代の学術や民衆勢力やに向かって、之を利導して以て国家の根柢力に培うべく政治上に知恵を要求すること無く、只、徒に無用の非好意（好意ならずとも）を態度する有らむには。思想の距離が相去る甚だしきに流れて」軍人と国民の意識が乖離し、対立してしまう。

「奸雄闊才が乗ずる所、素より此処に在り。故に学問の真處、道義の本源よりして憲法格質＝憲法精神＝が皇道の表現たる所以を説明して、以て旧思想と新時代との調節点を会得せしめばやと…。乃ち老婆心を自分発揮せしが為の故に、掲載後は書籍に作り、武人及び司法の各要所に頒贈する計画を以て、斯くは労業に就けるなり」。だが、残念ながら天眼の不安は的中し、昭和に入ると、狭量な国家主義思想に囚われた軍人らが暴走を始める。天眼の「旧思想と新時代との調節点」を示そうとする「老婆心」も「労業」も報いられることなく、時代は暗黒へと、ひた走る。

第6章　分裂するアジア主義

支那論者に二種有り　～対外硬の侵略主義を批判

辛亥革命で中国に初の共和制国家が誕生したものの、孫文が臨時大総統の座を北洋軍閥の袁世凱に譲った途端、袁は独裁を強め、革命派の弾圧に乗り出した。このため1913年7月、革命派は第二革命を宣言して袁政権打倒を目指したが、袁が率いる中国政府軍に圧倒され、各地で敗北。革命の立役者、孫文と黄興は8月初め、辛うじて日本に亡命した。

この過程で、袁の率いる中国政府軍の現地駐屯日本軍人などに対する暴行事件が続発。日本国内で事件に憤激し、中国への出兵を求める世論が沸騰した。このとき山本権兵衛内閣は、袁政権を支援するイギリスなど列強との関係維持を優先して事件を穏便に処理する方針に徹した。強硬な出兵論に対しては、日本が出兵すれば中国国民が反発して日貨排斥運動が起こるだけでなく、列強の中国分割を招く恐れがあるとの理由を挙げて退けた。

これに対し、陸軍や対外硬の浪人連、政治家らは政府の方針を「軟弱外交」と攻撃、事件への厳正対処を求める運動を展開した。その中心となったのは黒龍会の内田良平で、９月に新たに対支同志連合会を組織し、政府に対する出兵勧告決議や国民大会の開催などで強硬世論を盛り上げた。内田らの運動は、事件を機に一気に満蒙処分を実現させるのが目的であった。

時代愚の犠牲　～阿部外務省局長暗殺

こうした状況下で起きたのが、外務省政務局長・阿部守太郎の暗殺事件だ。阿部は列強との協調政策を主導してきた人物で、出兵要求には応じないとの姿勢を明らかにしていた。暗殺の実行犯は18歳の少年と21歳の青年で、９月５日、帰宅した阿部を21歳が後ろから羽交い絞めにし、18歳が前から短刀で腹部を刺して死亡させた。暗殺犯２人は姿をくらませていたが、９日、玄洋社の頭山満と黒龍会の内田良平が18歳の少年に対し、事件の背後関係を口外する恐れがあるとして自殺を指示。少年は頭山、内田が見守る中、中国の地図を敷いた上で割腹自殺を遂げた。21歳の青年は大陸に逃亡させた。内田らは少年の自殺を「命を捨てて政府を諌めた」と美化して政府批判の運動に利用したため、国民の対中強硬策を求める感情はさらに高揚した。

天眼は暗殺事件に衝撃を受け、国の重要な外交政策を、暴力の威嚇で一方的に変更させようとする犯行に憤激した。そもそも天眼は、列強との関係に配慮しながら事件を冷静に解決しようとする阿部の姿勢を評価していた。また内田らの真の目的は満州・蒙古への出兵であり、今回の中国での一連の暴行事件を出兵機運盛り上げに利用したに過ぎないと見ていた。このため、対外硬の煽動で国民世論が容易に沸騰するような状況が続けば、国家の将来が危ういと懸念した。

天眼にとって内田良平は、19年前、朝鮮の甲午農民戦争に際し、ともに命を懸けて日本人の民間義勇組織「天佑侠」に参加した、かつての同志である。それでも天眼は、内田らの行動が極めて危険な要素をはらんでいることを見抜き、毅然として彼らの煽動、暴力を批判した。

この問題での天眼の最初の論説は1913年9月9日、『好乱煽戦の魔風、東京を蔽《おお》ふ』と題して掲載された。「東京には怖るべき魔風が九月五日の夕から六日、七日の夜まで吹き詰めた。今尚ほ吹き止《や》まで颶風《ぐふう》に変じ掛けてゐる」と書き、対中強硬論を叫ぶ暴力の嵐が吹き荒れる様を「怖るべき魔風」と呼んで危険視する姿勢を示した。「此の魔風たるや」「昨年の桂公外遊の目的たりし『満蒙アンド権謀宗（マキヤベリズム）』の中道頓挫ありし頃より夙《つと》に伏線の看破されしサアベル外交の『出兵本願』と因果相倚《よ》るものにして。其れが今回南京事件に乗じて公然、表面に打ち出したのである」。強硬論の真の狙いは満蒙出兵であり、南京事件は世論煽動の好機として利用されているのだと言う。

この満蒙出兵要求がこれまで通らなかった理由、すなわち「サアベル外交の意の如くならざる」理由は、「外務省本省に於いて理識厳格なる政務局長阿部守太郎の頑張る有り」。阿部を高く評価して言う。「外交慣例＝国際通義＝四囲関係＝等を理実併せ證して出兵論者を難詰する者は、実に彼、阿部守太郎の学識及び自信力乃ち然らしむで。阿部は実に外務省に於いて千羊の皮に勝る一狐の腋《えき》でありた」（注・ことわざ「千羊の皮は一狐の腋に如かず」の引用）。「若手外交官中の気概組」も阿部に信頼を寄せ、「外務省存在の理由

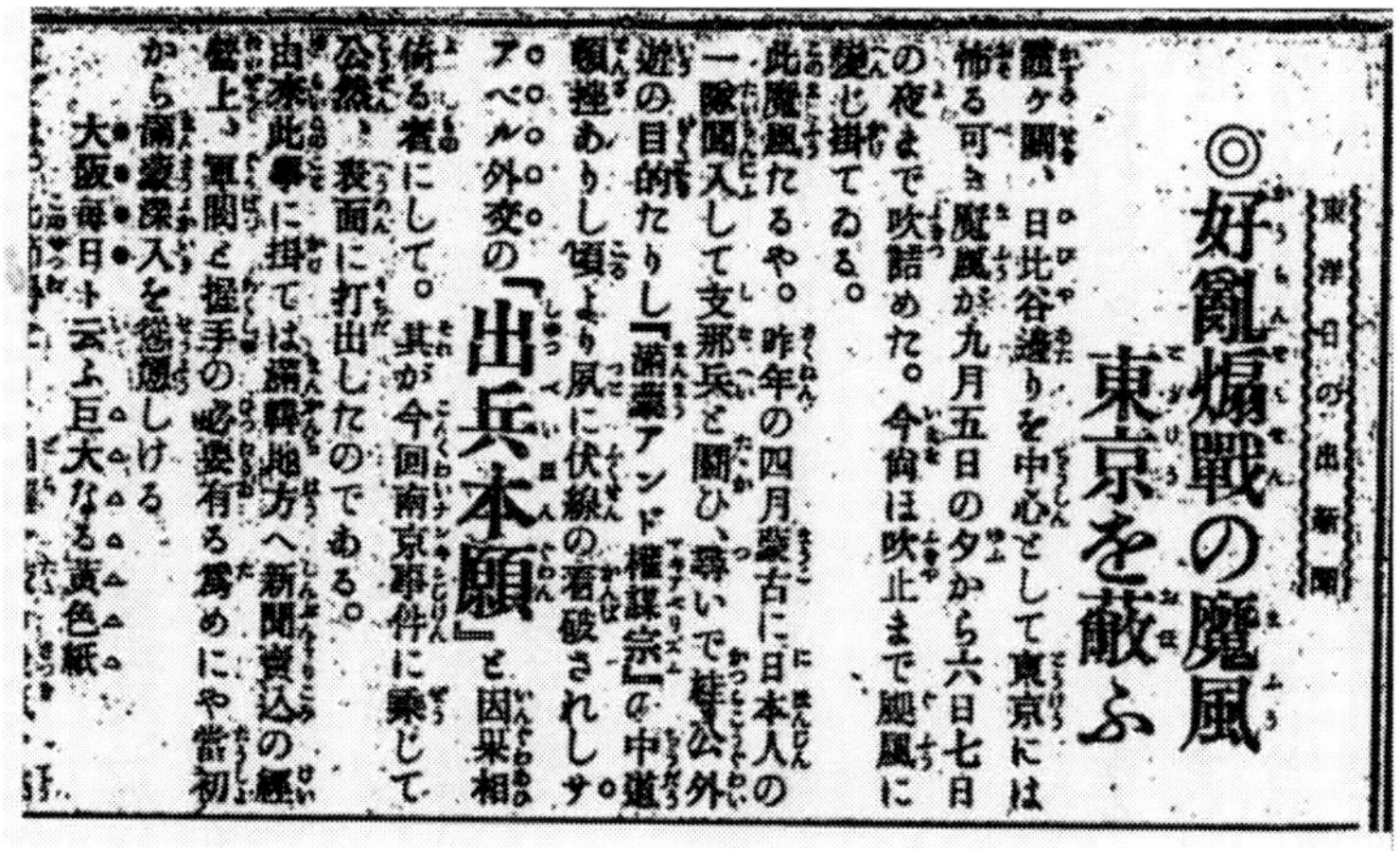
東洋日の出新聞

◎好亂煽戰の魔風　東京を蔽ふ

霞ヶ關、日比谷邊りを中心として東京には怖る可き魔風が九月五日の夕から六日七日の夜まで吹詰めた。今尚ほ吹止まで飈風に變じ掛てゐる。

此魔風たるや。昨年の四月蒙古に日本人の一隊闖入して支那兵と闘ひ、尋いで桂公外遊の目的たりし『滿蒙アンド權謀宗』の中道頓挫ありし頃より夙に伏線の着破されしサアベル外交の「出兵本願」と因果相倚る者にして。其が今回南京事件に乘じて公然、表面に打出したのである。

由來此事に掛ては滿韓地方へ新聞賣込の經營上、軍閥と握手の必要有る爲めにや當初から滿蒙深入を慫慂しける●●●●大阪毎日ト云ふ巨大なる黄色紙△△△△△△△

を死守すべく健気にも奮励して居た」「是《ここ》に於いて不運にも、しかも男らしくも、阿部守太郎はサアベル外交論者に対して隠然たる一敵国たる位置に立ちた」

理識厳格なるがゆえに「理識心算ゼロ」の出兵論者に疎まれ、犠牲となった。「終に彼は出兵絶対本願者流＝理識心算のゼロにして只、サアベルに依りて国威する盲勇者流＝が目の上の瘤と忌まれ、同時に『時代愚』の犠牲たるべく運命つけられた」

出兵の結果を予測すべき　～外交交渉で解決を

勇ましい出兵論が盛んだが、もし出兵すれば、それがどんな結果をもたらすか、冷静に予測してみるべきではないか、と天眼は国民に問う。日本がひとたび出兵すれば、中国国内では軍閥が入り乱れて争い、列強が介入して戦う事態となる。戦乱は戦乱を呼び、日本は際限なく出兵の必要に迫られる。「是に於いて二個師団増設是非の論は一日にして国権の海嘯《かいしょう》に葬られ、五個師団急設の口実湧出せむ。満韓より長江にかけ、軍国的政治が氾濫して、記者も商人も通信を束縛され、交通を制限され、而して内地は即ち半分戦時の状態を呈し、憲法などは事実上に於いて停止に近くなり、世は閥族の世となりて、もう乱だ！　一切が屠牛《とぎゅう》式だ＝無外交＝無理識＝一切がアタマ要らずの腕力世界だ！　…と斯ふ杞憂する事の当否をば。吾人は分別有り、教育有る純正なる我が国民に言問《こと》ひ度《た》い」

その結果を想像すれば出兵はできないはずだ。「軽々しく出兵を断行して日本自らが支那分割の危機を速めむには。もう取り返しはつかない。此は絶対問題だ。絶対とは経済の死活といふ事のいやおう無しを謂ふ」。だから外交で解決を図る以外に道はない。「外務省廃止されざる限りは先ず外交談判を以て支那時局を収拾する事の至当なる所以を我国民の権威に懸けて主張せずんば」国は危うい。

満蒙侵略の本性を暴露　～内田良平等は「軍閥の手先」

天眼は、内田良平ら対支同志連合会の今回の過激な行動は、表向きは南京事件を非難しているが、その裏に隠された真の目的は政府に満蒙への出兵を促すことにあると言う。すなわち、満蒙侵略という目的のために南京事件を利用しているのだ。しかも、その目的は陸軍の目的であり、同志連合会は陸軍を代弁して騒いでいるのだとも言う（1913年9月18日）。

天眼は、大正政変のきっかけとなった陸軍2個師団増設計画とは「満蒙処分の別語」、すなわち「満蒙侵略の換へ言葉」にほかならないと断定する。だから、袁世凱が事件解決を図ろうとしても、内田らは騒動を収めようとしない。「一部人士の伏線的不平は毫も減量せず。早く落着されては却って失望する向き多かるべし」「此の内情と侵略的本志」は連合会決議に読み取れる。決議には「此の退嬰的解決は益々、支那官民及び列強の侮辱を招き、延いては幾多紛擾《ふんじょう》事件を激発せしむべきことを断言す」とある。天眼は言う。「つまり、出兵占領を断行せざる限りは、どんな事変が激発するか、測り難しと威嚇するのである。軍閥の手先として当然の告白である」「もう防勢的増師必要論の仮面をば脱却し去ったのである。吾人が一年前に図星を指しける通り、本性を暴露し来たりたのである」

そして、国民に注意を喚起する。「ここを承知の上にて国民は武閥の主張に対する賛否を決せざるべからず」

支那論者に二種有り　～今回、純雑判明せり

内田良平ら対支同志連合会が煽った出兵論の興奮の嵐を、天眼は魔風と呼んだ。「国権とか国威とか万人向きの辞柄に藉《か》りて国際的の大バクチを打つ常習たる」者たちの煽動で、容易に火がついてしまう世論。その危うさを指摘し、国民が、この問題に憲政の存亡が掛かっていることを自覚して警戒するよう呼び掛けた。「魔風をして一陣の狂風に終はらしむるか。將《は》た軍人万能の旧思想に搦《から》み、当春の憲政破壊を変形的方法以て遂行せしむるに至るかは。一に国民自らが銘銘に我は帝国を負担する一個人間なりといふ自覚の有るや無しやに因って岐《わか》るるのである」

ここで天眼は犬養毅の態度を称賛する。対支同志連合会は、これまで犬養が内田らとともに中国の革命派を支援してきた政治家であることから、今回の出兵要求についても、犬養が連合会に同調すると決め込

み、その名前を同志政治家として宣伝、利用しようとした。これに対し犬養が使者を出して関係を断ったというのだ。「さすが国士統領犬養毅は見上げたものである。支那浪人の雑派や軍閥の手先やが対支同志会の看板に依りて満蒙侵略を主張せる央《なか》ばに南京の三人殺しが起これるをば千載の好機と叫ぶに当たり、而して彼等が犬養の名を利用せしに際し、彼は毅然として立場を明らかにし、同志古島一雄、萱野長知、美和作次郎等を対支同志会に遣りて関係を打ち切らしめた」

この一例で鮮明になったことがある。長く中国の革命を支援してきた日本人たちが、今や2つの道に分かれて進み始めていることだ。1つは、あくまで孫文ら中国人革命家と同志的感情を共有し、列強の中国分割を防ぐためにともに闘う道。もう1つは、これからは中国人の革命のためではなく、日本の国家利益のために、満州・蒙古を中国から切り離して日本の支配下に置くことを目的に活動する道。2つは全く異なる方向を向いている。「乃ち正に看取すべし。従来の志士論客中にても、真に支那の革命志士と相許し、支那保全を念とし、東洋の平和発達を祈り、支那をして平和維持の片棒を担はしむる方針の人士は。断じて軍閥の興奮に和同せず、沈着に時局を監視するのである」「故に支那論者に二種有り。今回、純雑判明せる都合なり」

こう結論付けた天眼は、浪人たちを躊躇なく「武閥の傀儡」と断じる。「（浪人の）満蒙侵略を本志とする出兵催促は無謀の主張ではある。武閥の傀儡たること気の毒でもある」（1913年9月14日）。さらに「軍閥の手先」が「本性を暴露」したとも断じる（同9月18日）。天眼はすでに内田ら浪人に対して、かつての同志と懐かしむような感傷は持っていない。彼らは「武閥の傀儡」であり、「軍閥の手先」であるから、決別し、厳しい批判を加えていく対象でしかない。天眼の言に従えば、１９１３年の南京事件に対する態度如何が、アジア主義の分岐点となったと言えそうだ。

罪深い大新聞の煽動

国威、国権を掲げて煽動すれば、いとも容易にナショナリズムを高揚させてしまう世論。その愚を呼び起こす原因は、単に浪人たちの猪突猛進にあるのではない。彼らの煽動が可能になるには、背景に、その素地をつくるための、さらに大掛かりな煽動があった。大新聞の煽動である。天眼はその罪深さを指弾した。

まず大阪毎日新聞の社説を俎上に乗せる。天眼に言わせれば、同紙は「満韓地方へ新聞売り込みの経営上、軍閥と握手の必要有る為にや、当初から満蒙深入りを慫慂《しょうよう》しける大阪毎日と云ふ巨大なる黄色紙」であり、「此の節得たりと銅鑼《どら》を敲《たた》き、殺気を挑発した」（１９１３年９月９日）

その大阪毎日の５日の社説は『我をして露国ならしめば』と題し、もしロシアが今の日本の立場だったら、必ず出兵して南京も武昌も占領するなど「自由の行動に出て」、さらに奉天でも「厳烈なる行動に出づべく、到底右の如き生やさしき交渉談判に甘んぜざるなるべし」と言う。「これがロシアだったら」と仮想を装いつつ、実は「日本は必ずこうすべき」と主張している、ひねった手法である。だが日本政府は思い通りに動かないので「我輩甚だ憂慮に堪へず」と結んである。

天眼はこの社説を次のように痛烈に批判した。「論の本旨は出兵催促！　武断外交！　他に一物無し」。「樽俎《そんそ》の間に折衝御侮《ぎょぶ》する通常外交は毎日子の予め忌避する所にして只、出兵の時柄＝つづいて満蒙侵略

＝のチャンスを何故活用せざるやと焦るのである」

また大阪毎日新聞は6日の「十行論評」でも、『先ず馬謖《ばしょく》を斬れ』と題して阿部局長を糾弾した。同論評は「対支外交を誤りたる過半の責任」は阿部局長にあるとした上で、「我が今回の事を解決する、先ず馬謖を斬るの概を以て阿部局長を我が外交界より葬らざるべからず」と激越な言葉を連ねている。

掲載されたのは6日だから、5日の暗殺事件に直接の影響を与えたとは言えない。だが、このような調子で連日、作られた紙面が、社会に暴力容認の空気を充満させていたことは否定できない。「然れども、予め旧式慷慨…盲勇的殺気…を十分煽り置きて、そして『阿部を斬れ』と曰ふのであるから。此の『斬れ』は文学的なる『斬れ』たるには、余りに事境が密接し居りた。起草者の真意は断定し得ざれども、阿部が起草者等一味の呪詛の標的と為り居りし情実をば、此の文章が情況證憑して居る。故に大阪毎日と云ふ長大なる黄色紙は、阿部守太郎を倒して、さぞ本望であろうのう、と謂はれても、一寸、返答に窮するであらう」

このような新聞の論調には、物事を総合的、多角的に考察し、冷静かつ合理的に判断するという思考態度はない。「零点と、さうして沸騰点！　而して中間温度の昇降余地を意識せず。これが日本論壇の作文常癖である」「硬軟＝正邪のカビ臭き字面を外交談判の唯一警語と為し、大隈伯条約改正頃と寸分の進境なき士族気分…漢語系意識…の鎖国的敵愾空気に囚《とら》はる。それが頑武者流と和同する国権論乃至遊民的支那浪人共の本色である」

大新聞がこのような意図や習癖を隠し持っていることに、読者は普段、気付かない。それが今回、明白になったことを国民は教訓にすべきと天眼は言う。「扠《さて》。此等の手合ひが気焔の揚げ場所を南京事件に結びつけしは平素の本願上、怪しむには足りぬが。今回は大阪毎日と云ふ言論界の巨物が馬脚を顕はし了《おわ》りしこそ、旗幟鮮明して衆人の眩惑が除かれる点に於いて、寧ろ結構である。凡そ進歩乃至憲政に忠なるべかりし平生の彼が作文は、彼が仮声《こわいろ》に過ぎず、彼の本志は武断政治に在る事を最近、綺麗に自白した」

その煽動体質は大阪毎日だけではない（1913年9月14日）。国民新聞＝「武閥の直参機関には国民新聞社在り。桂党中の中央倶楽部系は此れと骨肉たり。其の煽動筆法は幕末乱世的なり」。二六新報＝「獣力主義を文章して、総有の不良語を使用し尽くす者は二六新報なり」。これらを総じて断罪する。「長閥一味の党派策士が死に物狂ひとは、今や血に渇する豺狼《さいろう》と相距《さ》る一歩」

心配なのは、大新聞の煽動が軍人に浸透していくことだ。「帝国忠良の武人が彼等と伍するの成り行きを呈せむとするは、維新この方、未曽有の不祥事に属す。内面の実勢を謂ふ時は、今日は非常の『危惧季節』なり」

花井卓蔵の「国旗凌辱」論　～感情的に世論煽る知識人

南京事件で、国民世論が怒りの激情に駆られ、報復を求めて沸騰した理由の一つに、これが「国旗凌辱事件」として喧伝されたことにある。犠牲となった日本人たちは、日の丸を携えて逃げているところを中国政府軍に射殺された。このことが、事件を日本人殺害事件としてだけでなく、国旗凌辱、すなわち日本国家が凌辱された事件でもあるとして受け止められ、国民世論を強く刺激した。

だが、人命の被害は重大であるが、たまたま犠牲者が国旗を所持していたからといって、これを国旗凌辱事件と見做し、人命と同等に損害賠償請求の対象にすることは、あまりにも感情的であり、合理性に欠ける。にもかかわらず、時流に流され、あるいは時流に迎合して、知識人までもが感情に溺れた言辞を吐くようになった。それがまた、煽動を容易にする社会環境を形成していく。

天眼は、そうした知識人の無自覚、無責任を見逃さず、批判を加えた。批判の対象となったのは、進歩的知識人の代表格と見做されていた法学博士で衆議院議員の花井卓蔵である。

天眼は、「日本最良の雄弁家で而して第一流の才人たる」花井が、自身が言論界の指導的立場にあることを忘れ、「運舌衛生を肆《ほしい》ままにして、漢語系壮快…日本式独断…の論弁を新聞材料に付する事は、時も時でもあるし」、「吾人をして悲しましむる」と前置きしつつ、大阪朝日新聞に掲載された花井のインタビュー記事『国旗凌辱を如何せむ』を転載して、読者に紹介する。

花井はこう語っていた。「国旗は我が国の権力と威力とを表彰するものにあらずや。之に汚辱を蒙りしと云ふは真個に重大事件たり。我が政府は何故に此の重大問題を以て支那政府に迫らざりしか…」「何人の手に所持するにもせよ、形を備へ居る以上は大日本の国旗なり。国旗に対して汚辱を蒙りたるは、取りも直さず、我が帝国の威信を傷つけられたるものなれば、直ちに国際問題として十分、談判を試み、満足なる解決を収めざるべからず」（朝日記事原文のまま）

物は物である　～物としての国旗に格段の意義はない

天眼は、花井が事件を「国旗に対して汚辱を蒙りたる事件」と強調することに、次のような疑問を投げ掛ける。「国旗は物そのものに於いて国旗なりと雖も、物としては格段の意義あるべき理なし」。同時に「国家の表号たる意義に於いて国旗たること言ふ迄もなし」

したがって、国旗が「国家の表号」としての意義を持つのは時と場合による。一定の条件を備えて初めて、日の丸の旗は「国家の表号」と認識されるのだ。だが、花井の論によれば、そもそも、そんな区別はないことになってしまう。

「然らば問ひ申そう」と天眼は順を追って疑問を提出する（番号は筆者）。

①「国家を代表して公的に掲げらるる国旗と、私人が臨時に逃避の急に於いて携ふる国旗との差別は、此の場合、認めずと云ふ博士の本旨なりや」

②「果たして認めずならば、『私人が国旗を私用しても、同時に国家代表の意義を生ず』と云ふ論理の帰着に非ずや」

③「若し夫れ、我は日本人なりといふ表号の為に日の丸の物を携へしに過ぎざるならば、其の人、撃たるるとも、そは単に『日本人と認識しつつ彼は射殺せり』と云ふ事実に過ぎず、即ち『国旗は国家の威厳を公式に代表する意味合ひに於いて彼より凌辱を受けたり』と云ふ事実は、此の場合に成立せざるに非ずや」

④「之をしも国旗凌辱としての『単行事実』なる如く論告する花井検事の論理法は如何？」

仮にこれが法廷での問答だとしたら、天眼の理路整然とした問い掛けに花井は答えられただろうか。日頃、法廷では緻密な弁論を行う花井が、法廷外で、このような国威、国権が絡む問題になると、法曹とは思えないほどに非論理的で感情的な論法を披露することこそ、驚きである。いつ、いかなる場合でも、物事を原理・原則から説いて見せるのが知識人の役割であるならば、花井はその役割を放棄している。ナショナリズムの高揚の中で、漢学の知識などを織り交ぜながら勇ましい発言をすれば、大衆の喝采を浴び、「漢語系壮快」を味わうことが可能だろう。だが、知識人がそれでよいのか。

天眼は言う。「弁を闘はしたき意には非ず。花井君にして尚且つ、国旗凌辱を如何せむなどの口吻を脱せざる当代漢語系意識の保守空気満天地なるをば、予は寒心する」

世界は日本の一軒家に非ず　～知識人の品位欠く「国威絶対論」

中国側に人命賠償を求める場合、併せて国旗賠償を求めることはできない。

「人命は無上の重宝であれば、当人の所持したりける国旗と云ふ物などは之に較べては甚だ軽微のもので、人命賠償の中に包括されて了ひ、其れが凌辱されたと云ふ別個事項として認め能はざるに至ること自然の順序である」

それでも、国旗賠償要求を前面に出して迫れば、どうなるか。「国旗の有する威厳を第一義に立てて、対支談判の基礎を極端なる国威主義に置けよ…と云ふ帝国主義一点張りの議論ならば。其れは最初から立脚地が違ふ話で。私法の通則を根拠とする国際通義より超越し、実力の所在は即権利の所在なりといふ覇業主義の発動に属するものたるが故に」、それは戦争を仕掛けることを意味する。

それを日本の「勝手」と言う者もいるだろうが、そんな「勝手」は許されない。

「世界は日本の一軒家に非ず。列国の関係交渉は影響する一切の責任を日本独力以て処分するの用意を積みて後の『勝手』なり」

万一、その「勝手」を押し通したら、どうなるか。そのときは「人命は軽し、国旗の『物』が重しといふ帰着を極端なる帝国主義が出現せしめ、『国威』といふものが絶対位に立つ時である。国家は大バクチを打ちて国民の禍福を賭し、民格単位の憲法といふものは主義に於いて自殺するに近い」

以上を踏まえて「国旗凌辱」問題を振り返ってみると。「つまり、腕力か？　法理か？　の問題である。花井氏にして極端なる国権論者の心術を以て国威絶対論を主張する旨ならば、其れなら其れと明らかに断はってから言ふて貰ひたい」「法律家としての氏が、人体の付属品たりし国旗一条を人命より以上に重視し、乃ち非合法なる熱気を吹く事は、士林の言論の品位に於いて御免を蒙りたい」

玄洋社・浪人連との決別

内田良平率いる黒龍会が編纂した対外硬の同志たちの活躍の記録『東亜先覚志士記伝』に、鈴木天眼も含まれている。そこでは、天佑侠での奮闘ぶりや東洋日の出新聞を発行して東亜問題を熱心に論じたことなどが紹介され、天眼は「先覚志士」の一人として高く評価されている。天眼は内田の同志であった。

そもそも天眼は、内田が属した玄洋社の頭山満と縁が深い。玄洋社の来島恒喜、的野半介が小笠原諸島で、幽閉の身となって送られてきた金玉均と遭遇し、その救出運動に乗り出したとき、天眼は玄洋社の依頼で救出の檄文を書いている。天佑侠では、朝鮮・釜山にいた浪人たちが決起計画を東京の天眼に打ち明け、天眼が浪人たちと頭山満の間を取り持った結果、短期間で多彩な同志と資金をそろえることができた。天眼自身も天佑侠に参加、朝鮮に乗り込んだ。天眼と玄洋社・頭山満はアジア主義運動草創期からの同志である。何よりも日露戦争では天眼、頭山、内田三人ともに強硬な開戦論を唱えた。少なくとも、この時点までは三人は対外硬の同志と見做されていた。その天眼が1913年の南京事件に際しては内田良平の行動を「侵略主義」と断じ、内田と浪人連を「武閥の傀儡」「軍閥の手先」とまで言い切って非難した。日露戦争終結から、わずか8年。かつての同志の間の隔たりはあまりにも大きく、その目指す方向は正反対になっていた。

玄洋社に対する厳しい批判を続けた天眼。その背景には玄洋社員の粗野な体質への批判的眼差しがあった。それは天眼が玄洋社と親密であると思われていた時代からすでにあった。当初から天眼は「玄洋社的なるもの」に批判的であり、嫌悪すら抱いていたのである。天眼がその心情を告白した論説3つを紹介する。

来島恒喜遺品の帽子で遊ぶ男たち　～玄洋社員の粗野に嫌悪感

言論弾圧で投獄されて結核を重症化させた天眼が、2年にわたる長崎での療養生活を切り上げて東京に帰った直後のことであるから、1890（明治23）年のことと思われる。その前年に元玄洋社員、来島恒喜が外相、大隈重信の進める条約改正に反対して、外務省前で大隈の乗る馬車に爆弾を投擲、その場で自害した事件があった。

天眼が頭山満宅へ帰京のあいさつに出向いた。「彼の有名なる自屈的条約改正に反対し、義人来島恒喜氏が大隈伯に爆裂弾を投ぜし後の事なり。予、当時、長崎より東京に還り。嘗て筑前にて進藤、頭山諸氏に厚遇されし縁に由り。取り敢へず、番町なる頭山宅に来島一件の見舞ひを為すべく赴きし所」。そこには多くの社員が居て、病み上がりの天眼を歓迎してくれた。「燕趙悲歌的の壮士、雲の如く頭山宅を本部として群がり居。当時、楚々たる病骨の予到るを見て。諸氏痛く悦び。却って予をば慰めけるが」

そこまではよかったが、そこで驚くべき光景を目にした。「中なる一人が自慢気に黒中高の帽子を冠り。恰好甚だ似合ふべしとて、同輩に示し居る。而して同輩は曰く。あ〜よかよか。甚大清潔に成ったやな。よう除《と》れたたい……と賛す」。何をしているのかと問えば、こうだった。「所由を問へば。此帽子は則ち。来島恒喜が大隈伯の馬車に擲弾して。己は外務省門前に自刎《じふん》せる際。洋服扮装にて冠り居りし其帽子にて。来島が鮮血迸《ほとばし》りて帽子に付着せしを。壮士等、西洋洗濯屋に遣り、可惜《あたら》義人の鮮血をば洗ひ来たりて。上等の帽子一個を勝ち得たる始末」。玄洋社員らが義人として崇敬しているはずの来島の遺品を、西洋洗濯屋に出して来島の血を洗い落とし、洒落た帽子が手に入ったとばかりに嬉々として被って見せ、「どうだ、似合うだろう」と自慢し合っていたのだ。

被害者の外相、大隈は爆弾で片足を失ったが、命は助かった。その外務省では事件を記憶するために爆弾投擲現場を保存しているというのに。「仕て遣られし外務省側にては。大隈伯遭難の記念にとて。今尚、省前の鉄柵に爆痕を留めしを珍重するに。来島が血をわざわざ洗濯させて冠る筑前連の単純性と無趣味とには当時、恐れ入ったり。されば勇敢と無鉄砲とは筑前の名物の一つにや」。「勇敢と無鉄砲」の区別が付かないような政治行動に、どれほどの意義があるのか。天眼の玄洋社批判は、その根本的体質への批判から発している。

苦々しき遣り口なり　～閔妃殺害の卑劣手段を憎む

日清戦争が終わって半年後の1895（明治28）年10月、朝鮮王妃・閔妃の暗殺事件が起こった。日本の朝鮮公使に着任したばかりの三浦梧楼が、日本軍兵士や日本から連れてきた対外硬の壮士らを指揮して朝鮮王宮に突入させ、王宮関係者を多数殺害した事件だ。突入時、日本側の誰一人、閔妃の顔を知らなかったため、まず優美な服装をした女性たちを手当たり次第に殺し、後から遺体を検分して、ようやく閔妃の死亡を確認した、という乱暴極まりない凶行だった。閔妃の遺体は絨毯に包んで王宮の外に持ち出して焼却した。三浦は襲撃を、閔妃と対立していた大院君のクーデターに偽装する計画だったが、現場を現地のアメリカ人やロシア人に目撃され、世界に知られてしまった。国際世論は、日本が親露派の閔妃を抹殺するために起こした国家犯罪と見做し、批判が巻き起こった。だが、日本政府は関与を否定したため、対応に苦慮した朝鮮政府は無実の朝鮮人を主犯にでっち上げて死刑に処し、収拾を図った。三浦梧楼ら日本側関係者は日本での裁判に掛けられたが、全員、無罪になった。

事件が、朝鮮公使・三浦梧楼の独断で行われたものか、それとも、日本政府が関与した国家犯罪であったのかは、解明されていない。ただ、狂暴な手口、凄惨な虐殺の模様は当時、世界を震撼させた。現地の公館員が日本政府に送った報告書には、日本軍兵士の凶行を「随分手荒キ所業ヲ相働キ候」と記し、その戦慄を表現している。それは「世界史に類のない蛮行」（原田敬一『シリーズ日本近現代史③日清・日露戦争』）であった。

　三浦梧楼の指揮下にあった日本人壮士の人選、募集には玄洋社の頭山満が協力していた。三浦の襲撃計画を頭山が事前に知って関与した可能性がある。日本に帰国して無罪放免となった三浦を、頭山は「本気でやるなら、今度はやらうと思った」と称賛しながら出迎えている。この蛮行を対外硬の志士たちがこぞって称賛したが、天眼は全く異なる見方をしていた。「三浦公使を中心として朝鮮王妃事件をば、予は苦々しき遣り口なりと当時より思惟して居る」と言う（1912年5月30日）。「所以は何ぞ。曰く。群を恃《たの》み、威を用ふるは弱虫の常套にして、姦妃一人の簡潔処分は真正愛国の壮士一人の任以て足れりとすべければである。囂々《ごうごう》の豪傑群有りて而して一個の荊軻《けいか》無きは武道の堕落なればである」。荊軻とは、秦の始皇帝を暗殺するため、たった一人で警戒厳重な王宮に乗り込み、暗殺成功寸前までこぎ着けながら発覚し、殺された男のことだ。それに比べ、王妃一人を殺害するため、武装した大勢の男が徒党を組んで襲撃に臨むなど「弱虫」の仕業であり、「武道に反する」と天眼は言うのである。「皇道は直ちに古聖の所謂王道たらざるべからず。いかに機勢の切迫が王妃の処分を急務たらしめしとは云へ、そは非常絶特の権宜に属し、大義名分は之を是認すべきに非ず。必ずや狭き陰分たるべし、広き陽分を露はして官許的行動に出ずる事は、皇徳を覇者列の蛮勇に累《わずら》はし奉ればである」。どのような理屈を付けようが、それは皇道、皇徳に背き、大義名分はない。

さらに、もう一つ、重大な理由がある。「無限の慈悲心を本とするに非ざれば、以て異民族を風化する能はざればである」。非道な暴力で他国の人々を支配しようとする考え自体が間違っているのだ。

だから、同じ対外硬の仲間と見做される間柄でありながら、天眼は三浦梧楼（号は観樹）を認めず、決して交際するつもりはないと言う。「故に予は、観樹将軍の偶像的価値については（中略）他の士族式豪傑と本来の鑑定を異にし、之を過渡の際の必要人物と讃するに止まり、若し夫れ多少にても永久を意義する『主義の上の人格』と迄は高買ひするに躊躇する。従って我が足は未だ嘗て観樹将軍の門に走らない」

革命に群がる大陸浪人の醜態に幻滅

辛亥革命（1911年）の最中の大陸浪人たちの醜態にも嫌悪感を募らせた。浪人たちは革命支援の名目で中国に渡りながら、恥も外聞もなく利権獲得に奔走していた。

革命達成の1年後、天眼はこう怒り、嘆いた。「日本浪人共の身柄、或は鉄砲などの売込競争から互ひに中傷し合ふザマや、飛び入り武人が武昌城を枕にして討死する一匹だもあらずして却ってドサクサ紛れの軍用金分配に血迷ひし陋態や、外交官の血の廻りの悪さ加減や、閣下称の人格が廃銃独占六割コムミッションや、多年の支那通諸君の形勢盲や、陸海武官の功名争ひや、本当の通信員てふ者の皆無や、利権に関する日本富豪の仲間喧嘩や、長閥の之を機として大々的出兵を策し大バクチを打つ密謀（此は一旦は頓挫せしも伏線は綿綿として二個師団増設に発すべく根底せし次第）や、誠に聞く心無くても耳に入る不愉快さよ。これでは支那解決を議する前に日本人の根性解決が急務なりと思へば、義挙の声援も張合は抜けたり」（1913年1月15日）

日本の浪人たちが武器売り込み競争を行い、その過程で互いに中傷合戦を繰り広げている、などの情報が革命動乱の最中に入ってくるから情けない。それは浪人だけでなく、日本の軍部と政財界に広がる腐敗でもあった。皆、革命を真剣に応援しようなどという気はなく、ただ、他国の革命を利用して一儲けしようとしていたに過ぎなかった。「支那解決を議する前に日本人の根性解決が急務なり」と言わざるを得なかった天眼の失望感はいかばかりか。悲痛である。

あまりに多くを見過ぎたようである。中国の革命の輝きが日本人の醜い姿を照らし出す皮肉な結果になったのだから、徒労感に打ちひしがれたとしても不思議ではない。特に浪人連の実態、素顔を改めて見せ付けられたことは、この後、天眼のアジア主義に重大な影響を及ぼしていく。

浪人会が先導する日本外交に懸念

このような実態の浪人たちであるにもかかわらず、日本国内で国士、壮士を気取って勇ましく国権伸長を叫び、外交問題のあらゆる場面で強硬論を主張すると、世論が彼らに引きずられ、政府も引きずられていく。これを天眼は危惧した。

辛亥革命勃発直後の1911年10月17日、革命派を支持する浪人会が日比谷公園で大会を開き、日本政府に対して革命動乱に介入しないよう「厳正中立」を守れと要請する決議を行った。当時、日本政府が清朝政府側に立って軍事介入するのではと心配されていたから、天眼も論説でまずは同決議の趣旨に賛同した。その上で、日本政府の重要な外交方針が、浪人会のような民間団体の動きに先導される形で決まっていく状態を正常ではないとして、懸念を表明した。「日本の国論は対外的大事有る毎に、浪人会の如き一種の国士団に依りて左右さるる既往の実歴に鑑戒するを要す」(10月26日)

天眼は浪人会結成に参加しているが、すでに発足時点から、彼らアジア主義者とは一線を画し、むしろ、彼らが日本外交に影響力を及ぼし、先導する風潮に懸念を抱くようになっていた。彼らに対する批判は、この後、一層強まっていく。

天眼、国家主義と大陸建国論を否定

オーストラリア旅行で考える

辛亥革命、大正政変の激動を経験し、日本の政治の歪みを改めて痛感させられた天眼は、改革の方法を模索するために、さらに見聞を広めようと1914(大正3)年1月、オーストラリアへ約2か月の旅に出る。そこで感銘を受けたのは、民主主義の精神がオーストラリア国民に深く根付いていることだった。一人ひとりの自由と人格を尊ぶオーストラリアの社会に親しむうちに、明治以降の日本の政治・社会が何を間違ったのか、これからどう改革すべきなのか、が鮮明に見えてきた。

旅立つ前、天眼は大量の論説を書き溜め、旅行中はそれらを順次、東洋日の出新聞に掲載した。そこで、日本を神国とする閥族政府らの政治権力に迎合して謬説を振りまく学者たちを痛烈に批判した。それが旅行中の思索に繋がる。

権力に迎合して天皇神格化に励む学者たち　～彼らこそ「神ながらの道」に反逆

上杉慎吉など多くの学者が一斉に「天皇は神」と唱え始めた。その動機は権力への迎合である。したがって、彼らの所説は学問とは無縁である。「殊に『天皇は現人神《あらひと》なり』と申す事を読んで、字の如く生理上の活神といふやう解釈したがる宮内省官吏に迎合する本志の為めに、予《あらかじ》め其《その》向きの前提を作りて古事記その他を説くのであるから。名は神代史研究など学術的の如く標榜すと雖も、実は超学理―越現実―なる宗教の域に入る本居宣長の末社に過ぎないのである。彼等が神道と称するは彼等の神道であるが、ソレも恕《じょ》すとしても、サイアンスの名を冒す詐欺の罪や非常」（1914年3月18日）

彼らこそ日本古来の思想に反していないか。「学界の此《この》詐欺、此幻惑、此妖術は啻《ただ》に文明と両立せざるのみならず、我祖宗の『神ながらの道』…まことの道…に対する大逆罪構成である」。彼らは何を間違っているのか。「『天』―『自然』―『神』―と融一するをこそ、祖宗の威霊と観ずべけれ、之を外にして皇室の尊厳を説くは、自ら霊界を局限するに該当す。霊界の局限などは狂人ならでは当節企てざる狂想なり。其《それ》を企つる桐花者流、閥学博士輩の狂人たる所以なり」

言うまでもなく、天皇自身が神と名乗ったことはない。天皇が読む祝詞《のりと》を見れば明らかだ。祝詞には「かしこ」「おはす」と、天皇が神代からの祖宗を仰ぎ敬う言葉が使われる。すなわち、仰ぎ敬っている天皇自身は神ではないということだ。

「仰ぎ指しては、かしこと言ひ。敬うては、おはすと言ふ。天皇と雖も斯く唱ふる事が祝詞の常法なり。日本閥学の注文する如く神と天皇の分界を撤し、天皇御自身が我は神なりと仰せられた例し無し」

科学無視の神国思想が「時代愚」増長　～軍閥に迎合して解釈を人造

学者ともあろう者が、なぜ没論理の説を平気で唱えることができるのか。それは学界の病巣に根差している。「思ふに日本の官僚学風は。主として法科及び文科の神国主義傾向に発露せる文書学＝乃至《ないし》記録文字の拘泥　―幻惑　―の学風＝でありて。重要なる用語の元義神髄を排斥し、自己乃至藩閥官僚の因襲的意態に適すべきやう解釈を人造するのが其《その》特徴である」

学者が軍閥に迎合して非科学的理論を注文通りに編み出し、その理論を利用して軍閥がますます神国主義を鼓吹する。国民の意識から理性や知性が奪い取られ、「時代愚」と呼ぶべき愚蒙が国民を捕え、押し潰していく。「法科や文科の官僚学風が軍閥の猛威と共に表裏を相成《な》して科学無視―鎖国旧思想の神国思想―を煽る結果は、愈々《いよいよ》益々、近時の『時代愚』を増長し」（1914年3月19日）。その時代愚に嫌気が差して旅に出ることにした。

『豪州共富国』連載　～豪州人は誠に親しみやすい

オーストラリアへの旅は1月末に長崎出港、上海経由で往復し、3月下旬、長崎に帰還した。旅行記の連載『豪州共富国』は帰国後の4月から42回に亘って掲載された。オーストラリアの国名は日本ではオーストラリア連邦などと呼ばれているが、英名はコモンウエルス・オブ・オーストラリアである。天眼は英名に忠実に訳した方がこの国をより良く表現できるとして、「豪州共富国」という独自の呼び方を連載の題名とした。厳しい自然の下、勤勉で忍耐強い国民がともに富を築き上げてきた。この国は「共富国」と呼ぶのがふさわしいと言う。

排日機運が高まる中での旅行に不安もあったが、現地で出会ったオーストラリの人々は陽気で親切な人が多かった。「豪州人は誠に親しみやすい」「交わって見ると、男女共にどの人も良い人ばかりだ」（1914年6月3日）。オーストラリア人の方も親日的であった。「一般の撲実なる豪州人と個人的交際を為して見ると、彼等は寧ろ日本人を好く者ばかりだ」。心が触れ合う旅となった。

「国家主義の中毒」が国を亡ぼす

オーストラリアで感心したのは民主主義が国民に根付いていることだ。民主主義が国民精神そのものと言ってもよい程である。「豪州共富国の現在は愛すべく敬すべき大国民の天地である。其国家は名分上に於てこそ英国の支配に属すと雖も。国民の意気精神は絶対民主的で、実際の国政も亦《また》自治主義を完成してゐる」（1914年4月22日）。民主主義は国を強くし、発展させる。アメリカが好例だ。「民主主義の魂性はアングロサキソン民族の生命でありて、北米合衆国の建国及び爾後の隆昌は只だ此魂性の実現に過ぎず」。そして、「豪州共富国の無限なる活力」もまた民主主義から発したものである。

日本人にはそれが分からない。「民主主義の此魂性は、忠義主義の日本人には実感され得ない」「殊に閥族から悪感化を被《こうむ》れる近時日本人は」「人民自らが勝者崇拝の奴隷道徳に淪《しず》むが故に」理解できないのである。だが、民主主義を理解せず、その反対の国家主義に傾くことは、国家にとって危険である。「抑々《そもそも》国家絶対主義の民族は僅少の歳月に栄華を極むる事ありても、亡滅が極めて迅速である。羅馬《ローマ》すら民主主義が国家主義に呑まれし時に亡国の因果を成した。支那歴代や土耳古《トルコ》の末路は言ふ迄もない」

歴史を知らず、学ぼうともせずに国家主義に陶酔する日本の政治家たちに懸念が募る。「日本の今日は国家主義の中毒が飢渇を促しつつあるのに、政界の才人等は流行の人気に投ずるには依然として国格を万能力の如く謂《い》ふのである」「中正会だ、貴族院だと云ふ国体趣味の耽溺者に豪州人の爪の垢でも煎じて飲ませ度いものである」

「国家のみ有って人民無き」国家主義 ～これに逆らう「自己存在を自覚せる人民」

国家主義が勢いを増す日本を見て、西洋の新聞雑誌には、日本人が異様な国民であるかのように描く記事が増えてきた。イギリスの雑誌『十九世紀』には「日本人は常に国家を至上として、国家の為に進んで個人を犠牲に供する」と書いた記事が載った。日本の新聞に翻訳転載されたこの記事を読んで天眼は憤激した。

天眼は言う。ここに描かれた日本人は残念ながら、過去には確かに存在した。だが、それは大正政変までの日本人であり、閥族政治によって無理矢理、鋳型に嵌められてでき上がった偽りの日本人の姿だ。今は違う。「自己存在を自覚せる人民」が登場し、「国家のみ有って人民無き」旧道に逆らう動きが始まった。世界はそのことを知るべきだ。そんな論旨で綴ったのが次の論説だ（1914年5月23日）。

（イギリスの雑誌に描かれた日本人像は）「此は人民に死道を偏務せしむる軍国思想＝私小闇秘《あんぴ》なる旧心理＝の直写にて。憲法擁護大活動に至る迄の…閥の全天下たりし期間の…（日露）戦後思潮及び政教を万代不易と見ての表現たるのみ。過去の惰力を専一に守る者の衷情表識たるのみ。残燈滅時の暫輝一倍と喩《たと》ふべき死華的の閥式旧士族気分のサムプルのみ。保守的反動の幻像として蜃気楼を浮かせし大隈内閣＝長閥政府＝の由って立つ情境空気たるのみ」

記事に描かれた歪んだ日本人像をこう否定した上で、新しい時代の潮流に注目を促す。「智分有る人民と未発言の青年とは自己存在を自覚せり。国家のみ有って人民無き旧道に逆行しつつ在るなり。而して逆行する者に思潮及び実動の本質格力は寓す」

自覚した国民が生まれたからには、閥族による国民の内面支配はもう不可能だ。「今や伝説と権柄とを恃《たの》みて民格を無視し、憲法精神を曲用する大隈山県等の『号令道徳』は人心を支配するに足らざるなり」

民格確認は憲法本質　～憲法は国家に個人の自由保障の義務負わせる

国家主義を否定した天眼は、個人と国家の関係をどのように考えていたのか。もちろん天眼が考える国家は、「国家のみ有って人民無き」国家ではなく、「自己存在を自覚せる人民」に支えられた国家でなくてはならない。それは夢想の中にのみ存在する理想の国家であろうか。いや、そんなことはない。それは、ほかでもない、大日本帝国憲法が「かくあるべし」と日本国民に指し示している国家の姿だ。憲法を守りさえすれば、その国家はすぐにでも実現するのだ。憲法が守られず、骨抜きにされているがゆえに、当然あるべき国家が、あたかも夢想の世界の国家のように国民から遠ざけられてしまっているのだ。

その論理を天眼は次のようにまとめている（1914年5月2日）。まず、「生命は無限且つ無量の寿にして初めて生命である」と書き起こし、何らかの制限を受けた生命というものは「生命本地ではない」と言う。「道義の生命も亦斯くの如し。人間本有の良心―気魄―直観の霊知力を基礎として、外的事物に応接し、『我は之を是《ぜ》とす』『我は之を非とす』といふ其『我は』が原力的に発動無限なることを得て初めて道義の生命は不朽なり得るもので。『我は』の知行一致が則ち『個性』である」

その個性と国家はいかなる関係か。「個性が国家といふ団体組織の内質に確認され、其存立の自由を法治的に保障する所以のものが則ち憲法本質である」

国家の中における個性、すなわち個人の自由を保障するのが憲法だ。国家は憲法に命じられて個人の自由を保障する義務がある。それが国家と個人の最も基本的な関係だ。「憲法の此保障は則ち『民格確認』と称すべきものにして。民格を無視する社会状態の日本に在っては。立憲政治が有名無実なることこそ当然の帰着である。其《それ》は憲政運用の単位人を欠く故に、機関車無しの列車が駅に磊落《ごろごろ》すると同然だからである」

個人を尊重しなければ立憲政治は成り立たない。「民格の発動が人権である。人権の社会的調和を善くするものが道義である。道義と人権との包合が則ち憲政運用を能《よ》くする、衆力の『単位人』である。原動力単位である」。「道義と人権」を尊重すれば自ずと立憲政治が実現する、そう天眼は言う。

侵略主義を批判　～手前勝手な日中「同種同文」利用に怒る

天眼は国家主義と表裏一体の侵略主義も明確に否定した。二つを関連付けてこう述べた（1914年5月23日）。「吾等は閥式武士道の徒が学閥と連なり、国家至上主義を逞しくして『個人』を犠牲に供し、『民格』を滅絶するをば桀紂《けつちゅう》主義として排斥し、侵略主義者が支那日本の同種同文を利用するをば誣妄《ふぼう》若しくは不自覚の陋《ろう》挙として顰蹙《ひんしゅく》しつつ在り」

国家主義を鼓吹する者たちと侵略主義を顕わにする者たちは同一である。閥族とそれにおもねる学者たちだ。だから、閥族政治を終わらせなければ、国家主義も侵略主義も根絶できない。「閥亡びて初めて日本は日本人の本面目を呈すべし」

満蒙分割は「軍閥の私領」拡大に過ぎず　～朝鮮も国民の手に還付すべし

侵略主義の誤りを知れば、眼前で進む満蒙獲得の動きのいかがわしさが見えてくる。それは「天下国家の為」を標榜してはいるが、実態は軍部の利権拡大のための「満蒙割取」に過ぎないのではないか。

オーストラリアに植民した人々は努力を重ね、苦難に耐えて富を築いた。日本人の植民地主義者のように大言壮語を弄ぶだけでは何一つ達成できない。その反省もなく満蒙分割を唱えるとは何事だ。「植民気質及び天然征服の知識を修養する事を全然放擲《ほうてき》して、大陸の満鉄を有楽町で経営する日本官民たる以上は、彼等の欲する如く満蒙仮令《たとい》手に入るとも何かせむ。現に北海道さへ朝鮮さへ一向に拓殖を仕揚げないでないか」。それなのに「徒《いたずら》に地図上の満蒙分割」を急ぎ、「軍閥私計の軍サ人形を殖《いく》やすに務むる。其が国家の実力に何の足し有りと謂ふのだ?」（1914年6月3日）。「軍閥私計」の満蒙分割など言語道断である。

「先ず朝鮮を国民の手に還付するが宜しい。軍閥の私領を太め、サアベル党昇給の地を造る為めの満蒙分割＝六個師団増設＝などは慮外千万である。政党は威圧に靡《なび》きて盲従もすべけれど、『飢餓』は令状を以て検挙拘禁すること難《かた》し」

軍閥の大陸建国主義に反対

国家主義、侵略主義の閥族政治の総師が元老、山県有朋だ。内閣も陸軍も意のままに操り、政変の陰には山県がいる。そして、山県と陸軍が一貫して目指しているのが大陸建国であると天眼は言う。それが彼らの「唯一本願」だ。「則ち是れ『大陸外交』…大陸建国主義に由る陸軍力平押しの方略…満蒙の急速処分…の意見を根基力とは為すなり」（1914年5月21日）

陸軍内では天皇を政治利用して大陸建国論を叫び、外務省を軟弱外交と攻撃する乱暴がまかり通っているが、それも長閥に操られてのことだから情けない。「陸軍部内には対露興戦の原本義は『大陸建国』といふ先帝の遺旨に在りとて、成敗利鈍を問はず天下三分の計に奉公し、斃れて而して後巳むといふ諸葛孔明の忠義魂以て自ら任ずるの余りに、発動的の誠意に由り、外務省の迂見空行を攻撃して、其《その》結果が長閥の犬羊と為る情、洵《まこと》に憫察《びんさつ》すべき者も之無くんばあらず」

威勢のよい大陸建国論に同調する新聞も多かった。天眼はその一つを「満蒙かぶれの病よりして武閥の傀儡となりける大阪毎日」と揶揄している。

私小闇秘の旧心理　～「対外硬」の字面に喝采を送る国民の迷妄

辛亥革命の経過一つを取って見ても、その背後ではイギリスを中心とした外交戦が繰り広げられ、それが革命の成り行きに大きな影響を及ぼしたことは明白で、日本の願望だけで情勢を左右することなどできなかったことが分かる。にもかかわらず、日本の世論は独り善がりな願望を交えて外交を論じ、ひたすら強硬論に喝采を送る。大局観を持たず、目先の利益や事象に踊らされて日本の外交が進められる。この危うい状況をもたらしているのは、国民が「私小闇秘《あんぴ》の旧心理」を脱しないまま外交を考えているからだと天眼は言う。

「国民の一部は旧心理を極めたる武断侵略の一本槍にて現代の何者たるを解せず、只だ対外硬の字面を悦び、乃ち寺内明石の走狗と為りて対支同志会に狂奔し、遂に阿部局長の暗殺に迄、狂暴し、尚進んで山本内閣を破壊する長閥毒謀に左袒《さだん》する始末なれば。仮令《たとい》本当の外交家が有ったにせよ、何等の手腕を揮《ふる》ひ得べくもあらず、揮はば却って何処かの嫉妬の為め、呪詛殺されざるを保せず。則ち、私小闇秘の旧心理が日本を小日本たらしめずんば已まざる現実事勢とす」（1914年5月21日）。

「阿部局長の暗殺」とは1913年9月5日、外務省政務局長、阿部守太郎が対外硬の一派に暗殺された事件だ。この愚行、蛮行を国民も新聞も重大視しなかった。天眼は、ここに日本外交のいく手に垂れこめる暗雲を見た。

日本の自称「壮士、国士」は真の勇者に非ず

イギリス、アメリカ、オーストラリアなど民主主義を根幹に据える国では、暴力を使って勝手に政治を動かそうとするまねを許さない。今の日本をイギリス人が見たら、どう思うだろうか。「英人は大隈伯がゴロ隊長と為り、司法が是認する近時政乱の如き、都会で政敵を擲《なぐ》り、或は脅喝し、或は暗撃して酒代、米代を白狼する人間を…或は巧みに良い子の顔を作りて内実は闕心たる花卓（花井卓蔵）如きを壮士とも国士とも正義団とも許さない」（1914年6月3日）。彼らは偽者である。勇者ではない。彼らの勇ましい言葉と本心は異なるからだ。

「真の勇者とは真実を本領として、平時に於て艱苦窮乏と闘ひ、天然の障碍を排し、以て社会人生に貢献する探検家、開拓者の類を指して曰ふてゐる」。荒涼たる土地で営々と開拓に励むオーストラリア人を見よ。彼等はどんなに厳しい環境に置かれても民主主義を守っている。言論人にも同様の気概がある。「共富国の実を成す、豈《あに》偶然ならむや。而して言論の士も亦其類の信念を失はない」。国民一人ひとりの信念が「共富国」の名に恥じない国造りを支えている。

武断は臆病者の重き甲冑である

真の勇者と偽りの勇者を見分ける必要がある。勇ましい言辞を吐く武断主義者は本当に勇気があって国

家に貢献できるのか。否、と天眼は言う。武断政治で国力が高まることはないからだ。「武断は臆病者の重き甲冑である。其《それ》は一応の用なり、絶対視するは誤るなり」（1914年6月26日）。武力の拡充は国力の拡充に直結しないからである。

「国家が金と人とを使用して号令的に取り揃へる武備武力は、溜池の水で有って活泉ではない。活泉は微源と雖も不盡《ふじん》のものだ。国民銘銘の品性及び努力に基礎する文明及び産業の発展＝則ち理識と富との塵《ちり》を積んで山と成す事＝の夫《そ》れが『出《い》づ水《み》』だ」。国力は武力で養われるものではない。国民一人ひとりの力に頼って初めて不尽の国力が生まれるのである。

国民一人ひとりの力を養う必要　～「個人自敬＝人権互敬」の教育を

では、どうすれば国民一人ひとりの力を養うことができるか。「之を能くするの道は…」「独立自活に由りて個民格たる『気位《きぐらい》』を保つべく個人自敬＝人権互敬を小学の時より吹き込みて」「商民にも士魂を素有することアングロサクソンの如くなるやう現代的教育を施す事…に官民挙《こぞ》って刻意精行するに在り」（1914年6月26日）。

武閥が考え出した現行教育は全く逆の道を歩んでいる。「日本百姓の御し易くて号令教育…兵隊製造…に便なるをのみ喜び、国民銘銘の粒が小さく成り、弱くなり、或は虚伸びし、或は萎《しな》び行くを顧みざるは」、それこそ国力を弱め、白人国家に対抗できなくなって、武閥が呼号する「日本民族自力絶対大決心」に背馳する政策となる。武断主義は国家の発展を阻害するものなのである。

天眼、国家主義と大陸建国論を否定　~国権派から民権派へ稀有の転向

これまで鈴木天眼に言及した書物等では、天眼を「大陸建国論を唱える国家主義者」とする説明が多かったが、本項の論説に見られるように、さらには生涯を通じた一貫した主張に見られるように、天眼は国家主義者でないどころか、民主主義の視点から国家主義を明確に否定し、併せて大陸建国論も否定し、それらを厳しく批判し続けた人物である。天眼像の修正が求められる。

確かに、天眼は日露開戦を大陸建国論の立場から主張し、戦争終結までその主張は変わらなかった。だが、日露戦後、閥族政治への批判を強めるうちに軍閥主導の大陸建国論にも批判的となって行った。かつては大陸建国論者として知られた天眼だが、辛亥革命、大正政変を経た時点ではすでに大陸建国論を放棄し、さらには植民地主義そのものに反対するようになっていたのである。

また大正政変の渦中で憲法政治の意義を考察するうちに、「民格確認が憲法本質」として、個人の尊重の上に国家が成り立つとの考えに到達した。民権重視の思想である。天眼はこれを「予の人格主義」と称した。アジア主義者の大半は民権派から国権派に転じたという歴史的流れがあるが、天眼の場合は、それに逆行して国権派から民権派に転じているのである。そして、国家主義、国権論を否定したその先に、天眼独自の大アジア主義の思想が生まれてくる。

第7章　第一次世界大戦

1914（大正3）年6月、ボスニアの首都サラエボを訪問中のオーストリア皇太子（皇位継承者）夫妻が、セルビア民族主義の青年によって射殺された。これが発火点となって世界は一気に戦争の嵐に包まれた。7月、オーストリアがセルビアに宣戦布告すると、8月にはドイツがオーストリアの味方に付き、一方、ロシア、イギリス、フランスがセルビアの味方に付いて次々と参戦。ドイツ、オーストリア側の同盟国とイギリス、フランス、ロシア側の連合国が全ヨーロッパを巻き込んで戦う史上空前の大戦争、第一次世界大戦が始まった。

8月7日、イギリスが同盟国日本に、中国山東半島の膠州湾を根拠地とするドイツ艦隊を攻撃するための助力を求めてきた。日本政府（第2次大隈内閣）は列強の関心がヨーロッパに集中している間にアジアでの権益拡大を図ろうと、「日英同盟の誼《よしみ》」を理由に参戦を決定。8月23日、ドイツに宣戦布告すると、陸軍は膠州湾の青島を3か月で攻略、海軍はドイツ領の南洋諸島（赤道以北）を占領し、東アジアからドイツの勢力を一掃した。

日本参戦の愚行に怒る

「対独興戦」とは一体何事だ　～戦争の為に戦争をするのか

大隈内閣が欧州大戦への参戦を決定したことに天眼は激しく憤った。まず、国の財政状況が非常に厳しい中で、参戦などを考えること自体、無責任ではないかと言う。その無責任の背景には、大戦は早期終結するという内閣の甘い見通しがあると天眼は断じた（1914年9月5日）。

「欧州戦は一日、八千五百万円の戦費を計上する統計家の調査だからとて、西洋人の物質主義偏向の常情から算盤の珠を弾いて大戦は三箇月の内に結了すべしなど憶断するのは、桁外れの火山勃発を机上の寒暖計以て律する同様の沙汰である。現に財政消極の政綱を一本鎗とせる大隈内閣が『対独興戦《こうせん》』とは一体何事だ。常情を以て計り得ざる事局成行《なりゆき》ではないか」

参戦という軽挙に出た内閣の責任は重い。「只興戦を喜べる大隈伯等の言動に徴しては、宣戦に至る迄の利害打算上の責任特に最も深かるべし。兵は国之大事、死生之地、存亡之道じゃに打算の上にも打算なくて協《かな》ふまじ」。参戦決定により、4千万円の減税・廃税の約束が反故にされた上に、さらに5千300万円の戦費支出の同意を得るため臨時議会が開かれた。宣戦布告後に、あたふたと議会を開いて巨額の戦費を調達するなどということは、「抑々《そもそも》、大隈首相も加藤同志会総裁（注・加藤高明、当時外相）も尾崎非戦主義者（尾崎行雄、司法大臣）も八月七日の以前に於いてツイ一寸先が見へて居らなかった証拠であらうぞ」

しかも、臨時海軍防備費の緊急支出1000万円は駆逐艦10隻急造のためという。参戦に便乗して海軍が予算を都合よく引き出したとしか見えない。「膠州湾攻伐に駆逐艦急造がナゼ生じたのか。陸上攻撃に駆逐艦山に登る戦法でもあるまい」「此の代償をどこで、どうして取ると云ふのだか。其れを大隈さん加藤さんから詳しふ説明して貰はねば帝国議会というものの存在理由は『無』でないか」

功を急ぐ大隈内閣の軽薄に怒る　～戦争を「儲け事」のように書く新聞も同罪

青島攻略戦が始まると、政府閣僚は戦争熱に浮かれ始めた。その軽薄に天眼は怒った。「大隈伯等の興戦に処する軽薄の意態は言語道断なり」「名誉の貪《むさぼ》りに狂し、徒《いたずら》に功を急にして生民の命を軽視する閥道は死道だ。忠勇を濫用するは祖宗の罪人だ」（10月6日）

多くの政治家や国民も参戦の影響に真剣に考えを巡らせることもなく、もっぱら戦況の噂話に現を抜かしている。「ドイツは重々悪い奴だから膺《う》ち懲《こ》らすと云ふ話に止まるでないか」「只青島は何時陥落するかちう噂の交換が大隈天下の全面目でないか」「青島攘夷の責任者は誰ぞ。日本は夙《つと》に幕人心理に逆戻りして。此の複雑せる現代をば単純なる勧善懲悪の旧士族思想以て遣り抜かうと曰《い》ふ風に武閥及び其の相棒たる大隈伯等から官許された始末でないか」（10月30日）

軽薄は新聞も同じだ。「大隈首相等が戦争と云へば、儲け事の如《ごと》妄想する新聞屋の時代愚に投じて、興戦をば国民への御馳走の如く言容しける」。戦争を「儲け事」のように書く新聞があるから、国全体が軽薄な空気に包まれていく。

山川健次郎帝大総長の忠勇演説に失望

時代遅れの旧士族思想で未曽有の大戦を眺め、もっぱら忠君愛国の唱道に終始しているのは政治家に限らない。複雑かつ劇的に展開する世界の流れを、今こそ知性の力で解き明かすべき使命を負う最高学府の学者までも、旧態依然とした忠勇鼓舞で事足れりとしている。天眼はその知的怠慢を批判した。

その典型として出てきたのが山川健次郎の演説だ。東京帝国大学総長の山川は1914年8月、京都帝国大学総長を兼務することになった。そのときの学生向け就任演説に天眼は失望し、痛烈に批判した。山川はこう述べた。「我日本は欧州の大戦争がどうなるにせよ、此時に当たって我国民たるものは熱烈なる忠君愛国の精神と凛乎たる大勇気を有するに非ざれば我日本国を維持するのは実に難いのである。今諸子は我帝国の最高学府に籍を有する者であるから、天下青年者の模範となるべき人でなければならぬ。故に我輩は我国民に欠くべからざる勇気の錬磨修養を勧誘して止まんのであります」（1914年11月17日）

天眼はあきれて言う。「言や一一御尤もなり。完全に御尤もなる故に香も無し、気も無し。唯至凡の調《しらべ》有り」。そして凡庸に潜む病弊を突く。「深いぞ、深いぞ、心理症の根が深いぞ。到底是れ尋常草根木皮の能く治する所ではなからう」

欧州の戦争は、高度な兵器と国民総動員態勢の導入によって戦争の概念を根本から変えつつある。その変化と人間はどう向き合うべきか。世界史の大転換を前に、最高学府の指導者が何を語るかは当然、注目されるところだ。ところが、東京帝国大学総長と京都帝国大学総長を兼務して日本の知の頂点に位置する人物の言葉は驚くほど古臭く凡庸であった。「吾等は一読して如何に時代心理の保守全幅にして非現実なるかのメートルとして、もう匙を投げ了《しも》ふた。恰も維新前に、高杉晋作、西郷吉之助等が会津藩士や聖堂儒者の黒船論を傍聴したらむやうの感に耐えざった」

山川が理解していないのは次の単純な道理だ。「忠勇は力である。けれども力の全部ではない」。そして「斯くの如き学界、政界、武界を通じての老凡的空気」を払拭するのは当面、困難に見える。天眼が「深いぞ、深いぞ」と嘆く所以である。

青島非還付の軽佻を叱る

政府とその周辺に蔓延する無思慮、軽薄の雰囲気を反映して開戦早々、飛び出してきたのが、「青島は還付する必要はない」という放言だ。

日本は、青島などドイツの膠州湾租借地を中国に還付するという目的を掲げてドイツに引き渡しを求めた後に、軍事行動を起こした。その目的は最後通牒にも、宣戦の詔勅にも明記している。にもかかわらず、青島攻略戦が始まった途端、この国際公約を反故にして膠州湾を中国に還付せずにおこう、との声が政権周辺から公然と上がり始めた。

「還付を目的とする旨を宣戦詔勅にも入れさせ奉りながら、此の政府は陛下の御威信の程も深く恐察し奉らざるにや」（１９１４年10月30日）。「大隈内閣の与党の領袖大石スポンジ（注・大石正巳）などは未だ落ちもせざる先から非還付を唱道し回る程の放心挙動＝発作性露出＝でないか。兵は死生の地、存亡の道といふ実感が何の隅にか徴《しる》すべき」。戦争を語るにしては政治家の言葉が軽すぎる。

青島攻略作戦は、日英同盟に基づく軍事行動との名目で実行するために、わざわざ日英両軍参加の形を取ったことを忘れたか。「日本一手で取り得るとも仕事は日英協同の名分通り体裁を具備して居る。此の事実をテンで考へずに日本の勝手占領の如く独断的非還付を高調するのは軽佻だ」(11月4日)

戦時に藉口した生活破壊　~農家を圧迫、減税廃税も打ち切り

開戦当初、国民の生活は苦しくなった。にもかかわらず、政府は参戦で非常時になったとの理由で減税・廃税の取り組みを放棄したばかりか、懸案の陸軍師団増設をこの機に乗じて実現し、さらには海軍経費の臨時支出を含む予算を通すなどしたため、国民の負担は一気に重くなった。

農家の窮状は深刻である。政府の金融引き締め政策で金融機関の農民に対する貸し渋りが起こり、生活費や作付け資金が手に入らず、米を安売りした挙句に破たんする農家が急増した。政府の誤った政策が農家を追いつめている。「資金流入の大本が立たずに只管《ひたすら》正貨輸出の食い止めに従事し、必要の資金すら民間銀行家が実際の貸し出し停止を行ふ現状を以てしては」「日本国の大部分を占むる農家といふものの生命根たる米価が通貨の無理な縮小から制圧されて、買い置きも値待ちも一切不可能を来《きた》し、値を問はず捨て売りして現金に換え僅かに焦眉の急を救ふ窮状が、今後いよいよ甚大と為り、竟《つい》に此米《しまい》は十円台にも落ちやうぞい。そう成ったら、どう成る」(1914年12月5日)。「国家の戦事及び拙悪外交、無識財政が一般の生活を如何に脅かしつつ在るかを実感に耐えない」

このように国民生活に関わる重大な課題への取り組みが放棄されてしまって問題にもならないのは、「今は戦時だから」という弁解が罷り通るからである。

「口を戦局に藉《か》りて減税廃税を一切打ち切りたる上に。甚だしき逆襲を以て増師のお荷物を担ぎ出す今期議会、眼前政治季節の始末である。人民の希望と政府の要求とが斯く迄懸隔せし場合は、憲政史上にも前例稀なりと知らねばならぬ。衝突は必至の数なり」

国民を「誣ふる」政府　～憲法に反する不実を問責すべき

だが、政府は問題を軽視し、国権主義者を操りながら、戦時に藉口《しゃこう》した威圧で国民の声を封じ込めようとする。「蓋《けだ》し政府は。眼中に議会無く人民無き圧倒的なる意気権幕さへ示せば、而して国権主義尚武熱の煽揚さへ趣構すれば、人心は凱旋熱に浮かされて、『増師反対者は挙国一致の敵だ、国賊だ』と云ふ如き漢語系浪人の筆法が利《き》け、政党も新聞も、へたばるものと、高を括るのであるが」「其は幕人心理の東京学界や実業屋を相手には通過せむなれど、人民生活意識の本領をば左右し得べきでない」。政府が戦時を口実に国民に対する責任を放棄することは許されない。「挙国一致のお付き合いは既に奉公済みである。大隈内閣が時局に口実して一切の催事責任を遁避《とんひ》する手には、もう誰も乗らない」

そもそも、政府が国民を欺くことは、国民を「誣《し》ふる」こと、すなわち愚弄する行為だ。憲法上、許されない行為である。戦時に藉口して国民を欺く政府の言動は、国民を「誣ふる」と形容すべき段階に達している。そのような政府は問責に値する。「『戦時』に威柄して、国民も政党も一切汝が智慮判断を用ひず、政府の所為に信頼せよ、政府は外交軍事の秘密上、説明の限りに非ず。只盲従せよ、聴かずんば解散ぞと態度するに至りては、其は『誣ふる』と云ふものである」「豈《あに》独り増師問題のみならむや、そのような意態の政府は之を問責してこそ憲政的忠勇である。之を要するに問責は不可ならず」

対華二十一ヵ条要求を批判

参戦翌年の1915年1月18日、日本政府は中国の袁世凱政権に対して五号二十一ヵ条の要求を突き付けた。内容は▽第一号＝山東半島のドイツ権益継承▽第二号＝租借権の期限延長を含む南満州・東部内蒙古での優越的地位の確保▽第三号＝鉄・石炭開発の共同経営▽第四号＝中国沿岸の港湾、島嶼の列強への不割譲▽第五号＝中国政府の内政、財政、軍事の顧問に日本人を採用、というもので、広範囲に渡った。特に大隈首相、加藤外相が中心になって進めた強圧外交だったが、中国の抵抗は強く、交渉は難航した。特に第五号は中国にとって屈辱的な内容だったため、袁政権は要求を拒否した。これに対し、大隈内閣は第五号を削除した上で5月7日、最後通牒を発して受諾を迫ったため、やむなく袁政権は同9日、受諾した。日本政府は当初、第五号の存在を秘密にして交渉に当たったが、中国政府はこれを列強に暴露し、一気に国際問題に発展した。アメリカは、この要求が門戸開放主義に反しており、日本の侵略的意思の表れとの疑念を深め、日本に説明を求めるなど、態度を硬化させた。中国では、これを中国植民地化に等しい要求であるとして反発が強まり、日貨排斥などの抗議行動が燃え広がった。さらに要求受諾の「5月9日」を

「国恥記念日」として反日運動は継続され、中国ナショナリズムを呼び起こす契機となった。

全国大半の新聞は要求を支持し、中国政府を罵倒

二十一ヵ条要求について、日本の新聞は大半が要求支持の論陣を張った。政府が第五号を削除して要求を認めさせたことが判明すると、これを「弱腰外交」「国権侵害」と非難し、あくまで第五号を含めて要求を貫徹すべきと叫んだ。中国の抵抗で五号を削除したことについて東京日日新聞は「面上三斗の唾を浴びせられたるものにして、我が当局者の大失態不面目は言うまでもなく、わが国民の断じて忍ぶあたわざる所」（5月4日）と叫び、東京朝日新聞は「支那政府は国際友誼を無視し、帝国の体面を毀損すべき行動に出たるものなるにより、帝国政府が断固たる処決をなさざるべからざるや論なし」（5月5日）と武力行使を迫った。強硬姿勢を取る日本政府と一体化して中国を罵倒するだけの、新聞の言説とは思えない内容であるが、これが当時のジャーナリズムの現実だったのである。

天眼は違った。当初は二十一ヵ条要求を支持したが、次第に批判的な見方を強めていく。そして4年後、五・四運動の高まりを見たとき、日本の中国政策が根本的に誤っていたことを悟り、二十一ヵ条要求に対する評価も当初から180度の転回を遂げることになる。

天眼も当初は要求を肯定　～アメリカの反応を見て一転、事態を重視

日本政府が二十一ヵ条要求を突き付けた時点では、天眼はそれを重大視せず、肯定する論説を書いた。「骨

子は満蒙の支那主権を認めつつ、日本人の居住区及び土地所有権を取る事、是日本人専務の主張たるべく。それから内地開放は英米仏等に均霑《きんてん》する利益で、世界の商工景気の原本機軸。此二つは対支外交の方針として寧ろ吾等の宿論なり」（1915年1月27日）

ところが5月、論調を一転させる。日支条約調印直前にアメリカが中国に警告を送ったのを見て、事の重大性を悟ったからだ。天眼は、アメリカの警告は「領土保全、機会均等、門戸開放に抵触する如何なる条約も承認できない」という強硬姿勢を示すもので、日本はこれを安易に考えてはならないと言う。「物々しき北米合衆国の警告的忠言、忠言的警告」は「実に容易ならざる現在将来の凶音である」（5月26日）と警戒を促した。

「遼東還付忠言の実験苦を想味して、対支那交渉は対英米折衝と知れ。北京風雲は華盛頓《ワシントン》の蒼穹《そうきゅう》に読め、日英同盟の変質は既成の事実なるぞ。対独戦の窮境から背に腹は換へられずして暫く日本牽制の手を弛める英人の飴を舐《ねぶ》る勿《なか》れ、北米合衆国の得心を先務とせよ」。弱い立場にある中国だけを見て居丈高に振舞ったり、対ドイツ戦に手を取られて暫時、対日牽制を緩和しているイギリスを見て、今なら中国で強引な態度に出ても許されると考えたりするのは間違いである。米英の存在を忘れていては、いずれ日本の対中政策は行き詰まる、という天眼の警告であった。

大隈首相は「亜細亜の禍箱」～日本の「過大の欲望」が不幸を招く

「北京風雲は華盛頓の蒼穹に読め」「北米合衆国の得心を先務とせよ」とする天眼の警告は、その後も続く。「対支問題は全然、未解決なり。争点は日米関係に確存す。日支条約、果たして第三者の忠言を排して現実されべきか。挙国夫れ張瞻《せん》明目して監視せよ」（1915年6月24日）。さらに二十一ヵ条要求が列強との平和的関係を崩したと、事態の深刻さを指摘する。「一月十八日。日本が対支要求を申し出で、支那を保護国扱ひする嫌ひ有る所謂《いわゆる》第五条を英米通牒外に置いた、彼の時、既に平和構成の自然的なる段取りは崩れて了《しも》ふたのである」「彼の時迄は随分順よく来たのだに、宜しく伊太利及びメリケンと提携して平和促進の原力と為るべき日本が、却って過大の欲望を露骨にしてメリケンを後顧せしめ。後顧乃ちドイツの乗ずる所と為り。此の分では日本の跋扈際限あるべからず、支那全局を奈何せむとドイツ説客がメリケンに意気相投ずる理由を日本自ら作為した勘定で」

「メリケンも暫しは日本の底意を秤《はか》り兼ねて黙過せしかども、イギリスさへ同気相求むる顔色なるにぞ、終《つい》に対日質問といふものをメリケン正面から突き出すに至りた」。その延長に調印直前になってのアメリカの中国への警告がある。

二十一ヵ条要求は日本の「過大の欲望」を露骨に示したもので、列強が日本への警戒を強めた。列強間の平和的関係崩壊の原因を作ったのは日本だ。この重大な責任は大隈内閣にある。さらに大隈は腹心有賀長雄を派遣して袁世凱に帝政復活を吹き込んでいる。「国体変更が斯くて科挙の作文の如く容易に云為されるものならば支那も到底絶脈だ。大隈伯の出現は、亜細亜をして亜細亜流なる武断専制の私悪に殉ぜしむる『禍箱《わざわい》』なのである」（1915年9月8日）

当初は二十一ヵ条要求に肯定的だった天眼が、世界の厳しい反応に気付いて以降は要求自体を真っ向から否定し、大隈内閣への批判を強めていく。

「最後通牒の白紙往生」といふ喜劇 ～「我物顔」「総後見人」の企て失敗

「対支交渉二十一箇条の骨子五箇条は、日本が支那の総後見人たるべく申し込むもので。畢竟するに是れ揚子江を我物顔として解決を試みる速功主義の覆轍を踏んだものだ」（1915年11月4日）。主権国家に対して「総後見人たるべく申し込む」ということは、その主権を奪うということだ。その国を「我物顔」で支配しようとする意思表示だ。そんな「過大の欲望」が通用するはずがない。

「（その申し込みを）揚子江は別段之を冷笑する程にすら気に懸けざった。為《す》る通りにさせて置いて、最後に最後通牒の白紙往生！といふ喜劇を演じさせた」「日本の対支案件が根から見込み違ひを露呈したのだ。揚子江が物が過大なのだ。一人相手には」。ここで言う「一人」とは「一国」の意味だ。「揚子江といふものが或る一国が勢力を独占するには過大にして、其れを企つる者は皮肉の魔神から祟られる」（1915年11月25日）

「過大の欲望」を抱き、我物顔で踏み込んだ中国の広大な大地で、その後、遠からずして、日本国が丸ごと立ち往生することになる。

長崎から世界へ、即時休戦を呼び掛ける

是れ戦争に超たり

世界大戦が始まって2年近く経った1916年5月28日、東洋日の出新聞1面に大型活字を並べた「即時休戦」の訴えが掲載された。それは予想もできなかった戦争の長期化、犠牲の大きさに衝撃を受け、これはもう戦争の域を超えているとして、即時休戦の実現が人類の使命であると訴えるものだった。ドイツに宣戦布告して参戦していた日本政府に対しては、直ちに交戦国から離脱し、中立国を介して休戦を働きかけるよう求めた。大戦のただ中で、長崎から世界へ、一つの新聞社が、たとえ微力ではあっても、持てる力を振り絞って平和の叫びを発したのだ。その記事の全文を紹介する。

「天刑戦！　極端なる狂的屠戮《とりく》！　是れ戦争に超《こえ》たり、人類絶滅の禍殃《かおう》に等し。日本は須《すべか》らく交戦国列より脱退すべし、而して仏独両国に向かって惨毒戦闘の即時休止を要求すべし。北米合衆国及び中立諸邦と手を携へて無条件休戦を提議し、而して講和の緒に就かしめよ。是れ進歩せる人類としての吾人が責務なり。同時に、世界共同の人情及び道義の生命の為めにする権利なり。仏独倶《とも》に義勇の志に於《おい》て古今に特絶せり。絶対決勝といふものを期せば両虎相斃れ民種全滅迄闘ふの外なし、そは有史以来の極重なる罪悪なり。世界は隣人の誼《ぎ》に於て彼等行《ゆき》掛かりの死物狂ひを頓挫せしむる機会を投与せざるべからず。無条件休戦は狂熱一転の妙用なり、勝敗論に超越する大善倶済の方便なり。今日只今は実に基督教、仏教、儒教一切の教権が之を見殺しに付す能はざる活水一瀉《しゃ》の秋《とき》なり。平生誦《よ》む所、果たして何の『経』ぞ、祈る所、果たして何の『道』ぞ。起てよ内外の義人、先ず日米両政府を動かして即時休戦を促さしめよ。特に是れ大日本皇道の本旨なり。（鈴木天眼記す）」

人類の惨禍を食い止めるために即時休戦が急務として、①まず日本が交戦国から離脱した上で、残る交戦国に休戦を求めるべき、②休戦呼び掛けの効力を高めるためにはアメリカ及び中立諸国との協力が不可欠—と主張した。

ヨーロッパの戦局は、ヴェルダンの戦いで双方に膨大な犠牲者を出しながらも、なお膠着状態が続き、全く見通しの付かない長期戦の様相を呈していた。戦争の形態も、国力を総動員して軍需物資を生産しながら戦争を継続する「総力戦」に突入しており、前線の兵士も銃後の国民も疲弊し切っていた。毒ガスなどの残酷な新兵器も次々と開発され、戦場は未曽有の地獄と化していた。

一方、日本は大戦景気に沸いていた。ヨーロッパ各国が戦争で経済停滞に陥ったことにより、日本の輸出が急増して多くの業界が活気づいた。「成金」が登場し、国民も繁栄に酔うばかりで、ヨーロッパの戦場からは目を背けた。

そんな状況の中で、東洋日の出新聞は「戦争の現実を直視せよ、人類の責務としてこの戦争を止めさせよ」と叫んだのである。一地方紙の叫びではあるが、それは日本の国民意識の覚醒を必死の思いで求める重要な叫びであったろう。

国民皆兵論の愚蒙を叱る

人は兵たる前に人たらざるべからず

欧州の大戦が、双方、無数の兵士を繰り出して戦う未曽有の総力戦、消耗戦となっているのを見て、日本でも大規模な兵力を常時、動員できる態勢を整えるべきだとして国民皆兵を求める主張が出てきた。天眼は国民皆兵の思想が、憲法政治に反していること、軍事的にも合理性を欠いていることを説き、それを愚蒙として退けた。

「『国民皆兵論』の愚蒙！」と書き出された論説は、まず、「人は兵たる前に人たらざるべからず」と宣言する（１９１４年12月11日）。「人である」とはどういう状態を指すのか。「人とは現代文明生活に堪ふる能力及び体質の人を謂《い》ふ」。では「現代文明生活」とは何か。「現代文明生活とは自由、進歩、富、科学、国民共栄、自主的格質の心理生理両方面を要件とする向上的努力の生活を謂ふ」。そのような生活はどうすれば実現できるのか。「そは国家主義と人格主義の調和に依りて初めて達すべし。此《この》目的を保障する制度が立憲政治体用である。人権互敬を基礎とする法治主義が其である。文明史及び文明国の現実が之を証して余り有り」

人が人らしく生きることのできるようにする立憲政治の確立が先決である。「百姓は永劫諸《いも》を食ふべし、而して国家の為、肉弾たるべし（中略）と云ふ犠牲偏執の閥道は死道である。現代文明生活は志操を無理に責めず、道義を生理に調節せしける自然開展の生活である」「生活開展の中より、知識も発明も花を持ち実を持つ。人道も亦其中に在り」「秩序、平和及び護国の実力は箇中《こちゅう》に寓す。継続的の研究、分科分業の精錬、思想と武健の併行、自治発達と国政改良との保合等、凡そ富強及び文化の基本は一に斯くの如き人国本質に惟《こ》れ拠《よ》る。本質なり」

その本質はどこに示されているか。憲法だ。「此の本質そのものが即ち帝国憲法生命でありて、憲法は君国格質の自己昭明に外ならず」。憲法を土台に「人を人たらしめる生活」が実現できて初めて、国家の富強が実現できる。この筋道を忘れてはならない。その逆ではないのだ。「之を外にして、人を唯、兵たらしめむと欲し、理想的強国の政治及び教育を施さむと欲する忠勇絶対主義は、戦勝光栄を人生全部と空想する明治末期の転倒風尚＝幕人心理の新装的再発に属す。憲政意識渾沌者流の譫言《うわごと》のみ」

国民皆兵で国家衰亡　～軍国主義教育は民族根底力を奪う

国民皆兵の軍国主義は現実的でないばかりか、国家と国民の関係を歪ませることにもなり、弊害が大き過ぎる。それは憲法に反する。「兵は国民の一部たるべし、国民が兵専門の傾向たるべからず。全国皆兵主義といふものは兵専門に傾向せしむる国家的示唆なるが故に、苟《いやしく》も憲法を知る者は断じて之を容《い》るべからず」

たとえ教育勅語を盾に取って軍国教育を進めようとも、そのような教育は、そもそも五箇条の御誓文の精神に反していることを忘れてはならない。「小中学に於いて『一旦緩急あらば』といふ前提を以てする義勇奉公を教へ込む事は教育勅語の大旨なるべけれど。国民皆兵が全能事たるかの如く尚武偏向に訓育する事は、文武一途、上下心を一にして盛んに経綸を行ふべしといふ開国進取の維新皇謨を打ち忘れ、元亀天正を慕尚する戦国気象再興に外ならず。乃ち封建の士族心理に逆戻りする保守全幅、新義和団的政教である」

国民皆兵では小中学校生に対して兵隊になるための尚武教育を徹底することになってしまう。「夫れ尚武は。剛健の質と徳との為にする方法の一部として採るべきもので。兵卒行儀に偏奇する目的を以て奨励すべきでない」。兵卒行儀に偏奇して尚武を取り入れた場合の弊害は深刻だ。「若し夫れ皆兵を主義に立て思想感情の尚《なお》軟弱なる少年を兵卒の型に入るやう仕向け、仕付ける時は。折角の尚武は心身剛健の一部方法を誤り認めて人生全部と習性せしむる先入為主を馴致し、乃ち必然の心理影響として…自由と人格と智能と富と科学との認識、実感、自任、体現に隔離すべし。軍《いく》さごっこには公民の責務を習ふ必要もなく、業務風尚に没交渉なるを以て然り。是《これ》民族根柢力の不涵養なり。生気開展の不自然なる閉塞なり」。そんな教育を受けた人間ばかりになったら、「国も人も衰亡だ」。国民皆兵は国家を衰退させるというのが、天眼の結論である。

神代復古思想は古典党の陰謀　～愚民瞞着の天皇現神主義

明治天皇の死去から３年余り後の１９１５（大正４）年11月、大正天皇の即位式が京都で行われた。大正天皇は１９１２（明治45、大正元）年７月30日に皇位継承の儀礼である践祚《せんそ》の式を行った後、１年間、明治天皇の喪に服し、それから準備を始めて１９１４（大正３）年に即位式を行う予定だった。ところが、たまたま14年４月に皇太后が死去し、大正天皇が服喪したため、即位式も延期され、践祚から３年余り後の15年11月になって、ようやく実現した。

即位式は11月10日、それに続く大嘗祭は同14日に行われ、さらに大饗（祝宴）が16、17日、外国の元首、大使らを招いて盛大に催された。京都の会場周辺始め、全国各地で大勢の民衆が祝意を示すため街頭に繰り出し、「万歳、万歳」と歓呼の声を上げ続けた。

「大正天皇の践祚、即位式、大嘗祭は、登極令によって整えられた神道儀礼の一大ページェントであり、国威の宣揚と天皇制的国民教化の徹底に、巨大な役割を果たした」（村上重良『天皇制国家と宗教』）。

践祚、即位式、大嘗祭という神道儀礼が「巨大な役割」を果たしつつ、国家による国民教化が飛躍的に進んでいく現実を目の当たりにして、天眼は改めて天皇神格化の進行に危機感を覚え、事態の本質を見詰め、警鐘を鳴らす論説を、一連の儀式の終了を待って書き始めた。

心霊上の怪霧　～国民を不安にさせる神代復古思想

天眼は、明治末期から国民の気持ちを不安、不快にさせる、名状しがたい「心霊上の怪霧」が立ち込めている、と書き出す。「我日本には。明治末期よりして一種の心霊的怪霧が襲ひ掛かりつ。其が何処ともなく暗澹黙滲《あんしつもくさん》して心理的不安不快を催ほさしめ。ドーも変だ、今迄の日本とは日本が異《ちが》ふやうだ、前途ドーなるだらうと湿り勝ちの空気に仕做し居る。しかも其が淡微にして周到なる怪霧である為に、人々は廬山《ろさん》の中に在りて廬山の真面目を識り得ざる如くに怪霧の正体を突き止め得ず。只管《ひたすら》気流翻弄の中に漂ふてゐる」（1915年11月28日）

一体、何が国民を不安、不快に陥れているのか。「怪霧の正体は。古典党の陰謀と称すべき武閥学閥を

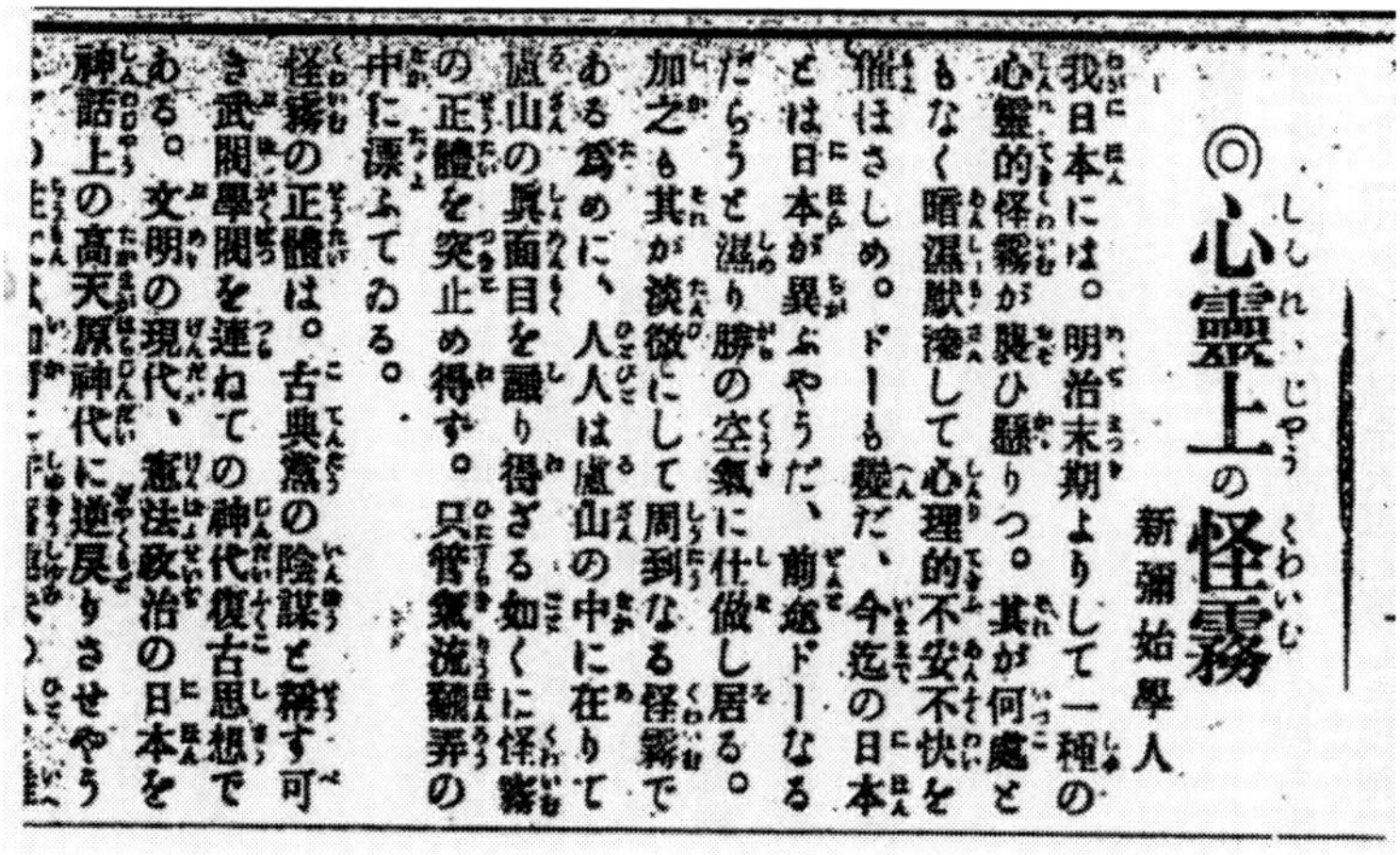
◎心靈上《しんれいじやう》の怪霧《くわいむ》　新彌始學人

我日本には。明治末期よりして一種の心靈的怪霧が襲ひ懸りつ。其が何處ともなく暗濕默澹して心理的不安不快を催ほさしめ。ドーも變だ、今迄の日本とは日本が異ふやうだ、前途ドーなるだらうと濕り勝の空氣に仕做し居る。加之も其が淡微にして周到なる怪霧である爲めに、人人は廬山の中に在りて廬山の眞面目を識り得ざる如くに怪霧の正體を突止め得ず。只管氣流翻弄の中に漂ふてゐる。怪霧の正體は。古典黨の陰謀と稱す可き武閥學閥を連ねての神代復古思想である。文明の現代、憲法政治の日本を神話上の高天原神代に逆戻りさせやう

連ねての神代復古思想である」。すでに二十世紀、そんな復古思想を広めようとする者が本当にいるのか。「文明の現代、憲法政治の日本を神話上の高天原神代に逆戻りさせやうなどの注文は如何に守旧趣味の人と雖《いえど》もマサカ本気の沙汰ではあるまいと常識者は一笑に付すであらうが。其が決して冗談ではなく。着々として組織的に企てを進行し、根深く而して巧妙に勢力扶植を遂げられて在る」

企ては着々と進行し、その影響は、すでに大きく広まっている。例えば、大正天皇即位式の新聞記事に「現神《あきつかみ》」という言葉が頻繁に使われた。それを人々が無自覚に受け入れていく。その結果、「天皇現神」という観念が人々の意識に定着していく。「『現神』！　と書いて『あきつ・かみ』と訓《よ》ませる古典名称が今回の御大礼に於いて新聞の美文などにも使用され…『現神治《あきつかみしろ》し召す天皇《すめらぎ》の』…と云ふ風の典語が世俗の目に上りたが。此は古典語の事であるから何《いず》れ尊い敬虔の形容だらうと思惟して人々は気に留めねども」。ところが、古典党は大まじめで使用している。「古典党に於いてはヤマト

語葉《ことのは》の解釈をば合理的に証説すること無くして。現神《げんしん》と古書に書いてある以上は『天皇《てんのう》は現実の神じゃ、実在の神体じゃ、宇宙の神は天皇陛下の他に之有るべきに非ず。御国体は天皇を宇宙神の実現と仰ぎ、げんしんとして尊崇するのじゃ』…と、現の字を物質的に釈定すべく独断し、此《この》独断を基礎として一切の政教風尚を律せむと欲するのである」

根拠も論証もなく、天皇現神を言い募るのが古典党だ。その代表的学者、中村徳五郎の著書『我等の祖先』は、こんな調子である。《紀元以前の天つ神は、固より歴代天皇の祖宗たるに論なく、其の代々の御子たる天皇も、亦皆現神たるに於いて、即ち神人一体の実在と事績とは、天地と始終して赫灼《かくしゃく》たるものありて、国史の光輝と国体の精髄とは、又実に茲《ここ》に存する外ならざるなり》。これを天眼は次のように批判する。「右引証の文章によれば。古典党の主張は、憲法に昭明されたる神聖不可侵の天皇をば、神変自在なる古事記神話中の天つ神と同視するのである。古事記には聖人の戒めし怪力乱神を語る部分之無きを保せじ。然るに其をば神話に非ず、実在事績なりと断定する。其さへ維新五条の御誓文、広く知識を世界に求むるの条に背くべきに」

天皇の名を利用した責任逃れの体系　～天皇現神主義で愚民瞞着、憲法破壊

神話を持ち出しても何の証明にもならない。さらに仲間内の一学者の説を決定的な証拠のように持ち出すに至っては、もう学問とは無縁である。「更に学究の私説を根拠として『代々の天皇を天祖と等しき現神《げんしん》』とのやうに主張するに至りては。憲法も君道も祖宗の法も何もかも無用と化し、現神の行為は理

非善悪を問はず、悉《ことごと》く絶対神聖のものと論理の帰着を促す儀である」。天皇現神主義宣揚の政治的目的は、ここにある。まず、現神である天皇の行為は理非善悪を問わず、すべて絶対神聖のものであるから、天皇にはいかなる責任も生じない、とする。その結果、天皇の下にある政府も天皇の名において仕事をする限りは、一切、責任を問われないことになる。もはや憲法に縛られることもない。為政者にとって、まことに都合のよい理屈である。

「蓋《けだ》し夫《そ》れ現神《げんしん》主義は。憲法破壊を意衷する『御親政主義者』の愚民瞞着用のものである。政治上に於いて如何なる暴政秕政《ひせい》を積みて為に君国を危殆ならしむとも、内閣大臣は斯道《しどう》の制裁に甘んじて引責する事を為さず」「称して『思し召し』に依りて留職すると曰《い》ふて愈々《いよいよ》君国を危害に陥れる場合に及びなば。其は責任が御親政に帰結せねばならぬが。現神主義に依れば臣民敢て之を議し能はざる勘定である」。そんな打算の上に政治家が天皇現神主義を鼓吹することなど許されない。「天皇現神主義の古典勢力を私用して御親政主義を布《し》かむと欲するが故に責任も何も念頭に無いのである。先ず曲学の現神主義を匡正せずんば、一切の政論は末節である。君国擁護の急！」

憲法遵守を確認した大正天皇勅語

こうして危機感を募らせる天眼を、ひとまず安堵させたのが、大正天皇の即位式での勅語だった。それは天皇が臣民に呼び掛ける次の部分だ。

『爾臣民　世世相継ギ　忠実公ニ奉ス　**義ハ即チ君臣ニシテ　情ハ猶父子ノゴトク**　以テ万邦無比ノ国

体ヲ成セリ』『皇考維新ノ盛運ヲ啓キ　開国ノ宏謨ヲ定メ　祖訓ヲ紹述シテ　**不磨ノ大典ヲ布キ**』勅語を読んで、天眼は言う。「此等の御詞は憲法を確認し玉ひ、君国本質を臣民と興《とも》に倶《とも》に守らせ玉ふ聖旨の昭明にして。天皇と臣民との間に至情の愛を容れ玉ふが故に、現神主義の威柄絶対なるとは趣を異にし。臣民は従前の如く、天子様＝天皇陛下＝と云ふ観念を以て奉公し得る事の保障と拝される儀である」

（1915年11月30日）

「義ハ即チ君臣ニシテ　情ハ猶父子ノゴトク」は天皇が神ではないことを前提にした言葉であり、先帝が「不磨ノ大典ヲ布キ」は大正天皇も憲法を拠り所に統治するという宣言だ。古典党が唱える「天皇は現神であるから、統治に当たっていかなる制約も受けない」という天皇現神説を、天皇自身が否定する内容である。「下世話に申す鶴の一声とは此事なり。古典党が意図しつつある政教の改作…其は実は皇道及び憲法に対する反逆行為にして、忠君敬神を名として国体の革命を促す同然の匪為《ひい》なれども、時代愚は其と気付かず、政党の首領始め処世の術として古典党の口吻に迎合する所の…政教の改作は茲《ここ》に一遍でお叱りを蒙りし次第なり」。そして改めて、現実離れの思想を弄ぶ古典党を天眼も叱る。「政事は神業ではない、国家日々の生活行為である」

「皇道の私釈」を公勢力たらしめむと欲する古典党

天眼は、明治末期から天皇の神格化が国を誤らせると警鐘を鳴らし続けてきた。だが、その危機感は世の人々には、なかなか分かってもらえない。「世人、未だ注意を厳しくせざれども、憂慨の本因と為りつる政教上の根本問題」がある。その問題とは「古典党が大典に乗じて皇道の私釈を公勢力たらしめむと欲する『天皇現神主義』を其と為す」（同11月25日）

古典党が「大典に乗じて」動くのではないか。それをどれ程、心配していたかを皮肉たっぷりに記す。「吾等は即位式には憲法中止の宣言でも奏請する古典党の計画でも裏面に潜まずやと、杞憂せし程である」（11月30日）。「何となれば、金力万能、選挙干渉、私党の悪事官営、司法権濫用…此《こ》う道具立てを揃へるには、憲法中止に迄、漸せずんば已まざる道理であるし」「国家はドー為っても、皇室謳歌さへ調子を合はせ居れば其が忠義じゃと云ふ思想に罹りては」憲法中止を平気で言い出しかねないのである。

筧克彦に詰問を要す　～教育勅語と帝国憲法を正確に読むべき

天眼は、天皇現神主義者の唱える古典党の理論は矛盾に満ち、破綻している、と断じてきた。その例証の一つに、古典党による教育勅語の曲解が全く通用しないことを挙げる。教育勅語には『斯ノ道ハ実ニ我カ皇祖皇宗ノ遺訓ニシテ…朕爾臣民ト倶ニ拳拳服膺《けんけんふくよう》シテ』とある。すなわち天皇は臣民の側にあって「臣民と共に拳拳服膺する」と言っているのである。ここでは天皇は神ではないのだ。大日本帝国憲法でも同じ構図で憲法を守ることが謳われている。にもかかわらず古典党の言うように天皇を神としてしまえば、天皇が「臣民と倶に服膺する」必要はなくなるではないかと問う。

このような論理的問題を無視して天皇現神主義を叫ぶ古典党の代表格が東京帝国大学教授、筧克彦である。天眼によれば「観念主張を巧妙なる文章以て言い回し、日本には『天皇が唯一大生命なり、天皇は一切を創造す』と云ふ高天原復古思想を宣伝する古典党選手」（1915年11月28日）である。その筧等に天眼は問う。「教育勅語及び帝国憲法を何と見る所存か。筧克彦始め政教の司に在る一切の官吏学者に詰問を要す」。筧克彦はこの詰問に答えられたであろうか。

シベリア出兵に反対

第一次世界大戦中の1917年11月、ロシア革命が起こり、社会主義ソビエト政権が誕生した。新政権は戦争を止めるため即時休戦と講和会議開催を提唱。翌1918年3月にドイツとブレスト・リトウスク条約を結んで単独講和を成立させ、連合国側の戦列から一方的に離脱した。

日本では、革命波及の恐れなどから政府内でシベリア出兵論が高まった。そんな折、東部戦線でドイツと戦っていた連合国側のチェコ軍団がソビエト領内で赤軍と衝突、孤立した。このためアメリカがチェコ軍団救援のための共同派兵を日本に提案。日本政府は「アメリカと協調した限定出兵」という条件付きで同年8月、シベリア出兵を宣言した。実際に派兵が始まると、アメリカ9000人、イギリス5800人に対し、日本は取り決めの兵力「1万2千人以下」を大きく上回る7万2000人を一方的に送り込み、日本の独断専行の姿勢が鮮明になった。

米英仏など共同出兵に応じた各国はシベリア出兵が失敗であったことを認め、出兵から約1年半後の1920年1月、アメリカが撤兵を宣言すると、各国も続いた。しかし、日本は単独で出兵を継続、出兵目的を「チェコ軍団救援」から「親日のシベリア緩衝国家擁立」に替えて、果てしない戦闘を続けた。１９２０年5月には黒龍江河口のニコライエフスクで日本人居留民ら多数が革命派パルチザンによって虐殺される尼港事件も起きた。

国内外の批判を受けて日本政府がシベリア撤兵を完了させたのは１９２２年10月。4年間で日本は10億円の戦費を注ぎ込み、３０００人余りの死者を出した。

「シベリア出兵は、現地シベリア住民の不満を買い、先に撤退していたアメリカの不信を招いただけで、得るものは何もない戦いとなった」（櫻井良樹『日本近代の歴史④国際化時代「大正日本」』）

露国救援とは何の言草ぞ　～他人の国土に土足で踏み込んで

日本政府のシベリア出兵宣言の前月、すでに出兵が実質的に決定していた１９１８年7月23日の論説で、天眼は大義なき出兵を厳しく批判した。一体、何の根拠があって他国の領土に兵を送るのか。それを正当化できる理由などあるのか。その無謀が引き起こす重大な結果を政府は考えているのか。「抑々《そもそも》、露国救援とは何の言草《いいぐさ》ぞ、何時、露国民から依頼されたるや、他人の国土に土足で踏み込んで救援と自称するに当たりて、若し露国民の代表機関が之を目して侵略行為と為し、未来永劫、日本を理想上の仇敵として嫉視するに至らば、其禍殃《かおう》は無量不尽に非ずや」

天眼はこの論説の直前にも「出兵を決してから名分を詮議すると云ふ類の怪詭《かいき》千万なる政治心理が波動律を漂はして居る」（１９１８年7月18日）、「吾は日本が好んで戦禍拡大に釣り込まれる傾向をば国の大事死活の機として惧《おそ》れ戒め、乃ち無謀出兵が食ひ止まるか否か」（同21日）を注視していると書いているから、出兵を正式決定した政府への失望は大きかった。

日本は一兵をも動かすべからず

シベリア出兵宣言の前年、ロシアで革命が成功した時点から、天眼は出兵論が出ることを警戒し、その無謀を戒める論説を書いていた。「露西亜《ロシア》内部が如何に騒乱すとも。仮令《たと》へば西比利亜《シベリア》東部が独立すとも、日本は為に一兵をも動かすべからず。日本が泡食ふて戦禍拡大の焚き付け材料に化したなら、其は全人類の為の騒乱起点を自暴自棄する所以である」（1917年11月29日）

情勢がどう推移しようとも、日本は「一兵をも動かすべからず」。なぜならば、世界大戦の開戦から3年、交戦国の「戦局心理」は平和を求め始めており、「世界乱の収拾」こそが世界共通の緊急課題となっているからだ。「其にも拘はらず日本が此《この》霊的航進路に順応すべく舵を執らず、強ひて逆に引き戻さうとて出兵など試みるならば、実以て誇大妄想狂の所業で悖天《はいてん》の咎《とが》や無量たるべきである」

ロシアの民主革命風潮は天の時運

にもかかわらず、多くの東京の新聞は「日本の責任益々加はる」などと言ってロシアへの出兵機運を盛り上げる。しかし、これはロシアの国民が置かれた厳しい実情を無視した議論であると言う。「露西亜の休戦は是非の問題を超越して、内面整理の絶対必要に由る実生活の成行に属す。飢寒が一切の証人である」。

飢えと寒さがロシア国民に迫る。休戦はロシア国民のためなのだ。ロシアに軍事侵攻すれば、その時、ロシア一般民衆の生命、生活はどうなるか。「此上にも彼が内政に干渉を試みむと欲するならば、其は余りに露国民の実生活に向かって薄情なりき。且つ愚拙の策なり。誇大妄想なり」

ロシアに革命が起こったのは歴史の流れによるものだ。「露西亜の民主革命風潮は天の時運然らしむ、休戦は勢ひなり」。ならば日本の取るべき態度は自明である。出兵はもっての外だ。「吾人友邦の民たる者、深く彼に同情し、露西亜保全の大方針以て応酬するを要す。決して出兵を予構し、脅制を心機すべきに非ず」

尼港事件　～復讐戦は再考せよ

1920年5月、ニコライエフスクで多数の日本人居留民が虐殺される尼港事件が起きると、日本政府は事件に抗議、賠償を要求して北樺太を保障占領した。残虐な事件に国民の怒りが沸騰、復讐のための出兵を求める声が高まった。このとき、天眼は冷静な対応を求め、復讐に逸る気持ちを抑えるよう訴えた。「おめおめ撤退は不可能なりと雖も、若し復讐殺戮を志しての出兵ならば、其は再考を要する」（6月22日）。だが、国会も復讐の激情に包まれている。「衆議院の前庭に於いて徳川貴族院議長等肝煎にて尼港追悼だか、国辱記念だか、何やら大会を催すとは本気の沙汰かね？議院は立法府である。お寺でもなければ民衆会堂にも非ず」

復讐戦を始めれば、さらなる命が失われるだけである。「尼港事件の憤激は宜しいが、為に復讐軍を起こさば、軍に赴いて幾百の生霊を損する、夫れも亦陛下の赤子と知らずや。況《いわん》や復讐の興戦《こうせん》などは世界人道の断じて與《くみ》せざる所なるに於いてをや。彼やうの事件にて大日本国が騒ぐは却って過激派の手に乗り、我忠死者を犬死させはせぬか。再考せよ、再考せよ、冗談じゃない」

この悲劇の本当の原因は何か。それを考える必要がある。「尼港事件は外交積年の失敗の祟りが偶々是所《ここ》へ吹き出した因果の塊りだ。眦《まなじり》を決して復讐出兵や当局問責を主張するのみでは国策樹立は百年河清を待つ如しだ。是機会に於いて（中略）内政外交の革面を実行するに非ずんば、八方塞がりの休否は救われない」（7月13日）。そもそもの原因はシベリア出兵にあるということだ。

「統帥権干犯」の錯誤を正す

統帥権の誤謬　～軍部の独断専行に対して覚悟の批判

シベリア出兵が議論された際に、出兵強行を目論む軍部が盛んに言い立てたのは、出兵の是非について軍人でない者が口を挟むのは「統帥権干犯である」という主張だった。この風潮を天眼は深刻にとらえた。このような独善的な暴論がまかり通れば、理性的な議論も、国民の意思も、すべて排除され、政治による軍の統制は不可能になる。それこそが国家の危機に直結する。昭和の時代に入ると、「統帥権干犯」を盾に批判を封じる軍の暴走はますます激しくなり、結局は日本国の滅亡を招いた。その萌芽が大正時代のシベリア出兵論議の中にある。

渦中にあって、いち早く、その危険性に気付いた天眼は、シベリア出兵宣言翌日の1918年8月3日、敢然と統帥権干犯論の誤謬を指摘する論説を掲げた。弾圧覚悟の身を挺しての言論活動であった。

軍人の気難しい議論　～独裁武断の意図潜む

軍部のシベリア出兵論を外交調査会が批判して、いったん頓挫したとき、軍人らが「統帥権の干犯だ」と反発、政府は動揺した。「軍人の一部が出兵頓挫の余憤を『統帥権』云々に険訟し来《きた》ること頃日《けいじつ》頗る切迫し、寺内内閣は国論に倒れず、却って内面の閥威に脅かさるる矛盾に悩み、余命幾許《いくばく》も莫《な》からむとするが」。だが、それは軍部の常套手段である。「軍人一部が非常に気難しい言草《いいぐさ》を統帥権に搦《から》むのは。独裁武断の意図を口実するものたること過去の史迹《せき》である」

参謀本部が帷幄上奏できる立場にあるからといって、それを理由に参謀本部が天皇の名を借りて一切の批判を拒むことなどできない。「（外交調査会の議論自体を統帥権干犯と見做すのは）其は余りに単純なる武人の客気若しくは偏見にして」。「統帥権干犯」を盾に軍への批判を一切、拒絶するというなら、政府も国会も不要になるが、そんな馬鹿げた話はない。「外交協調や出兵数等を詮議以外に付すなら、外調会のみならず、内閣も総理大臣も不用に帰すでないか」

閥権の猛を承知で書く　～不審の廉あらば含雪公に問へ

政治から知性が消えていく。そんな政治によって国民も知性を奪われていく。統帥権干犯の威嚇が通用するのはその象徴だ。「日本の政道は文武両道ならざるべからず。而して文の一事に至りては、威勢に募る長閥才人の壇場ではない」

「長閥才人」を真っ向から批判するということは陸軍の総帥、山県有朋を批判することだ。シベリア出兵問題で厳重な報道規制が敷かれている中で、その出兵問題で山県を名指しで批判することには危険が伴う。だが、このとき天眼は国を憂えて危険を顧みず、堂々の論説を掲げた。その覚悟をこう記す。「閥権の猛を承知で之を書く。不審の廉《かど》あらば、之を公等の師、含雪公に問へ」。含雪は山県有朋の雅号である。

天皇絶対を叫びつつ、皇太子名代は議論なし ～一貫性のない大義名分論

統帥権干犯を言い立てる者達の主張が実にいい加減で、論理に一貫性がないかを、その後も天眼は厳しく指摘し続けた。シベリア出兵継続中の1921（大正10）年10月15日、軍令改正が発表され、陸軍特別大演習を天皇ではなく、皇太子が天皇の名代として統監することができるようになった。従来の『特別大演習は天皇親《みずか》らこれを統監し』という条文を『天皇親ら統監し、勅命に依り皇太子殿下御名代として統監することあり』と改正した。しかし、これは憲法の規程に照らせば、簡単にできることではない。なぜなら、大日本帝国憲法は『天皇は陸海軍を統帥す』と定めているからだ。「軍の統帥」は天皇だけが有する唯一無二の絶対的な権限であると言うのが、「統帥権干犯」を叫ぶ者達の論理であったはずだ。陸海軍を統帥する存在であるからこそ、陸軍特別大演習を統監してきたのだ。ならば、たとえ皇太子であろうとも、憲法との関連の議論もなしに名代となることはできないのではないか。少なくとも大義名分論を振りかざす者達は、今こそ大義名分との整合性を議論しなくてはならないはずだが、声もない。

この状況を天眼は批判した。「『天皇は陸海軍を統帥す』と云ふ憲法条章を盾に取りて軍人は天皇に直属すの特権を極度の広義に発揮し、凡て軍事は陸軍者、参謀本部、元帥府等が帷幄上奏と称して直接申し上ぐる、又勅命の下る者と釈定して、軍制問題には内閣大臣と雖も文官輩の容喙《ようかい》を許さず、況《いわん》や議会をやと云ふ伝統的軍人心理を回顧すれば。陸軍大演習統監に皇太子御名代相成る如きは、大義名分論を彼等言立て相な行き掛かりたるに拘はらず、今回『勅命に由り皇太子殿下御名代として統監する事あり』と軍令改正を見、勅命に由るのだから大権発動の機宜に属し、名分昭乎たりと拝するのであろう」（1921年10月18日）。最後は、なんとか皮肉めいた表現で収めているが、天眼にとって、この問題に踏み込み、憲法や大義名分論との関係で軍人の主張の整合性の無さを指摘するのは、相当に勇気のいることであったろう。

白虹事件　～言論弾圧に無言の抵抗か

第一次世界大戦中の1918年（大正7）夏、米騒動が起きた。全国の新聞は困窮する国民の声を代弁し、米価の異常な高騰を招いた政府の責任を厳しく追及した。その報道によって国民の怒りはさらに広がり、各地で暴動が起きた。苛立つ寺内正毅内閣は、軍隊を投入して鎮圧を図ると同時に、騒動拡大は新聞が書き立てるのが原因として8月14日、全国の新聞に対して米騒動に関する一切の記事掲載を禁じる通告を出した。この政府の強権的な姿勢に対して、新聞は一斉に抗議の声を上げ、政府との対決姿勢を鮮明にした。大阪、東京、横浜、金沢、福岡など各地で新聞社の代表が会合を開き、報道規制を弾劾し、内閣総辞職を求める決議を行った。

この時、新聞社が自ら報道の自由を手放し、後々、太平洋戦争に至るまで、日本のジャーナリズムが国家権力の前に膝を屈し続けることになる、その端緒となる事件が起きた。白虹事件である。経緯はこうだ。新聞86社の代表が大阪で関西記者大会を開き、政府の責任を追及する決議を行った。政府糾弾の熱烈な演説が続く大会が終わって参加者が食堂に移り、怒りを胸に食事をする様子を8月25日の大阪朝日新聞が次のように報じた。「金甌無欠の誇りを持った我大日本帝国は、今や恐ろしい最後の審判の日に近づいてゐるのではなからうか。『白虹日を貫けり』と昔の人が呟いた不吉の兆が、黙々として肉叉《にくさ》(注・フォークのこと)を動かしている人々の頭に電《いなずま》のやうに閃く」

紙面を監視していた当局は、文中の『白虹日を貫けり』に目を付け、直ちに発売禁止とした。これは中国古典の『戦国策』に出てくる言葉で、白虹は兵を、日は太陽で君主を意味するとされ、白い虹が太陽を貫くように掛かる光景を兵乱の起こる予兆としたものだ。このことから政府は記事中の『日』は天皇を指し、『白虹』は国家転覆を意味していると言い掛かりを付け、皇室の尊厳の冒瀆、朝憲紊乱に当たるとして新聞紙法第41条、第42条違反で起訴した。この条項は、裁判で違反と認定された場合、新聞の永久発行停止を命じることができるもので、大阪朝日新聞社は窮地に立たされた。

話はこれで終わらなかった。大阪朝日新聞社の村山龍平社長が白昼、記事を糾弾する黒龍会や浪人会の暴漢に襲撃され、負傷するという言論封殺の暴力事件が起きたのだ。9月28日、犯人7人は大阪・中之島公園で人力車に乗った村山社長を襲い、人力車から引きずり降ろして激しい暴行を加えた後、裸にして灯籠に縛り付けた。さらに現場に「逆賊村山龍平に天誅を与ふ」と書いた白布の旗を立て、同様の布を社長の首に括り付け、大量の檄文を路上に散布して立ち去った。人力車の車夫にも暴行を加え、負傷させた。白昼、衆人環視の蛮行だった。

さらに玄洋社の頭山満、黒龍会の内田良平が「非国民『大阪朝日新聞』膺懲、国体擁護運動」を組織し、朝日批判を大々的に展開した。大阪朝日新聞社は国家権力と民間右翼暴力に挟撃される形となって、ますます追い詰められた。

新聞紙法違反事件の判決は12月４日にあり、記事は安寧秩序紊乱の罪に当たるとして編集人兼発行人と執筆者の２人に、いずれも禁固２月の有罪判決が言い渡された。検事が要求した発行停止処分は認められなかった。大阪朝日新聞社は腰砕けになった。村山社長が引責辞任したほか、社の幹部もそろって退任した。新しい編集幹部は新聞１面にお詫びと反省の長文を載せ、すべて間違っていたのは新聞社の方であると述べて全面屈服した。新社長は原敬首相に呼び付けられ、深々と頭を下げて恭順の意を示した。

村山社長襲撃は「非常絶大の疑獄」～後藤新平の関与を示唆

大阪朝日新聞の問題に天眼が初めて言及したのは村山社長襲撃事件の４日後。この頃、天眼は鎌倉滞在中で、長崎に郵送した原稿を載せている。こう書いた。「大阪朝日新聞社長村山龍平氏、白昼、大阪中の嶋に於いて天誅組とか神風連とか称する壮士五名に要撃さる。壮士は後藤新平男の手先と伝へらるるに於いて、本件は非常絶大の疑獄に値す。執法の厳正は大いに此場合に発揮されざるべからず。朝日社は其全

財産と全勢力とを此一件に賭けて追究を敢てするならむ」（1918年10月2日）

後藤新平は寺内内閣の前内相（事件当時は外相）として警察力を強化し、新聞に対する抑圧を強めてきた人物だ。特に大阪朝日新聞の編集局長、鳥居素川は後藤と対立していたから、天眼が事件の背後に後藤がいると疑ったのも無理はない。だが、それだけでは事件への関与を示唆する記事は書けないはずだ。一体、天眼は何を根拠に書いたのか。天眼は犯行グループが属する黒龍会、浪人会周辺に人脈があり、中央政界にも情報ルートを持っていた。真偽は別にして、この時点で、天眼に後藤関与を信じ込ませるだけの何らかの情報が寄せられていたと推測される。だからこそ、急いで真相解明に取り組むよう朝日に促したのだろう。ただ、天眼は以後、一切この問題に触れていないので、あえて後藤に言及した真意、得ていた情報の確度については不明である。

「白虹貫日！」～禁句を紙面に躍らせる

政府の報道規制で手も足も出ない状況が続くが、ここで、せめて新聞人として抵抗の爪痕を残したい。そう思ったのであろうか。天眼は意表を突く手を打つ。1918年10月19日の天眼執筆1面論説の中に、周囲より一回り大きく、線の太い活字で「白虹貫日！」という字が躍っていた。朝日の「白虹日を貫けり」の一句が咎められて発売禁止になった事件から2か月足らず、しかも、まだ裁判中である。新聞人にとって「白虹貫日」は禁句となっていた時期と言って過言ではない。その渦中で、敢えて、その言葉を目立つように堂々と「！」マーク付きで紙面に躍らせたのである。

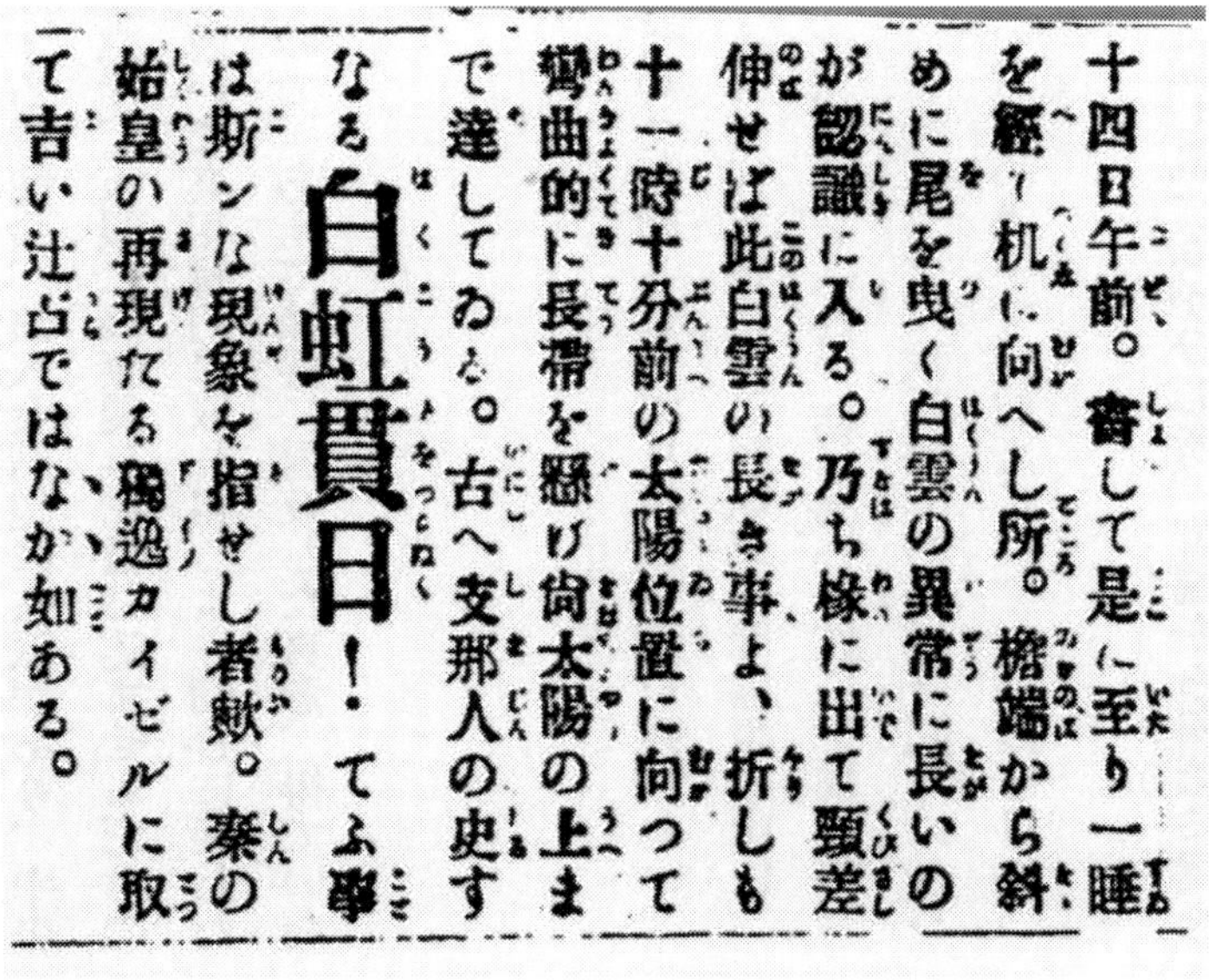

十四日午前。書して是に至り一睡を經て机に向へし所。檐端から斜めに尾を曳く白雲の異常に長いのが認識に入る。乃ち椽に出て頸差伸せば此白雲の長き事よ、折しも十一時十分前の太陽位置に向って彎曲的に長帯を懸け尚太陽の上まで達してゐる。古へ支那人の史すなる**白虹貫日**！てふ事は斯ンな現象を指せし者歟。秦の始皇の再現たる獨逸カイゼルに取て吉い辻占ではなか如ある。

次のような一文だ。「十四日午前。書して是に至り、一睡を経し机に向かひし所。軒端から斜めに尾を曳く白雲の異常に長いのが認識に入る。乃ち縁に出でて首差し伸ばせば、此白雲の長き事よ。折しも十一時十分前の太陽位置に向かって彎曲的に長帯を懸け尚、太陽の上まで達してゐる。古《いにし》へ支那人の史《しる》すなる**白虹貫日！**　という事は斯《こ》んな現象を指せしものか。秦の始皇の再現たる独逸カイゼルに取って吉《よ》い辻占ではなか如《ごと》ある」

「なか如ある」は長崎の方言で「ないようである」の意味だ。ここでは「日を貫いている」のは白虹ではなく白雲だが、それを殊更に「白虹貫日」を想起させたと書いている。これが単なる自然描写ではないことを、続いて自ら述べている。「大自然の意志を人事の主要象徴に結び付けて渙兮《かんたり》の将《まさ》に釋《とけ》むとするごとしとぞ謎を解き続けた、而して今や略々《ほぼ》仕揚げの得観に際して世にも珍異なる貫天の白虹を看《み》る。是ぞ観自在の當相にやあらむずらむ」ならば、ここでの「白虹貫日」は自然描写に託した「人事の主要象徴」の表現となる。言論弾圧事件の象徴的な表現であると示唆しているのだろうか。権力が指定した禁句扱いを新聞人として唯々諾々と受け入れるわけにはいかない。そんな抵抗の意志の表明として、敢えて「白虹貫日」の一句を紙面に登場させたのかも知れない。一文をこう結ぶ。「此《この》白虹は二十分許《ばか》りして霧消したが、天を仰ぐ人の少なき当節、目撃して気に留めし者、有りや無しや」

黙して越年　～休筆続く

「白虹貫日」の一句を織り込んだ論説掲載以降、天眼は、ほぼ休筆状態となる。理由は分からない。2か月過ぎて暮れが来た。主筆として紙面で読者にあいさつしないわけにはいかない。同年最後の論説はこれまた不可解な内容だった。『黙して越年』がその題だ（12月29日）。「余をして此暮《このくれ》は紙上に無言の儘《まま》送らしめよ」と書き出し、休筆の理由を「余は怖るべき財界の危機が救はるべきや否の見込に迷ひて自然筆立たず」と説明する。「救ふ途を講じつつ、自分限り観念結定し。一月十六日を目標として危機を翻すべく一心専念す」と易の話のように書いているが、そうとしても意味不明である。はっきりしているのは、何か事情があって書くことができなかったということだ。

新年の願い　～我等の意見吐くも危険薄らぐ時到るらし

1919（大正8）年元日の紙面。天眼は1年の展望を書く中で、内政が改善されそうだとの予想に続けて、こう希望を書いた。「思想界も之に随《したが》ふて神風連式旧思想は緩和され、そろそろ我等の意見吐くも危険薄らぐ時到るらし」

前年10月に大阪朝日新聞の村山龍平社長襲撃犯を「天誅組とか神風連とか称する壮士五名」と書いているから、元日の論説の一文が同事件を指しているのは明白だ。事件以来の言論抑圧状況が緩和されることを望み、「そろそろ我等の意見吐くも危険薄らぐ時到るらし」と期待を示している。それだけ抑圧に苦しめられていたということだろう。

99日の戒慎状態を脱す　〜再び「白虹貫天」と書く

長い沈黙の理由を自ら明かす時が来た。だが、その内容はなおも不可解だ。1月23日の論説をこう書き出す。「大正八年一月二十日。我筆は過去九十九日の戒慎状態より脱して初めて飛揚の機《はず》みを獲た。自分は臆病な飛行者の如《ごと》。随分永い月日を滑走ばかり念入れ、偶々《たまたま》浮揚すと雖も、直ぐ着陸に還って空嘯《うそぶ》いてゐた」。「九十九日」と言えば約3か月前、天眼は鎌倉にいて、十月初旬と中旬に白虹事件に関連した論説を書いて長崎に送った頃である。それ以降、「戒慎状態」にあったという理由は何か。当時をこう振り返る。「十月中旬は原敬氏の内閣成立して旬日の際なりしが、送信の四日目に至り、我観境に於ては偶然にも奇異なる白虹貫天の事象発生を認めたので、独逸皇室の安危に関する気運の暗示にもやと端的接神し。其と同時に種々の感想簇生《ぞくぜい》して戦局及び和計の見込みを紛乱させ、我ながら帰結の図られざるを覚へた。是に至りては爾後の成行を黙観する他に途の無くなりた。因って腹案全部を放擲して該編を端折り、ついで東京へ出て試た次第」

これも易の話に仕立てているが、わざわざ「白虹貫天」という言葉を持ち出しているのに何かの意図を感じざるを得ない。ただ、それによってドイツ皇室の安危が心配になり、戦局の行方が読めなくなったから断筆したというのは説得力に乏しい。4年に及ぶ世界大戦が最終局面に入ったときである。本来なら大きく変化する世界情勢を多角的に分析して見せるのが天眼の仕事だ。天眼が本領発揮するときだ。それが、この重大な時期に、白虹貫日を見たから1行も書けなくなったという説明は理解に苦しむ。一体、何があったのか。

「戒慎状態より脱して」再起した23日の論説は新しい連載の初回で、その題名は『白虹性命乃至元源明星欒』である。「白虹」の語を含めた意図は不明だ。

さらに続けて「白虹」を書く　～無言の抵抗か

翌24日、さらに不可解な文章が載った。前日に引き続き、ドイツ降伏に至る過程やカイゼルの失敗の原因などを詳述しているのだが、その長文の最後に唐突に次の一文が添えられていたのだ。「日本の大正七年十月十四日には鎌倉の中空に白虹を凝視して横手を拍《う》ちける唯一人の地方新聞記者が有りた」

地方新聞記者とは天眼自身のことであり、これは前年10月19日付論説で書いた情景描写の再掲に等しい。これが本当にカイゼルの運命を予感したことを指しているのか、あるいは白虹貫日事件を暗示して言論弾圧への無言の抵抗を行ったのかは不明である。ただ、明晰な文章を書くことを本領とする天眼が、このとき、意に反して意味不明の文章を書くしかない状況に陥っていたことだけは明瞭である。

「思想問題難件！」～やはり言論・思想の自由が心配だった

白虹事件に関連する論説を書いて以降、「戒慎状態」に入り、３か月間に及ぶ沈黙を続けた天眼。その真相を知る手掛かりはないが、いくつかの断片的な文章から、この頃の最大関心事は何であったかをうかがい知ることはできる。それはやはり、言論の自由、思想の自由が奪われていくことへの危機感だった。

１９１９年元日の論説で「思想界も之に随ふて神風連式旧思想は緩和され、そろそろ我等の意見吐くも危険薄らぐ時到るらし」と書いたことはすでに述べた。「神風連式旧思想」が玄洋社・浪人連の思想を指していることは明らかだ。その1か月後、また彼らを批判する。「日本の思想問題難件！」と題した1月29日の論説。労働運動の高まりに各界がどう対応しているかを紹介する中で書いた。「鉄拳や監獄の見せしめで以て片付けやうと逸るのが長筑浪人の国体擁護でありた」。長は長閥、筑は筑前玄洋社、それと浪人連であろう。そこに共通するのは、暴力的に国民の言論を抑圧しようとする姿勢だ。その暴力的な体質を批判している。続けて書く。「其と相前後して教育調査会の思想統一建議といふものが出没してゐた」。天眼には政治のさまざまな出来事が連動して見える。

国会では1月21日、思想問題での質疑応答があった。「本年は質問議員の論点が執法の基本意思＝人権観念の厚薄＝を難詰するに至りて初めて此種の論議に生色を呈し得た」（1月29日）。思想問題取り締まりと対象者の人権を結び付けて考えることのできる議員が現れただけでも希望の見えた思いがする。天眼が暗夜に光を見出そうと努めるのは、それだけ状況が悪化しているからだろう。

「兵士の人格」を認めるという田中義一陸軍大臣の議会答弁についても書く。「一月二十七日。陸軍大臣田中義一氏、議会に於いて、入営兵士の人格を認める旨、答弁す。是れ長上命令絶対主義に対する基本心理の革変と解すべし」（1月31日）。この日の論説は多くの項目を並べて書いており、陸軍大臣答弁の項目は、その最後だった。「最後の一項が尤も憲法政治の死活に関する福音なり。軍事勢力者の脳天に皇道の理性が振起されて、日本は是れより日本らしく為る瑞相！」と結ぶ。

政治に理性が失われ、国民の人権が否定されていく。時代の暗流に危機感を募らせながら、なんとか希望を持ち続けるために、議会に目を光らせ、懸命に「福音」や「瑞相」を見出そうとする。第一次世界大戦後の新たな歴史の頁を前にして、天眼の心は、そんなふうに揺れていた。

第8章　世界大戦後の政治

大戦総括、五・四運動

1918年11月にドイツが降伏して第一次世界大戦が終わり、翌1919年1月からパリで講和会議が開かれた。戦勝国であるアメリカ、イギリス、フランス、イタリア、日本の五大国が会議を主導、ドイツに対する賠償要求や、アメリカ大統領ウィルソンが提唱した国際連盟設立が議題となった。

日本は五大国の一つとなったにもかかわらず、会議で主張したのは日本が利害関係を持つ▽山東半島の旧ドイツ権益の継承▽赤道以北の旧ドイツ領南洋諸島の割譲の2点だけで、他の議題には関心を示さず、発言もしなかった。会議には大戦途中で参戦した中国代表も戦勝国として出席しており、山東半島権益はドイツから直接、中国に返還されるべきものだと主張、日本と対立した。日本は対華二十一ヵ条要求に基づく条約で山東権益の継承が認められていると主張したが、中国は中国自身の対ドイツ参戦によって条約の効力は失われていると主張、議論は平行線を辿った。日本は主張が受け入れられなければ講和会議から脱退すると強硬な姿勢を見せたため、ウィルソン大統領が妥協し、日本の主張を認めた。中国はこれに抗議して講和条約の調印を拒んだ。

講和会議の結果に中国の国民は失望し、怒りが広がった。ウィルソンの民族自決主義への期待が大きかっただけに失望も大きく、激しいナショナリズムのうねりが巻き起こった。北京では1919年5月4日、天安門前に学生、労働者が集まって抗議の声を上げ、警官隊と衝突した。五・四運動の始まりである。抗議行動は中国各地に波及、日貨排斥運動やデモ、ストライキの嵐に包まれた。

また、朝鮮でも1919年3月1日、ウィルソンの民族自決主義に期待して独立を求める運動が起こり、全土に波及した。三・一独立運動で、ナショナリズムが高揚し、激しい抗議行動が繰り広げられた。これに対し、日本政府は警察、軍隊の力で徹底的に弾圧し、独立運動を抑え込んだ。

このとき、日本の言論界では官民、与野党、新聞を問わず、山東問題での日本政府の主張を当然とする考えが一般的で、中国、韓国の人々の心情に思いを馳せたり、日本政府のアジア政策に疑問を投げ掛けたりする議論はほとんどなかった。そのような状況にあって、天眼は異色の言論を展開する。

目的不明の参戦　～日本の孤立化を招いただけ

そもそも日本はなぜ参戦したのか。何か得る物はあったのか。「日英同盟の誼《よしみ》」だけを理由とした参戦の内実は、あまりにも空疎だ。

「抑々《そもそも》夫《そ》れ戦争初発の大正三年八月から今日迄、日本人の戦争外交は日英同盟の誼といふ言草より他に何物も有せざりし事を今日に反省せずや」（1919年3月20日）。「大隈加藤が戦争は直ぐ済むと考へ、戦争に逃げて行かれちゃ大変といふ調子で、急遽、膠州湾を攻むる其名分は日英同盟の誼といふ一本鎗以て発足したでないか、而して戦時中に於いて寺内内閣も陸軍も何等日本独自の主義方略を議せざりしに非ずや」

せめて講和を呼び掛けるぐらいはできたはずだ。そうすれば日本の国際的評価は高まった。天眼はずっと「日本が講和提唱を」と訴え続けてきた。「此《この》戦争は永ければ永い程、大局変動の潮勢が日本を危殆《きたい》ならしむるが故に一日も早く講和を首唱せよ」「日本は人道平和のチャムピオンとして立ち、世界人類の為に戦禍を収束する王道第一人者たれ」。そう「開戦の年から連説して已《や》まざりし」

にもかかわらず、政府が提言を聞かずに戦争を続けた結果はどうか。「斯くて日本は英米の尻馬に乗りて、余計な事に支那まで参戦せしめ、我の差し挟んで以て欧米を牽制《けんせい》すべき資料乃至局面を残らず差し出して、所謂《いわゆる》連合軍に奉公し、而して講和の時来たらば日英同盟の誼が我国に有利の条件を割り当てて呉れるだらうとのみ他力本願式に安心立命しつつ、お陰でアメリカ民主思潮の注文通り、露西亜帝政は潰滅し、支那は権衛上より米支同盟の実現を庶幾《しょき》する手掛かりを生じ、竟《つい》に英米が利己主義同士の結託を以て日本を孤立に導く刻下の外交面と変遷せしは果たして誰が咎《とが》ぞ」

「王道のお株はウィルソンに独占され、独立の気概は朝鮮天道教会に先を越され」である。

二十一ヵ条要求が元凶　~問責すべきは大隈、加藤

戦争が終わってみれば、英米中3国の対日包囲網ができており、中国国民の排日運動が燃え盛っている。日本の孤立化が進む。これは誰の責任か。この状況を作り出した最大の原因は、大隈首相、加藤外相が中国に対華二十一ヵ条要求を突き付けたことにある、と天眼は言う。「若し今に至りて問責するなら、第一に大隈加藤が取り急いで膠州湾を攻略しつつ、前以て還付証文を入れながら、却《かえ》って欧州戦局がドイツ連勝の勢い凄まじく英米が支那に手を控へる隙に支那を隷属待遇に仕做すべく、国権党や浪人の軍国主義に偏倚して、乃ち支那内政干渉の二十一ヵ条を要求しける大正四年五月七日の処置を問責の第一義に置かねばならぬ事に相成る」（1919年5月11日）

それはなぜか。「何となれば、該処置が支那国民の反抗心を本能的挑発したる動機であるのみならず、大隈加藤両氏は青島などは永久占領確定の気分と見へ、膠州湾戦争の論功行賞を御自身達まで甘んじて受けたればである」。中国国民の反抗心を引き起こしてしまった責任の重大性に思いを致すこともなく、行く先々で「日本の対ドイツ興戦の決断は此偉大なる両政治家の手腕に竢《ま》ちしもの」などと持ち上げられて悦に入っているから余計に罪深い。「両氏の軍国政策の因果にて支那の攻勢的排日が此通りに及びてけりをば対照に取り申さむに、問責されべき第一人者は大隈加藤に非ずして誰ぞや」

「国恥記念日」の重大性を知るべき

中国の人々は怒りに燃えて排日の声を上げ、英米の利己的な中国進出は容認しても、日本との関係だけ

は絶ちたいと思い詰めている。彼らをそこまでに追い込んだ原因は何か。「視《み》よ。支那人は早稲田学生雄弁会の調子そのまま、戦国生活をば英米民主思潮の型にのみ適用して、現実の英米覇図が日支共存の根を截《た》ち切るに思ひ到らず、公公然として日本を敵人視し、日支貿易を閉鎖せむと脅かし、或は将《まさ》に挑戦を開始せむと欲する其《その》本因が一に懸かって満四年前なる大正四年五月七日の大隈加藤対支外交に在るでないか」

1915年5月7日は大隈内閣が中国に二十一ヵ条要求を受諾するよう求めて最後通牒を発した日だ。その2日後の5月9日に中国は要求を受諾した。どちらの日付も、中国の人々にとって、いつまでも、屈辱を噛みしめ、怒りを掻き立てずにはいられない国民的記憶が刻まれた日付である。「此日付は即ち支那人の称して『国辱紀念日』と云ふもので、当時日本が最後通牒を送り支那を強圧して二十一箇条を要求せるに対し永久敵愾《てきがい》を銘記すといふのである」。ここで天眼が「国辱紀念日」と言っているのは、中国の人々が言う「国恥記念日」のことだ。彼らに「永久敵愾」の気持ちを抱かせてしまった原因は二十一ヵ条要求にある。それは「亜細亜治乱」を引き起こしかねない。日本は何よりもまず、この重大性を直視し、反省すべきであって、中国の人々の抗議行動の個別の是非を問うのは全く別の次元の問題である。「彼等の口実の無法を論じるは別問題に属す」「当面の重大現象として此五月七日が亜細亜治乱の瑟《しつ》たり、籥《しょう》たり、八橋の調声舌たる所以や明明白白たり」

憂慮と忠告　～英米買弁支配は中国借款亡国への道

中国の排日運動が激しさを増す情勢の中、天眼は反日を叫ぶ中国の人々の心情に理解を示した上で、そうした運動が現実の政治経済にもたらす影響に憂慮を示し、冷静な対応を求めた。

第一次世界大戦の結果、中国に関与する大国はアメリカ、イギリス、日本の3国だけとなった。そのアメリカとイギリスは中国を引き込んで対日包囲網を作ろうとしている。それはアメリカとイギリスの資本が、借款という巧妙な手段を通じて中国市場で独占的な利益を得る体制の構築を目指すものだ。そのとき、中国の人々の利益は考慮されない。激しい排日運動で日本を締め出しても、今度はアメリカ、イギリスが中国を食い物にする。反日の心情は理解できるが、その運動が中国人圧迫の新たな局面を用意することになっては元も子もない。天眼は、そのことを憂慮し、真心を持って忠告した。

「然るに最近日本排斥風潮は一応の理有りとするも、日本を排斥するドサクサ紛れに公衆の耳目を欺き乗じて以て支那鉄道その他利権一切を抵当として総括的借款を企図し、事実上に『支那内政の国際管理』を端緒する事は、余りにも露骨なる、しかも安価なる売国契約なり、亡国の手続き急施なり」（1919年6月1日）。中国政府が外国の借款を喜び、安易に「売国契約」を結んで行けば、四百余州を挙げての「上海の延長化」を招き、「国家組織の商事会社」化を来す。それは「借款亡国」に至る道だ。

吾等、諸君の心事を諒とせり　～その警戒心を英米にも向けよ

そのことに中国の青年たちは、なぜ気付かないのか。日本に向ける批判的な眼差しを、なぜアメリカ、

イギリスにも向けないのか。「既に新教育を受けて世界の活勢を悟り、民主自彊《じきょう》の精神以て日本の軍閥主義に敵愾する程の支那数千の青年学生たる者、豈《あに》翻然として国家組織の商事会社と異なる所以に着意せざる有らむや」「吾等既に諸君の心事を諒とせり。諸君は同じ意義を更に高處大處に向かって発揮するの必要有るべきなり。五分鐘の熱たる勿《なか》れ、丹田自発の正気たれかし」

「諸君の心事」を諒とした上で、重ねて忠告する。「日本の局部借款を覆さむ志図の為に支那全領土を買弁支配に委ねるは賢なりとすべからず。買弁の小慧《けい》は以て路上の苦力《クーリー》群を弄ぶべし、以て堂上の読書人を愚にすべからず」

同情と敬意　～予は日支共存を信奉す

敢て忠告した上で、それは中国の人々への限りない同情と共感に基づくものであることを、天眼は切々と述べる。「予は日支共存を精神的信奉す。利害見地に偏する日本盟主説や、皮相的なる同文同種論に非ずして道念上よりして之を持す。故に予は日本人なればとて日本に私する偽りの立言を以て支那に対せしこと未だに曾《かつ》て之有らず。革命の初発よりして支那志士及び賢良に対する同情と敬意とに於いて終始一貫して渝《かわ》ること莫《な》し」

だからこその忠告である。「乃ち目下の活消息に就いて請ふ、之を諸君と興《とも》に事実に験せむ」。そして「英米資本の支那分割方略」が「英米支西の市同盟《とり》」を構築しつつ、チベット、四川省、金沙江（長江の上流）など中国各地で利権獲得に動く現実を具体的に伝える。「新国際借款は支那自存の便法に非ず、支那切売《きりうり》のシャイロック人肉なり。右手に借款の恩を笠しつつ、左手に解肉の出刃を揮《ふる》ひ、否か応かと迫る某国大使に聴かば、支那夫れ出血に絶息するの日、豈遠しと為さむや」

日本人の敬意に欠ける態度　～支那志士が心底より憤る理由

日本人の中国人に対する態度が頓に尊大になったのは、日本が二十一ヵ条要求を突き付けてからだ。当然、中国青年の反抗心も高まる。戦争中から天眼はそのことを憂慮し、日本人に反省を求め続けた。その一つを紹介しておこう。

中国をめぐる日米の利害調整を図るために1917年11月、石井・ランシング協定が結ばれ、日本は中国での領土保全、門戸開放の原則を守る一方、アメリカは日本の中国における特殊権益を承認することを確認し合った。この交渉で訪米した石井菊次郎大使の演説がアジア・モンロー主義（東洋モンロー主義）と見做される内容であったことが波紋を呼んだ。アメリカのモンロー主義は、アメリカはヨーロッパに干渉しない、その代わりにヨーロッパの国も南北アメリカ大陸に干渉するな、という内容だ。簡単に言えば、「南北アメリカ大陸はアメリカの縄張りなので手を出すな」という宣言だ。これを真似てアジア・モンロー主義を唱えたとすれば、日本政府が中国を「日本の縄張り」と宣言したことになる。

日本の多くの新聞は石井演説を無批判かつ好意的に伝えたが、中国の人々が、これを不快に思い、反発するのは当然のことだ。東京の中国人留学生が石井演説への抗議行動を起こした。東洋日の出新聞はその模様を伝え、他の新聞と違って留学生の心情に理解を示した（1917年11月29日）。天眼は学生たちの怒りの根本原因をこう解説する。「支那志士は日本が支那を劣等国視し、或は我物顔し、之に対立的敬意を欠くと云ふ点を心底より憤るのである。南方革命党が日本と呼吸の合はせざるは此に職由す」。中国に対して、「劣等国視」し、「我物顔」で振る舞い、敬意を欠いた態度を取る。だから日本は決して中国の人々の心をとらえることができない。日本に多くの友人、支援者を持つ孫文の革命党でさえ、今では日本に不信感を募らせている。「日本は支那民族の心を攬《と》る所以を解せず。故に欧人の口吻を学び、東洋モンロー主義など囀《さえず》りて何の気にも留めず。石井大使のみか一般新聞が其《その》調子である。対支外交の根本思想に病患有るは一に此無明煩悩なり」

木履奴《ぼくりど》という言葉がある。中国人学生が日本人に対して怒りとともに投げ付ける言葉だ。その言葉を織り込みながら、天眼は実際にあった次のような場面を記す。警察当局が中国人学生の心情には全く関心を示さず、「社会主義者と通じていないか」という猜疑心だけで彼らを眺め、厳しい監視の目を光らせている場面だ。その本末転倒を伝える一文に天眼の怒りが迸る。「木履奴！　之が支那志士の日本人に対する不平感情代表語である。客月初旬、支那学生、大挙して支那公使館に示威せし頃、彼等が排日檄文を配布せしに関して、或筋では彼等が日本の社会主義者と通謀せずやと色眼鏡のキョロついて居った。檄文は、木履奴呼ばはり猛烈なるものだっけ。『彼木履奴、何者ぞ』と来るんだ」

中国人の心を理解しない「アジア主義者」

世界大戦を通じて顕著になったことがある。それは玄洋社、黒龍会、浪人連など、いわゆる「アジア主義」の日本人グループが、彼らが連帯すべき中国の青年たちの心を理解しようとせず、両者の溝が急速に深まったことだ。アジア民衆の連帯を掲げながら、その活動がアジアの心に亀裂を生む作用しかもたらさないのであれば、「アジア主義」の旗そのものの信憑性が問われることになる。

その兆候を示す出来事があった。パリ講和会議が開かれていた頃、東京で「亜細亜学生大会」が開かれた。そこで中国人学生が日本人学生に敵愾心を露わにする一幕があった。天眼はその事態を故無きことではないと、理解を示す。「過日、東京に於いて亜細亜学生大会なるものを開催せるが、会衆は殆ど総てが日本人で、主体と期せし支那学生は反抗的に非参加の檄文を飛ばし、偶々列席せる二、三有志は却って、日本人の支那に対する盟主顔を罵倒したる始末にて」（1919年3月11日）。「支那人は、日本の国権趣味者流の唱ふる亜細亜と云ふ対白人の標語に就くよりも、遥かに実際的で自負的で中華心理執着者なのである」

日本人のアジア主義には「国権趣味者流」、すなわち国家主義が共存していた。そうした思想的立場から亜細亜という「対白人の標語」を唱えても、中国人は同調して来ない。なぜなら中国人は「実際的」「自負的」で、なお「中華」思想を抱いているからだ。したがって「日本人の支那に対する盟主顔」に苛立つのである。加えて彼らは激しやすい。「同文同種の日本なら支那人が本宗にして日本人は末輩なり咄、『木履奴！　只武力を恃《たの》んで跳梁す』とのやう脱線し易きこそ彼等の感情傾向なれ」

この反日感情の高ぶりを、大戦終結後、中国に手を戻す余裕のできた英米が巧妙に利用する。その国際環境の変化に日本のアジア主義者は追いつけず、古い常套句で中国人学生の気持ちを繋ぎ留めようとするが上手くいかない。「此傾向に英米人が乗ずる事は休戦後いよいよ其余裕を得て悪戯の思ふ存分なるのに、日本の支那論者は時運の推移を意識せず、例に依りて撃筑《げきちく》悲歌の漢文句のみを以て学生気質を我に維《つな》がむと欲するから却って嫌がらるるのである」

脅しに屈せず、発言し始めた日本の学生達　~中国、朝鮮でも新気運

壮士を気取った旧来のアジア主義者に威圧されて引き下がったり、黙り込んだりせず、敢然と反論する気風は日本人学生の間にも生まれている。前述のように、1918年8月に言論弾圧の白虹事件が起きた。米騒動に関する報道禁止令を批判した大阪朝日新聞の記事に対し、政府が記事中の「白虹日を貫けり」の文言に目を付け、「皇室の尊厳を冒瀆し、朝憲を紊乱する」として新聞の永久発行停止を命じることのできる新聞紙法違反容疑で起訴した事件だ。この裁判中に、アジア主義の団体である黒龍会、浪人会の男たちが大阪朝日新聞社の村山龍平社長を襲撃し、言論を暴力で封じようとする蛮行に及んだ。

この蛮行に憤った大正デモクラシーの旗手、東京帝国大学教授、吉野作造が『言論自由の社会的圧迫を排す』と題する論文を発表して批判したところ、浪人会の代表が吉野のもとに押し掛けて抗議した。ここで吉野は立会演説会を開き、どちらが正しいか、集まった人々に決めてもらおうと提案、開催が決まった。当日は、吉野を守ろう、デモクラシーを守ろうと大勢の学生が駆け付け、会場を埋め尽くした。演説会では吉野が一人で浪人会4人の弁士を論破し、圧勝した。このときデモクラシーの熱気に包まれ高揚した知識人、学生たちは黎明会、新人会などの団体を結成して、新たなデモクラシー運動に乗り出した。

天眼の次の文に出てくる浪人会や黎明という言葉は、前記の出来事に関連する。「日本学生自らさへ浪

人会に反抗して民主だの黎明だの唱ふる潮時じゃに、支那学生等が其自覚に伴ふ何等か新しき理想の題目を要求し、差し当たって先輩顔の日本人に対抗の気分を生ぜしとて何も不思議はない」。天眼は、浪人会に対抗して堂々と主張を始めた日本の学生たちの機運を肯定的にとらえ、さらに同じ視点で、中国の学生たちが新たに自分たちの主張を堂々と始めた機運をも肯定する。その視野には朝鮮の学生たちも入っている。「支那学生のみならず、朝鮮学生と雖も示威行列や米騒動などの不穏な型だけは早く覚へて遣ってみる事に成行くのである」

三浦梧楼、頭山満の「国士責任」を問う

天眼は、大戦が終わって日本は一層、孤立したと見る。「英米支の三国同盟が往年の三国干渉＝遼東還付の忠告＝と同工異曲なる『日本の大陸禁足、海外行き詰まりを要求する外圧方策』に出《い》でむ事の情形既に成れる昨今なり」（1919年4月3日）。日本が中国政府に与えた巨額の借款も焦げ付いた。軍部が大陸浪人と結んで行った多くの謀略工作も、何の成果も挙げられなかった。「戦時施設の対支努力一切は是に終焉たるなり。進退両難、揚《あげ》も卸《おろし》も不可能《できなく》なって而して後、初めて新しき国策を産むの余儀なきに至る」

このような外交失敗の責任は、もちろん政府が負うべきものであるが、その政府に外から陰に陽に影響を与えてきた人間たちの責任は問われなくてよいのか。彼らは国士を気取り、策士として振る舞い、時に応じて暴力の威迫を用いながら、国の外交方針を左右してきた。むしろ彼らに外交の主導権があったと言うべき局面も多い。そのようにして外交が歪められ、国家主義が謳われながら、その実、国家が危殆に瀕

していく状況を、天眼は憂慮し、短文ながら直截に指摘した。それは当時の新聞が恐れて言えなかったことである。

「支那問題と謂へば軍閥と支那浪人の壇場たりける最近十年の経過に於て、大隈や加藤は寧ろ他動者にして、三浦梧楼、頭山満、この両雄が官民に介在する原動力の軸たりしが」「諸雄は特権的に思ふ存分、遣《やっ》て退《の》けて、而して最後に此Ｃｉｒｃｕｌａｒ（さくら）川に帰着したもので、軍閥及び歴代内閣と共に国士責任の総勘定を自覚せざるべからず」。「Ｃｉｒｃｕｌａｒ川」は天眼独特の易学と英語を交えた造語のようで、どうやら「河流の湊会して旋回し転換する」河瀬の意味らしい。「時運旋回し来たり、是迄、何を為し居りしかを、我ながら呆れる程、それ程、非常絶特の変易に向かって『Ｃｉｒｃｕｌａｒ川』する始末である」と言うから、元の木阿弥、結局、前には進まず、河瀬の波に洗われて溺れる危険にさらされる有様を指すようだ。

　三浦梧楼は、かつて朝鮮に乗り込み閔妃暗殺を指揮した人物で、その後も政界のフィクサーの役割を果たしている。頭山満は玄洋社の指導的人物で、国家主義を標榜し、背後に秘めた暴力が政治的発言力を高めている。どちらにも備わる暴力主義的性向に、天眼は嫌悪感を示してきた。その彼らが「特権的に思ふ存分、遣て退けて」最後に帰着した日本外交の惨憺たる現状に、一体、どう責任を取るのか。「国士責任」も問われるべきだと天眼は公然と主張したのである。

　この２年後の１９２１年２月14日の論説でも天眼は、軍国主義の拡大に彼らが果たした役割の重大性を指摘している。「軍国主義の外交強張を浪人豪傑連に常住、唱へさせる政界の黒幕は、三浦梧楼の一派、及び頭山満、杉山茂丸など周知されてゐる」

朝鮮神社創建を批判　～「日鮮同祖」の歴史を人造

1910年の日韓併合以降、日本政府は植民地統治の重要な国策として、朝鮮での神社創建に乗り出した。特に1915年以降、創建は急ピッチで進み、京城神社、平壌神社、光州神社など朝鮮全土に続々と神社が登場した。内鮮一体化政策を推進する政府は神社創建に際して「日鮮同祖」（日本人と朝鮮人は祖先が同じ）や「内鮮同胞」を謳い、朝鮮人の神社参拝の励行によって精神面での内鮮一体化を推進し、植民地政策を円滑に進めようとした。さらに朝鮮総督府は、朝鮮半島の総鎮守として京城（現ソウル）に朝鮮神社を創建する計画を立て、三・一独立運動から4か月後の1919年7月、内閣告示を出し、翌年から5年の工期で造営、1925年に竣工。朝鮮神宮と改称した（村上重良『天皇制国家と宗教』）。

三・一独立運動勃発から2週間後、天眼は朝鮮での神社創建計画について厳しい批判の眼差しを向けた。「朝鮮動乱の『根《ね》』に関しては猶更に艮の象を心証せしむる事実続々たり。只明言を憚る迄の事なり」（1919年3月15日）「言及は之に止め、今後は一切黙送するが、微言斯くの如きは事態決して外観皮相の如く軽からじの印象なり」。慎重な言い回しに徹しているが、独立運動勃発という事態の重大性を強く示唆する前置きだ。

「予は明治二十七年、偶々、東学党を知って以来、足を朝鮮に踏み込まず、朝鮮合邦も別段、感心せず、而して同化の元源のみ考へ居れり。然り而して此大変に会ふてさへ、政界の軽薄者流、盆太郎東京人が、朝鮮に素戔嗚尊《スサノオノミコト》の神社を建立し、日鮮同祖の感感服服を人造せむと発明顔に建議する近状たるに於いて、もう匙を投げる」

「日鮮同祖」説は歴史の「人造」、すなわち植民地政策を円滑に推進するために作られた虚構であり、その虚構を本物らしく見せるために朝鮮での神社創建が行われている、と天眼は言っているのである。独立運動拡大という大変な時に、東京の軽薄な政治家たちは、そんなことしか考えない。だから驚き、呆れて「もう匙を投げる」と言う。怒りの凝縮した一文である。

危険な暗流　～神権を笠に着る独裁専制の企て

明治末期以来、倫理、道徳が著しく低下した。原因は武閥の支配者たちが神威を利用して、国民の人権人格を軽視しつつ統治を強化したことにある。その影響は深刻で、社会の秩序、人々の心が蝕まれていく。以下、第一次世界大戦後の新たな政治状況の中で、その問題で警鐘を鳴らし続けた天眼の論説を見ていく。

「お上絶対の神威主義」の弊害

「明治末期以来、この国では『お上絶対の神威主義』に没入して人権人格を贅《ぜい》視したので、鑑《かがみ》と云ふものが不用に葬られた。鑑とは賢人指導の謂《いい》よ。視《み》よ、政府率先して賢愚の差別を無視し、只身分の階級を付し、自治の選挙にも三級の段を設ける類にて。其《その》問ふ所は資産の多寡や俗権俗学の位階や博士などの戒名に止まり、若し夫れ活ける賢人や識者の無形的なる智徳に至りては風尚上の要件より抹殺し去りたのである」（1920年10月3日）

自らを省みることを忘れた社会は腐食し、自壊する。「斯くては政府は軍事のみ熱衷して思想の何なるを顧みず、政党は投票乞食と化し、例えば邑里《ゆうり》の賢人たるべき学校校長が、知事を領主と心得て用も無きに隷属を示すやう駅に送迎する類の卑屈に漸し、乃ち衆愚の民草が跋扈するのみにて。肝心なる『時局生命』の意識を喪失し。乃ち慾炎烈烈として物価株券の暴利に自他相狂惑して自称正貨や冒認の国富に自ら錯覚的誇大妄想し、眩迷《げんめい》し、驕奢《きょうしゃ》し、乱心し、其結果として財界の自滅的凶変を発生す。是故《これゆえ》に社会主義は愈々《いよいよ》宣伝の便宜を得」

「国体擁護」を笠に着て服従を強いる

「国体、国体」と叫ぶ人間たちが、実は「国体の真意義」を全く理解しておらず、単に国民を威圧し、服従を強いる手段として「国体」なる言葉を利用しているに過ぎないことが多い。それこそが国家の危機だ。「明治末期から此国《この》は国体の真意義を忘れて権柄形式一本鎗の威圧主義に漸し、天道を無視する独断心理の自称神国、曲解の神権主義以て思想統一と称する政策の具に供し、高天原の神代に人工逆戻りさせるやうの言草を濫発し、仏教も儒教も其《その》理拠を説く段は思想上に容れず、単に服従を教ふる習慣用のものとして扱ひ、例えば古《いにしへ》の物部守屋から敬神の熱情を奪ひ、明治初期の熊本神風連にモグリ法律の知識を追加したやうな連中が、やれ西園寺は違勅だの、本願寺は不敬罪だの咎め立てを専業し、甚だしきは日本人の馬賊は賊に非ずだのと、国体擁護を笠に着れば闇討ちの怪挙も不起訴だの心得るに至りてける、而して百姓日に用ふれども知らずと云ふ日本心理の危険趨勢だった」（1920年11月19日）

「神代復古」は独裁専制を企てる危険思想

神権絶対、神代復古などという非合理的な言葉が、権力に近い軍人や官僚の口から出てくるようになったら危険である。それは言葉の内容の当否を抜きにして、政治を操り、国民を操る道具に化すからである。誰が、どのような目的で、そのような言葉を喧伝しているのか、見極めが必要だ。「今、夫《そ》れ閥の無知者流が神権だの善政主義だの神世復古だの言ふて独裁任意を政事と独断し。規矩準縄《きくじゅんじょう》を無視し。或は大本式（注・新興宗教、大本《おおもと》教のこと）の自称皇道に傾きし昨日は誠に今日の昔なるかな。彼等の神世と云ふは無政府主義の別称である所以に心注がざりし狂愚、沙汰の限りぞ」（1921年1月16日）

「狂愚の実例は、海軍将官秋山真之が神代復古を唱道せし事実に徴せよ。凡そ危険思想と云ふて閥学閥武閥検の一部に暗礁する官力絶対の思想、乃至、神代復古の狂想、実は独裁武断永久専制を企つる奸雄の口実ほど危険なるものは無かりしのである」「独断的解釈の御国体を笠に着て不敬罪ちふものを任意に起訴する特権を振り回せば、其は既《も》う哲人の目には危邦だ。危邦には入らず、乱邦には居らずと孔子教ふ」

神を私有する注文は瀆神なり

神を利用する試みは瀆神《とくしん》である。明治末期以来の政治と人心の荒廃を招いたものは、無道なる瀆神主義ではなかったか。「実に明治末期以来の日本心理は危険至極なものだったのである。日本は神国なり、天佑は望次第なり、戦争には必ず勝つ、勝てば何事も任意なりと惟《おも》ふ独断孤尊、非条理、非天道の発作的情想妄念！夫れが戦時戦後に亘る成金暴利の風尚に打って出て。民衆は愚であるから、雷同付和するから、政界も教界も不実の才智や腕力を巧みに詐《いつ》はる文句や狂言でドーとも左右し得るやう心得るに至りし心理の本因は、只夫れ此無道なる瀆神主義に在るのである」（1921年1月16日）

「瀆神とは易に曰く、『初筮《しょぜい》は告ぐ、再三すれば瀆《けが》る、瀆るれば告げず』と。神を私有する注文は瀆神なり」

危険な暗流「狂迷せる日本心理」～独裁専制時代へ逆戻り

第一次世界大戦後、一層顕著になった傾向がある。一部の学者や政治家、軍人が神権絶対主義を鼓吹し、何かと言えば「御国体」を振りかざして自由な議論を封殺しようと試みることだ。それには重大な背景がある。憲法を無視して、天皇を議会を超越した地位に祭り上げ、その意図的に作り上げた天皇の権威に自らを都合よく重ね合わせることで、独裁的な専制政治を構築しようと企てる政治勢力が潜んでいることだ。天眼はそれを「危険な暗流」と呼んで警鐘を鳴らした。

「辛酉革面の大義は天道の信念を此国の高處に活躍せしむるに惟俟《これま》つなり。若し夫れ天道を無視し、独裁専制の将軍政治へ逆戻りを趣構する暗流の危険が夙《つと》に感付かれて居る央《なか》ば、愚民を瞞着する後藤新平の畠なる永田秀次郎が唱道するやうな『天皇の議会に於ける否認権の行使』を神権的のものたらしめむと欲する御国体万能の意識たるや、大本教が代言する所と大差あらざる明治末期以来の狂迷せる日本心理でありて」（1921年2月19日）。「天皇の議会に於ける否認権」なる主張は、東京帝大教授、上杉慎吉の天皇主権説を一部の政治家がまねたもので、このような言説が容易に浸透していく風潮を「狂迷せる日本心理」と呼んだのだ。

「此種の陰謀は官僚軍閥乃至妖僧の孰《いず》れに出るを問はず、鬼神や刺客の群魔、雲の如く擁するにもせよ。祟りを以て人心を脅威し、一切の人格を蹂躙する時節は既《も》う済んだもので。天照大神の神威に懸けて必ず、攴正《ぼくせい》されべき天の時が今、漸く到達したらしい」

日本魂消滅の危機　～武狂発展の全部を遣り直そう

閥族が天皇の権威を利用しながら特権を追い求める歪んだ政治が続く中、日本国民の精神もまた政治の乱れの影響を受けて蝕まれていく。天眼はそれを「日本魂」が消滅の危機に瀕しているととらえ、憂慮した。「明治末期から純粋の日本魂は抹消に趣《おもむ》きつ。閥王独裁の魔道が誣妄《ふろう》の神権主義を扶植しつ。（中略）日本に限ってはサーベル吶喊《とっかん》主義及び財権絶対を以て人類を蹂躙し得べしと為すに至りた」（1922年6月25日）

この国を建て直さなければならない。「勿論、武狂発展の全部を遣り直して、新規の正鵠《せいこく》を建てる真実日本魂の勇建と革との時である」。このとき軌道修正ができていれば日本の歴史は違っていただろう。

神官を小中学校に派遣の危険性 ～「お伽噺めきたる天地創造説」信仰強制

1921年（大正10年）の年明け早々、政府は全国の神官を招集し、今後は「社会問題に神官の尽力」を求めるとして、全国の小中学校に神官が出張して神道講演を行うよう訓令を発した。政府が特定の宗教を教育現場に持ち込み、政府好みの教育実践に利用しようとする計画だ。天眼はその危険性を厳しく指摘した。「気候が変だと惟《おも》ふたら、政府は今週を以て全国の神官を召集し、尊祖敬神の鼓吹は勿論として、更に社会問題に神官の尽力を訓令する由」（1921年1月5日）

これは一体、何が目的だ。この国の教育をどうしようというのか。「敢えて内務大臣、文部大臣に問はむ。神官の社会問題に尽力と云ふ事は寺内内閣の政綱第一義たりし『凡《およ》そ官吏は天皇の官吏にして』といふ官威至上主義の官僚思想延長を意味するや、せずや。社会は横の物で官民は縦の物と知るや否や」

「第二問を発せばや。神官の畠では鎖国攘夷時代の幼蒙なる独断見地に由って日本神道を解釈し、お伽噺めきたる天地創造説など其儘《そのまま》、無条件で信仰せよ曰《い》ふ本居宣長系の私見的なる古事記丸呑を固執し、時代の知識感情が要求する合理性に向かって何等の共鳴を準備する莫《な》きに似たり。其にも拘はらず、今後は神官が小中学校に出張して神道講演を頻繁するやう政府が訓令するに於いては、其は却って教化上の平地波瀾に非ざるか」

政府による神官の小中学校派遣が、「官の威を借りた押し付け教育にならないか」「神話に過ぎない古事記の記述を事実であるかの如く説き、お伽噺のような天地創造説を子供たちに信じ込ませるようなことは、教育の混乱をもたらすだけではないか」と、天眼は内務大臣、文部大臣に向かって問い質したのである。

教育勅語を「神典と仰げ」の号令　～「無理解の絶対服従」を強制する奴隷教育

教育はなぜ歪んでしまったのか。天眼は、閥族が文部省を支配し、天皇の権威を都合よく利用して、教育に介入し続けてきた結果と見る。「軍閥、吏閥、貴族閥が文部省と云ふ文教府に不抜の因襲勢力を扶植して思想の監守に務め、『御国体』とか、『凡そ官吏は天皇の官吏にして』とか云ふ口上を経世の唯一標語と為すのである」（1921年7月21日）

その結果が、道徳教育の空洞化と偏向だ。「道徳の理拠」を教えることもせず、ひたすら教育勅語の丸暗記を強要する。これは教育とは呼べない。「単に教育勅語を神典と仰げと号令しつつ、忠孝は斯道《しどう》に基づく、その斯道淵源を問はざるは、無理解の絶対服従を強ふる苗民教育である。奴隷本位の説き方である」

広がる労働運動　～デモクラシーの高揚

第一次世界大戦が終わると、労働運動が高まりを見せた。1921（大正10）年夏には神戸の川崎・三菱両造船所で、労働者の待遇改善や団体交渉権の承認を求める大規模なストライキが起きた。会社側は厳しい態度で応じ、争議の鎮圧、労働者の大量検挙のために警察に加え軍隊、憲兵まで投入された。労働側の敗北に終わったが、労働者の権利を広く国民が認識する画期的な出来事となった。

天眼は労働運動の高まりに大きな関心を寄せ、「労働者の人格が認められる時代になった」ことを喜び、川崎・三菱両造船所争議の経過と意義を連日、大きく紙面を割いて伝えた。

覚奮せる職工等　～人格均等の要求は近来の進歩

神戸の川崎・三菱両造船所の争議が始まったとき、労働者の要求に「職工の人格を横断的に認めよ」の一項が含まれている事を天眼は高く評価した。「神戸大阪の覚奮せる職工等が要求箇条のA（アルファ）に『職工の人格を横断的に認める事』を特筆したるは近来の進歩と云ふべし。是れ軍隊式の常名常道を工場に適用し、上下主従＝親分子分＝の関係以て礼（秩序）と為す旧套に対して、平職工も組長も技師も平面横列の相互人格的位置たるやう革変せよ曰ふ注文にして自治の本義を主張するに庶幾《ちか》きものぜ」（1921年7月7日）

この頃の労働者は、親方が部下の職工を引き連れて、あちこちの職場を回るという就業形態が一般的で、この「親分子分」の関係の見直しも迫る「職工の人格を横断的に認める事」という要求は、天眼には社会の根本的改革につながると考えられた。それには「礼が横断的に画される」ことの重要性を説く、次のような思想があった。老子の教えに学んだという。「坤《こん》之時は礼が平面的に横断的に画されるのだ。一見、無礼に似て実は然らず。鏃《やじり》が矢筈《はず》を司配しつつ、其《その》まま社会の礼、共存の秩序が横断的に成るのである」

「社会の礼、共存の秩序」の形成を促す要求は、他の争議でも広がっている。「而して此主張は小石川砲兵工廠その他にも輩出しつつあり。言草《いいぐさ》は各工場に因って異なれども、専制的先進者の跋扈を抑えて平職工の人格的待遇を上級者に均等せしめよ曰ふ要求は、即ち同一の思想だ。その背面にはボーナス（半季末の手当金）の懸隔甚だしきを喞《かこ》つ事情も潜むべく、工場としては親分本位なる請負仕事の遣口に能率を求め居る旧套を便とするならむが、其《それ》は時運を解せざる姑息の計ぜ」。企業にとっては、親方に仕事を請け負わせる旧来の方式が便利だったかもしれない。だが、それは古い。「時運を解すべし」である。「人格本位」の社会が求められる時代になっているからだ。工場の中も人間的であらねばならない。「人格均等といふ覚奮は自治の生命力だ。『一人は以知人』の悟り、知恵能率の原機、工場を故郷の山として愛護する仁核本位の精神だ」

日本素有の王道的デモクラシー精神の渙発　～明治以来の世道顛倒を矯正

空前の規模の労働争議。これが整然と、かつ力強く展開されているのは、労働者一人ひとりが自覚し、決意を持って闘争に参加しているからだ。個々の労働者が主体的に取り組んでいる点に天眼は注目し、高く評価した。「三菱所属内燃機職工八百名許《ばか》りの覚奮は他動的ならで主動的なりし事実も亦見逃し能はぬ」（1921年7月12日）「しかし、乱に到る気遣いはない。神経過敏たる勿《なか》れ、臍《へそ》に力を入れて静かに竹外の清風を呼吸せよ」

その「主動的な覚奮」の表れが7月10日に行われた4万人近くの労働者の整然たるデモ行進だった。参加した労働者一人ひとりによほど高い自覚がなければ、そのような団体行動は不可能だからだ。それは「日本素有の王道的デモクラシイ精神が労働界に渙発」する光景だった、と天眼は独自の視点からの労働運動論を高揚した筆致で書いている。「大正十年七月十日！　一七一の天津玉戈を自成する此日付は、日本素有の王道的デモクラシイ精神が労働界に渙発して国家人民を新規文明の品段に登らしむる暦数実現を記録せり」（1921年7月13日）「即ち阪神の労働団が此日、三万五千の大示威行列を神戸市に挙行して秩序整然、一糸乱れず練り回りて一人の怪我人も出さず、何等不穏の行動なく、堂堂行進を完了したる空前の大事実は『一七如来』の活命線を明画するものにして、明治末期以来の世道顛倒《てんとう》を矯正する大大的吉祥記録日と称すべし」

秩序ある行動によって、一歩ではあるが確実に前進した。その感動を記す。

「漸《ぜん》よ。七月十日の神戸大衆行進が首尾よく挙行されしは実に夫れ職工達の智識も気分も其を能くする迄に漸進を遂げた其漸よ」

横断的人格確認の要求　～時運必然の革面風潮

天眼は労働者と資本家は人格的には対等であるとの考えに立ち、労働運動とは、労働者の人格が軽視されている現状の是正を求める取り組みであると理解する。そのような視点で見れば、優越的立場にある人間が他者の人格を軽視して平等に扱わない風潮、人を人として尊重しない風潮は、明治以来、日本社会のあらゆる場面で蔓延していることが分かる。労働問題はその一つの表れに過ぎない。したがって、労働運動の前進は、天眼にとって、歪んでしまった日本人の心の在り方を改める貴重な機会であると期待されるのだ。

「現時日本では、何処《いずこ》の隅にも縦断的尊卑に由る家長の特権過大と、横断的人格確認の思想が衝突して」

いる（１９２１年７月14日）「其と同じき意味合ひの衝突が『会社幹部の権威独占対職工側の発言権皆無の不平』に打て出《い》で、扨《さて》こそ横断的人格確認の要求が勃発する次第にて」。人格対等を叫ぶのは当然だから、「之は時運必然の革面風潮」である。

そもそも、歪んだ現状の是正は、組織の上に立つ人間が自ら率先して取り組む課題であるはずで、その責任がある。「高級者より主動して豹変虎変を断行すべきはずの理勢でありて、今頃騒ぐのは寧ろ手後《おく》れ位のものだ」。その自覚を持てない「頑旧勢力」は批判されるべきだ。「総則的に立憲と自治と王道的デモクラシイの純日本精神に懸けて頑旧勢力を洗濯し遣るべきだ」

人格主義の本道に還れ　～国民奴隷化の仕組み匡正を

労働運動の急激な高まりに、政府や企業家など支配層は大きな危機感を抱いている。だが、天眼は、堕落した日本社会を立て直す貴重な機会ととらえ、運動を評価している。なぜなら、労働者の憤懣を拡大させた原因もまた、明治以来の閥族政治の歪みに由来すると考えるからだ。「貴族閥、金閥、吏閥にとっちゃ千秋の危機かも知れないけれど、日本国土生民の為には簾《すだれ》浜の涼風でないか」（１９２１年７月21日）。そう歓迎する理由はこうだ。「国権過大を矯正する事なしに日本の政治も経済も社会も何の活路あらむや」。今がその機会である。「明治末期以来、神を人造して思想を脅かす国民奴隷化の政教仕組みを匡正して人格主義の本道に還り、国民自覚の上に国家の活力を築き上げねばならぬ」

政府は、世界大戦後の日本の外交の厳しさを持ち出して、「国難迫る中での労働争議は避けるべき」など言うが、天眼はこれを一蹴する。「平素より民衆の人格を認める誠意なくて、閥連が当惑した時ばかり発作的に国難来！　を叫んだって其が何の芸ぞ」「難は国難に在らずして人難に在り」

女工解放！

女工に直ちに8時間労働制を　～人道問題として容赦ならぬ

天眼は女性の地位向上について進歩的な考えを持っており、それは女性にとって重要であるだけでなく、男性中心社会の歪みを正す上でも不可欠の課題であると認識していた。それを分かりやすく説いた講演録が1919年11月23日の東洋日の出新聞に掲載されている。

「女の力は偉大なもので、それが涵養されて居らねば其国《その》は弱いか、或は過激粗暴に失するものである」。男中心の社会は暴走し、弱体化する。そうしないためには、まず女性がそのことに気付いて古い意識から脱却し、自ら進歩を心掛け、社会参加に努めてほしい。「日本でも旧来、婦人の美風といふものがあるが、単にそれのみを頑守せず、現代思想の進歩の速力が添はねばなりません。私は婦人の進歩を望むのでありますす」

こう前置きした天眼は、女性を苦しめている眼前の重大事として女工の劣悪待遇の深刻さを指摘し、緊急の改善を訴える。「一日八時間労働制は殊《こと》に女工に必要であります。紡績女工の如き其労働時間は十二時間、十四時間、十六時間に亘って居るのは人道問題として容赦ならぬ事で、之が事の起こりであります」

「女工は一種の監禁されたる勤勉家で、其募集方法の如き密航誘拐者流の運動で、日本は一番酷いのであります」

「人道上、夜通し仕事をするといふ事は昔から無い事」だから、女工への8時間制適用は人道上の急務である。「此の時間制の目的は労働時間を縮めて給金を増さうといふのではなく、人道上、労働者に余裕を与《あた》へ、労働者は其余裕を得て人格を磨き、知識を増して立派な人間になる義務があるのです、さうでなければ、それは永久の事ではありません」。労働者を人間として尊重しなければならず、そのためには待遇改善が不可欠、緊急の課題となる。それが労働問題を論じるときの天眼の視点だ。

女工解放！　～暴利業者の罪は思い

だが、その講演から2年後に至っても、女工の待遇は改善されていなかった。大戦景気、戦後恐慌、そして景気回復、それら全ての過程で、女工は企業の利益追求の犠牲になってきた。天眼は、女性を虐げる資本家の「罪障」を指弾する。「日本が戦時を通して金と武の全陽主義に没入し、社会が物欲に乾燥し切った」「其故に約《つづ》めが着かずに財界の破滅を因業《いんごう》するに至りた。就中《なかんずく》、最も四面網の暴利狂を演じた者が繊維工業と漢文めく綿糸や生糸の製造業及び販売業者」で、彼らは「天下至大の罪障を作った。罪の実績は女工制度に昭昭たり」

その罪とは。「彼等は日本女子、天賦の体質及び良性をば、妙齢女子の過激なる使役及び心理的檻房たる女工寄宿舎制に依って人為的賊害し来たり」。したがって、「実地的経綸の項目には女工制度の抜本的改革、即ち女工解放！を挙げねばならぬ」。女性に対する「人為的賊害」を直ちに止めさせなければならない。

男女同格　～鈴木天眼の女性論

女性は辟世の目、文化の原精である

「女性にして自覚する所なくんば此世《このよ》は憂苦と恐れとに塞《ふさ》がるべし。女性は辟世《へきせい》の目である。文化の原精である」（1922年5月30日、鈴木天眼）

女性の美について　～「属性の虚誇」に囚われず、内面の美を

天眼は当時としては進歩的な女性観を持っていた。大正時代は、まだまだ女性について男が作り上げた固定観念が社会を覆い、女性もまた、男の持つ固定観念に縛られて不自由な生き方を強いられていた。その歪んだ固定観念を天眼はきっぱりと否定し、女性に自由に前向きに生きるよう呼び掛けた。

女性を縛る固定観念の最たるものが、外面的な美ばかりを気に掛ける風潮だ。「他人から見られて美と云ふだけで本質上には用無き見越しの松的な美に止まるは、思想の低級に属するもので」「外容の美と一緒に内観自明の自信的、自任的の白を存して貫ひ度《た》い」（1920年10月22日）。女性が自分を「見越しの松」に貶める必要はないのである。「見越しの松は人格的自得の美ではない。あんなものは属性の虚誇《きょこ》だ」「属性の虚誇」に囚われず、内面を磨き、社会に役立てることが必要なのだ。「婦人方に於いても之を機

縁として、研《みが》きをば精神内容に掛けたなら、其《その》徳光は衰へず、以て社会を指導すべしと、一丁、発憤、立志して頂きたいものである」

女性は産児器械ではない、妻は奴隷ではない

女性を男社会の論理でさまざまに縛る日本の社会は間違っている。この主張を天眼は前記論説の10年前から行っている。まず家庭の中で女性の地位が貶められていることを問題視した。明治、大正の時代は、家庭に入った女性は夫に服従を強いられていた。こんな社会を天眼は「男子偏権、女房奴隷の日本社会」（１９１０年10月3日）と厳しく批判し、改革を求めた。

そんな家庭の中で女性に一方的に押し付けられる価値観が、「子供を生む」ことが女性の最大の役割であるかのように言う男社会の決め付けである。だが、女性に子どもを産むという役割しか与えない男社会の価値観の方が間違っている。女性もそれに甘んじてはならないのである。女性にはほかに多くの役割があるはずだ。「婦女にして現状の如く産児器械たるに甘んじ、社会に於ける、人心に於ける其本然《ほんぜん》の貢献を閑却する限りは、世道決して振はじ」（１９１０年10月9日）

これでは社会は進歩しないのだ。ちなみに、柳澤伯夫厚生労働大臣が「女性は生む機械」と発言して批判を浴びたのは２００７年のこと。天眼が「女性は産児器械ではない」と力説した論説の掲載から97年後の21世紀日本の現実だった。

女性の政治参加へ法改正を

大正時代の女性は政治参加の道が閉ざされていた。婦人参政権がないどころか、政談集会への参加すら治安警察法第5条によって禁止されていた。政治的発言の自由が全くなかったのである。このため、平塚らいてう、市川房枝らが率いる新婦人協会などが先頭に立って同法改正の運動に取り組み、1922（大正11）年3月、ようやく同法改正案が国会で成立。部分的ながら、女性が政治的自由を手にした。

同法改正がまだ困難を極めていた1920年の段階で天眼はこう書いた。「今後の日本は婦女が男子に譲らざる『共善性』…人格の力…を素有する所以を実行以上に期待せねばならぬ。男女同権と云ふ個人主義の同権は語弊あれど、男女同格の性命構成は天道自然の真実事である」（1920年10月22日）

天眼は「男女同権」という言葉より「男女同格」という言葉を好んで使った。男女同権を論じる以前の問題として、そもそも自明の理として、男女は「天道自然の真実事」として同格であるのだということを強調したかったようだ。「婦女にして目覚めずんば、乱世の予防はまあ難しいだらう。少なくとも政社法（注・治安警察法の前身）を改正させ、婦人の政談傍聴や演説を自由ならしむる位の事は促進せねばなるまい」

女性が社会に貢献しようと思っても、政治参加の道が完全に閉ざされていては現実には何にもできない。教育一つ取っても、それは明らかだ。「社会の実際問題に貢献せむと欲せば、政治と離れ能はざる事は自明の理でないか、政治の何たるかに没交渉で以て如何ぞ、教育の改善や進歩を期し得むや。死物教育は金ばかり掛かって一向、人間らしい光の有る活動性の徳器を造らぬでないか」

なお、婦人参政権は戦前はついに実現せず、男社会が暴走して戦争の惨禍を招き、国内外に膨大な犠牲者を生んだ後になって、ようやく実現した。

愛は男女の出し合ひ講

現実の社会は争いが絶えず、利己主義、物欲、非道が罷り通って暴走を続ける。この暴走を抑え、人間らしい社会に軌道修正していくためには女性の力が不可欠だ。それが、天眼が女性の政治参加、社会進出を切望する理由である。「婦人が目覚めず、男子がしたい放題たりし故に、暴利風尚や物質的狂炎、之に継ぐ成金潰れの財界難を惹起すやう此国が自暴自棄してゐるのである」（１９２０年10月22日）。「凡そ天道を畏《かしこ》み条理に終始する風尚たるや婦人本然の信実に俟《ま》ちて、男性の過度の陽剛や男性らしからぬ卑怯を調節するに惟《これ》由る。男子が卑怯でも詐術でも構はず、金銭や位置さへ取れば良いと心得て。婦女に対しても恥ずかしい云ふ気分の消滅しては、此世は潰れより外にない」

世の中、男らしい男ばかりではない。男らしくない男、卑怯な男もまた溢れているから、不正が横行し、社会が歪む。それを正す力があるのが、男を睨む女性の真っすぐな視線である。「其処《そこ》に婦女が権式を保ちて、男子らしからぬ男子は愛して遣らぬ曰ふ制裁が要るのである。婦女は男子の愛を買ふ稼業には非ず、愛は男女の出し合ひ講だ」

男女共学は当然　～男女合はせて人間なり

大正時代後半になっても、なお高等教育における男女共学の是非などが議論されている。男女共学は議論の余地がない程、当たり前の事なのに、なぜ、議論になるのか。それは、政府当局者の意識の中に、抜きがたい女性差別があるからだと天眼は考える。「文部省や高等師範の当局者が今日に及びて尚、男女共学の利害など議し居るのは、人間とは何ぞや、女とは何ぞの根本観念を誤る無学不道に惟由るもので。男女合はせて人間なりと曰ふ平明の理に迷ふ低脳さ加減、日本ならでは、世界何《いず》れの處にも発見し得ざる武狂心理の事態である」（1922年5月30日）

男女ともに人間である。人間と人間の間に差別があってはならない。だから男女共学は当然である。その自明の理を解さない方が間違っている。「人は万物の霊なりといふ概念には男女を隔別せず。人は人間である」。ならば、「人間は心霊の働きを有する故に動物と異なり曰ふ信条に於いて、女性を卑下する事の成り立つ理あらじ」

男と女がいて人間が存在する。それを考えれば、答えは明解である。「『人間は男女の共成』であると考へたなら、偏狭なる守旧教育家が女子を社会の或部分に隔離するの不条理は自明するであろ」。そして、こうも言う。「此世は男子独裁では疎通せざる仕掛けに出来てゐるンだ」（1921年7月15日）

「卒」を作る教育の弊害　～男子を目的とし、女子を閑却する

日本の教育はなぜ、このように歪んでいるか。それは教育の目的そのものが根本的に歪められているからだ。本来、国民一人ひとりの人格形成が目的であるはずなのに、単に個人を国家のための兵卒に仕立て上げることが目的とされてしまっている。そこでは当然、男子のみが教育の対象となり、女子は無視され

る。女性差別の根本原因はここにある。

「日本の政教は何かと革面されねばならぬ。其理由は枚挙に暇あらずだが、如何《いか》に革面するやの理想を謂はば大要、国家の権閥をして人格の道に還らしむる曰ふ事が絶頂の急務である」(1920年10月23日)。「人格の道から外れた国家の権閥」とは何を指すのか。「権閥とは一に曰く、軍閥。二に曰く、司法の閥検。『人格』と云ふ事を意識の外に置ひて、専ら『卒』を造る教育では既《も》う国を支へ難い。殊に倫理観念に於て男子を目的とするに偏し、女子の本領を閑却する如きは、封建の世の武断専制の余習でありて、熊本神風連の遺範に泥《なず》むものだ」

その時代錯誤が国防の分野でも平気で語られているから、事態は深刻だ。「アメリカ艦隊が大西洋七十六万余頓、太平洋六十八万余頓、合して百四十四万余頓の大艦隊を組んで世界遊弋《ゆうよく》の壮挙を開始せむと欲しつつある際に、徒然として、神国の神風など説ひてゐても狂人の沙汰でないか」。その沙汰は20年後も変わらずに日米戦争へと突き進み、国が亡びるのである。教育に真っ先に現れる国家の歪みを日頃から監視しておくことが、いかに重要であるか。その歪みの指標は、国家の女性に対する態度である。天眼の警鐘は今の世にも重く響く。

第9章　関東大震災

1923（大正12）年9月1日、関東大震災が発生した。この混乱の中で、流言飛語に惑わされた人々による朝鮮人、中国人の虐殺という惨劇が起きた。デマを信じた人々は自警団を組織し、手当たり次第に虐殺に及んだ。殺害された朝鮮人は約6千6百人、中国人は約660人に上ると推計されている。

混乱に乗じて社会主義者の弾圧を図る官憲が、労働組合指導者や無政府主義者を拉致して虐殺する事件も引き起こされた。9月16日には無政府主義者、大杉栄、伊藤野枝夫妻が、連れていた6歳の甥とともに麹町憲兵分隊に連行され、甘粕正彦憲兵大尉等の手で虐殺された。甘粕大尉等は3人の遺体を分隊構内の古井戸に投げ入れ、違法で残忍な犯罪の隠蔽を図ろうとしたが、隠し通すことはできず、約1か月後の報道解禁によって、広く国民の知る所となった。

これらの異常な犯罪の続発に天眼は鋭く反応した。これは決して震災という未曽有の混乱の中で起きた偶発的な出来事ではない。明治末期以来の政治の歪みがもたらした人心の荒廃が、震災に直面して一気に露呈したものと見るべきだ。根は深い。大震災は大正日本の国民が抱える心の闇をあぶりだしたのである。

朝鮮人虐殺に怒る

狼狽的流言　～凶獣の如き血迷ひ騒動

震災の混乱の中で、流言蜚語が基で罪もない朝鮮人が多数虐殺された。デマに踊らされて、何も考えずに、人々がこのような凶行に駆られてしまうなどという事態はあまりにも異常であり、これは国民的な精神の歪み、その危うさを反映したものと言うしかない。天眼は深刻に受け止めた。「我筆は。凶獣の如き都門官民の行為を印記するには、あまりに勿体ない」（1923年9月22日）。書くのも憚られる程の蛮行である。自らを励まして筆を執り、各地の自警団による虐殺行為を列挙する。「何れも震災、火災の当夜に起こりし流言が根となれる血迷ひ騒動だ。流言は何の流言ぞ。朝鮮人襲来！　曰ふ狼狽的流言だろよ」（1923年10月16日）。「狼狽的流言」で、たちどころに「凶獣の如き」「血迷い騒動」が起こり、地獄が生み出された。東京から送られてくる情報を収集して、天眼はこうまとめた。「三十人が三百人と流言され、三百人から更に又、桁を上げて『三千人襲来！』と曰ふのが九月一日の夜の更けてから、もう一杯広がった。殊に翌二日、次いで三日の夜迄、段段、流言の度を高め、竟《つい》には此世は終わりが来たと悲しまれた」（10月23日）。特に夜は停電で「暗黒天地と化した事が何よりも地獄の実感を導いた」「故に丸の内、しかも二重橋前に避難して居ながら、さあ朝鮮人が来たと誰か一人叫べば、わっと悲鳴を上げて人波が跳ね走る始末で。彼やうの阿呆らしい話は後日には想像も出来ないが、実際その通りだった」

人間が人間であることを忘れていた。皆が「敵人団体の殺到といふ仮想? 幻影?」に甚だしく恐怖した。だが、落ち着いて見回せば何もない。「変災当夜の騒ぎよ、怖畏よ、狼狽よ、暗劇よ、半狂乱よ、全くお話にならぬ修羅場、活地獄だった」（10月17日）。後から見れば「阿呆らしい」「全くお話にならぬ」出来事が、震災直後、実際に起こったのだった。震災の恐怖の中でデマに踊らされる心理も分からないではないが、それにしても、愚かで恥ずかしい行動だ。

「震災、火災の恐怖、実に九死に一生の急場に、かてて加えて襲撃強奪屠殺の狂魔人団が押し寄すと聞ひては。平素現代の活勢に訓育されざる鎖国泰平式の江戸民衆の事とて、其は何程、狼狽したか、言語道断です。平家腰抜け武士の風声鶴唳《ふうせいかくれい》どころでなく、吾等は国民として此上を談《かた》るも赤面です」（10月23日）

閥族が教育を歪めた結果だ　～人格とデモクラシーを厄介視

それにしても、情けない国民の心性である。情けない上に、醜悪かつ残酷である。強者には忍従しながら、弱者には威丈高に振る舞い、残忍極まる殺人行為すら躊躇せずに実行する。たとえ災害の修羅場で陥った群集心理であったとしても、この非道を合理化できる理屈はない。一体どうすれば、このような異常な国民の心性が形成されたのか。天眼は、これも閥族が教育を歪めた結果だと言う。

「閥道が小学よりして単なる盲従の忠孝を教へて。個性本質の向上、自任を厄介視し。民衆の与《くみ》し易きを便として、人格とデモクラシー味とを平素に訓養（Ｓｃｈｏｏｌ）せず」、その結果、「国際或は現代の生活知識及び意地」が失われた（10月16日）。そこで、「一旦、挙国逆境の悲運に会すれば、壮者は気のみ荒くなりて始末が付かず。弱い奴は神経衰弱に陥りて喪家の狗の如く尾を垂れ。乃ち沈勇精知、善く回天の志望を持する如きは期待し能はぬに至る」

それは被災の渦中にいる人間達に限った話ではない。日頃、国家主義を振りかざして勇ましいことを言っている人間たちが、被災者救援にどれほどの働きをしているというのか。彼らが敵視するアメリカは迅速に軍艦や民間船舶を日本へ差し向け、病院船に早変わりさせて救援、救護に奮闘しているというのに。「平生、鎖国攘夷のカビ思想を揮り翳《かざ》して光栄主義に耽《ふけ》れる武狂の輩は如今、アメリカ野戦病院が輦轂《れんこく》の下に世界主義を実演するをば何と見るや」

大杉栄、伊藤野枝らの虐殺に怒る

悪魔の所業に天罰を

９月16日、大杉栄、伊藤野枝夫妻が、連れていた６歳の甥、橘宗一とともに、東京憲兵隊の甘粕正彦大尉と森慶次郎曹長に拉致され、麹町憲兵分隊構内で殺害された。３人の遺体は構内の井戸の中に投げ込まれ、上から煉瓦で隠された。この事件が少しずつ明るみに出てくると、子どもまで虐殺した残忍非道に天眼は言葉を失い、ただ「信じたくない」との趣旨の一文を書くのが精一杯だった。「しかし嬰児惨殺だけは必ず誤伝であろ、そんな暴虐は若しや有たにせよ、無いと信じるが宜い」（９月22日）。天眼の衝撃、動揺が窺える混乱した一文だ。

だが、すべてが事実と判明する。天眼を怒りが包む。遺体は井戸にあった。「井を穢《けが》す事は龍神が許さないから、悪魔が埋匿しても駄目だ。天道の引き回しに依りて発覚し了ふ」（10月11日）。甘粕等の犯行は悪魔の所業だ。悪魔に対する懲罰は龍神に託すことになる。「暴虐の閥武は龍神震怒して膺懲す」

在郷軍人諸君！　惑乱さるる勿れ

しかし、この蛮行に怒るどころか、むしろ甘粕を擁護する風潮さえ広がっている。そうした擁護論が浸透しやすい大きな勢力の一つが、在郷軍人会の人々だ。右翼団体や在郷軍人会は「国士」甘粕の減刑嘆願署名まで行うほどだった。このような主張が罷り通れば、「国家の為なら独断で社会主義者を殺してもよいのだ」などという無法容認の考えが軍人、警察官に浸透していく恐れがあった。この風潮を危惧した天眼は、在郷軍人に向かって、きっぱりと告げる。「在郷軍人諸君は誣妄《ふもう》の宣伝に迷ふ莫《な》く、事実や情報をば自己の精知以て判断せよ」（10月4日）。「在郷軍人諸君は閥武の詐瞞なる宣伝に惑乱さるる勿《なか》れ」（10月11日）

「軍人だから、警察官だから何をしても許されると思ってはならない。「軍人或は警察官なればとて『無辜を惨殺しても国家の為だ』と放言してサーベル特権を狂用する如きは、天照皇大神も神武天皇も乃至明治天皇も、もはや決して恕《じょ》せじ。乃ち龍神を役して天罰を下すなり」

大杉が危険なら甘粕も危険だ　～甘粕の国法無視こそ国家破壊

12月8日、軍法会議で甘粕正彦大尉らに判決が出た。甘粕に懲役10年、森慶次郎曹長に同3年、他の3

人の上等兵は犯罪になると知らず命令に従っただけという理由で無罪となった。背後関係を一切、追及せず、わずか2か月弱の公判で判決を出すという形ばかりの裁判だった。軍法会議への失望、批判が広まった。天眼は特に、法廷での甘粕の自己正当化の詭弁に厳しい批判を投げ付けた。「甘粕自身は『国家有りての法なり』と称して無政府論者を誅戮する曰《い》ふが、法有りての国家だから矛盾じゃ。若し私刑や自称天誅を是認するならば、夫れ自体が近世の云ふ国家体系を破壊し、無法で無国家に陥る理で」（12月10日）

甘粕の言い分に従えば、国家の法体系を無視する甘粕こそが国家、国法の破壊者ということになる。その自己矛盾に気付かないのか。「大杉が危険なりや、甘粕も危険だ。だから甘粕武士道は口実じゃ」

黒幕の存在を疑う　～人権蹂躙を平気で行う風潮

甘粕大尉の凶行は本当に彼が独断で行ったものなのか。背後に、彼に指示を与えた軍や政府の関係者がいなかったか。これは当時から関心を集めたが、軍法会議では一切、追及されず、結局、疑惑のまま残された。

天眼は軍法会議の判決が出た後になっても、黒幕の存在があると疑う姿勢を示した。朝鮮人虐殺、大杉栄虐殺いずれも、背後関係を疑うべきだと見ていたのである。加藤友三郎首相の急死によって9月2日に第2次山本権兵衛内閣が発足したが、震災直後の緊急対策は前内閣の閣僚たちが引き続き担当した。このうち、前内閣内相の水野錬太郎は１９１８年の米騒動時の内相であり、その後、朝鮮独立運動が巻き起こる中で朝鮮総督府政務総監を務めた人物だ。震災直後は後任の内相に後藤新平が決まるまで、震災対策の陣頭指揮を執った。天眼は、その水野を「サーベル内相」と呼び、「少なくとも前内閣のサーベル暴戻《ぼうれい》を参考に置けば、大杉栄惨殺の如きも黒幕の存在を推量し得る」（12月20日）と言い切った。

黒幕の存在について確証を得ることはできない。だが、そのような疑いの目で見られて当然の雰囲気が、すでに政府や軍、警察など権力機構全体を覆い始めていた。そこが問題だ。その雰囲気とは、大浦兼武に象徴される、陰湿な権力行使によって政治を裏から動かそうとする風潮だ。大浦は内務官僚で、警察を掌握し、1915年の総選挙では内相として強権的な選挙干渉を行って批判を浴び、与党系候補者の立候補取り下げ工作に絡んで収賄を行ったことも明るみに出て、辞任に追い込まれた政治家だ。政界引退後、1918年に没しているが、大浦が残した負の遺産は大きいと天眼は考え、甘粕事件の遠因もそこにあると、報道解禁直後から指摘した。「予は何となく、人権蹂躙の本尊たりし大浦兼武の怨霊が憲兵や警察刑事の一部に憑付《とりつい》て解脱《げだつ》しない其《その》祟りの如、感じる」（10月10日）

震災に乗じた思想弾圧　～私秘を蹂躙し、心衷まで圧し潰す

大震災で国民が茫然自失となり、朝鮮人来襲のデマで被災地住民が恐怖に慄いている時、その陰で、国民の思いもかけない重大施策が、震災対策に名を借りて迅速に動き始めていた。「流言飛語の流布を防止する」という名目で、言論・表現の自由を一気に制限しようとする施策だ。政府は9月7日、流言蜚語を防ぐという目的を掲げて治安維持のための罰則「流言浮説取締令または治安維持令」を緊急勅令で公布、施行した。これは、実際に起こった犯罪にではなく、治安を乱す恐れのある「流言浮説」「煽動」「流布」

など現実の犯罪に至らないものにも重刑を課すという法令。表向きは朝鮮人暴動デマなどを取り締まるのが目的だが、裏面には新聞の報道の自由を奪い、社会主義者迫害への批判を封じるという目的が隠されていた。この勅令の目的を達成するために政府は16日、新聞、雑誌などの原稿をすべて検閲する命令を出した。

政府は前年、「朝憲紊乱の恐れがある」と見做した社会運動を「宣伝」「勧誘」も含めて全面的に禁圧する目的の過激社会運動取締法案を第45議会に提出したが、世論の反対が強く、審議未了に終わっていた。緊急勅令や検閲命令は、この審議未了となった取締法案の目的を、議会での法成立によらずに実質的に実現してしまうもので、震災のどさくさ紛れに報道の自由が奪い取られた。

天眼は、この事態を、安政の大地震と、思想弾圧である安政の大獄が同時に訪れた安政の世になぞらえて言う。「昨年、過激法案が議会最終日に床次（竹二郎）の手に天降った時、是れ安政疑獄の伏線なりと識者警惧して辛うじて食止めた」（10月4日）。だが、その法案が実質的に復活し、機能し始めている。「地震と疑獄が離れぬ安政の弐舞《にのまい》などは死命線の選びじゃ」。そして、あらためて国民の思想を縛ろうとする試みを糾弾する。「人は人間である。人間を人間として扱はぬ閥道は死道だ。土足で私秘を蹂躙し、拠って以て人間の心衷まで圧《お》し潰《つぶ》し能《あた》ふものの如く考ふるは閥武の狂想だ」

伊藤野枝の上京を勧めたのは天眼

憲兵隊に虐殺された伊藤野枝を、天眼は少女の頃から知っていた。野枝の叔父、代準介と古くからの友人だったからだ。代は野枝、大杉、幼い宗一、三人の遺骨を東京で引き取り、郷里の福岡県今宿に持ち帰って葬儀を執り行った。その葬儀を知らせる手紙を天眼に送っている。天眼は悲劇を半ば身内の目で見守った。

矢野寛治『伊藤野枝と代準介』は、代準介が残した自伝的手記『牟田乃落穂』を基に、代と天眼の関りを記している。それによると、代は1890（明治23）年、23歳のとき、福岡県今宿から長崎に出て事業を始めた。木材の広域売買など幅広い事業を手掛け、海軍、三菱長崎造船所の用達にもなって実業家として成功した。後に長崎で新聞発行に挑戦し始めた頃の鈴木天眼と知り合い、昵懇の間柄となった。1902年、東洋日の出新聞創刊記念事業として結成した瓊浦游泳協会（後の長崎游泳協会）の総務主事も務めた。1908年に天眼が衆議院議員選挙に立候補した際は、代と縁戚関係にある玄洋社の頭山満の指示を受けて、天眼の選挙運動に熱心に取り組んだという。

伊藤野枝は1908年春、13歳の時に福岡から長崎の西山女児高等小学校へ転入し、叔父の代の下で勉学に励んだ。成績優秀だった。同年11月、代が東京へ転居することになったため、野枝は福岡に戻った。だが、勉学の意欲は捨て難く、「東京の上野高女に通わせて欲しい」と切々と訴える手紙を東京根岸の代宅に送り続ける。代は周囲に相談した上で野枝の上京を認めた。

このとき相談を受けたのが天眼だ。ここからは東洋日の出新聞の記事に戻る。「代準介、長崎より根岸に転住した時に、其隣家が（村上）浪六氏なので相識の間となり。浪六氏と倶に、予を出雲湖畔の僑居に訪ひける。其際でありつらう。野枝の上京留学の切なる希望信書を持って来て、呼び寄せの可否を問ふた

のは。予は野枝の文才を認めて、代に世話を勧めたであろう」（10月14日）

「出雲の僑居」は天眼が国会議員として活動するために東京に構えた居宅である。村上浪六は作家で、根岸の代の新居の隣に住んでいた。当然、村上も野枝上京に賛成であったから、代に同行した。このとき天眼は「学問を仕込んだら、当人の為め、又社会有用の才たるべく適当」という趣旨のことを述べたと書いている。皆に期待されたその才は、甘粕憲兵大尉によって無残に圧し潰された。

葬儀の知らせ

３人の遺骨を福岡に持ち帰った代準介は、野枝の父、伊藤亀吉宅から、葬儀の知らせを天眼に出している。そこには、かつて天眼の勧めで野枝を上京させた思い出とともに、野枝を偲ぶ句が記されている。天眼はこの書状を10月12日の東洋日の出新聞1面トップに注釈抜きで掲載した。以下、全文。

拝啓　野枝も最後を遂《とげ》ました

憶ひ起す彼が十四歳のとき、切なる入学の希望信書を御覧に入れ、御促しにより東京へ呼寄せ、以来、今日に至りました

来る十六日葬式（三人とも）今宿で執行します

伸《のび》て散る　花も時あり　野藤哉《かな》

糸島郡今宿、伊藤亀吉方　　代準介

鈴木力先生　臺下

第10章　大アジア主義の旗

病状が悪化する一方の天眼が、最後の力を振り絞って訴え続けたのが、日本と中国は真の友好と協力の関係を築く必要があるということだ。それは互いに謙譲と敬意を持って相手に向き合う関係でなければならず、日本から言えば、日支兄弟《けいてい》ならぬ「日支弟兄《ていけい》」の態度を堅持すべきであると強調した。さらに両国には協力してアジア発展を先導する「東道」という大きな使命があるとして、「日支弟兄で東道の大業を成し遂げよう」と呼び掛けた。こうしてアジアの希望を語りながら、同時に日中関係が悪化していく現実を憂慮する天眼は、いわゆるアジア主義者達の矛盾に満ちた行動に厳しい批判の目を向けていく。

いわゆるアジア主義者の欺瞞を暴く

暴露膺懲？　シベリア出兵催促？　～頭山満、内田良平を「武断宗徒」と批判

１９１７年のロシア革命でソビエト連邦政府が誕生して以降、世界にソ連承認の動きが広がった。

1924年3月には中国政府がソ連を承認し、日本もソ連からの承認要求にどう対応するかで、決断を迫られる状況になった。だが、国内には「ソ連承認は日本の共産主義革命を招く」として承認反対を叫び、それどころか、革命波及を食い止めるためとして、ソ連への懲罰出兵を求める勢力が活動を強化させていた。玄洋社の頭山満、黒龍会の内田良平、学者の上杉慎吉らのグループだ。日本は4年に及ぶシベリア出兵が国際社会の強い批判を浴びて、1922年にようやく撤兵を完了させたばかり。そんな中で再び対ソ出兵を口にすること自体、非常識と言うしかないが、頭山らは「暴露《ぼうろ》膺懲」など激しい言葉を繰り出しながら、政府に対し、承認拒否要求の行動を展開した。

こうした動きを天眼は「武断の徒」の思慮の浅い言動であると批判した。頭山らは1924年3月12日の相談会で、対ソ出兵を求める大会を20日に開催することを申し合わせた。「さればよ、爰《ここ》に三月十二日。官民に通ずる一種の武断宗徒が公然として形貌を露呈したるぞ目出度《めでた》ける。善悪は措ひて、陰に潜む卑怯を一掃した段が結構だ。其《その》申し合はせを看るに西比利亜《シベリア》出兵の催促が露露骨骨」（3月16日）。対ソ強硬派を「官民に通ずる武断宗徒」と断じ、是非はともかく、公然と姿を現して行動を始めたのは、陰でこそこそ動く卑怯よりはましだ、と痛烈な皮肉を浴びせる。そして彼らの要求が「シベリア出兵催促」にあることに警戒感を示す。

彼らの「申し合はせ」は、労農露国が「最近、我国に対し其横暴甚だしく（中略）我を困惑せしめ其得手勝手なる承認を強要するの手段に供しつつある如きは暴戻《ぼうれい》不遜も極まれるものにして、其妄《みだ》りに東洋の平和をかき乱し、帝国の面目を蹂躙するの甚だしき到底看過する能はざる所なるにより、事此《ここ》に至りては最早、尋常平和の手段を以て之と応酬するは全然無用の業なるが故に、此際、国民一致厳然たる大覚悟を以て速やかに出兵膺懲を期する事」と出兵、すなわち開戦を求めている。そして20日に暴露膺懲有志大会を開くと決めた。

天眼は大会発起人の顔触れを見て、こう述べる。「曰く頭山満、曰く上杉慎吉、曰く八代六郎、曰く内田良平。曰く大化会、主力の雄名、之にて足る」。顔触れを見れば、彼らが何を考え、どう行動しようとしているか、すべて分かる。また、いつもの手法で政治や世論を動かそうとしているのだ。ここで天眼が彼らの行動様式を「陰に潜む卑怯」と表現したことに注目したい。頭山らは政治家や官僚に圧力を加え、政治を裏から動かそうとする。その手法を「卑怯」と断じることは、彼らの行動すべてに嫌悪感を示したことを意味する。天眼にとって、いわゆるアジア主義者と交わる所は寸分もなくなっていた。

ソ連不承認の経済的損失を考えよ　～現実無視の「攘露同盟」に懸念

頭山らが「暴露膺懲有志大会」を開催した当日、中国政府はソ連承認を発表した。前日には露支協約に調印していた。ソ連の共産主義を警戒しながらも、国際社会はソ連承認の方向へ流れていく。経済面で国交は必要であるからだ。

日本がソ連不承認を続ければ、どうなるか。利益と不利益の両面を考え、現実的に判断すべきと天眼は主張する。「抑々《そもそも》夫れ我国は西比利亜方面に於いて、坐して居ても一年に二億五千万円位の損失を蒙る。之を内訳して見れば、露国を承認せざる結果より生ずる損害は、漁業に於いて一億円より少なくとも八千万円を下らず。西比利亜との交通杜絶の結果、朝鮮銀行の紙幣融通の停止による損害八千万円。夫れに在来の自然的貿易に於いて八千万円と、之等の数字を見るも、如何《いか》に経済的圧迫の顕著なるかを知るべく」（3月17日）

ソ連不承認で、何もしなくても年間2億5000万円程の損失が生じ続けている。「其《その》点に注意を払わずして汎論的に露国承認は赤化の前提じゃと許《ばか》り慷慨悲憤して、出兵を催促する頭山、八代、上杉等の攘露同盟さへ生じる。日本政界の空気が如何に不調和にして赤過激、黒過激の悶雑するか」。だが、こうした理詰めで現実的な議論は「ロシアの態度が怪しからぬと云ふので」集まった者たちには通じない。天眼は彼らの行動を「尊王攘露」「攘露同盟」と揶揄し、彼らが影響力を持つ「日本政界の不調和」に懸念を示した。日本政府は翌1925年、日ソ基本条約を結んでソ連を承認した。

矛盾した行動　～反米叫びながら、福岡築港事業で米資導入容認

暴露膺懲大会批判から3か月後、再び東洋日の出新聞に頭山満や内田良平らを激しく非難する天眼の論説が掲載された。今度は福岡築港事業への米資導入に関連付けて彼らの矛盾した行動を指摘、その政治体質を非難するものだ。

問題にしたのは、福岡の博多湾築港事業で米資導入が決まったこと。玄洋社に関わりの深い杉山茂丸が、頓挫していた同事業を復活させるためにアメリカの資本家の協力を取り付け、事業再開にこぎ着けた。これを、反米運動を起こした頭山やユダヤ資本を非難している内田が、なぜ容認するのか、しかも福岡は玄

洋社のお膝元ではないか、と天眼は問うた。「架空の迷想に非ず、刻下緊急の現実課題なり。遠からむ者は音にも聞け、近くば寄って目にも見よ。今流行の黒龍会、内田良平等が江戸三界に於てアメリカ征伐の気焔万丈たる矢先（五月末から此六月五日）に掛けて、福岡市に於てはアメリカ猶太《ユダヤ》の資本一千百万円を仰ぎ、博多築港費に充つべく、杉山茂丸肝煎にて契約成立せりと今見る新聞面だ」（１９２４年6月8日）。大げさな表現だが、これが玄洋社のお膝元で起きたことを問題視している。「内田良平の大先輩頭山満が天下浪人国士の総都統で福岡出身だ事は誰でも知り居らうやナ。其じゃに何事ぞ。此際、博多築港が米資を拝むとは。玄洋社長、進藤喜平太殿、正気で傍観か如何に？」

この論説掲載3日前の6月5日、東京で「国民対米会」という団体が主催する反米国民大会が開かれていた。頭山満、内田良平、上杉慎吉らが発起人となり、排日移民法を制定して対日圧力を強めようとするアメリカを非難する大会で、両国国技館に3万人を集めた。同じ5日に、福岡での米資導入決定の報道があった。それによると、１９１６年に着工したものの不況で工事中止となっていた博多湾築港事業を復活させるため、杉山茂丸が上海亜細亜拓殖会社のアメリカ人社長に協力を求め、１１００万円の巨額投資に応じるとの約束を取り付けた。前月末に契約調印を済ませ、米人社長は一旦帰米して資金を調達した後に、来日して着工の予定という。そうなれば、事業に投入される資本は、現実にはユダヤ系資本となる可能性が高い。アメリカ・ニューヨークのウォール街を支配しているのはユダヤ系金融資本であるからだ。内田がそれを容認するのは「ユダヤ禍」を言い立て激しいユダヤ攻撃を続けている日頃の言動と矛盾しないか、と天眼は責める。

頭山満、内田良平を叱る ～「一切が嘘っ講だ、偽善の大芝居だ」

「帰米して募債を開始する其応募者は紐育《ニューヨーク》ウヲール街の財本階級猶太人より他に無い」「猶太禍！　是れ黒龍会が率先して天下に呼号せし大警語に非ずや。此家国の大危機に方《あた》りて、福岡市の内面からメリケン猶太貨が勃急投入するに至りて、一切が嘘っ講だ、偽善の大芝居だ。此世は幻惑じゃ」

こう内田を批判した後、頭山は何を考えているのか、と問う。「福岡健児の社は先ず江戸に奔《はし》りて頭山翁の本志を聴け。頭山満その人が至誠即是神を自書しける掛け軸、今日尚ほ博多、青柳義亮氏の広間に光っている筈」。頭山翁は本志をお忘れか。それなら、その志を堅持しているのは長崎の天眼であると、あえて言おう。「万一、進藤殿も。頭山殿も。ボケたなら、箱崎八幡の鳩達が挙って飛び去りて、俺が方に訪問するだろ」

言行不一致、行動に裏と表があり過ぎるのではないかという天眼の批判は、この1年前にも内田良平に向けられていた。中国での賠償金交渉に内田が介入して、増額分の一部を内田が手にしたとの疑惑についてだ。「山東鹽《えん》業の賠償増額に内田良平等が割り込んで、何十万円か冥加金を取った曰ふ。マア戦国だね」（1923年6月4日）

かつての同志をこのように批判しなければならないのは心苦しい。だが、あえて言わねばならない。とはいえ、自分はすでに彼らと袂を分かち、文筆に専念する身だ。今は遠くから静観するとしよう。「天眼、旧縁浅からずと雖も、諸君に強ひて言ふの咽喉笛を惜しむなり。天眼は夙に浪人の足を洗って千古の文業に専心す。愈々本物の乱とならば其時は又格別なれど、只今の所、神様任せなり」（1924年6月8日）。頭山満、内田良平に対する天眼の決別宣言であったろう。

改めて天皇神格化を批判

閥道、軍人の光栄武狂　～天皇陛下有るを知って、他有るを知らず

現実の歴史において天皇が神を名乗ったことはない。天皇を神と信じる軍人に、その当たり前の歴史認識が欠けているのは、おそらく、自らを天皇に近い存在と考えることによって特権意識を持とうとするからに違いない。「此《この》理を軍人は解せざるあり。自分は帝国軍人なるが故に天皇陛下有るを知って他有るを知らずと公言すること、之を政治上に応用する時、其処《そこ》に乱世が萌芽する次第である。内に乱世を醸し、外にはアメリカにへこたれる如きは、独裁亡国の忌まわしき成行《なりゆき》でないか」。軍人の特権意識は内向きに肥大化するが、対外的には何の役にも立たず、むしろ有害である。近づく昭和の乱世と亡国とを予言したような言葉だ。

国体の意味も理解しない者たちが、自分たちに都合のよい解釈を加えて、「天皇」や「国体」や「神国」という言葉を振り回す。由々しきことだ。「御《ご》国体だの、上御一人だの、只其ればかり唱へて、人爵や藩屏の光栄を聳《そび》やかし。上天子より下庶民に至るまで学に就きて克己復礼すといふ皇道の本旨を没却する事は、主従主義の禍である。神国日本なる故にとて、天皇を全知全能の活神かのやう紛《まぎ》らかす嫌ひを免れざ

ること。夫れが（中略）閥道の光栄武狂である」（1924年12月7日）。「皇道の本旨」を忘れた者たちが、天皇を神格化して自分たちの権威付けに利用しようとする。そもそも「光栄武狂」という私的動機が潜在しているから、その理論は筋の通らないものになる。そして、そういう者に限って「御国体」とか「上御一人」とかいう言葉を居丈高に使いたがるのだ。

アジア人民を首肯させ得むや　～「日本は特別の御国体」に同意は無理

さらに、その姿勢が日本をアジアで孤立させることに気付くべきだ。「日本は特別の御国体なりと言ふのみで以て如何ぞ広く亜細亜人民を首肯させ得むや」（1923年3月14日）。日本人が独善的な理屈を振り回しても、アジアの人々が黙って従うわけがない。にもかかわらず日本は、この後、八紘一宇、大東亜共栄圏なる言葉を振りかざしてアジア支配を企て、西に東に大戦争を引き起こして、アジアの人々に多大な犠牲を強いることになる。

天皇は鬼神道の神体に非ず　～神と人を紛らかす詭秘瞞着の妖想

天皇は神ではない。その理由は明瞭だ。「八咫鑑《やたのかがみ》を御神体として授け給へし天照皇大神の御裔が此日本の人国に君臨し給ふ。其界線は神武天皇即位紀元に画され。其以前は古事記も特に神代の巻と為しあり。故に漢文の諡號《しごう》は日本書紀等の所作にして。古事記には天皇謚《おくりな》何何命の『治天下』と記すのみだ」（1924

年12月7日）

古事記でさえ「神代」と「人代」を区別しているのに、勝手に天皇を活神と紛らわせて祭り上げるなど許されない。そんな勝手な思い付きがまかり通れば、天皇はまるで「鬼神道の神体」と変わらぬ存在になってしまうではないか。言うまでもなく鬼神道は邪教である。邪教が戴く神体の如くに天皇を祭り上げて政治利用しようとするのが、二言目には「国体」を声高に叫んで国民を恫喝する一部の軍人や政治家たちだ。彼らの言動は非常識で悪質である。神孫と人皇が連続しているかのように見せて政治的に利用しようとする彼らの歪んだ考えを「鬼神道の妖想」と言わずに何と言う。

「天皇は鬼神道の神体に非ず」「加之《しか》も古来、人皇第何代と云ふ典例に視よ。神代の神孫と、人皇御歴代との分界を紛らす詭秘瞞着の傾向、夫れが鬼神道の妖想であり。大本、王仁三郎等の公然皇室を呪詛するさへ一時放任せし閥道の大不敬である」

日本と中国の未来を思う

日支兄弟ではなく、日支弟兄で　～日本は「東洋の盟主」自称を止めよ

日本と中国は今こそ手を取り合い、アジアの発展を牽引しなければならないのに、それが妨げられている。日本人がすぐに「日本は東洋の盟主」と言ってしまうからだ。天眼は、日本は中国との友好関係を「日支弟兄」ととらえる心構えで推進すべきと言う。「日支兄弟」と言うのでは、両国に主従関係を持ち込み、「日

本は東洋の盟主である」と言い出す発想から抜け出せないからだ。それでは真の友好関係は築けないと強調する。

「日支兄弟では、何れが兄でもいけない。日支弟兄と言ひ直して初めて神言の精威が備はるであろう」(1924年12月6日)。互いに「自分の方が弟分です」と言って謙譲の姿勢で接すれば、自ずと相手に対する敬意が示され、信頼と友情が生まれる。互恵の関係だ。日本人にはその配慮が欠けている。いや、ことさらに相手より優位に立とうとする。だから、いよいよもって互恵の関係が築けない。愚かなことだ。「日本人は、大将と家来の関係を国政にも国際にも応用し度《た》がりて、折角、日支提携の好《よ》き潮時が来たにも拘はらず、深き注意を払わず、『日本は東洋の盟主である』と直ぐに主従関係染《じみ》みた主の字を使用する。之が中華人士から嫌はれる本因じゃ」(同12月7日)

日本人の八方塞がり　～主従関係を持ち込む発想捨てよ

このような態度を続けるから、日本はアジアの中で「八方塞がり」に陥っている。それにしても日本人は、なぜ、このような態度を取るようになってしまったのか。閥族による人格否定の思想教育が国民に浸透した結果、日本人が何事にも主従関係を持ち込む発想をする習慣に囚われてしまったからだと天眼は言う。その悪影響が国の発展を妨げている。「日本人の八方塞がりは。人を人とせざる閥道の自業自得であると、予切論する所以、一に是に在り」。「亜細亜の盟主と自称する主従意義は余計な文句じゃ」

「日支の信実なる惚れ合ひ」の下、英米に対抗せよ　～日支提携なくば日支両亡

日支提携より外に、日本が「八方塞がり」を打開する道はない。その目的は「日支共同で英米の圧迫を跳ね除けよ」だ。それは以前から言い続けてきた。「日本が八方塞がりの窮境に一条の血路を開く方策は。日支の信実なる惚れ合ひを講じて支那主権の確立に助援し。メリケン勢力とは可能なる限り協調に努め、以て支那開発を合理的に進捗させ。他方、イギリスの伝統的大陸政策を日支共同して打破するに在り。是れ東興の大方針である」（1923年5月16日）

対アメリカ、対イギリスで対応を変える必要はあるものの、アングロサクソン資本全体に対する警戒を一層強め、日中提携で立ち向かうべきと説く。「銘肝せよ、アングロサクソン資本帝王主義の範疇に入る事は日支両亡の禍根であらねばならぬ」。日支提携が実現できなければ日支両亡なのである。

日本が強欲外交を続ける限り、日支提携は不可能

だが、現実はどうか。日本は西欧列強の帝国主義のまねをして、中国で利権獲得に血道を上げている。中国の人々が憤激するのも無理はない。日本人であっても、ここまで来れば、中国人に同情せざるを得ない。「町人主義の強欲外交に日本が甘んじ、畢竟、舊来《きゅうらい》の在支洋人の先棒となり、高利貸し的なる利権壟断の方途に没頭する限り、日支提携などはウソッ講だ」（1923年6月4日）

この日本の振る舞いを、中国人の身になって考えてみるべきだ。「人を人とせざる閥道に対しては。吾等日本人としてさへ、忍辱の極に於て僅かに爆発を差し控えてゐるんだもの、隣国人として憤慨するに何

の不思議あらむや」

日本は中国を支援する姿勢を持つべきだ。中国を利用しようと考えてはならない。「誠実に支那の難局に同情するならば、支那の中枢勢力を大略の處《ところ》に認めて、有力なる政権の維持を支持するやう、正金千万円でも無抵当で融通を与へ、端午節句の越せない瀬戸を越させてみるが宜い。鵜飼の如くに咽喉輪を付けておいて借款食《は》ませるのは罪だ」。列強の中国に対する借款政策は、中国人を鵜飼の鵜のように見做す非道の政策だ。日本はまねをしてはならない。

長崎で共鳴した日中の大アジア主義

孫文「大アジア主義演説」 ～西洋覇道の犬となるか、東洋王道の干城となるか

孫文は最後の訪日で、大アジア主義の旗を掲げながら日本人の覚悟を問うた。1924年11月28日、神戸で行った「大アジア主義演説」だ。

「北上宣言」をして広州から船で北京に向かう途中、日本に立ち寄った孫文は、神戸高等女学校で「大アジア問題」と題した講演を行い、こう強調した。「東洋の文化は道徳仁義を中心とする王道文化であり、西洋の文化は武力、鉄砲を中心とする覇道文化である。大アジア主義とは文化の問題であり、我々アジア民族は団結して仁義道徳を中心とするアジア文明の復興を図り、この文明の力をもって西洋の覇道文化、西洋の横暴なる圧迫に抵抗しなければならない」。孫文は日本人にともに歩むべき道を指し示し、行動を

求めた。これに対し、聴衆は熱狂的な拍手で、孫文の主張に賛意を表したという。

後に活字になった講演録には、次のような締め括りの言葉が追加されている。「日本は既に西洋の覇道文化を得ていると同時に、東洋の王道文化の本質も持っている。今後、日本が世界の文化の前途に対して、結局のところ、西洋覇道の犬となるか、東洋王道の干城となるか、それは、あなたがた日本国民が慎重にお選びになればよいことです」。柔らかい口調ながら、実は厳しく日本人に決断を迫っている。だが、孫文の悲愴にもかかわらず、当の日本人は、決断の時が訪れていることをまだ認識していない。

大アジア主義表明、神戸の前に上海、長崎でも　～日本国民に訴える

日本人に決断を迫る「西洋覇道の犬となるか、東洋王道の干城となるか」の一節は後から付け加えられたものなので、12月6日付『日支弟兄』の論説を書いた時点で天眼は知らない。ただ、孫文は神戸での演説に先立ち、上海や長崎の港に停泊中、船内で記者会見を開き、同趣旨の発言を行っている。だから、天眼は孫文が演説に込めた思いをすでに十分に理解していたはずである。

孫文は上海出港を前に、上海丸船上で日本の新聞記者との会見に応じて、こう述べた（上海電通11月22日発の記事、同23日東洋日の出新聞掲載）。まず、中国混乱の原因は列強の中国共同管理・分割政策にある、列強にとって中国が混乱している方が利益を得やすいからだ、との認識を示す。そこで列強の分割政策の排除が中国統一に不可欠の条件となる。「支那を乱す外国の力を排除しなければ、支那の統一平和は絶対に不可能である」

したがって日本国民に求めるものは日本政府の監視だ。「日本国民に対する希望は、日本政府が英米の尻馬に乗って支那を圧迫せぬ様、努力されたい」

さらに帝国主義国の国民が自国政府を動かすことを求め、それは各国国民が提携すればできると言う。「各国の国民が直ちに支那を理解し、其政府を動かさねば列国の圧迫を除く事は出来ぬ故に、自分が一国民の地位にあれば各国民と提携して之を防ぐ事が出来る」

国境を越えた民衆連帯の呼び掛けである。急ぐべきは日中提携だ。「日本国民は真に支那の為に相提携し、極東平和の建設に努力されん事を切望す」

孫文は天眼の近況を尋ねて師父の情あり

上海での会見の翌日23日、孫文は長崎寄港中の船内でも記者会見を行う。その内容が東洋日の出新聞11月24日に掲載されている。

記事は、上海での会見と同趣旨の話があったこと、中国の統一は外国の力に頼らず、国民の力のみで達成するとの決意が強調されたことを記す。

また、孫文と戴天仇が東洋日の出新聞記者に特別に親しみを見せたことが特筆される。まず、戴天仇が岸壁に近づく船上から記者（名前は不明）を認め、「大声、久闊を叙す（注・無沙汰を詫びること）」。戴天仇は孫文の記者会見で「流暢な日本語で通訳」を務めたと記されているから、「久闊を叙す」の大声も、快活な日本語であったのだろう。

本日寄港の　孫　文　氏

支那和平統一の爲め
列國の野心を除け
孫逸仙氏上海丸上の談

会見の後、孫文も東洋日の出新聞記者に天眼の近況を尋ね、激励の伝言を託す。「別るるに臨んで孫氏は、同志の長崎にあるものの上を問ひ、我社長の近状を尋ね、我党理想の実現を見るの秋《とき》に至れるを喜び、益々奮励努力を語り、記者の自覚を促す。師父の情あり」。「我党」は、記者が自分の属する東洋日の出新聞社を指して呼ぶときの言葉だ。孫文は「師父」のような表情で天眼はじめ東洋日の出の全社員を激励した。

大アジア主義　～すでに東洋日の出新聞の社論となっていた

そして記事には「大アジア主義」という言葉が躍っている。「孫氏は日本の使命を説きて、東亜の東亜たる持論を以て之を説破し、日本が亜細亜の盟主たるべき地位の確立後に於て当然、亜細亜民族の為に盡《つく》すべき使命を誤り、却《かえ》って列強と伍して亜細亜に貪狼《どんろう》の欲を恣《ほしいまま》にするに倣《なら》はんとするが如き風あるを採らざるの理由」を述べ、「欧米の東亜に対する政策と日本のそれとは、先ず正反対をなすべきを根本となすの事実なるに、却って欧米の尻馬に乗て東亜の日本が東亜を傷《そこな》はんとするの愚なる事」を率直に指摘した。

さらに、「今日の時代は日本が列強の伍を脱するに絶好の機会たるべき事」を強調し、「亜細亜の目覚めたる国々は漸く世界に其の国民の力を認めしむるに至れるを説き、日本は之等の諸邦の盟主として亜細亜大策を立て、相率《ひき》ひて欧米に当たらねばならぬ大亜細亜主義に及び…」「説きて尽きず」と熱弁をふるった様子が記されている。

孫文は日本に対して、「列強と伍して、アジアに貪狼の欲を恣にするに倣はんとするが如き風」「列強の尻馬に乗て、東亜の日本が東亜を傷《そこな》はんとするの愚」を戒め、「亜細亜の目覚めたる国々」と「相率ひて欧米に当たらねばならぬ」と説く。まさしく大アジア主義の呼び掛けである。

会見記事が一問一答形式で書かれていないので、ここで出てくる「大亜細亜主義」という言葉が、孫文自身が使ったものか、記者がそのような言葉で孫文の考えを分かりやすく説明しようとしたものか、判然としない。ただ、少なくとも東洋日の出新聞側では孫文の思想を「大アジア主義」という概念で把握し、共鳴し、広く読者に伝えて行こうとする立場を確立していたことが分かる。

さらに孫文訪日に関して東洋日の出新聞が展開した紙面を見れば、すでにこの時点で、東洋日の出新聞は孫文の大アジア主義の精神を共有しており、同社挙げて提唱する社論となっていたことが分かる。日中の大アジア主義が共鳴する中を、孫文は長崎の港に入ってきたのである。孫文会見記事の隣に、東洋日の出新聞社が上海支局を開設するとの社告が掲載されているのも目を引く。

孫文が最後の訪日で提唱した大アジア主義と、その2週間後に天眼が論説で唱えた「日中提携で東洋の大道を開き、東道の大事業に乗り出そう」との主張は見事に重なる。それは孫文が日本人に向けて発した魂の叫びに対する、長崎からの魂の籠る応答であったと言えるだろう。日中の大アジア主義がこのとき、長崎で見事に共鳴した。

「支那論者に二種有り」さらに鮮明に　～霞みいく大アジア主義の旗

大アジア主義演説直前の11月25日、長崎から神戸に着いた孫文は頭山満と面会している。ここで頭山は、孫文が二十一ヵ条要求撤廃、遼東半島還付の実現に協力を求めようとしていることを察知し、機先を制する形で「我が国民の大多数が承知しないであらう」と言って拒絶の意思を示し、孫文を落胆させた。

東京にいた頭山に電報を打ち、神戸に出向いて、この際、拒絶の意思を孫文に明確に伝えておくよう求めたのは内田良平であった。

一方、その直前の長崎で孫文は、東洋日の出新聞が二十一ヵ条要求を批判し、満蒙侵略に反対してきたことを同社記者から知らされていたはずである。「日本の支那論者に二種有り」。孫文は帰国の船上で、そんな思いを噛みしめていたかも知れない。これが孫文、最後の訪日となった。

この翌年3月に孫文は死去する。天眼も2年後に死去する。勢いを増す時代の暗流の中で、大アジア主義の旗は漂い、霞《かす》んでいく。

第2部

天皇神格化反対論の意義と背景

天皇神格化は、日本の近現代史を軍国主義の時代へ導いた決定的に重要なテーマであるが、戦前の新聞雑誌メディアで、その是非を論じた知識人、ジャーナリストは、筆者の知る限りでは鈴木天眼のほかにいない。天皇機関説事件で立憲政治を守ろうと孤軍奮闘した美濃部達吉も、大正デモクラシーの旗手として活躍した吉野作造も、大日本帝国憲法に記された天皇神聖を積極的に肯定した上で憲法論議に臨んでおり、天皇神格化そのものに疑問を示すことはなかった。

その中で、天眼が美濃部や吉野と同じように立憲政治の確立とデモクラシーの普及を目指しつつも、あえて一歩踏み込んで、天皇神格化政策の欺瞞を暴く取り組みに全力を傾けたのは、神格化された天皇の存在が将来、理屈を超えた政治力の中心軸を形成して、憲法を空洞化させ、デモクラシーを押しつぶす役割を担う危険性をはらんでいる、という切迫した現実認識からであった。

実際にも、天眼の死後9年目に起きた天皇機関説事件で、美濃部は機関説を攻撃する議員らを完膚なきまでに論破して論争に勝利を収めながらも、天皇を現人神として信奉する国民の理屈抜きの情念に訴える軍部や右翼政治家の世論形成に抗し切れず、政治的に敗北した。その情念は明治以降の政治によって意図的に醸成されたものであるから、天皇神格化政策に立ち戻って批判することは、やはり立憲政治確立に不可欠の課題であったのだが、当時のデモクラシーの潮流はその課題の存在に気付くことすらできなかった。

一人、時代の核心的テーマを見据えて苦闘した天眼の慧眼に驚かされる。

同時にそれは、社会の木鐸とされるジャーナリストには、時代の激動の渦中にあっても、決して荒波に翻弄されることなく、冷静に見据え、勇気を持って論じるべきものがあることを教えてくれる。ジャーナリストの果たすべき使命を教えてくれる。天眼の天皇神格化反対論を振り返ることは、その考察の格好の材料となると思われる。

現実の政治において、天皇神格化政策の危険な目的は、第１次天皇機関説論争で顕在化し、天皇機関説事件で立憲政治とデモクラシーを圧殺して完了した。暗転する時代の渦中にあって、天眼が何を考え、何を試みたのかを、天皇機関説事件から振り返る形でまとめてみた。

第1章　第1次天皇機関説論争　～天皇主権説を徹底批判

天皇絶対を唱える上杉慎吉を御用学者と糾弾

鈴木天眼が天皇神格化を批判し始めたのは、1912年の第1次天皇機関説論争を見てからである。この論争は、ともに東京帝国大学博士の美濃部達吉と上杉慎吉の間で行われたもので、美濃部の天皇機関説と上杉の天皇主権説（天皇神権説）が対立した。美濃部は国家を法人と見なし、天皇をその法人の最高機関と位置付けた上で、天皇の主権も憲法の制約を受けるとした。天皇の存在と立憲主義を理論的に調和させる意図が込められていた。これに対し上杉は、天皇は神であるから憲法を超越した存在であり、憲法に制約されないどころか、憲法の改廃すら天皇の自由であるという天皇主権説を唱え、美濃部を激しく攻撃した。

美濃部攻撃に潜む「言論の自由抑圧」の意図を懸念

論争を見て天眼は真っ先に、これが言論萎縮、言論弾圧の風潮を生み出すことを警戒した。上杉らの美濃部攻撃の狙いが学問上の論争に止まらず、上杉らが気に食わない学説を、時の権力を動かして政治的に抹殺すること、さらには、このような激しい個人攻撃を見せつけることで国民に恐怖を感じさせ、天皇に関わる議論はともかく避けるという言論萎縮効果を上げることにある、と見たからだ。天皇の名を借りた新たな言論弾圧扇動の気配を感じ取ったのである。

上杉らは「朋党比周して」(徒党を組んで)、国賊と決めつけた教授を大学から放逐しようと運動し、さらには当局に対して不敬罪での取り締まりまで求めている。この結果、美濃部は「神権風潮に迫害され、武頑の弄び易き不敬罪処分の深淵に臨み、警察政治の待ち構ふる危険思想列待遇の運命に瀕する」という不当な目に遭わされた。美濃部は学説に自信を持ち、帝国大学教授という地位も備えていたから、上杉の攻撃を堂々とはね返すことができた。だが、このような組織的な個人攻撃が一般人に対して行われたらどうか。そう考えるだけで国民は恐怖を抱いたはずである。上杉らの美濃部攻撃は、天皇の問題に少しでも関わる議論は「触るれば則ち危うし」という畏怖を国民に抱かしめ」るに十分な威嚇効果を発揮したと思われる。そのようにして言論が抑圧される国になってしまえば、「もう日本も危邦なり」と天眼は憂慮し、警鐘を鳴らした。

それから23年後の天皇機関説事件で、上杉の学説を受け継いだ東京帝国大学教授、蓑田胸喜は貴族院議員、衆議院議員らと徒党を組んで、議会で美濃部を攻撃し、司法当局に美濃部を不敬罪で訴えて取り締まりを要求するという、上杉の攻撃方式を再現し、エスカレートさせて、美濃部を政治的に葬った。これを見た国民は以後、天皇の問題に関しては一切、口をつぐむようになった。日本は危邦に転落した。天眼の警鐘が空しく消える歴史の結末となったのである。

天皇の名を借りて国民に服従を強いる政策

そもそも天眼はなぜ、天皇に絶対的主権があるという上杉慎吉の主張に、これほど強く反発したのか。それは上杉の言動の背景に、天皇を神格化し、天皇の名を借りて国民に服従精神を植え付けていこうとする閥族政府の一貫した政策があると見て取ったためである。上杉の美濃部攻撃も、上杉に同調する学者らを糾合した桐花学会の発足も、そうした政治的流れの一環と捉えたから、「これは捨て置き難し」と危機感を抱き、長崎から警鐘を鳴らす姿勢を見せたのだ。

天眼は大正政変を「思想問題」と捉えていた。表面的には憲法無視の閥族政府に対して、立憲主義に目覚めた国民が「閥族打破、憲政擁護」を叫んで抗議行動を展開した政変だが、その背後には、山県有朋が率いる政治勢力が進めてきた「復古的勤王思想」で国民教化、思想統一を図る政策が、憲政擁護を叫ぶ世論の前に頓挫したという側面がある。山県ら復古勤王思想勢力の企ては大正デモクラシー勃興の前に一旦は停滞を余儀なくさせられたが、直ちに別の形で戦端を開いた。それが上杉や桐花学会など学者を動員した思想統一工作だ。

山県ら閥族の目標は、国民を服従させ、自己の政治権力を盤石のものとすることにある。閥族は「命令者の位置を永久占拠」するために、国民に「命令至上主義」「服従主義」を吹き込んで「永久奴隷」にしようと企てる。ただ、いくらなんでも「国民を奴隷にするつもりだ」などとは言えないから、その意を御用学者に代弁させる。それが、他でもない上杉や桐花学会による天皇主権説の大合唱というわけだ。天皇を政治利用して国民に服従の精神を植え付ける戦略である。

「藩閥自らが国民を奴隷にする権利有りとは彼等も言はねけれど」「穂積八束や上杉慎吉に旨を含めて主権は天皇に在り、国家には在らずと説き、神権説を帝国大学の講堂に敷衍せしめ、民間では徳富猪一（蘇峰、国民新聞）に曲筆せしめて、ルイ14世の朕は則ち国家なりと言ひける暴君主義を公公然、流布させている」。

このように捉える天眼にとって、上杉の天皇主権説を論破し、その政治的狙いまでも砕くことが、政治改革の緊急課題として浮上した。上杉を「学賊慎吉」、桐花学会を「曲学阿閥の病人ども」と呼んで敵愾心を顕わにした理由はそこにある。

上杉説を時代錯誤の暴君主義と批判

天眼はまず、上杉の天皇主権説を時代錯誤の「妄説」と徹底批判した。上杉の論理は破綻しており、上杉―美濃部論争を学術論争としてまともに取り上げる価値はない。ただ、もっぱら、上杉らの時代錯誤の説を政治的に押し立てる背後の勢力の存在に注目し、警戒すべきだと言うのである。

上杉は、「天皇則ち国家」と言い切る。これは17世紀フランスの絶対王政を象徴するルイ14世の言葉、「朕は国家なり」と同じである。天眼は「二十世紀の世界に、明治も過ぎつる大正の御代に」、このような時代錯誤の「暴君主義」を唱える学者が現れるなど想像の及ばぬ出来事と驚いて見せる。そして、「天皇は人格にあらず、絶対神格なり。憲法を中止するも改廃するも、憲法に出由せざるも全く自由なり。司法権も立法権も議会と称する憲法上の官府も、一切が無効に至るとも、主権当然の本質これを然らしむ」という上杉の言葉を「凶語・険語・虐語・無道語」と切り捨てた。

天眼が、上杉ら桐花学会の天皇主権説の主張を「組織的なる虐語」の合唱と見なすのは、そこに国家も国民も存在せず、ただ天皇のみの存在を想定するという非現実的で国民無視の思想が流れているからだ。ルイ14世は「朕は国家なり」と暴言を吐いた。乱暴ではあるが、少なくとも、そこには国家の存在が前提に置かれていた。だが、上杉の主張は「ルイ14世の迷信より尚ほ甚だしく」、「元首有りて国家無き社会」、さらには「社会の存在すら覚束無き元首単独存在」を想定する思想である。天皇だけ存在すればよい、その前には国家も国民も意味を持たない、という思想である。

しかし、これは非現実的だ。「胴体無くして首独り活存する能はざるの理なり」と天眼は言う。人間の体に例えれば、胴体が無いのに頭だけ存在することがあり得るかのように主張するのが上杉説だ。荒唐無稽な議論である。しかも、国民という生きた人間の存在を無視し、その存在意義をことさらに否定してみせるという点で非人間的である。天眼が「虐語」と非難するゆえんだ。

「天皇則ち国家」では外交関係に支障

現実問題として、上杉らの唱える「天皇則ち国家」説で直ちに支障が出るのは外交関係の維持だ。上杉らの現実を全く忘れた姿勢を、天眼は批判した。

天眼は、上杉とともに桐花学会設立に加わった東京帝国大学教授、筧克彦の「自我没却論」をやり玉に挙げる。筧は「天皇ありて臣民」として「日本臣民は則ち没我の臣民にして、天皇の御力によって創造されたもの」と言い、「天皇は現人神なり」として、日本国は「現人神としての天皇」と「没我の臣民」だけで構成されるとする。

これに対し天眼は「没我の人間ばかりの国が国際社会で生きて行けるのか」と現実問題を問うた。主権国家として外交関係を取り結んでいくには、国家が法的主体として、さまざまな法律的課題を処理する必要がある。国際条約、国家間の債権債務関係、国債発行、貿易決済、為替業務等々で、「一字違っても国の存亡に関わる」ものばかりだ。国家が国際社会で「非没我極まる生存要件」の解決を不断に迫られる中で、「没我の臣民」ばかりの国がどうやって生きて行けるか。「日本独り神国の一筆画ばかり書き居って飯が食い得るか」と天眼は問い詰める。「現人神と没我の臣民だけで構成される日本」を夢想する天皇主権説論者を、目覚めよと一喝したのだ。

君主が絶対主権を持つ場合、その君主が死亡した時、君主が締結した領土問題などをめぐる外交条約や、君主が個人的に抱える対外負債はどうなるか、という学問的議論は当時あった。その場合は国家法人説の立場から、君主の残した責任を国家が継続して負う、というのがすでに一般的な学説となっていた。実際に日本も、その問題に直面している。日本政府はソ連政府との日ソ基本条約締結交渉で、ロシア革命で退位した皇帝ニコライ2世が締結していたポーツマス条約の継承を求め、認めさせた。これにより日本は同条約で獲得した利権を継続して保有することができた。このとき日本政府が使った論理が、ポーツマス条約は皇帝が勝手に結んだ条約ではなく、国家の代表として結んだ条約なのだから、その国家を継承したソ連政府は条約も継承すべきであると、まぎれもなく国家法人説を主張した。そうでなければ過去の日露関係が全て反故にされていたのである。

天皇主権説では外交関係維持に支障が出るという批判は、23年後の天皇機関説事件の際、美濃部が貴族院で行った「一身上の弁明」でも行われることになる。このとき美濃部は天皇機関説（国家法人説）を解説する中で、「条約は憲法第十三条に明言しております通り、天皇の締結し給ふ所でありますが、しかしそれは国際条約、則ち国家と国家の条約として効力を有するのであります」として、国際社会で承認される国家体制でなければ立ち行かないことを強調している。

また、昭和天皇も「美濃部の機関説で良いではないか」と侍従に語り、その理由として「もし、主権は国家にあらずして君主にあり、とするなら、専制政治の誹りを招くことになり、また国際的な条約、国際債権などの場合には、困難な立場に陥ることになる」との懸念を挙げている。

天皇や美濃部が機関説事件の渦中で示した「天皇主権説では国際関係に支障が出る」という懸念を、23年前に天眼がいち早く示していた。

天皇神格化の目的は憲法死滅

明治天皇死去を機に加速した閥族政府による天皇神格化政策。天眼はその目的は「憲法死滅」にあると見た。戦後の日本国憲法に比べれば、はるかに復古的で特権階級優遇と見なされる大日本帝国憲法さえ、当時の増長した藩閥、軍閥、官僚閥にとっては権力行使の障害物でしかなく、憲法の制約を取り払うことが彼らの一大政治課題となっていた。そのために利用したのが天皇神格化だ。憲法を超越する存在を作り上げ、その力で憲法の空洞化を企てている、と天眼は見た。

彼ら「神権濫用者流」は、「主権は天皇に在りという主張の下に、君権を国家に超越せしめて、天皇の御人格を其のまま主権の主体と為す」。そうして天皇を絶対的な主権者に祭り上げてしまえば、必然的に「憲法は天皇が任意に改廃し得るもの」となり、「憲法に承認された天皇」ではなく「天皇によって承認された憲法」との理屈がまかり通るようになる。これが、天皇主権であるからには憲法の存在すら認めない、という上杉説であり、憲法空洞化のために上杉を押し立てる閥族政府の「基本意思」である。

その企てが達成されれば、日本は「天皇有りて国家なく、国家ありて国民なき」状態になり、「憲法は奪魂される」、すなわち憲法は空洞化されるのである。すなわち、閥族の「基本意思」とは、天皇神格化を通じて国民に国家への服従と忠誠を強要しながら憲法を空洞化させること、天眼の言葉によれば、神格化された天皇を「奴隷忠義の風尚製造に利用し、帝国憲法を事実上に死滅せしめむ」とする意思である。そして憲法が死滅させられるとき、同時に国民の「人格・民権・自由の一切」が奪われる。だから天眼は「此は捨て置き難し」と天皇神格化反対の論陣を張ったのである。天眼の天皇神格化反対論は、国民の自由と人権を守り抜くジャーナリストの決意に貫かれていた。

絶対的権威に蝕まれ、荒廃する国民の精神

権力が何か絶対的な権威を作り上げ、それにひれ伏すよう国民に強制し続けると、次第に国民の精神が蝕まれ、活力を失い、歪んでいく。天眼はそれを憂慮した。

閥族が進める天皇神格化は、日本の歴史や皇室の伝統と切り離されたもので、明治になって彼らが勝手に始めたものに過ぎない。内容も閥族に都合よく創作されている。天眼はこれを「近時特別に独断する神国主義」「藩閥手製の新作皇道」と言い切った。その独断的神国主義を一気に広く国民に浸透させるために、あらゆる機会を捉えて、天皇神聖を際限なく謳い上げ、厳かな儀式の繰り返しを通して国民に崇拝の心を植え付けていく。この方法を天眼は「皇威形式の無窮大を装致する」方法と呼んだ。そうして国民の心に植え付けた天皇への畏怖と忠誠心を、閥族が巧みに利用して時の政治権力への畏怖と忠誠心にすり替えさせ、国民への支配力を強化していく。

このとき、国民の疑問や反発を抑え込む極めて効果的な手段が、権力者が国民に命令を下す際に「天皇」と一言、言えば、国民が瞬時に「畏れ多い」としてひれ伏す習慣を定着させることだ。もはや命令に理由を添える必要はない。国民は理由を問わず命令に服従するのである。権力者の命令絶対主義にとって、これほど便利で好都合な手段はない。天眼はこれを、国民を「無言の服従」に導くための、「無理由の畏れ多い」の強要であるとして怒った。権力者の目的は「自由の思想を根絶して」、国民から「人格・民権・自由を奪う」

ことにある。

「お上絶対の神威主義」によって「お上に対する無言の服従」を強いられ、精神の自由を奪われた国民は、主体的に考える力を失い、知性も自尊心も失う。天眼は、明治末期以来、国民の「霊は零」となり、「放心」状態に陥ったと嘆く。「放心」状態に陥れた国民は一層、服従させることが容易になる。支配者の筋書き通りである。

忠君愛国のみを国民に強要すると国民の精神が荒廃するという警鐘を、天眼は日露戦争直後から一貫して鳴らし続けた。国家が忠君愛国という単一の価値基準を国民に押し付けた場合、国民は「公認の愛国忠義の方式」さえ守っておけば十分と考えるようになる。さらには、国家が決めた方式に反しなければ、他では何をやってもよいとまで考えるようになる。対国家、対皇室以外の場面でモラル崩壊を招く恐れさえあるのだ。天眼は憂慮した。「邦人の守る唯一道義たる愛国忠義は対国家及び対皇室限りのものとして解さるる世風なれば、広き社会の共存共栄に要する人道は別物として放擲せらるること必然の勢いなり」。その通りに社会は蝕まれ、荒廃して行った。

天皇の権威を笠に着て歪む軍人心理

一方、絶対的権威を笠に着ることのできる立場にめぐり合わせた者は、己の権威もまた絶対と錯覚して増長する。その典型が軍人である。天眼は、軍人は「文武両道」であるべきと考えているが、明治末期以降の軍人は著しく知性を欠き、ひたすら力に頼る「唯武無文」の恥ずべき状態に堕していると怒る。しかし、彼らはそのことを全く恥じることなく、いかなる批判にも耳を貸さないほどに思い上がっている。なぜ、そのような精神構造に堕したのか。天皇の権威を笠に着るからだ、と天眼は言う。

軍人の心理を天眼はこう分析する。「彼等おもへらく…『我々は天皇に直属す、国民の中の優秀階級なり、天皇は陸軍大元帥服を召し給う、大日本は尚武立国なり』…と」。「天皇に直属する優秀階級」という誤ったエリート意識を持つ以上、天皇の権威の増大とともに軍人の自我も肥大化し、精神が歪んでいく。

深刻な問題は、軍人心理のこの歪みが、容易に憲法軽視、憲法敵視に結び付くことだ。天眼はここを警戒した。実際に天眼の知り合いの軍人たちの多くが、「憲法を厄介視」または「憲法に非好意」の態度を示し、「軍人なるが故に憲法を知らずと公言」して得意がって見せる者もいた。この軍人の歪んだ気風もまた、権力者によって意図的に醸成されたものだ。「奸雄閥才の乗ずる所、もとよりここに在り」。天皇神格化の進行は、天皇の権威を背にした特別の存在と自負する軍人たちの憲法に対する反感の高まりと、軍人意識の深層で直結していたのである。そうして培われた軍人意識の歪みが、昭和に入って、天皇機関説事件で一気に噴出し、社会を覆い、支配し、日本は亡国の戦争へと突き進むことになる。

第2章　立憲政治を守るために独創的天皇論

大日本帝国憲法は「大日本帝国は万世一系の天皇之を統治す」と記している。天皇機関説論争とは、この統治権を、天皇は憲法の制約を受けずに行使できるかどうか、という論争である。上杉慎吉は、天皇は神聖であるから憲法など一切の制約を受けることなく、思いのままに統治の大権を行使でき、憲法の改廃すら天皇の自由である、と主張した。これが上杉の天皇主権説だ。一方、美濃部達吉は、国家を法人ととらえ、天皇はその法人の最高機関と見なされるから、当然、国家の基本法である憲法の制約の下に統治権を行使することになるとした。これが美濃部の天皇機関説だ。１９１２年の第1次天皇機関説論争では、美濃部の主張が広く支持され、以降、１９３５年の天皇機関説事件で美濃部が弾圧されるまで、天皇機関説が憲法学説の主流であり続けた。

１９１２年当時、この論争に接した鈴木天眼は、まず上杉説を「天皇有りて国家も国民も無き社会」を夢想するもので、非現実的な主張であると批判。また「天皇が憲法を任意に改廃し得る」「憲法に依りて承認さるる主権ならで、主権に依りて承認されたる憲法」などの上杉の主張は、天皇の権威を利用して憲法死滅を図ろうとする閥族政府の意向を代弁するものとして、上杉を「曲学阿閥の徒」と切り捨てた。さらに天眼は、上杉批判の中で「胴体無くして首独り活存する能わざるの理なり」と言う。胴体は国家、国民を、首は天皇を意味するから、これはまさに天皇機関説である。また外交関係においては国家が法的主体として条約締結や債権債務処理に当たらなければならないから、天皇主権説では対応できない、という現実的問題の存在を上杉が看過しているとも批判した。こうして見ると、天眼は美濃部の国家法人説、天皇機関説と同じ立場から上杉批判を展開していることが分かる。激しい上杉批判の原動力が「憲法破壊を許さない」というジャーナリストとしての決意にあったから、立憲政治を守る立場から、美濃部を応援していたことも明白だ。

だが天眼は、上杉説を「主権天皇説」、美濃部説を「主権国家説」と分類した上で上杉批判を展開しながらも、美濃部の学説を単に支持して終わるのではなく、天皇主権説の誤謬を改めて国民に分かりやすく説明し、広く浸透させるための独自の理論構築を目指した。天皇主権説の危険性を人一倍、重視していたからである。

東京帝国大学教授の地位にあって学界に絶大な影響力を持ち、すでに自説の天皇機関説が学内外を問わず広く支持されていると自負する美濃部にとって、上杉説のような異様で論理破綻した学説は、単に論破すれば足りた。だが、民衆の中に根を下ろしてジャーナリスト活動を続ける天眼の現実認識は違っていた。この論争は一過性では済まない。上杉説が登場してきた政治的背景を見れば、しかも、そのような異様な説が軍人らの間で相当の影響力を持つという国民の思想状況を見れば、天皇主権説が再び息を吹き返して日本を席巻する危険性は十分にある。そのようなことが決して起こらないようにするためには、天皇主権説の誤りと立憲政治の大切さを同時に説いて納得させ得る平易な理論が必要だ。天眼はそう考えた。そこで工夫を重ねて編み出したのが、天皇は神格と人格を併せ持つ存在であり、それを反映して憲法の中でも神格としての天皇と人格としての天皇が併存しており、国家の統治権を担うのは人格としての天皇であるから当然、統治権行使に際しては憲法の制約を受ける、という独創的な天皇論、憲法論だ。大日本帝国憲法は第1章第3条に「天皇は神聖にして侵すべからず」と記し、同第4条で「天皇は国の元首にして統治権を総攬し此の憲法の条規に依り之を行う」と記す。２つは相矛盾するが、天眼は独自に考案した天皇の神格・人格の分離併存理論を応用して、「天皇絶対無限は第1章第3条まで」と言い切り、第4条以降は人格としての天皇が憲法の制約を受けながら統治権を行使するのだ、と主張した。さらに憲法にある「臣民」はまぎれもなく「国民」の意味であり、憲法第2章以下は「民格正認」、すなわち、国民の人格や権利を保障するための条文である、とした。大日本帝国憲法の中の「天皇神聖」の部分を分離、独立させ、その他の部分を一気に近代憲法として読み解いてしまおうという意欲的な試みだ。以下、鈴木天眼の天皇論、憲法論を紹介する。

天皇は神格と人格を併せ持つ

憲法に「天皇は神聖にして侵すべからず」と書かれている以上、大日本帝国憲法体制下の議論としては、天皇神聖を前提とせざるを得ない。この点に議論の余地はなく、議論することすら畏れ多く、憚られるものと考えられてきた。だが鈴木天眼は一つ、議論の余地を見出した。天皇の神格の由来は何か、という点だ。この点が全く理論的に説明されないまま憲法論議が行われているから、上杉慎吉や桐花学会の学者たちのように、ひたすら「天皇は神である」と信じて唱える学問とは無縁の神がかり的な憲法学説が跋扈することになる。

そこで天眼は問いを立てた。個々の天皇は生まれながらに神格を備えているのだろうか、もし後天的に神格を備えるとするなら、天皇はいつ、どの時点で侵すことのできない神聖を身に付けるのか。この点で説得力のある論理を構築できれば、旧来の情緒的な天皇論を一掃して、神聖天皇と憲法の国民の権利保障部分を調和させた上で立憲政治の前進を図るという建設的な議論が可能になるはずだ。そのような視点で天眼は思索を重ね、「天皇には神格と人格の二様の性格がある」という斬新な着想を得た。

天眼によると、個々の天皇が生まれながらに神格を備えているわけではない。神格は連綿と続く皇統の中に存する。個々の天皇は天皇の地位を継承した時点で、時間を区切って神聖な皇統に連なり、自らも神格を備える。「天皇の神格という事は御位《みくらい》の神聖を申すものにて。御位が天皇神格の主体でありて、上御一人たる天皇が神格主体ではないのである」「天皇は皇位と併せて観念の対象とするに於て神格なるなり」「皇位継承の歴代天皇は各自に『時間上、部分的に皇位を表明』するのである。御歴代の各天皇がそのまま皇位の主体ではない。何となれば皇位は無窮にわたる全部を意義すればである」。

個々の天皇は即位した時、無条件で神格を得るのか。そうではない、と天眼は言う。それには要件がある。天皇が「皇徳を研修し、皇祖の神格に合致するよう、天皇の人格を皇道以て律する」という要件を満たした時、天皇は即位と同時に神格を得るのである。皇徳を研修し、皇道で自らを律することができて初めて、天皇に神格が備わるのだ。

では、神格を得た天皇は人格を手放すのか。決してそんなことはない。例えば父子の情は残る。人間的側面、すなわち人格は変わらず備え続けるのである。「孝道は人格に属するものでなくて何ぞや」。

こうして、天皇は「神格と人格の二様の性格を併せ持つ」との論理を構築した天眼は、これを憲法解釈に応用していく。

憲法が定める天皇統治の条件は「自制的行儀」

最大の争点は、天皇の統治権は憲法の制約を受けるか否か、である。これを天眼は前述の独創的な天皇論に基づく独創的な憲法論を展開しながら、「憲法の制約を受ける」という結論に導いた。

天眼によれば、天皇の神格とは、個々の天皇に生まれながらに備わるものではなく、連綿と継承される皇統の中に存在する。皇統そのものと言ってよい。個々の天皇は皇徳を研修し、皇道で自らを律する決意を固めた上で神聖な皇統に連なった時、初めて神格を備えた天皇となる。したがって、「皇道で自らを律する」ということが神聖天皇になるための条件となる。

この「天皇が一定の条件を満たして初めて神聖天皇になる」という図式が、憲法の構造にそっくり反映されている、と天眼は考えた。「天皇は一定の条件を満たして初めて統治者としての天皇になる」と言うのである。

その条件とは何か。「憲法を守る」という意思を持つことである。憲法を勝手に変えたり、廃止したりしないという自己抑制的な意思である。すなわち、憲法に依拠して統治を行い、立憲政治を守ると誓うことである。天眼はこれを「自制的行儀」と名付けた。「統治者たるの要件＝統治権それ自身の正認さるる所以の根本要件たる自制的行儀」である。その条件を満たして初めて天皇は正当な統治者と認められるのだ。

では一体、何を根拠に、天皇には自制的行儀が求められていると言うのか。天眼が示した根拠は大日本帝国憲法第1章第4条「天皇は国の元首にして統治権を総攬し此の憲法の条規に依り之を行う」である。「憲法の条規に依り」、すなわち、天皇は憲法に依拠し、憲法の制約を受けながら統治権を行使することと明記されている。第4条は天皇に自制的行儀を求めたものなのである。第1条「万世一系の天皇之を統治す」も、第3条「天皇は神聖にして」も、第4条が守られることを前提に記されているのだ。自制的行儀を守る誓いこそが、天皇の統治権が正当なものと承認される条件なのだ。

天皇は即位したからといって「そのまま統治権の主体と化し得るにあらず。統治権は皇位を主体として万代不易なると共に、各天皇は国体・皇道を自由に改廃し給う能はざる自制的行儀をば憲法に依りて帯させられているのである」。

それゆえ、「自制的行儀を以て統治権の正認さるる根本要件に合致せずんば」、第1条の「統治する天皇」にも、第3条の「神聖な天皇」にも「合致せざる」という結論になる。大日本帝国憲法に従う以上は、憲法に制約されない天皇はあり得ない。上杉慎吉の言うような「憲法を自由に改廃出来る天皇」など、どこにも存在しないのだ。「これぞ頑党の神権主義に向かっての大鉄槌なのである」と天眼は胸を張る。

憲法の目的は国民の権利保障　～天皇神聖は第１章第３条まで

憲法と天皇の関係について、「自制的行儀」という独自の概念を用いて、天皇の統治権は憲法の制約を受けるということを説明して見せた天眼だが、では、憲法と国民の関係については、どのように理解していたのか。これもまた独自の斬新な理論を展開し、国民の権利保障と民主政治の促進に寄与する憲法論の構築を目指している。

天眼は大日本帝国憲法の本質は「民格正認」、すなわち国民の権利を認めて保障することにあると言う。憲法第1章第3条に「天皇は神聖にして侵すべからず」とあるから、天皇神聖を謳うことに憲法の本質があるように理解されがちだが、天眼によれば「天皇神聖は第1章第3条迄の事」であり、それ以降は、ひたすら民格正認であると言う。極めて異色で大胆な憲法解釈だ。

天眼はまず、憲法を「実在人格」と見なし、憲法の条文は「人格を有する憲法が自覚行為を発揮して」述べたものとする。その上で、第1章第3条までは天皇神聖、第1章第4条以下は「元首格」としての天皇の役割を記しているが、第2章「臣民権利義務」以下は「帝国憲法の聡明なる『自覚行為』としての『民格正認』である」とした。第2章以下は国民の人格を認め権利を保障する内容で、ここに「憲法本質」がある、と言うのである。「天皇神聖不可侵」で全編が貫かれていると思われがちな大日本帝国憲法だが、天眼は「天皇の絶対無限は第1章第3条迄の事」と大胆かつ明快だ。

とはいえ、憲法では「臣民」という言葉が使われ、「国民」とは書かれていない。これで国民が対象の条文と言えるのか。これについても天眼は「臣民とは国民を指す」と、次のように明快に説明する。「君国の『国』と言うものには必然当然自明的に『国民在り』と憲法が認取して、さてこそ、ここに成文したのである」「則ち憲法は君国生命というものの代表人格であるが故に、彼自らが『国家というものの主成分は国民なり』と自覚したるそれがそのまま第二章臣民権利義務である」

そして「憲法には臣民と書かれ、国民とは書いていない」とする批判を予想して、次のような反論を用意する。「憲法がその冒頭に於て『大日本帝国（国）は万世一系の天皇（君）之を統治す』と言うて、君・国の保合生存を自昭している以上は、臣民則ち国民ならずして何ぞや」

さらに、天眼の言う「民格」には「個性」の尊重、すなわち国民の自由と人権の尊重が含まれていることも大きな特徴だ。「個性が国家という団体組織の内質に確認され、その存立の自由を法治的に保障する所以のものが則ち憲法本質である」「憲法のこの保障は則ち『民格確認』と称すべきもの」。天眼は大正時代にあって、大日本帝国憲法を、戦後の日本国憲法と同じような民主的視点を含む憲法として解釈しようと懸命に工夫を重ねていたのである。

国憲破壊の偽忠者 ～天皇の意向に反する「天皇主権論者」とは

上杉慎吉らは「天皇は現神であるから憲法に制約されない」と主張するが、これは憲法論として間違っている上に、現実の天皇が発した宣言にも反する。大正天皇は憲法を尊重する意思を表明しているからだ。

国の統治の根本方針に関して、天皇の意向を完全に無視し、それと正反対の方向に国家を導こうとする「天皇主権」論者とは一体、何者だ、というのが天眼の問いである。

大正天皇は１９１２年の践祚の勅語で、先帝から継承した統治の大権を「憲法の条章に由り之が行使を愆ること莫く」と宣言した。１９１５年の即位式の勅語でも「（先帝が）不磨の大典を布き」と述べ、明治天皇が制定した憲法を「不磨の大典」として守っていく意思を示した。憲法否定の論拠に天皇主権説を利用しようとする上杉らの目論見を、大正天皇自身が否定する内容であった。

天眼は践祚の勅語を読み、これで天皇主権論者は論拠を失ったとして、「畏くも新天皇陛下践祚の詔勅を以て祖宗の宏謨に遵い、憲法の条章に由りという昭昭たる宣言の渙発せられし事は、彼等曲解的神権者流に取りては『天皇は憲法以上なり』という論告点の上級裁判所に移されて当該検事自らの告訴放棄に接したる同然で、実に彼輩の精神的致命傷たるに致す」と書いた。また即位式の勅語についても「此等の御詞は（天皇が）憲法を確認し給う聖旨の昭明」として、「（藩閥政府や上杉らによる）政教の改作は、ここに一遍にお叱りを蒙りし次第なり」と切り捨てた。

だが、天皇の意向などお構いなしに上杉らは天皇主権説を吹聴する。そんな上杉を天眼は非難する。「彼が所説は皇道を無視している。憲法発布の詔勅に対しても、大正天皇践祚の宣勅に対しても、明らかに背反、若しくは侮蔑の態を文字している。陛下は『憲法の条章に由り之が行使を愆ること莫く』云々と宣わせられたるをば、彼、百も承知して居ながら『憲法改正の手続きに由らずして憲法を中止するのも又は憲法を守らざる処置を為すとも主権の本来』じゃと言うのは、閥党箪法から言えば不敬罪であろう」「国民として奉受せる践祚の詔勅に向かって不応為の言論を敢てする者だ。乱臣賊子とは彼慎吉が現行犯者ではないか」

ではなぜ、上杉ら天皇主権論者は天皇の宣言に反してまでも、自説を強引に広めようとするのか。それは彼らが天皇ではなく、時の政治権力者の方を向いているからだ、と天眼は言う。天眼は「山県有朋率いる陸軍長閥に阿る上杉慎吉等の学者グループ」を「曲学阿閥の徒」「国憲破壊の偽忠者」と呼んだ。そして「阿閥の本志」を叶えるために、荒唐無稽な学説をいかようにでもひねり出す学者を「学賊」と呼んで危険視した。「佯り狂して学説の刃物を振り回す学賊こそ危険なれ」「いかに閥学者なりとて、ここまでの無法、無道なる言論を敢てして天人を憚らざるべしとは、吾等想像し得ざった。苟も文明史の一節でも読みし何人と雖も常識常想を以て忖り得ぬであろう」。天眼の怒りは収まらない。

科学無視の天皇神格化　～おとぎ話めきたる天地創造説

天皇は絶対神ではない。たとえ「天皇は神聖にして侵すべからず」とする大日本帝国憲法の規定に従って神格を備えていると考えても、天皇は同時に人格を併せ持つ存在であるから、絶対神のように崇めるのは間違いだ。また、天皇自ら神と名乗ったこともない。それらは日本の歴史を見れば、明らかだ。にもかかわらず、歴史に根拠のない天皇現神説、天皇主権説を振り回して憲法を葬ろうとする閥族と御用学者の罪は重い。天眼は一貫してそう批判し続けた。

政府や上杉慎吉ら天皇主権論の学者は天皇絶対神格を言い募って、それを盾に政府に批判的な学者を「不忠」「不敬」として攻撃する。だが、そもそも、彼らが主張する天皇絶対神格説に根拠があるのか。彼らが持ち出すのは古事記や日本書紀である。しかし、古事記や日本書紀は史実を正確に記した歴史書とは言えない。両書の神話や物語を史実として天皇絶対神格の論拠にするのは不可能である。イザナギとイザナミの国生みの神話など、すべて「おとぎ話めきたる天地創造説」だ。しかも、両書でさえ神代と人代を分けているにもかかわらず、明治以降の「阿閥の学者」らは、神話の世界の天皇までも実在の天皇として扱い、神として称える。これは学問とは言えない。これらの学者は「（古事記の神話を）無条件で信仰せよという本居宣長系の私見的なる古事記丸呑みを固執し、時代の知識感情が要求する合理性に向かって何等の共鳴を準備する莫きに似たり」。知性や理性を軽んじて時代に逆行している。「古事記丸呑み」に熱中する学者は「科学無視の神国思想」を唱えて国民を騙しているに過ぎず、学者の態度としては「サイアンスの名を冒す詐欺の罪や非常」で罪深い。「学界のこの詐欺、この幻惑、この妖術は文明と両立せず」

古来、天皇は民のために祈ってきた。祈りの儀式で天皇は禊した上で、奉幣しながら祖宗を仰ぎ見る。その時、天皇は民の側から神に祈る人格としての天皇である。その天皇の姿を神と同一視することは、かえって「人神混淆の非礼」を働くことにならないかと天眼は問う。「祖宗の為し給へる如く、天道神威は皇室の万民と共に仰宗すべきものにして、至尊と雖も、或いは禊し、或いは奉幣し給う古今不変の事実が人神混淆の非礼たる所以を現実に教ふと知ればである」

そもそも、天皇が神と名乗ったことはない。「天皇御自身が我は神なりと仰せられた例無し」。歴史を紐解けば分かる話だ。上杉ら閥学者は「日本の歴史に根拠せず」、神話を史実のように「解釈を人造」して天皇絶対神格を言い募っているだけだ。こうしてでき上がった説が「日本の近時特別に独断する神国主義」であり、「明治末期の新作皇道」である。「高天原の神代に人工逆戻り」を試みるために、「三千年来の歴史を抹消して現代を神代視する」学賊の「妖説」である。

だが、その科学無視の「妖説」が次第に国民を支配し、歴史に暗い影を落としていく。

天皇の政治利用で責任逃れの体系を目指す

学問とは無縁の天皇主権説を、なぜ政府は御用学者を使って執拗に流布させ、国民に信じ込ませようとするのか。その理由を天眼は、政治体制を天皇親政に導き、憲法に超越する神格天皇の絶対的権威を利用して政府があらゆる責任から逃れることができるようにする完全無責任体制の構築にあると見た。「天皇現神主義は、憲法破壊を意衷する『御親政主義者』の愚民瞞着用のものである」と言い切る天眼は、その仕組みを次のように解説する。順番を追って紹介しよう。

①まず、天皇を現人神に祀り上げ、神である天皇への批判は許さないという議論の前提を確立しておく。「現神の行為は理非善悪を問はず、悉く絶対神聖のものと論理の帰着を促す」

②その天皇の権威を笠に着て、政府がどんな失政を行っても、天皇に直属する政府への批判は許さないと主張する。「政治上に於いて如何なる暴政秕政を積みて為に君国を危殆ならしむとも、内閣大臣は斯道の制裁に甘んじて引責する事を為さず」

③それでも、政府に引責辞任を求める世論が高まった時は、天皇に慰留されたことにして責任を逃れる。これで責任追及の声を最終的に遮断できる。「称して『思し召し』に依りて留職すると曰ふ」
④それでもなお事態を収拾できず、国家の危機が著しく進行した場合は当然、最高責任者の位置にある天皇の責任に目が向くが、ここで①の天皇現神説が生きてくる。神である天皇の責任は誰も問うことができず、議論することさえできないという前提が作られているから、責任論は完全に封じられてしまうのである。「愈々君国を危殆に陥れる場合は、其は責任が御親政に帰結せねばならぬが。現神主義に依れば臣民敢て之を議し能はざる勘定である」

要するに、天皇神格化を利用した責任逃れの理屈を用意しておけば、政府はいかなる失敗をしようとも、決して誰も責任を取らずに済むという完全なる無責任の体系ができ上がる。そして、そのような政治体制が招くのは、さらなる果てしなき無責任政治である。そのような政治体制確立を狙って、政府は盛んに天皇神格化政策を進め、国民に「天皇は神である」と信じさせて、天皇親政を受け入れる準備をさせているのだ。したがって、天皇現神主義の企てを止めることが、政治再生の急務となる。「（閥族政府は）天皇現神主義の古典勢力を私用して御親政主義を布かむと欲するが故に責任も何も念頭に無いのである。先ず曲学の現神主義を匡正せずんば、一切の政論は末節である。君国擁護の急！」

天眼が極めて深刻に憂慮した、この天皇神格化を利用して構築される無責任の体系は、その後、果てしなく肥大化し、結局、昭和の敗戦亡国の日まで「匡正」されることはなかった。

愚民瞞着の天皇現神主義

「天皇現神主義は、憲法破壊を意衷する『御親政主義者』の愚民瞞着用のものである」と天眼は言い切った。政治権力を握る閥族は、天皇親政を実現して憲法空洞化を図り、「独裁武断永久専制」の確立を目指している。その目的を達成するための手段として、「天皇は神である」と国民に信じ込ませる天皇神格化政策を進めているのだと見た。だが、神と断定する根拠を全く示すことのできない天皇という存在を、政権がいきなり神と言い募り始めて、一気に国民に信じ込ませようというのだから、これほど国民を愚民扱いした政策はない。神でないものを神と信じさせ、果ては命を捧げさせる。よほど国民を馬鹿にしていなければできない政策である。にもかかわらず、政権の組織的で持続的な政策遂行により、それは着実に成果を上げ、国民が本当に愚民化して行ったから恐ろしい。天皇神格化政策は究極の愚民化政策なのだ。それに気付いた天眼は懸命に警鐘を鳴らした。

「文明の現代、憲法政治の日本を神話上の高天原神代に逆戻りさせようなどの注文は、いかに守旧趣味の人と雖もマサカ本気の沙汰ではあるまいと常識者は一笑に付すであろうが。それが決して冗談ではなく、着々として組織的に企てを進行し、根深く而して巧妙に勢力扶植を遂げられて在る」。それは大正時代に入って一層、顕著になり、国民を「怪霧」のような得体の知れない「心理的不安、不快」が包むようになった。天眼は「怪霧の正体は、古典党の陰謀と称すべき武閥学閥を連ねての神代復古思想である」と見なし、「神代復古の狂想は独裁武断永久専制を企つる奸雄の口実」と断じた。

常識では思いも及ばない天皇神格化という政策を遂行しようなどと考えるのは、政治指導層が思い上がり、国民を「民衆は愚であるから、雷同付和するから」と侮っているからだ。そして、常軌を逸した愚民化政策を効果的に進める方法が、天皇に関する厳粛な儀式を繰り返すことであった。「ミカド宗の聖景を形式」して見せる方法だ。大正天皇の即位式を頂点とした荘厳な儀式の演出と動員は、国民に「畏れ多い」という一言による畏怖の念と沈黙を強いながら、急速に天皇崇拝に導いて行った。

そうした愚民化政策がもたらすものは知の荒廃である。知性の欠如した指導者が進める愚民化政策によって、国民の知性も奪われていく。反知性主義の横行だ。天眼は反知性主義に支配された政治の風潮を「時代愚」と呼んだ。そこにあるのは、理性が支配する立憲政治とは対極の愚かで粗暴な政治だ。「時代愚」との格闘が、ジャーナリスト天眼の最大の課題となる。「愚衆を標準とする独裁主義の因習を恃むか、立憲政治の本格に還るか」と天眼は問うた。その叫びは、第一次世界大戦後の一層、荒廃する政治の暗闇に放たれたが、空しく響いて消えた。

天皇神格化政策にメディアも加担

天皇神格化を国家的規模で推進するためには、国民の側にも、それを受け入れる空気が醸成されていなければならない。そこで政治が利用したのが分かりやすい神話だ。特に「現神（あきつかみ）」や「現人神（あらひとがみ）」というキーワードを使用すると神話は効率的に浸透した。そのとき、重要な役割を果たしたのが新聞である。

大正天皇即位式の前後から「現神」「現人神」という言葉が紙面にあふれるようになる。新聞記者は記事を美文調で飾るために使っているのだが、「現神《あきつかみ》と治《しろ》し召す天皇《すめらぎ》」など現神や現人神と天皇統治がセットになった典語の形で使用されるため、国民の意識に「神である天皇がこの国の統治者」という観念が不断に刷り込まれていく。政治とメディアが一体となった国民の意識操作が進んでいた。

「『現神』と書いて『あきつ・かみ』と訓ませる古典名称が今回の御大礼に於て新聞の美文などにも使用され…「現神と治し召す天皇」…と言ふ風の典語が世俗の目に上りたが、此は古典語の事であるから何れ尊い敬虔の形容だろうと思惟して人々は気に留めねども」。だが、新聞が典語として無自覚に使う言葉も、その言葉のインパクトが大きいがゆえに、天皇神格化を進める政府や学者の狙いを強力に国民の意識に浸透させていく働きを担う結果となる。そもそも政府や学者などの「古典党」はどのような意味で使っているか。「古典党に於ては…現神《げんしん》と古書に書いてある以上は『天皇は実在の神じゃ、実在の神体じゃ、宇宙の神は天皇陛下の他に之有るべきにあらず。御国体は天皇を宇宙神の実現と仰ぎ、げんしんとして尊崇するのじゃ』…と、現の字を物質的に釈定すべく独断し、此独断を基礎として一切の政教風尚を律せむと欲するのである」

政治権力が狙いを潜ませて使用する言葉を新聞がそのまま繰り返し使うことによって、権力側の狙いが効果的に国民に伝わった。閥族政府の天皇神格化政策にメディアも加担していた。

国体を笠に着た威圧で現人神信仰を強要

「天皇は神である」と国民に信じ込ませるために、政府は愚民化政策を進めた。「愚民瞞着」、すなわち国民を騙す方法を採ったのだ。もう一つ、強力な方法があった。「国体」という言葉を振りかざして国民を威圧し、服従させて現人神信仰を受け入れさせることである。天眼はこれを「国体を笠に着て服従を強いる」「威圧主義」と呼んだ。「だます」と「おどす」を両輪に天皇神格化は推進された。

「国体、国体」と叫んで他者を糾弾する風潮が広まった。国体という言葉は「日本は万世一系の天皇が主権を持って統治する国」というような国家の基本形態を示す意味で使われることが多かったが、極めて漠然とした言葉である。漠然としているだけに、相手を威圧する場面で、いかようにでも使われた。

国体という言葉が本来の意味から離れて、単なる思想弾圧、言論弾圧の言葉と化した。「明治末期から此国は国体の真意義を忘れて権柄形式一本鎗の威圧主義に漸し、天道を無視する独断心理の自称神国、曲解の神権主義以て思想統一と称する政策の具に供し、高天原の神代に人工逆戻りさせるやうの言草を濫発するようになった。権力が「独断心理の自称神国、曲解の神権主義」、すなわち天皇神格化という「思想統一」を進める上で、国民を容易に威圧できる「国体」という言葉は非常に使いやすい道具となっていく。

「閥の無知者流が神権だの善政主義だの神世復古だの言ふて独裁任意を政事と独断し、規矩準縄を無視し」、「官力絶対の思想、神代復古の狂想」を広めていく。「天皇は神である」と唱える権力の側が国体擁護を笠に着て「規矩準縄」則ち、法律を無視して憚らないのだから、「彼等の神世と云ふは無政府主義の別称」ではないか。天眼は「狂愚、沙汰の限りぞ」と憤った。

政治権力が思想統一の強力な道具を手にした国家は、一気に強権的な独裁政治に陥り、危険な方向へ走り始める。天眼はこの趨勢を「危険な暗流」と呼び、「御国体万能」に酔い、強権化で驕り高ぶる権力者の意識を「狂迷せる日本心理」と呼んで危機感を強めた。「『天皇の議会に於ける否認権の行使』を神権的のものたらしめむと欲する御国体万能の意識たるや、大本教が代言する所と大差あらざる明治末期以来の狂迷せる日本心理でありて」「独断専制の将軍政治へ逆戻りを趣構する暗流の危険」が感じられる政治状況となっている。問答無用の強権政治が始まれば、国全体が「狂迷」してしまうのである。

特に権力が司法を使って、「国体を冒瀆する」ものだから不敬罪で起訴する、と国民を脅せば、国民のあらゆる批判、抵抗を封じることが可能になる。天眼はそんな社会の到来を恐れた。「独断的解釈の御国体を笠に着て不敬罪といふものを任意に起訴する特権を振り回せば、其は既う哲人の目には危邦だ。危邦には入らず、乱邦には居らずと孔子教ふ」。その「危邦」はすぐに到来し、「狂迷せる日本心理」に突き動かされた「危険な暗流」に日本は押し流されていく。

国体を笠に着た「威圧主義」は右翼団体のテロの横行を招いた。大正時代に起きた阿部守太郎外務省政務局長暗殺事件、村山龍平朝日新聞社長襲撃事件などで、右翼は「国体擁護」の名目で違法な暴力を正当化した。天眼に言わせれば、「違勅だの不敬罪だのと咎め立てを専業」とする人間たちが、「甚だしきは日本人の馬賊は賊にあらずだの、国体擁護を笠に着れば闇討ちの怪挙も不起訴だのと心得るに至りてける」という「狂愚」に取りつかれた。「咎め立てを専業」にする者たちの間に、国体を笠に着れば侵略もテロも許されるという心得違いが広まったのだ。

「国体擁護」という暴力性を伴う言葉は、この後、日本を奈落の底に導いていく。天皇機関説事件で、美濃部達吉が貴族院で学説の正当性を理路整然かつ懇切丁寧に説明したにもかかわらず、議員や軍人たちは「国体擁護」を叫んで世論を煽り、美濃部を失脚に追い込んだ。二・二六事件で青年将校たちは「国体擁護」の名を借りてクーデターを起こし、政府要人を暗殺した。そして終戦間際、日本政府は「国体存続の保証がない」ことを理由にポツダム宣言を「黙殺」し、広島、長崎への原爆投下を招いた。

憲法こそ皇道　～軍人に受け入れやすい憲法論を工夫

鈴木天眼が天皇神格化に反対し、独創的な天皇論、憲法論の構築を試みた目的は、偏に立憲政治を守ることにあった。閥族政府が天皇を憲法を超越した絶対神に祀り上げ、その権威を利用して憲法を空洞化させる企てを阻止することだ。そのために新聞紙上で地道な言論活動に取り組む天眼に一つ、大きな不安材料があった。将来、軍人たちが天皇崇拝の気持ちを高めるあまりに、理屈抜きに憲法を軽視し、あるいは憲法に反感を持ち、憲法破壊を狙う政治勢力に加担してしまうのではないか、という不安だ。そこで、決してそうならないように、軍人に憲法尊重の精神を持ってもらえるような、軍人に受け入れやすい憲法論が必要と考え、工夫を凝らした。そうしてでき上がったのが、「憲法こそ皇道」という理論だ。憲法は皇道を体現するものであり、憲法を破壊することは皇道に背くことになる、という独創的な憲法論だ。天眼のその苦闘の足跡を追ってみる。

天眼は衆議院議員時代、東京で幅広い交友関係を築き、軍幹部の知人も多かった。彼らは好人物にもかかわらず、憲法を軽視するどころか、憲法を「厄介視」する傾向が強かった。「自分旧知にして陸海軍の要路に在る血性漢の中にも、其の心術の美且つ堅なる誠に敬畏すべくして、而して其の境遇の虜となりて現代気分に遠ざかり、予め意を構へて憲法を厄介視するやの嫌ひなき能はず（軍人なるが故に憲法を知らずと公言する類）。学問の造詣未だ完からざる為に皇道国魂を狭義に為し将ち去る過失に坐する者、三、四に止まらずや」。さらには憲法に「無用の非好意を態度する」者までいた。

この状況に天眼は危惧の念を抱いた。こうした風潮が広まれば、いずれ軍人らの思慮を欠いた行動によって憲法政治は死滅すると。「此理を軍人は解せざるあり。自分は帝国軍人なるが故に天皇陛下有るを知って他有るを知らずと公言すること、之を政治上に応用する時、其処に乱世が萌芽する次第である」。

天眼は、軍人がそのような気分に囚われる原因を分析し、軍人が皇道と憲法は対立するという古い先入観に囚われていることに問題があると考えた。そこで天眼は「学問の真處、道義の本源よりして憲法格質＝憲法精神＝が皇道の表現たる所以を説明して、以て旧思想と新時代との調節点を会得せしめばやと……」と独自の理論構築に取り組み、苦心して作り上げたのが、前述した次のような憲法論である。

大日本帝国憲法第3条に「天皇は神聖にして侵すべからず」とあるが、天皇は生まれながらに神格を有するわけではなく、即位によって皇統に連なり、皇道で自身を律することができて初めて、神聖天皇となる。同じように、第1条に「大日本帝国は万世一系の天皇之を統治す」とあるのも、天皇が即位によって無条件に統治権を有するわけではなく、天皇が「自制的行儀」によって自身を律することができて初めて、憲法に定める統治者となり得る。自制的行儀とは、天皇が独断で憲法を改廃したり、停止したりできないという憲法上の制約を順守する姿勢である。その制約は憲法第4条「天皇は国の元首にして統治権を総攬し此の憲法の条規に依り之を行ふ」に示されている。「条規に依り」である。天皇は憲法に制約される存在であることが、最初から憲法に明記されているのだ。

以上から、次の2つの結論が導かれる。

①憲法は、古来の天皇の在り方に忠実に沿って書かれており、憲法は皇道、国体を体現している。憲法こそが皇道であり、国体なのである。「皇道を以て天皇を律するその處にぞ、帝国憲法は根拠したのである」。「帝国憲法は国体の精華…皇道の結晶…を成文したるものである。つまり不抜の皇道に外ならぬのである」。「憲法精神は皇道の表現である」

②上杉慎吉ら天皇主権論者の主張する「天皇は憲法を改廃するも停止するも自由」という説は、「日本の歴史に根拠しない天皇像」を創作した上での妖説である。そんな妖説を信じて、憲法破壊の行動に及べば、それは皇道に背くことになる。「天皇は天皇なり。日本国魂が本然的に信解する天皇たる外に格別の意義を付会する天皇観は非皇道なり」

天眼は、憲法と皇道は一体であり、憲法を守ることが「真の皇道」、憲法破壊は「偽りの皇道」という論理を貫いた。そうすることで、皇道を崇拝する軍人たちに憲法を受け入れやすくして、将来、決して憲法否定の行動に出ることのないようにとの願いを込めた苦心の論理構築だった。

加えて2つの工夫を凝らした。

1つは、薩長藩閥の政治手法を「閥道」と呼び、皇道と相容れないことを強調したことだ。憲法破壊の行動に出る恐れのあるのは、薩長藩閥が支配する陸海軍の軍人だ。閥道は、軍隊の「命令絶対主義」を社会の全てに適用しようと企てるもので、兵士や国民を平気で死地に赴かせるような冷酷な指導原理に立っている。一方、皇道は「生きる」ことを尊ぶ価値観を持っているから、閥道と対極にある。軍人がそんな藩閥の人命軽視、憲法軽視の風潮に染まらないよう願って、天眼はこう繰り返した。「皇道は生之道なり、閥道は死道なり」。

もう1つは、学問論争に新聞紙上で参画するに当たって、西洋学問の痕跡を排して臨んだことである。天眼は青年時代、幅広い分野の学問を勉強し、西洋の学者の著作も数多く読んでいる。だが、そうした学識を一切、表に出さず、日本の古典や漢籍から得た用語だけを使って独自の論理を構築した。これも「舶来臭」を嫌う軍人に配慮してのことだ。また、天眼の説は、基本部分で国家法人説と似ているが、ここでも、あえて美濃部達吉の天皇機関説と距離を置いて、上杉とも美濃部とも違う第3の学説の体裁を採った。これも軍人への配慮である。「予が憲法論は舶来臭を根拠とする従来学者の諸説と出発点を異にせるものにして」と、それが意図的な方針だったことを明かしている。

天眼はこうした独自の憲法論を東洋日の出新聞紙上に掲載した後、本にまとめ、東京などの軍部、司法の要人に寄贈している。「旧思想と新時代との調節点を会得せしめばやと…。乃ち老婆心を自分発揮せしが為の故に」「斯くは労業に就けるなり」

だが、天眼の「老婆心」からの「労業」が実を結ぶことはなかった。昭和に入ると、天皇機関説事件では、軍人出身議員や軍幹部、在郷軍人会などが、美濃部達吉の理詰めの完璧な論駁に一切、耳を貸さず、ただただ理屈抜きの反感から美濃部攻撃に狂奔した。昭和天皇が「天皇機関説で良いではないか」と美濃部への支持、同情を表明したにもかかわらず、本庄繁侍従武官長は「軍部は、ただ信念として、崇高なる我が国体を傷付け、崇高なる天皇の尊厳を害するが如き言動を、絶対に軍隊に取り入れてはならないということであります」と、これまた理屈抜きの機関説排撃理由を述べ立てて、天皇の心配に耳を貸さなかった。そして二・二六事件では、青年将校らが皇道、国体を叫べば何でも許されると勘違いして暴走した。日本の社会は軍人に憲法の意義を理解させるという課題をとうとう達成できないまま、坂道を転げ落ちて行った。

統帥権干犯の錯誤を正す　～シベリア出兵時、軍部独裁を戒める

統帥権干犯という言葉は、1930年、日本政府のロンドン海軍軍縮条約締結に対して、日本海軍の軍令部が「憲法で定められた天皇の統帥大権を干犯するもの」として強く反対した出来事から広く知られるようになった。以降、軍部は統帥権干犯の一言を盾に、軍事に関する一切の政府などの批判や関与を封殺して独走するようになり、これが日中戦争、太平洋戦争の惨禍を招く要因となった。

ただ、統帥権干犯の一言で批判を封じる軍の手法は、1918年のシベリア出兵の際にも用いられていた。このとき天眼は、統帥権干犯を振りかざす軍の手法を危険視して、将来に禍根を残すと警鐘を鳴らした。このような独善的な暴論がまかり通れば、理性的な議論も、国民の意思も、全て排除され、政治による軍の統制は不可能になる。それこそ国家の危機に直結すると憂慮したのだ。

政府のシベリア出兵宣言翌日の1918年8月3日、天眼は敢然と統帥権干犯論の誤謬を指摘する論説を掲載した。経過はこうだ。軍部のシベリア出兵計画は外交調査会など政府関係者の批判を受けて、いったん頓挫しかけた。このとき、批判に怒った軍人等が「統帥権の干犯だ」と反発、天皇の名を借りた軍の強硬姿勢に政府は動揺した。この経過を天眼はこう解説した。「軍人の一部が出兵頓挫の余憤を云々に険訟し来《きた》ること頃日《けいじつ》頗る切迫し、寺内内閣は国論に倒れず、却って内面の閥威に脅かさるる矛盾に悩み、余命幾許《いくばく》も莫《な》からむとするが」。軍部の狙いは別にある。「軍人一部が非常に気難しい言草《いいぐさ》を統帥権に搦《から》むのは。独裁武断の意図を口実するものたること過去の史迹《せき》である」。統帥権干犯論は、軍が独裁的権力の保持を狙って振り回しているに過ぎないと天眼は見抜いていた。統帥権干犯を盾に軍への批判を一切、拒絶するというなら、政府も国会も不要になるが、そんな馬鹿げた話はない。「外交協調や出兵数等を詮議以外に付すなら、内閣も総理大臣も不用に帰すでないか」

政治から知性が消えていく。統帥権干犯の威嚇などその象徴だ。「日本の政道は文武両道ならざるべからず。而して文の一事に至りては、威勢に慕る長閥才人の壇場ではない」。このとき「長閥才人」を真っ向から批判するということは陸軍の総帥、山県有朋を批判することだ。シベリア出兵問題で厳重な報道規制が敷かれる中で山県を名指しで批判することには危険が伴う。だが天眼は危険を顧みず、堂々の論説を掲げた。その覚悟をこう記す。「閥権の猛を承知で之を書く。不審の廉《かど》あらば、之を公等の師、含雪公に問へ」。含雪は山県有朋の雅号である。

第3章　教育勅語の政治利用を批判

「天皇は神である」という意識を国民に植え付けるための国民教化は、特に学校教育の場で強力に推進された。そこで利用されたのが教育勅語だ。それは天皇の勅語として子どもや教師の前に示されるがゆえに、一切の批判は許されず、無条件に信じ、暗唱し、服従することが強要された。天皇神格化を進める上で、これほど強力な武器はなかった。鈴木天眼は、このような形での教育勅語の政治的利用に反対した。教育勅語は道徳律として示されたもので、御神体のように崇めたり、忠君愛国精神のみを子どもに教え込むために利用したりするのは勅語の趣旨に反し、間違っていると主張した。また教育勅語の内容にも踏み込み、「一旦緩急あらば」の一節は尚武偏重の教育をもたらす弊害があり、同じ明治天皇が発布した五箇条の御誓文にも反する、と大胆な批判を行った。

さらにこうも訴えた。勅語教育と並行して学校に神官が派遣されるなど教育に神道色が強まったが、信教の自由を定めた憲法に抵触するから止めるべきだ。そもそも教育が、子どもの人格を否定する命令絶対主義、服従主義に偏る傾向にあり、これでは子どもは伸びず、国は発展しない。新時代に適した教育勅語の再発布を求めたい。世の中に不敬糾弾の風潮が広まり、天皇写真を火事から守ろうとして焼死する校長まで出たが、これは新聞が不敬糾弾を煽った結果である。天皇写真、日の丸、勅語印刷物など、物体に過ぎないものを神聖視して、過度に不敬、不敬と言い立てる風潮を改めるべきだ。

これらの天眼の論説は大正政変以降の1910年代、20年代に書かれている。学校での教育勅語奉読式で、勅語に添えられた天皇の署名に対する敬礼の際に頭の下げ方が足りなかったとして大騒ぎになった内村鑑三不敬事件が起きたのが1891年。それ以降、教育勅語に関する一切の論評、言及がタブー視されるようになっていた時代である。天眼の言論活動がいかに勇気を要するものであったか分かるだろう。

教育勅語は宗教経典にあらず

教育勅語は1890（明治23）年に明治天皇の勅語として発布された。これを学校教育の場で徹底的に教え込むことで、国家主義教育は格段に強化された。

学校での取り扱いは厳重を極めた。内村鑑三不敬事件に象徴されるように、ささいなことが不敬として糾弾されるため、奉読式、保管、運搬においては一瞬の気の緩みも許されず、常時、厳粛に恭しく崇拝する態度を守り続けなければならないため、現場は非常な緊張を強いられた。

天眼はまず、このような勅語をめぐる異様な形式的対応を批判した。勅語は国民に道徳を説いているに過ぎないものなのに、まるで宗教経典や御神体のような厳格な取り扱いが強いられている。これは勅語の趣旨に反していないか。「教育勅語は、天皇が国民と興に倶に拳拳服膺して其の徳を一にする所以の道の教えなり」。道徳の教えなら、説いて聞かせて、納得させる方法を採るべきではないか。天皇自身も「国民と興に倶に拳拳服膺して」と述べているではないか。それを命令で覚え込ませるなど本末転倒も甚だしい。「教えは理會を主とし服膺を効果とす。軍隊式命令とは起点を別にす」

にもかかわらず、勅語の取り扱いが宗教行事のような厳格な形式に従って行われるという本末転倒が蔓延している。教育勅語は「宗教経典にあらず」。「故に教育勅語をば一向宗の偶像の如く礼拝せしめ、之を御神体扱いするは形式病の一端なり。之を学校に賜りし『連隊旗』の類と解するは無識別の過ちに坐す」。しかし、この「無識別」の「形式病」を強権的に延々と注入し続け、習慣化させる方法によって、天皇神格化は着実に推進されていく。

教育勅語はあくまで道徳律

教育勅語とは何なのか。天眼は、天皇が国民に道徳の教えを説いたものであり、ほかの何物でもないと強調する。教育勅語は「昔時《むかし》の人が五経を尚《とうと》びし如き敬虔なる道徳心を以て対すべき『道徳教』である。道徳教なるが故に天皇は国民と倶に守らせ給ふ『斯《こ》の道』とは宣《のたま》はせられたのである」

天皇が「朕爾臣民と倶に拳拳服膺して」と、わざわざ強調したのは道徳の教えであるからだ。そうでなければ、「倶に拳拳服膺して」などという言葉は出て来ない。したがって、国民に上から何かを教え込むような宗教経典の類では決してない。「既に道徳教なり。則ち此れが解釈は現代的意識を透して以て君国生民の実用と帰依とに応ずる活ける教訓たらしめざるべからず」

では、宗教経典と道徳律としての教育勅語の違いはどこにあるか。宗教経典は「道徳の範囲を超越せる心霊支配の神威を主なる要素とす」。しかし、「我が教育勅語は其に反して、国民生活を範囲する道徳でありて、神と交渉を有《も》つ宗教的経典にあらず」。にもかかわらず、宗教経典のように扱うことを学校現場に強制することで、「無識別」の「形式病」が蔓延し、教師や子どもたちの心を縛り付けていく。また道徳の教えであるにもかかわらず、教育勅語の丸暗記が強制されていることも問題視した。道徳は説いて納得させることが重要である。にもかかわらず、「道徳の理拠」を教えることをせず、ひたすら丸暗記を強制するなど、道徳教育とは呼べない。「単に教育勅語を神典と仰げと号令しつつ、忠孝は斯道に基づく、その斯道淵源を問はざるは、無理解の絶対服従を強ふる苗民教育である。奴隷本位の説き方である」

「義勇公に奉じ」を批判　～尚武偏重、五箇条の御誓文に反する

教育勅語の核心は次の一文にある。「一旦緩急あれば義勇公に奉じ、以て天壌無窮の皇運を扶翼すべし」。戦争が始まったら、天皇のために勇んで戦って死ぬ覚悟を持て、と教えている。天眼は、この部分が教育勅語の核心との認識を示した上で、小中学生に兵隊の心構えのようなことを説くのは尚武偏重の教育に陥る危険性がある。それは知識を世界に求め、学ぶことの重要性を説いた五箇条の御誓文に反する時代錯誤の教えである、と批判した。

「小中学校に於いて『一旦緩急あれば』といふ前提を以てする義勇奉公を教へ込む事は教育勅語の大旨なるべけれど。国民皆兵が全能事たるかの如く、尚武偏向に訓育する事は、文武一途、上下心を一にして

盛んに経綸を行ふべしと云ふ開国進取の維新皇謨を打ち忘れ、元亀天正を慕尚する戦国気象再興に外ならず。乃ち、封建の士族心理に逆戻りする保守全幅、新義和団的政教である」

五箇条の御誓文は「万機公論に決すべし」「上下心を一にして」「旧来の陋習を破り」「知識を世界に求め」と説くなど、開明的で進取の気性に富む。文武両道の精神を堅持しており、特にこれからは文武の「文」が重要になるとの時代認識があった。それに比べ、小中学生の子どもに義勇奉公を最重要事として教える教育勅語は、文より武を優先する時代遅れの教育指針ではないか、と天眼は批判した。明治天皇が発布した教育勅語が、同じ天皇が22年前に発した五箇条の御誓文の趣旨に反していると、天眼は大胆かつ率直に批判したのである。戦前のジャーナリストで、教育勅語を批判したジャーナリストは、筆者の知る限り、鈴木天眼以外にいない。

神道との一体化は憲法に抵触し非理不法

教育勅語を使った教育に宗教的装いを凝らすことは、天皇神格化の国民教化に効果的に作用した。1つの方法は、前述のように勅語を宗教経典のように扱い、「天皇は神である」との前提の上での厳粛な儀式の繰り返しと暗唱の強制によって、身体的に畏怖と服従を覚えさせることだった。そして、もう1つの方法が、教育現場に神官を参加させることで否応なく天皇と神を同一視させていくことだ。だが、この方法にも天眼は厳しい批判の目を向けた。

それは、信教の自由を謳う憲法に抵触するという批判だ。「帝国憲法は信教の自由を昭制せり。故に教育勅語を尊重するの余りに、或いは閥の本願たる皇威形式の無限装置に媚びむが為に、強いて教育勅語の旨を神代式なる神道たるかの如く付会する有らば。そは道徳教を誣ひて信教自由の権義を没却するものにして非理不法である」。あの時代に天眼は、神道教育と一体化した勅語教育を憲法違反で「非理不法」と言い切っていた。

第一次世界大戦後、政府が「社会問題への神官の尽力」を求め、全国の神官に対して学校へ出向いて講演するよう指示した時も、天眼は強く反対。東洋日の出新聞紙上で内務大臣、文部大臣宛ての公開質問を発し、こう問いただした。「神官の畠では鎖国攘夷時代の幼蒙なる独断見地に由って日本神道を解釈し、おとぎ話めきたる天地創造説など其まま、無条件で信仰せよ曰ふ本居宣長系の私見的なる古事記丸呑みを固執し、時代の知識感情が要求する合理性に向かって何等の共鳴を準備する莫きに似たり」。時代に逆行する教育なのである。「おとぎ話めきたる天地創造説」を押し付けるような、閥族が都合よく解釈した神道を強引に学校教育に持ち込むなどということを続ければ、激動する世界情勢に対応して行ける合理精神の涵養が不可能になる。

「其にも拘はらず、今後は神官が小中学校に出張して神道講演を頻繁するよう政府が訓令するに於ては。其は却って教化上の平地波瀾にあらざるか」。日本の教育は、こんなことをやっていて大丈夫か、という天眼の懸命の問い掛けに、内務、文部両大臣から答えが返ることはなかった。

教育勅語への盲従を止め、新時代の勅語を求めよう

日本の教育は歪んでいる、近年ますます間違った方向へ進んでいる、と天眼は考えた。教育勅語を使って、権力者が国民に忠君愛国思想などを「道徳」として一方的に押し付けるのは、国民の人格を無視し、奴隷扱いして、内面の服従を強いるものに他ならないからだ。新しい時代が求める道徳は、そんなものではない。憲法に則って国民一人ひとりの人格を尊重することこそが、真の道徳、生きた道徳だ。天眼はそう主張した。「大正維新は。何よりも先に、活ける道徳を要求する。活ける道徳は民格・人格の自覚、自存に基礎する道徳でなければならぬ、奴隷式の忠孝は憲法生命と抵触を免れない」

教育はなぜ歪んでしまったのか。閥族が文部省を支配し、天皇の権威を都合よく利用しながら教育に介入し続けてきたからだ。「軍閥、吏閥、貴族閥が文部省と云ふ文教府に不抜の因襲勢力を扶植して思想の監守に務め、『御国体』とか、『凡そ官吏は天皇の官吏にして』とか云ふ口上を経世の唯一標語と為すのである」。このような閥族・文部省が「教育勅語を神典と仰げと号令」するのだから、教育が歪むはずである。教育の根本的改革が必要だ。教育勅語への「盲従」を止めて、勅語に生きた解釈を施しながら、新しい教育を進めるべきだ。「教育勅語に対する盲従の域を脱して、活ける解釈を施す大事業の根底的確信を打成する時である」。

新しい教育が目指す方向は、現代的な人格尊重の教育だ。それは閥族が進める現行の「服従主義の教育」と根本的に対立するから、いずれ、教育勅語そのものを新時代に適した内容で再発布してもらうよう求める必要に迫られるだろう。「予の目標は、鎖国臭味なる服従主義の教育をば現代的人格主義の教育に革正するに在り。個性を無視する現在の日本教育とは勢ひ衝突を免れず。何れの道、教育新勅語を奏請せねばならぬ沙汰で」

服従主義の教育を現代的人格主義の教育に改めさせるために、教育勅語の内容を改めて再発布してもらわねばならない、と天眼は言う。国民が不敬糾弾を恐れて教育勅語の前にひたすら頭を下げ、沈黙している時代にあって、天眼はジャーナリストの使命を果たすために、驚くほど大胆で勇気ある提言を行っていた。

天皇写真、日の丸を物神化しての不敬糾弾を批判

天皇神格化が進むにつれ、天皇にまつわるあらゆる物が神聖視され、その物に対する取り扱い方が丁重さに欠けるなどと咎め立てされ、激しい不敬糾弾を受けるようになった。天皇写真、日の丸などに関してである。しかし、これらはあくまで物体であり、これを天皇と同一視したり、そこに神が宿るかのように考えたりするのは倒錯した物神化の思考である。だが、この倒錯に基づく不敬糾弾が、天皇神格化を進める上で極めて効果的に作用した。人々は単に内面において天皇を崇拝するだけでは容赦されず、天皇に関わるすべての物事に対する畏敬の念の絶えざる表明が求められるようになった。国民は著しく不合理な緊張状態に置かれつつ、「天皇は神である」という意識を内面に定着させていく。だが、その本当の政治的意味を冷静に考察すれば、日々、国民に要求されているのは、決して天皇への崇拝ではなく、天皇の権威を笠に着た時の政治権力に対する服従の態度表明に過ぎないことが分かる。とはいえ、当時の国民にそのことに気付く余裕はなく、また抵抗する力もなかった。その結果、学校が火事になった際、校長が、天皇

写真「御真影」を火の中に飛び込んでまで持ち出そうとして焼死するなど、御真影を守ろうとして命を落とす痛ましい殉死事件が続発した。校長は命を懸けても御真影を守るべきだと強要する暗黙の世論ができていたからだ。こうした状況に鈴木天眼は怒り、厳しい批判を加えた。

過度の不敬糾弾が世にあふれているのは、新聞が煽るからだと、天眼は指摘する。「吾等は世の新聞がややもすれば不敬呼ばわりを為したがる苦々しき傾向を見たる」。その一つが、天皇の写真が掲載された新聞が屑籠に捨てられた光景を見た人が、新聞への投書で不敬と告発し、新聞がそれに同調して不敬と騒ぎ立てた例だ。天眼はその倒錯ぶりに怒った。「屑籠に入りたる物は屑である。御写真と云ふ意義は消滅したる反故である。反故と御真影とを混視するやうの渾沌式脳髄は其のまま復古党の私産である」。この「反故と御真影とを混視する」「渾沌式脳髄」は社会の隅々まで支配し、天皇の権威を高めるための形式主義を最優先させて、国民の心情や生活や尊厳を平然と犠牲にしていく。「皇威形式の無窮大を装致するに汲々とし、民情をも経済をも人民の人格をも一切無視せざらむかの嫌ひ有る実情」となっている。

天眼は国旗日の丸についても理性的な議論を展開した。辛亥革命の後、孫文に代わって中華民国臨時大総統の地位に就いた袁世凱が次第に独裁化し、革命派を弾圧し始めた。孫文は１９１３年、第2革命を起こすが、袁の政府軍に圧倒され、日本へ亡命した。この政府軍が革命派を制圧する過程で、日の丸を携えて逃げる日本人が中国政府軍に射殺される事件が起きた。日本の世論は、これを国旗凌辱事件、すなわち、神国日本の象徴である日の丸が凌辱された事件としてとらえ、激高。中国に対し国家賠償や武力制裁を求める声まで上がった。

だが、天眼は冷静な見方に徹した。国旗は、いついかなる場合も「国家の表号」としての意義を持つわけではない。「国家を公式に代表する」ために掲げられる場合は確かに「国家の表号」だが、「私人が臨時に逃避の急に於いて携ふる」場合は「国家の表号」としての意義は持たない。日本人射殺事件に関して言えば、犠牲になった日本人の手に日の丸があった、という事実があるだけだ。したがって、日本人の人命が奪われたことへの賠償請求はできても、それと併せて国旗凌辱事件にまで賠償請求はできない。「人命は無上の重宝であれば、当人の所持したりける国旗と云ふ物などは之に較べては甚だ軽微のもので、人命賠償の中に包括されて了ひ、其れが凌辱されたと云ふ別個事項として認め能はざるに至ること自然の順序である」。それでも賠償請求に及べば、人命の価値より、物である日の丸の価値の方を重く考える錯誤を生む。「人体の付属品たりし国旗一条を人命より以上に重視」することになり、「私法の通則を根拠とする国際通義より超越し、実力の所在は即権利の所在なりといふ覇業主義の発動に属するもの」となる。それは「人命は軽し、国旗の『物』が重しという帰着を極端なる帝国主義が出現せしめ、『国威』といふものが絶対位に立つ時である。国家は大バクチを打ちて国民の禍福を賭し、民格単位の憲法といふものは主義に於いて自殺するに近い」

にもかかわらず、世論は「国旗凌辱」に憤激して沸き立つ。天眼は、武力による解決を勇ましく叫ぶ主張を「帝国主義」「覇業主義」と断じて、こう諫める。「世界は日本の一軒家にあらず」。しかし、天眼の諫言に耳を貸すことのできる国民の理性はすでに失われつつあった。

第4章　天皇神格化批判を可能にした個人尊重の思想

鈴木天眼は、人間一人ひとりが大切にされ、個人の自由と尊厳が守られる社会を目指した。人間尊重の精神である。天眼はこれを「予の人格主義」と呼んだ。したがって、個人を犠牲にする政治を憎み、何かを個人より価値あるものとして個人の上位に置く思想を憎んだ。天眼の新聞論調は生涯にわたって、あらゆる問題に対して、人格主義という政治哲学で貫かれている。

大正デモクラシーの高揚の中で、民主政治の価値が盛んに論じられたが、天眼のように天皇の神格化の是非にまで言及した人物はいない。天眼が、他の知識人やジャーナリストと異なって、天皇問題にまで立ち入って批判を行うことができたのはなぜか。それは、人格主義を立脚点を置いて民主主義を唱え、国家主義は個人を否定するものであるがゆえに民主主義と絶対に相容れないとの思想を確立していたからである。そこで、国家主義の究極にある天皇神格化にも自然と批判の目が向いた。この点で、国家主義的観点から民主主義を考えたり、国家主義と民主主義の「調和」を試みたりした当時の思潮の主流とは根本的に異なる立場にあったのである。国家主義を受け入れる思想からは天皇神格化に対する疑問や問題意識は生まれて来ない。それを美濃部達吉や吉野作造との比較、さらには天眼自身の思想形成史を参考に見ていく。

「帝国のデモクラシー」に陥らず　～人間尊重の精神で一貫

美濃部や吉野は大日本帝国憲法下で民主政治を称揚、正当化する理由として「民主政治の導入が国家の発展につながる」ことを挙げた。①第一次世界大戦が総力戦となり、国家建設や戦争遂行に国民の動員が不可欠の時代になったこと、②ロシア革命、ドイツ革命など民衆蜂起の革命を防止するためには、国民を一定程度、政治に参画させる仕組みが必要と感じたこと、などが背景にあるが、いずれにしても、それは「国家主義的観点からの民主主義」であった。「帝国のデモクラシー」「ナショナル・デモクラシー」と呼ばれるゆえんである。

これに対し、天眼は国家主義と民主主義を絶対に相容れないものと捉え、明治後期から一貫して、今で言う主権在民、国民主権という言葉で呼んでよいような清新な主張を行うとともに、国家主義を「国を亡ぼす」ものとして嫌悪、排斥した。国家主義を個人の人格を無視し、藩閥・軍閥・官僚閥が都合よく国民に隷従を強いて支配する体制ととらえたからである。天眼にとっての民主主義はあくまで個人尊重の政治体制であり、大日本帝国の国威発揚を至上命題とするような個人無視の国家主義と調和し得る民主主義など、考えることも不可能だった。天眼の民主主義が「帝国のデモクラシー」に陥る可能性は皆無だったのである。

「人格主義」掲げ対決宣言　～個人の自由を奪う国家主義

国家主義においては、国家が主、国民が従となり、国家と国民の間に主従関係が生まれる。現実生活の場面では、国家に連なるあらゆる人間関係に主従関係が持ち込まれ、上位者が命令し、下位者が服従するという行動が常態化する。社会全体が軍隊式の命令絶対主義で覆われてしまうのだ。だが、命令を絶対としてしまえば、命令され、服従させられる側に自由はなく、個人の人格の独立と尊厳が奪われる。それゆえに、個人の人格尊重を何よりも大切にする天眼にとって、国家主義及びそれと同類の軍国主義、全体主義は絶対に容認できないものだった。

大正時代に入り、山県有朋率いる陸軍長閥が、天皇の権威を利用しながら軍国主義を一気に広めようとしたことに天眼は憤った。「長閥権家は軍隊進止の場合の命令絶対主義をば日常の生活事項に迄応用して上意神権を濫説」しながら、「君徳君道の観念より隔離して独り君威君権を仰々しからめむ」と欲し、「国民をば尚武好戦の国民同然たらしむべく企望するは近時陸軍血気党の風潮なり」。

そして天眼は人格主義を掲げて、この風潮と対決していくと宣言した。「予が人格主義は絶対に此風潮と並び立たじ。予は、このような手合いが万の砲門を一斉に射撃する正面に立ちても髪一本傷付かざる程の霊威を人格の本然に認識する者である」

天眼にとって国家主義との対決は、一人の人間として内面の自由と誇りを懸けた非妥協的な闘いであった。

「国家は人生の全部にあらず」～国家に支配されない生き方を

国家主義の社会では、国家は個人を内面に至るまで完全に支配しようとする。そのために不断の思想宣伝、思想教育を行う。いざとなれば国家のために進んで命を捧げる、という覚悟を持たせるためだ。それには日頃から「自分の人生にとって国家が全て」という観念を植え付けておく必要がある。そうしておかなければ、国家が国民を戦争に駆り立て、国家の思い通りに命を捨てさせることなどできないからだ。

したがって、国家主義の社会で個人の自由と尊厳を守って生きようとすれば、国家と自分の間で、絶えざる葛藤を抱いて生きることになる。「国家か個人か」、それは人々の内面において究極の選択となる。そして多くの人々が「国家が全て」の人生観を懸命に自分に強いて、体制に順応する道を選ぶ。

だが、天眼は、そのように順応することは間違いであるとして、こう言い切った。「国家は人生の全部にあらず」。国家を全能と考え、その前に個人が屈服する生き方を拒否するというのだ。国家の前に、個人が人生の大切な価値を投げ捨て平伏する愚を犯さないと宣言するのだ。「只管、国家全能の思想に偏し「世道人心の方面を打ち忘るるに至らば。乃ち吾等輿《くみ》せず」

だが、現実は「国家を知りて社会を知らざる」政治家、軍人、官僚が跋扈する。その先行きを憂慮した。

「国家主義の中毒」が国を亡ぼす

そもそも国家主義で繁栄が続いた国はない。一時的に隆盛を誇っても、必ず滅亡する。世界の歴史を見れば、明らかだ。「抑々《そもそも》国家絶対主義の民族は僅少の歳月に栄華を極むる事ありても、亡滅が極めて迅速である。羅馬《ローマ》すら民主主義が国家主義に呑まれし時に亡国の因果を成した。支那歴代や土耳古《トルコ》の末路は言ふ迄もない」

しかし、歴史を知らず、歴史に学ぼうともしない日本の政治家たちは国家主義に陶酔し、威勢のいいことばかりを口にして得々としている。その理由は単に、国家主義を唱えることが流行であり、人気を得られるからだ。「日本の今日は国家主義の中毒が飢渇を促しつつあるのに、政界の才人等は、流行の人気に投ずるには依然として国格を万能力の如く謂ふのである」

結局、日本は「国家主義の中毒」で「亡国の因果を成す」ことになる。

国民皆兵論の愚蒙！　～国家主義は人命軽視

国家を無上の価値として国民を睥睨する国家主義は、国民を平然と戦争に動員し、その命を際限なく奪う。国家主義においては国家が国民にとっての最大の脅威となる。第一次世界大戦後、急速に広がった国民皆兵論に対して、天眼は「国民皆兵論の愚蒙！」と題する論説を書いて、その誤りを指摘した。

「人は兵たる前に人たらざるべからず」。天眼はまず、そう宣言する。人間は兵士となることはあっても、兵士となるためだけに生まれてきたわけではない。にもかかわらず、国家は国民を兵士に仕立てようとする。経済格差を広げ、国民を窮乏に追い込み、兵士になるしか道はないと思い込ませる政策さえ進める。こうした格差拡大政策と一体となった国民皆兵主義の実態に天眼は怒った。「百姓は未来永劫藷《いも》を食ふべし、而して国家の為、肉弾たるべしと云ふ犠牲偏執の閑道は死道である」

もちろん、国家が国民に都合よく「肉弾たるべし」と要求する政治は根本的に間違っている。国民の人格と生存の権利を否定するその政策は、憲法政治とは相容れない。「兵は国民の一部たるべし、国民が兵専門の傾向たるべからず。全国皆兵主義といふものは兵専門に傾向せしむる国家的示唆なるが故に、苟《いやしく》も憲法を知る者は断じて之を容《い》るべからず」

国民の忠義心を悪用　〜国家主義社会の実態

では、国民を「藷を食ふべし」と困窮させた挙句に、「肉弾たるべし」と無慈悲に命令して死地に追いやる国家とは一体、何なのか。その実態は、国家主義社会で利益を享受する特権階級が支配する政治制度にほかならない。利益追求の実態を覆い隠し、国民を自発的に服従させ、協力させるために利用するのが「忠義心」である。天眼はこの「忠義心の濫用」を糾弾した。

日露戦争後の軍国主義の拡大につれて、政治は「武権本位」となり、格差が一層、拡大した。「(支配層は) 軍隊思想を以て百事を規し。乃ち主従関係を政府対議会にまで及ぼして盲従明従を強ゐ。憲法精神の死滅を馴致し。人格皆無の時勢を製造し。乃ち社会にては貴族、役人、豪族が主人で、人民は奴隷たるやう推し移り。人民一切の利益は前者に奪はるるに至れり」

日露戦争中に発行した戦時国債の償還で金持ちは戦後、大儲けしたが、戦争で命も金も差し出した国民は、さらなる困窮を強いられることになる。「(金持ちは) 戦争のお蔭で高利的に儲かれど。中等以下 (の国民) は命も金も全くの犠牲たるに」。その上、戦後の増税に苦しめられる。「お蔭で多数人民は膏血を絞られ」

「(増税による税の増収分は）中等以下の人民が主として負担する血税が大部分に居るのである」

にもかかわらず、政府や特権階級は「日露戦争勝利の栄光」を自分たちの手柄のように私物化して栄耀栄華に酔い、犠牲者のことは顧みずに「国家の栄光」を謳歌し、あろうことか、国民にさらなる犠牲を強いるために、国家に対する国民の「忠義心」を一層、強く求め、悪用する。「(政府と特権階級は）戦争に多くの人を殺したる結果をば戦勝国の栄華として。彼等の私門に檀しつつ在り」。「実に此れは。国民の忠義心を濫用するの甚だしきものにして。『政道観念』の消滅と謂ふべし。戦死者亡霊に対しても捨て置く能はず」。

「捨て置く能はず」と天眼が怒った国民の忠義心の濫用。その忠義心を最も効果的に、かつ強制的に引き出す方法が天皇神格化であったことは言うまでもない。天皇の権威を「畏れ多い」の一言を添えて利用した途端、それが忠義心の濫用であることは覆い隠され、国民はただ無条件にひれ伏すからである。

国家主義は国力を弱める　～民族根柢力の不涵養なり

そうまでして国民に犠牲を強いながら、国家主義では国力は充実せず、国家は発展しない。国家を至上の価値とする国家主義が、結果的には国家を衰退させるというパラドックスを生むのである。国力の源である国民を粗末にするからだ。

国家主義を鼓吹し、国民皆兵政策を採用すれば、幼少時から兵士となる準備教育を施すことになる。この「兵卒行儀に偏奇した」「尚武偏向」の教育が人材育成を阻害し、国力発展の道を塞ぐ原因になることを知るべきだ、と天眼は強調した。「若し夫れ皆兵を主義に立てて、思想感情の尚軟弱なる少年を兵卒の型に入るやう仕向け、仕付ける時は。折角の尚武は、心身剛健の一部方法を誤り認めて人生全部と習性せしむる先入為主を馴致し、乃ち必然の心理影響として…自由と人格と智能と富と科学との認識、実感、自任、体現に隔離すべし」

子どもたちが「尚武偏向」の教育を受けていては、「国家は人生の全部にあらず」という広い視野に基づく人生観を持てなくなってしまう。社会人としての心構えすら養えない。なぜなら「兵卒行儀に偏奇した」教育の中では、兵卒訓練以外を学ぶ必要がないからだ。「軍《いくさ》ごっこには公民の責務を習ふ必要もなく、業務風尚に没交渉なるを以て然り」。そうなれば、子どもたちから、自分の人格を磨き、世界に視野を広げて、科学を始め、あらゆることを学ぼうとする意欲が失われてしまう。子どもが学びの態度を養えない国に発展は望めない。「是れ民族根柢力の不涵養なり。生気開展の不自然なる閉塞なり」

そんな教育を続けていたら「国も人も衰亡だ」と天眼は警告した。

「国家のみ有って人民無き」現状　～「自己存在を自覚せる人民」必要

国家が国家主義の過ちを犯さないようにするために、国民は何をすればよいのか。個人は国家とどう向き合えばよいのか。それには「自己存在を自覚せる人民」の登場が必要だ、と天眼は主張する。

天眼は、日本は明治以来、「国家有って人民無き」状態にあったと言う。だが、大正政変で大きく変わった。憲政擁護運動を通じて「自己存在を自覚せる」国民が登場したからだ。憲法で保障された自由と人権を自己の権利として主張することのできる人間、すなわち、一人ひとりが独立した人格を持つ人間としての国民の登場である。そうした新しい意識に目覚めた人々が、「国家のみ有って人民無き」旧道に逆らって、新時代を切り開き始めたと天眼は言う。「智分有る人民と未発言の青年とは自己存在を自覚せり。国家のみ有って人民無き旧道に逆行しつつ在るなり」

自覚した国民が生まれたからには、閥族による国民の内面支配は不可能だ。「今や伝説と権柄とを恃みて民格を無視し、憲法精神を曲用する大隈山県等の『号令道徳』は人心を支配するに足らざるなり」。ここで言う伝説とは、閥族が天皇神格化に利用するために持ち出す、古事記などに書かれた神話のことだ。

国家主義で歪むばかりの国家の在り方が、「自己存在を自覚せる人民」、すなわち自覚的な個人の登場によって変わると天眼が期待するのは、それが憲法で保障された国民の在り方だ、と考えるからである。天眼は大日本帝国憲法の「天皇神聖」は第1章第3条までで、あとの内容は「民格確認」、国民の権利保障であると読み解いた。そこでは個人の尊重が憲法の最大眼目となる。「個性が国家といふ団体組織の内質に確認され、其存立の自由を法治的に保障する所以のものが則ち憲法本質である」。そう憲法を解釈する天眼には、閥族が支配する国家主義の時代が、個人尊重の護憲の時代に変わってほしい、との願いがあった。

「政治史の新紀元！」「我は憲法国の人民なりき」。大正政変に際して、天眼がそう高らかに謳い上げたのは、そんな理由からである。

「民主主義」を提唱

では、国家主義に煽られたり、押し流されたりしないためには、どんな政治体制を採用すればよいのか。天眼は、それは民主主義である、と明確に言う。個人を犠牲にする国家主義に対抗するには、個人を尊重する民主主義を確立する必要があると明言したのだ。

天眼が「民主主義」という用語を使って、これを理想的な政治制度と提唱したのは、1914年春に連載したオーストラリア見聞記でのこと。この2年後の1916年、吉野作造が「民本主義」を掲げて一世を風靡した。吉野が「民本」という言葉を使ったのは、「民主」では「天皇主権」と衝突する概念になるので、その衝突を避け、あくまで天皇主権を前提とした上での民主的政治体制を追求するための工夫であった。だが、天眼はこの後も決して「民本主義」という用語を使わず、「民主主義」「デモクラシー」を堂々と掲げて押し通した。その理由を天眼自身は述べていないが、前述のように、天眼の憲法解釈によれば、憲法には「天皇神聖・天皇主権」と「民格正認」が並立的に同居しており、民格正認の部分に依拠すれば天皇主権に配慮する必要はない、と考えたものと思われる。

天眼はオーストラリア見聞記の中で、アメリカ、イギリス、オーストラリアなどアングロサクソンの国で国力強化が進んでいるのは、民主主義という政治体制を採用しているところに根本原因があると主張。国家主義に流されて、これが理解できない日本人は先行きが危ういと警告した。

天眼は「民主主義の魂性はアングロサキソン民族の生命でありて、北米合衆国の建国及び爾後の隆昌は只だ此魂性の実現に過ぎず」と述べ、日本人にはそれが分からないと嘆く。日本人は権力に忠義を尽くすことばかり教え込まれて、強い者にひれ伏す習慣が身に付いてしまっているからだ。「民主主義の此魂性は、忠義主義の日本人には実感され得ない」「殊に閥族から悪感化を被れる近時日本人は、人民自らが勝者崇拝の奴隷道徳に淪《しず》むが故に」理解できないのである。

天眼は、オーストラリアの人々が厳しい自然環境の中で苦闘を強いられながらも、政治においては落ち着いて民主主義や自治の精神を守っていることに感動した。「民主主義の魂性」が「豪州共富国」に根付いているのだ。それに引き換え、日本の政治家はどうだ。日本が「国家主義の中毒」で危うくなりつつあることに気付かず、世界の情勢を見ることもせず、自分は楽をしながら、威勢よく「国格を万能力の如く謂ふ」政治家ばかり跋扈している。そんな政治家に向かって、天眼はこう吐き捨てた。「中正会だ、貴族院だと云ふ国体趣味の耽溺者に豪州人の爪の垢でも煎じて飲ませ度いものである」

民衆勢力の確認

天眼は新聞紙上で民主主義という用語を使い始める前から、現代の目から見て、実質的に「民主主義」「国民主権」と呼んでよい独自の政治理念を確立し、提唱していた。それを読めば、天眼が国家主義になびいたり、屈服したりすることは決してなかったことがよく分かる。彼は早くから一貫して民主主義の信奉者だったのである。

それは日露戦争終結から3年後の1908年、「民衆勢力の確認」と題した論説で発表された。「民衆勢力」が政治の最も大切な主役であることを確認し、常に民衆、すなわち国民の利益を守るための政治を実現して行こうと訴える論説だ。

日露戦争の勝利に驕って、戦後の政治は堕落した。天眼はその原因を、政治家の眼中に国民が全くないからだと指摘する。国民が完全に無視された政治が行われているのだ。「民衆勢力というものの権威＝否、其の実在すらも＝閑却されむとする明治式別天地の天下泰平とは相成りけり」「眼前の堕落的現象は…民衆勢力の無視といふ事を説明して居るのである」

この現状を打破するために、民衆勢力の重要な存在価値を全社会的に確認し、共通認識とすることから始めようと説く。第1に、それは立憲政治を構成する最重要の勢力であるからだ。「民衆勢力の確認を基礎とするに非ずんば。人民参政の機関たる国会も不用であるから。立憲政治は従って不成立なりし筈。また仮令《たとい》、成立しても議会は精神的に死滅するを免れず」。民衆を度外視するようでは「憲法政治は有名無実の憲法政治なり」

第2に、それは世界の大勢でもある。「世界は日に日に進歩しつつあるものにして。如何に日本近時の政界の腐敗堕落を以てすとも、却々《なかなか》、この世界的大傾向より脱列落伍すべくも非ず。官僚党や政友会徒輩の如き人民無視の旧頭脳が今にドエライ痛い目に遭ふ事は因果応報の必然に属して居る」

だが、そうは言っても、「人民無視の旧頭脳」の政治家、官僚が進んで民衆勢力の確認、すなわち国民重視の政治に転換することはないだろう。その時、必要なのは民衆自身が声を上げ、権利を主張できる「反発力」を持つことだ。民衆に反発力がなければ、政治家は目覚めず、結局、国家は衰退する。「政道の淪落に対する民衆の反動力、弾発力が永久に消滅せば。其の国家は遠からず衰亡するものと覚悟せねばならぬ」

また、民衆には政治を監視する責任があると言う。政治に対する「最後の審判官」としての役目である。「政道に対する最後の審判官たる所の民衆勢力といふものの古来、厳然として存在することを解し得ざる者は」、すなわち国家発展の道も分からず、善政と悪政の見分けも付かない者となる。

そして、こうして民衆勢力を政治の主役にしていくことが「民族進歩の根底力を強むる所以の要道」と強調する。天眼が後に、アメリカなどアングロサクソンの国が民主主義を採用して国力を充実させていることを評価するのは、すでに「民衆勢力の確認が民族進歩の根底力を強める」という視点を持っていたからである。

それでも、民衆を無視した政治が続けられたら、どうするか。天眼は、その時は「衆自ら衆を治むるを便として却って治者列の存在の必要を拒否するに至るべく」と民衆の直接行動で政治を変えることもあり得る、と警告する。さらに「民衆は総立ちになりて帝国議会を攻撃し」「帝国議会の人々が院外勢力に圧倒さるるの日無しとは云はれない」と、５年後の大正政変の光景を予言したような言葉も述べている。民衆の反発力に期待する天眼にとって、民衆の政治的行動は歓迎すべきものだった。

このようにして、「民衆勢力」という独自の用語を使いながら、政治に占める国民の意義と使命を体系的に論じた天眼の思想は、まぎれもなく、今で言う民主主義、国民主権の思想の称揚であった。吉野作造が民本主義を提唱したのは１９１６年だから、天眼はそれより８年前から民主政治を熱心に提唱していた。

ただ、政治家、官僚の堕落は甚だしく天眼の民主政治論に耳を傾ける者はいなかった。それだけに天眼の怒りと闘争心も高まった。「主義に於いて、精神に於いて、民衆勢力の確認を了せざる者は以て政道治術を議するに足らざるなり。予が現在の官僚式政府と在来の大政党を併せ敵として辞せざる所以は全く此処に在り」。民主政治実現のために、政界すべてを敵に回しても闘うとの宣言だ。天眼は明治後期から、徹頭徹尾、筋金入りの民主主義の信奉者であった。

労働者の人格尊重を喜ぶ　～労働運動の高揚を歓迎

大正デモクラシーの高揚を受けて労働運動も巻き起こった。個人の人格尊重を重視する天眼はこれを、労働者の人格が尊重される時代が来たという視点から歓迎した。天眼から見れば、労働者の人権抑圧も、国家が国民を抑圧し続けてきた閥族政治の歪みに原因があった。その一角が崩れ始めたことを新時代の到来と受け止めた。

1921年夏、神戸の川崎・三菱両造船所で大争議が起きた。そのとき、労働者の要求項目に「職工の人格を横断的に認めよ」とあったことに注目した天眼は、これを「平職工も組長も技師も平面横列の相互人格的位置たるやう革変せよ曰ふ注文にして自治の本義を主張するもの」ととらえ、「近来の進歩」と高く評価した。そのころは、親方が職工を引き連れて仕事場を回るという就業形態が広く見られ、労働者内部にも上下関係が複雑に存在して、「平職工」など下層に位置付けられている労働者は声を上げることが難しかった。それだけに、「職工の人格を横断的に認めよ」という要求は画期的なものに見え、「人格的均等といふ覚奮は自治の生命力だ」と称賛した。また労働者の大規模なデモ行進が整然と行われたことも、労働者の高い自覚の表れと評価、「日本素有の王道的デモクラシイ精神が労働界に渙発した」と絶賛した。日本の労働者がようやく組織的に声を上げ、どこからも付け入る隙のない見事な示威運動を展開したのだ。画期的である。

そして、あらためて社会を見渡せば、労働者が抱える苦悩と同じ苦悩を、多くの国民がさまざまな場で抱えて生きていることが分かる。なぜなら、社会のあらゆる場に上下関係が持ち込まれ、優越的立場にある人間が自分より下位の人間の人格を軽視する風潮、人を人として扱わない風潮が蔓延しているからだ。これぞ日本の病弊である。「現時日本では、何処の隅にも縦断的尊卑に由る家父長の特権過大と、横断的人格の対立の思想が衝突して」いる。「其と同じき意味合ひの衝突が『会社幹部の権威独占対職工側の発言権皆無の不平』に打って出て、扨こそ横断的人格確認の要求が勃発する次第にて」。人格対等を求めるのは時勢だから、「之は時運必然の革面風潮」である。

本来、その歪みの是正に取り組むのは社会の上級に位置する人間たちの責任であるはずで、その自覚が持てない「頑旧勢力」は追放されるべきだ。「総則的に立憲と自治と王道的デモクラシイの純日本精神に懸けて、頑旧勢力を洗濯し遣るべきだ」

そしてこう強調する。このような人格無視の歪んだ社会を作り出したのは、明治末期以来、天皇を神格化して国家主義を鼓吹しつつ、国民を奴隷のように服従させてきた閥族政治である。そんな政治を打破して人格尊重の社会に改めるべきだ。「国権過大を矯正する事なしに、日本の政治も経済も社会も何の活路あらむや」。今がその機会だ。「明治末期以来、神を人造して思想を脅かす国民奴隷化の政教仕組みを匡正して、人格主義の本道に還り、国民自覚の上に国家の活力を築き上げねばならぬ」

男女合わせて人間なり　～社会に根付く女性差別を糾弾

天眼は進歩的な女性観を持っていた。大正時代の女性は、男社会が勝手に女性はこうあるべきだと決めつけた固定観念に縛られて生きていた。女性の自由は制限され、人格は軽視された。その歪んだ固定観念を天眼はきっぱりと否定し、女性に自由に前向きに生きるよう呼び掛けた。

女性を縛る固定観念の最たるものが、外面的な美を気に掛ける風潮だ。天眼はこうした観念に囚われず、自信を持って内面の美を追求するよう訴えた。「他人から見られて美と云ふだけで本質上には用無き見越しの松的な美に止まるは、思想の低級に属するもので」「外容の美と一緒に内観自明の自信的、自任的の白を存して貰ひ度《た》い」。女性が自分を「見越しの松」に貶める必要はないのだ。「見越しの松は人格的自得の美ではない。あんなものは属性の虚誇《きょこ》だ」。男の視線を気に掛けて「属性の虚誇」に囚われる必要などない、ひたすら内面を磨き、社会に役立てることが必要なのだと天眼は言う。

女性を縛るもう一つの固定観念が、「子どもを産むことが女性の最大の役割」という決め付けである。家父長制の中で一方的に押し付けられる価値観だ。天眼は、家庭の中で女性の地位が不当に貶められていることを問題視し、家父長制の社会を「男子偏権、女房奴隷の日本社会」と呼んで批判、改革を求めていた。だから、女性に子どもを産む役割を過度に押し付ける風潮を、家父長制に歪められた価値観と見抜いていた。そこで、女性に子どもを産むという役割しか与えない男社会の価値観の方が間違っていると言い切った。女性もそれに甘んじてはならないのである。女性にはほかにも多くの役割があるはずだ。「婦女にして現状の如く産児器械たるに甘んじ、社会に於ける、人心に於ける其本然の貢献を閑却する限りは、世道決して振はじ」。これでは社会は進歩しないのだ。

大正時代の女性は当初、政治参加の道が完全に閉ざされていた。婦人参政権がないどころか、政談集会への参加すら治安警察法第５条によって禁止されていた。平塚らいてう、市川房枝らが率いる新婦人協会が先頭に立って同法改正の運動に取り組み、１９２２（大正11）年、ようやく改正が実現、部分的ながら、女性が政治的自由を手にした。

同法改正が困難を極めていた段階で、天眼は改正を求めてこう書いた。「婦女にして目覚めずんば、乱世の予防はまあ難しいだらう。少なくとも政社法（注・治安警察法の前身）を改正させ、婦人の政談傍聴や演説を自由ならしむる位の事は促進せねばなるまい」

現実の社会は争いが絶えず、利己主義、物欲、非道が罷り通って暴走を続ける。この暴走を抑え、人間らしい社会に軌道修正していくには女性の力が不可欠だ。それが、天眼が女性の政治参加、社会進出を切望する理由である。「婦人が目覚めず、男子がしたい放題たりし故に、暴利風尚や物質的狂炎、之に継ぐ成金潰れの財界難を惹起すやう此国が自暴自棄してゐるのである」「男子が卑怯でも詐術でも構はず、金銭や位置さへ取れば良いと心得て。婦女に対しても恥ずかしい云ふ気分の消滅しては、此世は潰れより外にない」。男社会が暴走し始めたとき、それを正す力があるのが、男を睨む女性の真っすぐな視線である。「其処《そこ》に婦女が権式を保ちて、男子らしからぬ男子は愛して遣らぬ曰ふ制裁が要るのである」。そしてきっぱりと言う。「婦女は男子の愛を買ふ稼業には非ず、愛は男女の出し合ひ講だ」

大正時代後半になっても、なお高等教育における男女共学の是非が議論されていた。なぜいまだに男女共学が議論になるのか。それは政府当局者の意識に女性差別があるからだ。「文部省や高等師範の当局者が今日に及びて尚、男女共学の利害など議し居るのは、人間とは何ぞや、女とは何ぞの根本観念を誤る無学不道に惟由るもので。男女合はせて人間なりと曰ふ平明の理に迷ふ低脳さ加減、日本ならでは、世界何《いず》れの處にも発見し得ざる武狂心理の事態である」

男女ともに人間である。人間と人間の間に差別があってはならない。だから男女共学は当然である。その自明の理を解さない方が間違っている。「人は万物の霊なりといふ概念には男女を隔別せず。人は人間である」「女性を卑下する事の成り立つ理あらじ」。男と女がいて人間が存在する。それを考えれば、答えは明解だ。「『人間は男女の共成』であると考へたなら、偏狭なる守旧教育家が女子を社会の或部分に隔離するの不条理は自明するであろう」

日本の教育はなぜ、歪んでいるか。それは教育の目的そのものが根本的に歪められているからだ。本来、国民一人ひとりの人格形成が目的であるはずなのに、単に個人を国家のための兵卒に仕立て上げることが目的とされてしまっている。そこでは男子のみが教育の対象となり、女子は無視される。女性差別の根本原因はここにある。「日本の政教は何かと革面されねばならぬ。其理由は枚挙に暇あらずだが、如何《いか》に革面するやの理想を謂はば大要、国家の権閥をして人格の道に還らしむる曰ふ事が絶頂の急務である」。「人格の道」から外れた「国家の権閥」とは何を指すのか。「権閥とは一に曰く、軍閥。二に曰く、司法の閥検。『人格』と云ふ事を意識の外に置ひて、専ら『卒』を造る教育では既《も》う国を支へ難い。殊に倫理観念に於て男子を目的とするに偏し、女子の本領を閑却する如きは、封建の世の武断専制の余習である」

「人格の道」から外れた国家の歪みは、国家の女性や教育に対する態度に現れる。国家が個人の人格を無視し始めたら、国家の根幹が歪み始めている。だから、国家の女性や教育に対する態度を監視しておき、外れたと分かれば、すぐに国民の力で「人格の道に還らしむる」必要がある。天眼の警鐘は現代にも重く響く。

第5章　神国思想排し、真のアジア連帯へ

侵略主義に反対〜国家主義者の「陋挙」

国家主義の延長上に侵略主義がある。国家主義とは、自分が属する国家に最高の価値があると考える自国至上主義だから、自然と他国を見下すようになり、他国の主権も、そこに暮らす国民の権利も軽視、または無視するようになる。侵略主義は国家主義が必然的に生み出す病である。言うまでもなく、その際に他国民と同様、自国民の命や権利までも平然と犠牲にするのが国家主義の特徴である。

天眼は第一次世界大戦直前、国家主義と侵略主義を関連付けて次のように述べている。「吾等は閥式武士道の徒が学閥と連なり、国家至上主義を逞しくして『個人』を犠牲に供し、『民格』を滅絶するをば桀紂主義として排斥し、侵略主義者が支那日本の同種同文を利用するをば誣妄若しくは不自覚の陋挙として顰蹙しつつあり」。

天眼は、個人や民格（個人の権利）を犠牲にする国家主義を、中国古代史上の非道の暴政になぞらえて断罪し、都合のよい理屈を付けて侵略に手を染める日本の政治家や軍人の愚行を「不自覚の陋挙」として

唾棄した。そして、よく見れば、国家主義を鼓吹する者たちと、侵略を煽る者たちは同一である。政府、軍閥、官僚閥などの閥族だ。だから、閥族政治を終りにしない限り、恥ずべき政治が続き、本来あるべき高潔な日本人の姿を世界に示すことはできないのである。「閥亡びて初めて日本人の本面目を呈すべし」

逆上せる大日本主義　～背景貫く「満蒙侵略」の意志

侵略主義に反対する天眼の論陣は、大正政変の渦中で本格化した。辛亥革命でアジア初の共和国となる中華民国が誕生した後の１９１２年12月、陸軍の２個師団増設要求を第２次西園寺公望内閣が拒否したことを不満として、上原勇作陸軍大臣が辞任。陸軍が後任の大臣を出さなかったため、西園寺内閣は閣員を欠くことになり、総辞職に追い込まれた。代わって第３次桂太郎内閣が発足すると、国民は閥族政治の復活と見て猛反発。「閥族打破、憲政擁護」を掲げて桂内閣打倒を目指す大規模な民衆運動が沸き起こった。大正政変の始まりだ。翌13年2月、桂内閣が総辞職して運動は収束するが、天眼は背景に隠された軍部の「満蒙侵略」の意志に注目、国家を侵略主義に引きずり込む時代の暗流は今後さらに広がると見て警戒を強めた。

陸軍の２個師団増設の目的は、朝鮮に駐屯させて中華民国を牽制するなど、もっぱら国防の任に当たらせるためと説明され、その説明自体に疑問を抱く声は出なかった。だが天眼は陸軍の意図は全く違うと指摘した。日本が満蒙（満州、蒙古）を侵略するための予備行為と見なしたのだ。「師団増設は国防の意義を厳正に使用しての尋常平和的軍備ならば吾人も賛否に於いて斟酌の余地あれども。実際は決して我が領土の危殆を予防する精神に出るものに非ず。武閥の本志は只、満蒙処分に在り。其の決行に際するロシアの故障を予想し、実力的に圧迫する当面の必要として増師を極力、主張するのである。有り体に云へば、満蒙侵略の換へ言葉である」。そう言って、日本国民を再び対露戦争に巻き込みかねない危険な増師計画に明確に反対した。「ロシアと再戦を賭して迄、之を急速決行する意図に至りては、吾人、極力、反対せざる能はず」

軍に「国防のため」と言われれば、ほとんどの政治家は「財政の順序さへ就かば増師必ずしも不可ならず」などと暢気に答えている。この現実を洞察する努力を怠った無思慮で幼稚な態度を、天眼は「気の毒にも稚直なる哉」と嘆いた。よく観察すれば、政府、軍部を巻き込んだ「満蒙処分の急速決行」の動きが活発になっている。日露協約進展で満蒙侵略の時機到来と判断したからだ。対立関係にあるはずの山県有朋と桂太郎も、この一点では途端に協力し、財政難を無視してまで増師のための増税を行おうと狙っている。なぜ、そこまでして、彼らは無謀で無節操な計画に取りつかれているのか。その理由を天眼は、軍閥、官僚閥に一貫して流れる思想「大日本主義」があるからだと解説する。対外膨張を自己目的化して大陸建国を夢見る「逆上せる大日本主義」である。「山県系の武闘と桂公の調和する因縁はここだ。同気相求めて曰く、大日本主義！」。その熱病に罹れば、国民に増税を押し付けることも平気である。「逆上せる大日本主義を以てしては。財政整理から、いみり出す金など焼け石に水だ。行き掛りを実現して後は勢い増税だ」

大正政変の背後に「逆上せる大日本主義」が躍っているとの天眼の指摘は事実であったことが、その後の歴史の展開の中で判明する。

対華二十一ヵ条要求を批判　～「過大の欲望」抱いて「内政干渉」

日本がその後のアジア侵略に道を開くことになる、取り返しのつかない一歩を踏み出した時、天眼はこれを厳しく批判、いつか重大なしっぺ返しが来て、日本はアジアで立ち往生することになろうと警告した。第一次世界大戦に日本が参戦した翌年の１９１5年1月、日本の大隈重信内閣（加藤高明外相）は中国の袁世凱政府に対し、二十一ヵ条要求を突き付けた。要求は、山東半島のドイツ権益継承など5号21カ条から成り、日本が中国で広範囲に大規模な利権獲得を目論む内容だった。うち第5号は「中国政府の内政、財政、軍事の顧問に日本人を採用」という植民地化要求に等しい内容だった。中国政府は要求内容を列強に暴露し、国際問題に発展した。アメリカは日本の侵略的意思の表れと疑い、日本政府に質問状を発するなど態度を硬化させた。この結果、日本は第5号を削除した上で5月7日、最後通牒を発して受諾を迫り、中国政府も同9日、やむなく受諾した。日本の露骨な侵略的要求は中国民衆の反発を招き、抗議行動が燃え広がった。要求受諾の「5月9日」は「国恥記念日」とされ、中国ナショナリズムを呼び起こす契機となった。

天眼は当初、詳しい内容が分からなかったこともあり、特に問題視しなかった。ところが5月、論調を一転させる。アメリカが日本に強い警戒感を示したのを見て事の重大性を悟り、日本が最後通牒まで発して受諾を迫る常軌を逸した強圧外交に憤りを覚えたからだ。まず天眼は、この要求は、日本が中国の「後見人」を名乗って主権を奪い、中国に踏み込んで「我物顔」に振る舞おうとする、あまりに自分勝手な内容と批判する。「対支交渉二十一箇条の骨子五箇条は、日本が支那の総後見人たるべく申し込むもので。

畢竟するに是れ揚子江を我物顔として解決を試みる速功主義の覆轍を踏んだものだ」。さらに特に問題となった第5号を「支那を保護国扱ひする嫌ひ有る所謂《いわゆる》第五条」と記した。「後見人」「我物顔」「保護国」などの言葉を使って、天眼は日本の要求が中国を植民地扱いするものであることを示していく。戦後の論説では「支那を隷属待遇に仕做すべく、支那内政干渉の二十一ヵ条を要求しける」とも断じている。

さらに、中国での利権獲得に逸る大隈内閣の目に世界が入らなくなっていることも深刻な問題だ。天眼は、アメリカやイギリスの強硬姿勢を安易に考えてはならないとして、「物々しき北米合衆国の警告的忠言は「実に容易ならざる現在将来の凶音である」と警戒を促した。「対支那交渉は対英米折衝と知れ。北京風雲は華盛頓《ワシントン》の蒼穹《そうきゅう》に読め」「北米合衆国の得心を先務とせよ」。弱い立場にある中国だけを見て居丈高に振る舞うのは間違いである。米英の存在を忘れていては、いずれ日本の対中政策は行き詰まる、との警告だった。そして、日本はこれまでアメリカと協調してきたのに「過大の欲望を露骨にしてメリケンを後顧せしめ」、「終《つい》に対日質問といふものをメリケン正面から突き出すに至りた」。二十一ヵ条要求は日本の「過大の欲望」を露骨に示したもので、列強の警戒心を高め、日本を孤立化させた。これはアジアを不幸にする。アジアに災厄をもたらす元凶となった大隈内閣は、その重大な責任を負わねばならない。「大隈伯の出現は、亜細亜をして亜細亜流なる武断専制の私悪に殉ぜしむる『禍箱《わざわい》』なのである」

だが、他国に「過大の欲望」を抱いて土足で踏みこみ、「後見人」を名乗って「内政干渉」し、「保護国」扱いして「隷属待遇」に貶めた上で、「我物顔」で振る舞おうなどという自分勝手が通用するはずがない。天眼は冷徹に見通しを語る。「揚子江は別段之を冷笑する程にすら気に懸けざった。為《す》る通りにさせて置いて、最後に最後通牒の白紙往生！　といふ喜劇を演じさせた」「日本の対支案件が根から見込み違ひを露呈したのだ。揚子江が物が過大なのだ」。「揚子江といふものが或る一国が勢力を独占するには過大にして、其れを企つる者は皮肉の魔神から祟られる」。

「過大の欲望」を抱いて踏み込んだ中国の広大な大地で、その後、遠からずして、日本国が丸ごと立ち往生することになる。

二十一ヵ条要求について、当時の日本の新聞の論調は、鈴木天眼と正反対の内容だった。ほとんどすべての新聞が大隈内閣全面支持の主張を展開した。それは、強硬姿勢を取る日本政府と一体化して中国をひたすら罵倒するだけの、新聞の言説とは思えない内容であったが、それが当時のジャーナリズムの現実だった。学者も同じだった。大正デモクラシーの旗手とされる吉野作造さえも二十一ヵ条要求を全面的に支持した。それが当時の日本の言論界の現実だった。

筆者の知る限りでは、当時、二十一ヵ条要求を批判する論陣を張ったジャーナリストは東洋経済新報の石橋湛山と、東洋日の出新聞の鈴木天眼の二人だけである。

問責すべきは大隈、加藤　～禍根残す二十一ヵ条要求

天眼の二十一ヵ条要求批判は戦後も止まらない。戦争が終わってアジアを見渡せば、英米中３国の対日包囲網ができており、中国民衆の反日運動が燃え盛っている。日本の孤立化が進む。この日本の苦境を作

り出した最大の原因は、大隈首相と加藤外相が中国に対華二十一ヵ条要求を突き付けたことにある。戦後の総括は、何よりも大隈、加藤の責任追及から始めなければならない、と天眼は言う。「若し、今に至りて問責するなら、第一に大隈加藤が取り急いで膠州湾を攻略しつつ、前以て還付証文を入れながら、却《かえ》って欧州戦局がドイツ連勝の勢い凄まじく英米が支那に手を控へる隙に支那を隷属待遇に仕做すべく、国権党や浪人の軍国主義に偏倚して、乃ち支那内政干渉の二十一ヵ条を要求しける大正四年五月七日の処置を問責の第一義に置かねばならぬ事に相成る」

大隈首相と加藤外相が世界大戦のどさくさに紛れて、一気に中国を「隷属待遇」に落としてしまおうと、「内政干渉」の二十一ヵ条を要求した。しかも政府が偏狭な軍国主義者や国権派と呼ばれる政治家、国家主義の政治運動家たちと気脈を通じた上での愚行である。それは日本の前途を危うくする。なぜか。「何となれば、該処置が支那国民の反抗心を本能的挑発したる動機である」からだ。「両氏の軍国政策の因果にて支那の攻勢的排日が此通りに及びてけりをば対照に取り申さむに、問責されべき第一人者は大隈加藤に非ずして誰ぞや」。中国国民の反抗心を本格的に引き起こしてしまった責任は重大だ。

前途は楽観できない。二十一ヵ条要求を最後通牒まで発して、武力の威嚇で中国政府に受諾させた暴挙は、中国の人々の心に深い傷を与え、日中の将来に禍根を残した、と天眼は警告する。最後通牒を発した1915年5月7日という日付を中国の人々は忘れまい。「(中国の人々が)公公然として日本を敵人視し、日支貿易を閉鎖せむと脅かし、或いは将に挑戦を開始せむと欲する其本因が、一に懸かって満四年前なる大正四年五月七日の大隈加藤対支外交に在るでないか」。彼らはこの日付を胸に刻むことで「永久敵愾心を銘記すといふのである」

このような事態を招いてしまったら、日中関係だけでなくアジア全体に大混乱を引き起こすことになろう。「当面の重大現象として此五月七日が亜細亜治乱の瑟《しつ》たり、簫《しょう》たり」。「簫瑟」は秋風が寂しく吹くこと。天眼には、大隈重信が無思慮に開けた「禍箱《わざわい》」がこの先、「亜細亜治乱」を招くことになる、という暗い未来が見えていたのだろう。

五・四運動に共感示す　～吾等、諸君の心事を諒とせり

国家主義を否定し、個人の人格を尊重する価値観を大切にする。そのような立場に立てば、たとえ侵略する側の国民であっても、侵略される側の人々の怒りや悲しみが自分の事のように理解できるはずだ。なぜなら、侵略する側の国にも、侵略される側の国にも、同じ人間がいるからだ。他者の痛みを理解できることが、人間らしくあることの必須の条件である。その大事なことが忘れられつつある時代に鈴木天眼は生きていた。だからなおさら、侵略する側の国・日本の政府と国民の無頓着、傲慢に怒りを募らせ、厳しい批判の矛先を向けた。

第一次世界大戦終結翌年の1919年5月4日、中国民衆の大規模な反日抗議行動が巻き起こった。4年前の5月、中国は日本の対華二十一ヵ条要求を武力の威嚇の下に受諾させられた。この屈辱を胸に刻み、日本の侵略に立ち向かおうとする運動、五・四運動の始まりである。

このとき天眼は「吾等、諸君の心事を諒とせり」と声を上げた。彼らが怒るのは当然だ。「既に新教育

を受けて世界の活勢を悟り、民主自彊の精神以て日本の軍閥主義に敵愾する程の支那数千の青年学生」たちのことである。国を思う若者の気持ちは国籍は違えどよく分かる。そして天眼は辛亥革命以降ずっと、中国の人々に対して純粋で限りない同情と敬意を持ち続けていたことを切々と述べる。「予は日支共存を精神的信奉す。利害見地に偏する日本盟主説や、皮相的なる同文同種説に非ずして道念上よりして之を持す。故に予は日本人とて日本に私する偽りの立言を以て支那に対せしこと未だ曾て之有らず。革命の初発よりして支那志士及び賢良に対する同情と敬意に於いて終始一貫して渝ること莫し」

実際、五・四運動以前からも、天眼は中国の人々の心情に寄り添う論説を書いていた。大戦中の1917年、石井・ランシング協定締結に際して、訪米した石井菊次郎大使が、日本が東洋の盟主となる意思を示す「東洋モンロー主義」を唱えたため、東京の中国人留学生が日本政府への抗議行動を行ったことがあった。日本の新聞は皆、石井発言を肯定し、留学生には冷淡だった。だが、東洋日の出新聞は敢然と留学生を擁護する論説を掲げ、その心情を代弁しながら、彼らが怒る理由を知るべきと主張した。「支那志士は日本が支那を劣等国視し、或いは我物顔し、之に対立的敬意を欠くと云ふ点を心底より憤るのである。南方革命党が日本と呼吸の合はせざるはこの点に職由す」

中国を「劣等国視」し、「我物顔」で振る舞い、敬意を欠いた態度を取る。だから日本は決して中国の人々の信頼を得ることができない。多くの日本人と親しかった孫文の革命党さえ、日本に不信感を募らせているではないか。「日本は支那民族の心を攬《と》る所以を解せず。故に欧人の口吻を学び、東洋モンロー主義など囀《さえず》りて何の気にも留めず。石井大使のみか一般新聞が其調子である。対支外交の根本思想に病患有るは一に此無明煩悩なり」

朝鮮神社創建を批判　～「日鮮同祖」の歴史を「人造」

天眼は、１９１９年3月1日に朝鮮で起きた三・一独立運動にも理解を示し、「支那学生のみならず、朝鮮学生と雖も示威行列や米騒動などの不穏な型だけは早く覚へて遣ってみる事に成り行くのである」と婉曲な表現ではあるが、それが時代の趨勢であると述べている。

また三・一独立運動勃発の2週間後には、日本政府が進める朝鮮での神社創建計画を批判した。植民地統治の重要な国策と位置付けられた計画で、京城神社、平壌神社、光州神社など朝鮮全土に続々と神社が登場した。政府は神社創建に際して「日鮮同祖」（日本人と朝鮮人は祖先が同じ）や「内鮮同胞」を謳い、朝鮮人の神社参拝の励行によって精神面での内鮮一体化を推進しようとしてきた。天眼はこの計画をこう突き放した。「政界の軽薄者流、盆太郎東京人が、朝鮮に素戔嗚尊《スサノオノミコト》の神社を建立し、日鮮同祖の感感服服を人造せむと発明顔に建議する近状たるに於いて、もう匙を投げる」。「日鮮同祖」のスローガンは歴史の「人造」、即ちフィクションであり、そのフィクションを本物らしく見せるために朝鮮での神社創建が行われている、と天眼は言っているのである。朝鮮の人々が決死の覚悟で独立運動に立ち上がっている時に、東京で安穏と暮らす軽薄な政治家たちは、そんなことしか考えないのか。天眼はそう驚き、呆れて「もう匙を投げる」と怒ったのである。

「東洋の盟主」を自称するな　～「神の国」思想ではアジアの共感得られず

自分の国を「神の国である」と言った途端に、周囲の他の国は「神の国ではない国」となり、「自分の国より劣った国」と見なすことになるのは論理的必然である。日本を「神国」と自任してアジア諸国より隔絶した高みにある国と考えるから、日本は「東洋の盟主」「アジアの盟主」などという思い上がった言葉が口を突いて出るのである。そう言うのは勝手だが、それをアジア諸国が承服するだろうか、というのが天眼の問いである。

「日本は特別の御国体と言うのみで、如何《いかん》ぞ広く亜細亜人民を首肯させ得むや」。もちろん、首肯させることなど不可能である。逆に反発を生み、連帯の手掛かりが全て吹き飛ぶ。

ではなぜ、日本人はすぐに「盟主」を名乗りたがる独善的思考に陥りやすいのか。天眼は、閥族政府が長い間、「忠君愛国」の名の下に続けてきた命令絶対主義、服従主義の教育が染み付いて、すべての物事を主従関係を軸に考える習性が身に付いてしまったからだと言う。自分が下位の場合は、ひたすら服従して卑屈に振る舞い、たまに上位に立てば俄然、威張り散らすという習性である。

「日本人は、大将と家来の関係を国政にも国際にも応用し度《た》がりて、折角、日支提携の好《よ》き潮時が来たにも拘わらず、深き注意を払わず、『日本は東洋の盟主である』と直ぐに主従関係染みた主の字を使用する。之が中華人士から嫌はれる本因じゃ」、「亜細亜の盟主と自称する主従意義は余計な文句じゃ」

そのような態度を取り続けた結果、日本は孤立化し、外交は八方塞がりの状態に陥っている。「日本人の八方塞がりは、人を人とせざる閥道の自業自得であると、予切論する所以、一に是に在り」

天皇神格化は国際関係にも重大な影響を及ぼし、日本孤立化の原因となった。だが、天眼の警告も空しく、日本はこの後、八紘一宇、大東亜共栄圏など「日本は神の国」「日本は特別に優れた国」という類の主張を際限なく繰り返して孤立し、自滅することになる。

日支兄弟ではなく、日支弟兄で　～互恵の精神で友好を

対華二十一ヵ条要求を契機に反日のナショナリズム運動が高揚し、悪化する一方の日中関係。欧米列強を交えたアジアの国際政治の舞台でも日本は孤立化を深めている。この苦境を打開するためには、日本の外交姿勢を根本から改めて、日中が信頼に基づく連携を強化する必要がある。まずは日本の姿勢が問われる。

国と国との関係に主従関係を持ち込むべきではない、日本は「東洋の盟主」を自称するのを止めるべきだ。そう強調する天眼が考え出したのが、「日支弟兄《ていけい》」と日本自ら唱える姿勢を示すことである。つい、「兄弟《けいてい》」と言いそうなところを、あえて「弟兄」と言って、謙譲の姿勢を示すのである。「日支兄弟では、何れが兄でもいけない。日支弟兄と言ひ直して初めて神言の精威が備はるであろう」。互いに「自分の方が弟分です」と言って相手に敬意を示せば、自ずと信頼と友情が生まれる。互恵の関係だ。日本人にはその配慮が欠けている。いや、ことさらに相手より優位に立とうとする。だから互恵の関係が築けない。愚かな外交失敗が続いている。

だが現実の日本は、天眼のこの建設的提案を一切、聞き入れない方向へ動いている。日本は西欧列強の

帝国主義のまねをして、中国で利権獲得に血道を上げている。中国の人々が憤激するのも無理はない。日本人であっても、ここまで来れば、中国人に同情せざるを得ない。「町人主義の強欲外交に日本が甘んじ、畢竟、舊来《きゅうらい》の在支洋人の先棒となり、高利貸し的なる利権壟断の方途に没頭する限り、日支提携などはウソッ講だ」。

この日本人の振る舞いを、中国人の身になって考えてみるべきだ。「人を人とせざる閥道に対しては。吾等日本人としてさへ、忍辱の極に於て僅かに爆発を差し控えてゐるんだもの、隣国人として憤慨するに何の不思議あらむや」

日本は中国を支援する姿勢を持つべきであって、中国を利用しようと考えてはならない。「誠実に支那の難局に同情するならば、支那の中枢勢力を大略の處《ところ》に認めて、有力なる政権の維持を支持するやう、正金千万円でも無抵当で融通を与へ、端午節句の越せない瀬戸を越させてみるが宜《よ》い。鵜飼の如くに咽喉輪を付けておいて借款食《は》ませるのは罪だ」。列強の中国に対する借款政策は、中国人を鵜飼の鵜のように見做す非道の政策だ。日本はまねをしてはならない。「在支洋人の先棒」になってはならないのだ。

国家主義団体の暴力に怒る

国家主義の下、政府や軍部が強硬な対外政策を進めようとする場合、国民にその政策を支持させるために、世論を強硬路線に誘導しておく必要がある。そうした場面で常に登場して世論を煽り、対外強硬路線一色に染め上げていく役割を担ったのが、壮士、国士を自称する民間の国家主義団体だ。彼らの行動は暴力の威迫を伴ったから、政府や軍部に代わって社会から異論を排除する思想統制の役割も担っていた。鈴木天眼は、このような民間団体の扇動、暴力に依拠しながら国の重要な外交政策が進められていく状況を危惧した。彼らの手法を許せば、国民から冷静な現実認識、理性的な議論の機会が奪われるからだ。それこそ、国の将来を危うくする。天眼は彼らを「軍閥の手先」と呼んで名指しで批判した。

天眼に名指しで批判されたのは玄洋社の頭山満、黒龍会の内田良平である。いわゆるアジア主義の活動家だ。天眼自身も辛亥革命を応援し、孫文と交わるなど、アジア主義的思想を持っていたから、当初は頭山や内田と親交があった。だが、アジア主義という掲げる理念は同じでも、彼らの実際の行動を見ていると、それは天眼の考えるアジア主義とは似ても似つかぬ、むしろ正反対と言うべき行動であることに気付く。そこから天眼の厳しい頭山、内田批判が始まる。

天眼が、いわゆるアジア主義者に対して疑問を深める決定的な出来事があった。外務省政務局長の阿部守太郎暗殺事件だ。辛亥革命後の１９１３年、中華民国政府を掌握した袁世凱が独裁色を強めたため、革命の立役者、孫文が第2革命を宣言して反抗の狼煙を上げたが、政府軍に圧倒され、革命軍は壊滅、孫文は日本に亡命した。この過程で現地の日本人が中国政府軍に殺害される事件が起きたことから、日本の世論は激高。頭山、内田らが先頭に立って、中国への出兵を求める大衆運動を展開した。このとき外務省にあって冷静に出兵論を抑え、外交による解決を主張したのが政務局長、阿部守太郎だった。だが、この理性的な態度が出兵論者の憎しみを買い、１９１３年9月5日、阿部は帰宅したところを、18歳と21歳の若者二人に刺殺された。二人の背後には頭山と内田がいた。18歳の少年は事件の背後関係を口外する恐れがあるとして、中国の地図を敷いた上で割腹自殺を命じられた。21歳は大陸に逃亡させた。内田らは少年の自殺を「命を捨てて国を諌めた」と美化して政府批判の運動に利用したため、対中強硬策を求める世論はさらに高揚した。

この非道な暴力に天眼は怒った。事件を「怖るべき魔風」が「東京を蔽《おお》ふ」と報じた。国の重要な外交政策を、暴力の威嚇で一方的に変更させようとする犯行を「魔風」と呼んで糾弾したのだ。もともと天眼は、列強との関係に配慮しながら冷静に外交を進めようとする阿部を「理識厳格」と高く評価してきた。それが「理識心算ゼロ」の「サアベル外交論者」に疎まれ、殺害されたのだ。「終《つい》に彼は出兵絶対本願者流＝理識心算のゼロにして只、サアベルに依りて国威する盲勇者流＝が目の上の瘤と忌まれ、同時に『時代愚』の犠牲たるべく運命づけられた」

仮に日本が出兵すれば、直ちに列強の介入を誘い、中国分割という最悪の結果を招くことは火を見るよりも明らかだ。「軽々しく出兵を断行して日本自らが支那分割の危機を速《はや》めむには、もう取り返しはつかない。此は絶対問題だ。絶対とは経済の死活といふ事のいやおう無しを謂ふ」。だから、外交解決を図る以外に道はないのだ。「外務省廃止されざる限りは先ず外交談判を以て支那時局を収拾する事の至当なる所以を我国民の権威に懸けて主張せずんば」国は危うい。

そこで天眼は、このような暴力を見逃し、あるいは暴力を賛美し、彼らに容易に扇動されてしまう国民性に苦言を呈した。不当な暴力がまかり通り、それどころか、彼らの暴力を使った威嚇と扇動によって世論が容易に沸騰して操られるような状況は危険である。これは「時代愚」と呼ぶべき状況だ。国民はその自覚と認識を持つべきだ、国民にはその責任がある、と天眼は訴えた。

出兵が戦乱を招いて「軍国的政治が氾濫」すればどうなるか。「憲法などは事実上に於いて停止に近くなり、世は閥族の世となりて、もう乱だ！　一切が屠牛式だ＝無外交＝無理識＝一切がアタマ要らずの腕力世界だ…と斯ふ杞憂する事の当否をば、吾人は分別有り、教育有る純正なる我が国民に言《こと》問ひ度《た》い」。

国家主義者の言動の裏表をしっかり観察することも必要だ。彼らは日本人殺害事件に憤慨してはいるものの、決して事態を収拾しようとはしない。それどころか、どこまでも混乱を拡大させ、出兵に導こうとしている。それもそのはず、彼らの本当の目的は当初から「満蒙処分」のための「出兵催促」にあり、その「侵略的本志」を覆い隠すために日本人殺害事件を利用しているに過ぎないのだ、と天眼は言い切った。

そして満蒙侵略、中国出兵は、かねてよりの陸軍の「本願」であるから、頭山、内田は陸軍の意向を受けて動く「軍閥の手先」に過ぎないのである。それが今回の出来事で明白になった。「吾人が一年前に図星を指しける通り、本性を暴露し来たりたのである」。そこで国民に注意を喚起した。「ここを承知の上にて国民は武閥の主張に対する賛否を決せざるべからず」

罪深い大新聞の煽動

国家主義団体は扇動と暴力で世論を強硬論へ誘導し、政府と軍部の強圧的な外交政策を後押しした。国威、国権を掲げて煽動すれば、世論は容易に沸騰した。国民の精神から理性はいとも簡単にはぎ取られ、国家主義者の意のままに操られた。愚かなことである。だが、その愚を引き寄せた責任は、単に自称壮士、国士の国家主義団体の行動だけにあるのではない。彼らの煽動が可能になるには、背景にその素地をつくるための、さらに大掛かりな煽動があった。大新聞の煽動である。天眼はその責任の重大さと罪深さを糾弾し続けた。

外務省政務局長・阿部守太郎の暗殺事件が起きる前に、すでに日本外交弱腰批判、阿部政務局長糾弾の記事が大新聞にあふれていた。国家主義団体ならずとも、一般読者は連日の記事を読むうちに、政府の弱腰への憤激と、中国政府軍への復讐心を漲らせるようになっていた。冷静に事実を伝え、読者に考える材料を提供するという新聞の役割は完全に忘れ去られていた。

ある新聞の社説は中国出兵を強硬に主張した上で、日本政府が思い通りに動かないので「我輩甚だ憂慮に堪へず」と結んだ。天眼はこの社説を痛烈に批判した。「論の本旨は出兵催促！　武断外交！　他に一物無し」。「只、出兵の時拵＝つづいて満蒙侵略＝のチャンスを何故活用せざるやと焦るのである」。また別の記事も、「対支外交を誤りたる過半の責任」は阿部局長にあると糾弾した上で、「先ず馬謖《ばしょく》を斬れ」「阿部局長を我が外交界より葬らざるべからず」と断じた。これでは、暗殺事件発生前に、すでに暴力を呼び起こす空気が社会に充満していたと言えるだろう。新聞にその責任はないのか。

このような新聞の論調には、物事を多角的に考察し、冷静かつ合理的に判断するという思考態度はない。「零点と、さうして沸騰点！　而して中間温度の昇降余地を意識せず。これが日本論壇の作文常癖である」と天眼は言う。日頃、理知的、進歩的に装っていても、いざとなると、武断一辺倒の本性を顕わにしてしまう大新聞が多かったのである。「凡そ進歩乃至憲政に忠なるべかりし平生の彼が作文は、彼が仮声《こわいろ》に過ぎず、彼の本志は武断政治に在る事を最近、綺麗に自白した」

新聞がこんな調子では、社会に羅針盤の役割を果たすものがなくなってしまう。国民にとって不幸なことである。

天眼の危惧したように、新聞が外交問題で政府に同調して強硬論を煽る風潮はますます高まった。その悪癖が日本の針路を左右する決定的な場面で露呈した。１９１５年、大隈内閣が中国政府に対華二十一ヵ条要求を突き付けた場面である。日本の新聞は挙って要求支持の論陣を張り、要求に応じない中国政府を罵倒し、なかなか武力行使に出ない日本政府を歯がゆがってみせた。こんな調子だ。日本政府を「弱腰外交」、要求に応じない中国政府を「国権侵害」と非難し、「面上三斗の唾を浴びせられたるものにして、我が当局者の大失態不面目は言うまでもなく、わが国民の断じて忍ぶあたわざる所」「支那政府は国際友誼を無視し、帝国の体面を毀損すべき行動に出たるものなるにより、帝国政府が断固たる処決をなさざるべからざるや論なし」と、ひたすら武力行使を迫るのである。日本政府の尻馬に乗って中国を罵倒するだけの、新聞とは呼べない内容であった。

この状況の中で、東洋経済新報の石橋湛山と東洋日の出新聞の鈴木天眼だけが、二十一ヵ条要求批判の論陣を張ったことはすでに述べた。だが、両紙の奮闘空しく、ほとんどの新聞はこの体質を改善することなく、昭和の戦争では大本営発表を垂れ流しながら、嬉々として戦意高揚の広報機関と化していくのである。その下地は大正時代に作られていたと言えるかも知れない。

長崎で共鳴した日中の大アジア主義　～孫文、最後の訪日

辛亥革命の指導者、孫文は最後の訪日で、大アジア主義の旗を掲げながら、日本人の覚悟を問うた。1924年11月28日、神戸で行った大アジア主義演説だ。

孫文はこう強調した。「東洋の文化は道徳仁義を中心とする王道文化であり、西洋の文化は武力、鉄砲を中心とする覇道文化である。大アジア主義とは文化の問題であり、我々アジア民族は団結して仁義道徳を中心とするアジア文明の復興を図り、この文明の力をもって西洋の覇道文化、西洋の横暴なる圧迫に抵抗しなければならない」。孫文は日本人にともに歩むべき道を指し示し、行動を求めた。聴衆は熱狂的な拍手で、孫文の主張に賛意を表したという。

後に活字になった講演録には、次のような締め括りの言葉が追加されている。「日本は既に西洋の覇道文化を得ていると同時に、東洋の王道文化の本質も持っている。今後、日本が世界の文化の前途に対して、結局のところ、西洋覇道の犬となるか、東洋王道の干城となるか、それは、あなたがた日本国民が慎重にお選びになればよいことです」。柔らかい口調ながら、厳しく日本人に決断を迫っている。

神戸での演説に先立ち、孫文は上海出港前と長崎港停泊中に二度、船内記者会見を行い、すでに同趣旨の主張を行ったことが東洋日の出新聞の記事で分かる。

11月22日の上海での会見では、日本が列強の中国分割に加担しないように、日本国民に政府を監視してほしいと訴えた。「日本国民に対する希望は、日本政府が英米の尻馬に乗って支那を圧迫せぬ様、努力されたい」。そして日中の真の連帯を呼び掛けた。「日本国民は真に支那の為に相提携し、極東平和の建設に

努力されん事を切望す」

翌23日の長崎での会見では、さらに熱っぽく率直に、日本のアジアに対する態度に懸念を示し、日本が本来、果たすべき使命を説いた。「（日本が）当然、亜細亜民族の為に盡《つく》すべき使命を誤り、却《かえ》って列強と伍して亜細亜に貪狼《どんろう》の欲を恣《ほしいまま》にするに倣《なら》はんとするが如き風あるを採らざるの理由」を述べ、「欧米の東亜に対する政策と日本のそれとは、先ず正反対をなすべきを根本となすの事実なるに、却って欧米の尻馬に乗て東亜の日本が東亜を傷《そこな》はんとするの愚なる事」を指摘した。続けて、「今日の時代は日本が列強の伍を脱するに絶好の機会たるべき事」を強調し、日本は「亜細亜大策を立て」、「亜細亜の目覚めたる国々」と「相率《ひき》ひて欧米に当たらねばならぬ大亜細亜主義に及び…」「説きて尽きず」と孫文が熱弁をふるった様子が記されている。

孫文は日本に対して、「列強と伍して、アジアに貪狼の欲を恣にするに倣はんとするが如き風」「列強の尻馬に乗て、東亜の日本が東亜を傷《そこな》はんとするの愚」を戒め、「亜細亜の目覚めたる国々」と「相率ひて欧米に当たらねばならぬ」と説いた。記事はその主張を「大亜細亜主義」と表現している。

孫文の上海、長崎での記者会見、神戸での大アジア主義演説の約2週間後に天眼が東洋日の出新聞紙上に掲載したのが前記「日支弟兄」の論説だ。日中の互恵の精神に基づく真の連帯を謳い、日中提携で「東洋の大道」を開こうと呼び掛けた。孫文の大アジア主義に重なる主張だ。

実は天眼は、この1年半前ほど前から大アジア主義と呼ぶべき主張を展開していた。１９２３年5月の論説では「日支の信実なる惚れ合ひを講じて支那主権の確立に助援」しようと訴え、同6月の論説では「強欲外交に日本が甘んじ、旧来の在支洋人の先棒となり、高利貸し的なる利権壟断の方途に没頭する限り」、日支提携は実現できないと戒めた。さらに列強の借款政策を鵜飼に例え、「鵜飼の如くに咽喉輪を付けておいて借款食《は》ませるのは罪だ」として、日本政府に列強のまねをするな、と戒めた。早くから、大アジア主義は東洋日の出新聞の社論になっていたのである。

天眼がすでに「日本は強欲外交を止めよ」「在支洋人の先棒を担ぐな」「中国での利権壟断に熱中するな」「鵜飼のように残酷な列強の借款政策をまねるな」と主張していた中、訪日した孫文も「日本は貪狼《どんろう》の欲を恣にする列強のまねをするな」「日本は欧米の尻馬に乗るな」と訴えた。日中の立場は違っても、アジアの真の連帯を求める提言は見事に重なっていた。

重い病気を抱える孫文が最後の訪日で、力を振り絞って訴えた大アジア主義に、天眼もまた大アジア主義の論説で応えた。それは孫文が日本人に向けて発した魂の叫びに対する、長崎からの魂の籠る応答であったと言えるだろう。日中の大アジア主義がこのとき、長崎で見事に共鳴した。

孫文は天眼の近況を尋ねて師父の情あり　～アジア連帯の夢を共有

長崎港での船上記者会見の終了後、孫文は東洋日の出新聞の記者に近寄り、天眼の近況を尋ね、激励の伝言を託した。記者はこう記す。「別るるに臨んで孫氏は、同志の長崎にあるものの上を問ひ、我社長の近状を尋ね、我党理想の実現を見るの秋《とき》に至れるを喜び、益々奮励努力を語り、記者の自覚を促す。師父の情あり」。「我党」は、記者が自分の属する東洋日の出新聞社を指して呼ぶときの言葉だ。孫文は「師父」

のような表情で天眼はじめ東洋日の出新聞の全社員を激励した。

孫文は辛亥革命達成後の１９１３年3月、中華民国政府の鉄道大臣として訪日した際、病気療養中の天眼をわざわざ長崎の自宅に見舞い、東洋日の出新聞紙上で革命を応援し続けてくれたことへの感謝を述べている。また東洋日の出新聞社員にも感謝と激励の言葉を掛けている。それから11年8か月。孫文と天眼及び東洋日の出新聞社員との間の信頼と友情の絆は変わらず強固であった。

天眼は大アジア主義を唱えながらも、日本国内で闊歩する、いわゆる国権派アジア主義者とは一線を画し、むしろ彼らを厳しく批判し続けていた。頭山満、内田良平らが主導する国権派アジア主義の勢力は、国家主義団体を組織し、扇動と暴力で世論を強硬外交支持に誘導しようとした。彼らは、天眼の目には、しょせん陸軍の意向に沿って動く「軍閥の手先」に過ぎなかった。天眼にとってのアジア主義とは、国同士が平等互恵の原則で接し、すべての人々が個人の人格を尊重し合う政治理念でなければならなかった。同じアジア主義を掲げていても、天眼のアジア主義は国権派アジア主義とは決して相容れぬものだった。国家主義団体による阿部守太郎・外務省政務局長暗殺という蛮行を見て、天眼はその非道な暴力に激怒し、こう吐き捨てた。「支那論者に二種有り。今回、純雑判明せり」。天眼の論調が他の新聞や国家主義団体と全く異なることを、孫文は知っていたと思われる。それゆえ、「師父の情」を持って天眼の近況を尋ねたのだろう。

大アジア主義演説直前の11月25日、長崎から神戸に着いた孫文は頭山満と面会している。ここで頭山は、孫文が二十一ヵ条要求撤廃、遼東半島還付の実現に協力を求めようとしていることを察知し、機先を制する形で「我が国民の大多数が承知しないであらう」と言って拒絶の意思を示し、孫文を落胆させた。東京にいた頭山に電報を打ち、神戸に出向いて、拒絶の意思を孫文に明確に伝えておくよう求めたのは内田良平であった。

一方、その直前の長崎で孫文は、東洋日の出新聞が二十一ヵ条要求を批判し、満蒙侵略に反対してきたことを同社記者から改めて伝えられていたはずである。「日本の支那論者に一種有り」。帰国の船上で孫文もまた、そんな思いを噛みしめていたかも知れない。これが孫文、最後の訪日となった。

この翌年3月に孫文は死去する。天眼も2年後に死去する。勢いを増す時代の暗流の中で、大アジア主義の旗は漂い、霞《かす》んでいく。

あとがき

神ではないものを神と信じてしまった体験や、神と信じていたものが神ではないと知った体験は、人間の精神の根源を揺さぶる深刻な出来事である。それは人をして、生涯を煩悶のうちに送らせしむるに足る重大事である。そのような体験をして、錯誤の理由を自問することなく、ある日突然、何事もなかったかのように別の人生を歩み始める人間がいたら、その人間は人格の欠如を疑われても仕方がないであろう。誰にもそれを問い詰められることがないからといって、当人までもが都合よく思考停止を続けて別の人生に乗り換えるとしたなら、それは人間のありようとして恥ずべきことに分類されよう。少なくとも自責と痛恨の念だけは忘れない人間でありたい。

この錯誤と忘却の体験が、一つの国民を単位として歴史上に立ち現れた場合は、ことは個人の場合と比較にならぬほど深刻である。その人々は、その後の歴史の中で、どのように自己及び自国への信頼を取り戻し、再び前進を始めることが可能になるであろうか。それは考えただけでも気の遠くなるような茨の道である。それでも、過去と向き合う苦しい努力を惜しんでは、国民という共同体の精神の再生はないはずだ。にもかかわらず、天皇を神であると信じ続けた日本人は敗戦を境に、まことに器用に信仰を捨て、ひたすら忘却に身を委ねながら新たな発展の道を歩み続けた。その異様は語るまでもないだろう。肝に銘じておかなければならない問題は、過去の過ちを忘れる人間は、同じことを繰り返すということだ。顧みて教訓を得ることを怠れば、同じ過ちを防ごうとしても、防ぐ方法を持ち得ないということだ。この先、絶対的権威の前にひれ伏しながら、日本国民全員が一斉に死に向かって突進するということが起らないとは限らない。なにしろ、2発の原爆を投下されても、なお本土決戦、1億玉砕を叫び、天皇を神と信じて天皇のために1億の民が挙って死に急ぐ国民総自殺の準備を進めていたのは、わずか76年前のことである。無残な敗戦を迎えた後、天皇自らが人間宣言を行うまで、現人神信仰の迷妄から、とうとう自力では脱却することができなかった国民である。そして、この国民は天皇の人間宣言を境に、あっさりと信仰を捨て、すべてを忘却の彼方に置いて平然と歩み続けることができた国民である。このこと一つを見ても、戦後の我々が、戦前とほとんど変わらぬ危うさを抱えた国民であることが分かるだろう。

ものごとを総括するには、ことの始めから振り返るのが適切である。天皇神格化を通じて戦争と亡国の道を歩んだ日本の歴史を反省するには、天皇神格化の動きがどのように始められたか、それに国民は、メディアはどう対応したかを検証する必要がある。第1次天皇機関説論争の時点から、この問題を重視し、一貫して警鐘を鳴らし続けた鈴木天眼の論説を読み直すことの現代的意義はそこにある。天眼論説は現代においてこそ読まれるべきとも言える。埋もれていた23年分の天眼論説を発掘し、紹介しようとする筆者の試みが、その検証に役立てれば嬉しい。

「メディアはなぜ、私の発言ばかり追いかけるのか。メディアも自分の言葉で語ればいいのに」。1988年12月の長崎市議会で「天皇に戦争責任はあると思う」と発言して、右翼団体のすさまじい脅迫にさらされていた本島等長崎市長は、右翼の街宣車が発言撤回を求めて、大音響で市長を罵倒し続けるのを市役所内で聞きながら、よくこうぼやいた。メディアは言論の自由については語るものの、天皇の戦争責任の有無については一切、口をつぐんだ。発言撤回を拒否して孤立無援の闘いを強いられた市長は一人、右翼の攻撃の標的となり、ついに1990年1月、市役所玄関前で右翼団体の男に銃撃され、重傷を負った。恐れていた通りのことが起きたのだ。これを避けることはできなかったのであろうか。もしメディアがそれぞれに天皇の戦争責任について自由に論じ、国民的議論を巻き起こすことができていたら、市長一人を標的にすることなく、あの忌まわしい事件も起きなかったのではないか。そんな思いが消えない。

美濃部達吉は天皇機関説事件で貴族院議員辞職に追い込まれ、著書を発禁処分とされて社会的に抹殺された上に、翌年2月、自宅で暴漢に銃撃され、重傷を負った。ひたすら民主政治の実現を願い、己の信ずる憲法学説を堂々と述べ、いかなる脅しにも屈せず直ちに反論し、かつ完璧に論破した美濃部だが、それが、たった一人の闘いであったがゆえに、天眼言うところの「時代愚」の標的となった。凶弾による流血の苦しみの中で、美濃部もまた「なぜ自分だけが」と思ったのではなかろうか。もし第1次天皇機関説論争以降、天眼のように、美濃部に続いて「天皇と憲法」の関係を堂々と闊達に論じるジャーナリストや知識人が数多く出現していたら、決して美濃部一人が標的になることはなかったであろう。「時代愚」が容易に国全体をとらえて破局に引きずり込むこともなかったであろう。ジャーナリストは美濃部の発言を追うだけでなく、自身の言葉で天皇と憲法の関係を語るべきだったのである。社会の激動のただ中にあって、激流に流されず、むしろ激流に抗して、ジャーナリストが何を見つめ、何を語らなければならないか。天皇機関説事件が残したその問いは今も、重く響き続けている。

２０２１年10月

高橋信雄

参考文献

立花隆『天皇と東大Ⅰ〜Ⅳ』（文春文庫、2012〜13年）
山崎雅弘『「天皇機関説」事件』（集英社新書、2017年）
古川江里子『美濃部達吉と吉野作造〜大正デモクラシーを導いた帝大教授』（山川出版社、2011年）
村上重良『天皇制国家と宗教』（講談社学術文庫、2007年）
中島岳志『アジア主義―その先の近代へ』（潮出版社、2014年）
栃木利夫「辛亥革命と鈴木天眼　一人の対外硬論者の対応」（『歴史評論』11月号、1974年）
牧野登『史伝西郷四郎』（島津書房、1983年）
赤城源三郎、牧野登監修『山嵐西郷四郎』（会津武家屋敷・高木厚保発行、歴史春秋出版、1987年）
矢野寛治『伊藤野枝と代準介』（弦書房、2012年）
黒龍会編『東亜先覚志士記伝（上・中・下）』（原書房、1966年）
中村孝也『日下義雄傳』（日下義雄伝記編纂所、1928年）
松本健一『雲に立つ―頭山満の「場所」』（文芸春秋、1996年）
内田良平研究会編『国士　内田良平―その思想と行動』（展転社、2003年）
宮崎滔天『三十三年の夢』（岩波文庫、1993年）
色川大吉『自由民権』（岩波新書、1981年）

八木公生『天皇と日本の近代・上　憲法と現人神』（講談社現代新書、2001年）
鈴木健二『戦争と新聞〜メディアはなぜ戦争を煽るのか』（筑摩書房、2015年）
半藤一利、保阪正康『そして、メディアは日本を戦争に導いた』（東洋経済新報社、2013年）
半藤一利『日露戦争史1〜3』（平凡社、2012年〜2014年）
古屋哲夫『日露戦争』（中公新書、1966年）
原田敬一『シリーズ日本近現代史③日清・日露戦争』（岩波新書、2007年）
成田龍一『シリーズ日本近現代史④大正デモクラシー』（岩波新書、2007年）
川島真『シリーズ中国近現代史②近代国家への模索』（岩波新書、2010年）
春原昭彦『四訂版・日本新聞通史』（新泉社、2003年）
土屋礼子編著『近代日本メディア人物誌〜創始者・経営者編』（ミネルヴァ書房、2009年）
『九拾年の歩み―長崎游泳協会九十周年記念誌』（同記念実行委員会、1992年）

著者略歴

高橋 信雄（たかはし　のぶお）

1950生まれ。九州大学経済学部卒。1974年、長崎新聞入社。原爆平和報道などに取り組み、論説委員長、特別論説委員を経て2016年退職。

2002年から14年間執筆を続けた長崎新聞1面コラム「水や空」抜粋のコラム集『信の一筆』1～4を2007年から16年にかけて出版。

1990年、「天皇に戦争責任はあると思う」と発言した本島等長崎市長が右翼の男に銃撃された事件現場のスクープ写真で日本新聞協会賞を受賞。2020年、「東洋日の出新聞　鈴木天眼～アジア主義もう一つの軌跡」（長崎新聞社出版協力）で第23回日本自費出版文化賞・研究評論部門賞を受賞。

鈴木天眼　反戦反骨の大アジア主義

2021年11月1日　第1刷発行©
2022年3月1日　第2刷発行

著　者　高橋信雄
発行者　岡林信一
発行所　あけび書房株式会社
〒120-0015　東京都足立区足立1-10-9-703
☎ 03. 5888. 4142　FAX 03. 5888. 4448
info@akebishobo.com　https://akebishobo.com
印刷・製本／モリモト印刷

ISBN　978-4-87154-198-5　C3023　¥2200E